伊勢神宮と仏教

習合と隔離の八百年史

多田實道

弘文堂

はしがき

神仏習合とは、我が国の神祇信仰と仏教が接触・混融して、独特の行法・儀礼・教義を生み出した宗教現象をいう[1]。この現象は、皇祖天照大御神（皇大神宮・内宮）と、その御饌都神である豊受大御神（豊受大神宮・外宮）を奉斎する伊勢の神宮[2]において、果たして確認することができるのであろうか。仮に確認できるとすれば、一体如何なる経過と展開を辿ったのであろうか。

六世紀に伝来した仏教の波は、やがて国家第一の宗廟たる神宮にも達した。それは奈良時代、伊勢大神宮寺の創建であったことが、既に明らかにされている。ところが、神三郡（度会・多気・飯野郡）内に建立された伊勢大神宮寺は、僅か数年にして、神郡外へと擯出されてしまった。そして、延暦二十三年（八〇四）、神宮より神祇官に提出された『皇太神宮儀式帳』[3]には、倭姫命（第十一代垂仁天皇皇女）が定めた忌詞として、「仏乎中子止云、経乎志目加弥止云、塔乎阿良々支止云、法師乎髪長止云、優婆塞乎角波須止云、寺乎瓦葺止云、斎食乎片食止云」等が挙げられている。平安時代初期の神宮においては、形式上仏教が禁忌とされていたことを、如実に物語っていよう。

こうした事実から、「伊勢神宮はもっとも早く神仏習合が始まり、もっとも早くなくなった神社[4]」と見做す識者も居られる。なるほど神宮においては、我が国で神仏習合が盛んとなった平安時代以降も、神域内に仏教的建造物が建てられることはなかったし、それに、とりわけ内外両宮の正宮では、江戸時代末期に至るまで、僧尼の参拝が厳しく制限されていた。神宮においては、建前上、神仏隔離の原則が貫かれていたのである。[5]

それでは平安時代以降、神宮に、そしてその祠官達に、仏教が全く流入しなかったかというと、決してそうではない。研究史を繙くと、大正六年に石巻良夫氏が発表された、「伊勢神宮祠官の仏教信仰に就て」[6]を嚆矢とする。上記では、「遺憾ながら、仏教禁忌は単に其の表面に限られ、神宮に奉仕した神官には、直接仏教と関係あるものが少くない」として、神宮祭主・宮司（いずれも神祇官人大中臣氏の世襲）や、内宮祠官荒木田氏・外宮祠官度会氏が氏寺を建立したり、一族中に出家した者が居た事実を指摘されている。また、その後五十一年を経た昭和四十三年、萩原龍夫氏が「伊勢神宮と仏教」[7]と題する論考を発表された。上記においては、平安時代前期、祭主が「仏教による善業得果の、当時としては高度の文化生活を伊勢にもちこんだ」ことで、それが神宮祠官荒木田・度会両氏へと弘まったこと、彼等はやがて氏寺を建立し、同時代末期には、経塚を築いて経巻を書写・埋納するなど、熱心な仏教信者となっていった点等を明らかにされている。そして、それから四十八年が経過した平成二十八年、山本倫弘氏の「神宮法楽の展開と神宮周辺寺院」[8]が発表された。神宮における神仏習合化の過程を、法楽（神祇に奉納する仏式の法要・儀礼）の観点から解明を試みた論考である。

ちなみに、平成の時代に入ってより以来、山王・両部神道書の翻刻や、真福寺・称名寺を始めとする諸寺院に伝来した神道聖教等の調査・刊行が、逐次進められた。その結果、古代・中世においては、天照大御神に関する様々な本地説や行法・儀礼・教義の存したことが、飛躍的に解明されつつある。[9]当時の僧侶達が、神宮を仏教教理に即して如何に解釈し、そして信仰していたかを示す、興味深い業績である。

ところが、神宮やその祠官達の間に、如何なる神仏習合現象が存在したのかとする専論は、管見の限り前掲三篇のほか、嵯峨井建氏や数元彬氏の論考等が存するのみである。[10]これには、戦後の神道史研究が、概して低調であったこともさることながら、前述した神宮の神仏隔離にも、その原因があると考えている。この原則が飽くまでも建前であったことは、石巻・萩原両氏の研究成果が如実に示している。しかしながら、この神仏隔離こそ、神宮の昔も今も変わらぬ本質である、或いは、そうあらねばならない（石巻氏の「遺憾ながら」とする一言が、これを端的に表現していよう）とする謂わば思い込みが、神宮における神仏習合史研究の進展を、阻んできたのではないか。

幸いにして、神宮文庫に所蔵される膨大な引付や文書類の調査・翻刻が、三重県によって進められた。[11]神宮史を研究する上での便宜は、格段に向上している。今こそ斯くの如き先入観を捨てて虚心坦懐に史料を分析し、その実態解明に努めるべきであろう。本書では、こうした観点に立脚し、奈良時代における伊勢大神宮寺の創建と擯出や、平安時代以降、仏教が神宮祠官達に浸透した結果、如何なる神仏習合現象が神宮や祠官達の間で出現するに至ったのか、検討を試みたいと思う。

なお、神宮における最大の祭祀は、「皇家第一重事、神宮無双大営」[12]と称された式年遷宮である。天武天皇の叡慮により立制されたとされる式年遷宮は、第一回（内宮持統天皇四年〔六九〇〕・外宮同六年〔六九二〕）以来、紆余曲折を経ながらも、連綿として行われてきた。ところが、外宮は永享六年（一四三四・第三十九回）、内宮においては寛正三年（一四六二・第四十回）以降、式年遷宮が中断する。上記が復興したのは、外宮が永禄六年（一五六三・第四十回）、内宮は天正十三年（一五八五・第四十一回）十月のことであった。この天正十三年以降、同年同月中に内宮、外宮の順で式年遷宮を行う制となり、現在に至っている。[13]こうした式年遷宮の中断が、戦国乱世の煽りを受けた結果であることは言うまでもない。そして、この中断を経て復興されたそれは、内宮の二年後に外宮を行う制から、同年同月実施へと、大きく改編されているのである。戦国時代は、神宮史上における一種の断層と見倣してよいであろう。そこで本書においても、検討対象の下限を戦国時代として、論を進めることにしたい。

註

(1)村山修一氏の定義による(『国史大辞典』神仏習合項)。
(2)題目で「伊勢神宮」としたのは、飽くまでも便宜上のこと(神宮号を有する他の御社との混同を避けるため)である。以下本書では、正式名称である「神宮」の語を使用することとする。
(3)『神道大系』神宮編一所収。
(4)榎村寛之『古代の都と神々 怪異を吸いとる神社』(吉川弘文館、平成二十年)。引用箇所は一〇五頁。
(5)本書第三章四・註(37)参照。
(6)『國學院雑誌』一一三巻三・四号。後掲引用箇所は、三号一一頁。
(7)『明治大学人文科学研究所紀要』七。のち『神々と村落』(弘文堂、昭和五十三年)および民衆宗教史叢書第一巻『伊勢信仰I古代・中世』(雄山閣出版、昭和六十年)に再録。後掲引用箇所は、『神々と村落』二九二頁。
(8)『寺院史研究』第一五号。
(9)平成二十三年に刊行された伊藤聡氏の『中世天照大神信仰の研究』(法藏館)は、現段階におけるその到達点を示す業績である。
(10)嵯峨井建「伊勢神宮の神主系図」(『神仏習合の歴史と儀礼空間』第三章第一節、思文閣出版、平成二十五年。初出は平成五年〔原題「伊勢神宮の神仏関係」・『神道文化』第五号所収〕)。氏は、「少なくとも、内宮・外宮を問わず神宮の神主自身が天照大神あるいは豊受姫大神(国常立命)の本地を救世観音もしくは大日如来と主張したことは聞かない」(一七六頁)とか、「神宮においては実体としての本地仏化は成立せず、祭主・禰宜の各層における私的な仏教の受容にとどまった」(一七八頁)と指摘される。

また、数元彬「伊勢神宮祠官の信仰形態—仏教禁忌の中の仏教信仰—」（龍谷大学民俗学研究会『歴史民俗学研究』第二号、平成三十年）においては、「伊勢神宮祠官が、神仏習合説を取り入れ、自らの属する伊勢神宮そのものを仏教の世界と読み替え、伊勢神宮への信仰と仏教への信仰を同時に保持していた」（五頁）とか、「伊勢神宮祠官たちは新たな方法として、仏教の言葉や考え方を取り込んで、それを仏教としてではなく新たな神話として作り替え、それを提示した」（一一頁）といった提言がなされている。

以上、両氏の指摘や提言に対する筆者の見解としては、第一章二・三、第二章三、第三章五を参照されたい。

(11)『三重県史』資料編中世1(上)・(下)（平成九年・同十一年）。
(12)『遷宮例文』（神宮司庁編『神宮遷宮記』第二巻所収、国書刊行会、平成四年）。
(13)神宮司庁編『神宮要綱』（昭和三年）および『神宮史年表』（戎光祥出版、平成十七年）。

目次

第一章　奈良～平安時代の神宮と仏教

一　伊勢大神宮寺について

はじめに――神宮寺の創建――

神仏習合が、現象として史上に初めて現れたのは、奈良時代のことであった。神宮寺の創建である。神宮寺とは、或る神に読経等の法楽を奉るべく、その社に付属して建てられた寺院のことをいう。『家伝』下（武智麻呂伝）[1]によると、霊亀元年（七一五）、藤原武智麻呂の夢に現れた気比神が「幸為レ吾造レ寺、助二済吾願一、吾因二宿業一為レ神固久、今欲下帰二依仏道一修中行福業上、不レ得二因縁一」と乞うたことにより、越前国気比神宮寺㋐が建立されたという。これが、神宮寺の確実な初見とされる。[2]

奈良時代に創建された神宮寺は、他に㋑神願寺（若狭比古神宮寺。養老年間・七一七～二四）、㋒豊前国宇佐八幡神宮寺（弥勒寺。神亀二年・七二五）、㋓常陸国鹿島神宮寺（天平勝宝年間・七四九～五七）、㋔伊勢国多度神宮寺（天平宝字七年・七六三）、㋕伊勢大神宮寺（天平神護二年～神護景雲元年・七六六～七）、㋖近江国御上神宮寺（宝亀年中・七七〇～八一）、㋗下野国二荒山神宮寺（延暦三年・七八四）が確認されている。[3]そこで、こうした神宮寺の典型として知られる㋑神願寺（若狭比古神宮寺）の例を実際に検討してみよう。

(天長)六年三月乙未、若狭国比古神、以二和朝臣宅継一為二神主一、宅継辞云、拠二検古記一、養老年中、疫癘屡発、病死者衆、水旱失レ時、年穀不レ稔、宅継曾祖赤麿、帰二心仏道一、練二身深山一、大神感レ之、化レ人語宣、此地是吾住処、我禀二神身一、苦悩甚深、思下帰二依仏法一、以免中神道上、無レ果二斯願一、致二災害一耳、汝能為レ吾修行者、赤麿即建二道場一造二仏像一、号曰二神願寺一、為二大神一修行、厥後年穀豊登、人无二夭死一云々(4)

天長六年（八二九）三月十六日、和宅継を若狭彦神社（若狭国一宮）の神主とした。その後、宅継が神主を辞して云うには、養老年中（七一七～二四）に疫病や旱魃が頻発した。時に和赤麿（宅継の曾祖父）が、仏道に帰依し深山に籠もって修行していたところ、これに感心した若狭比古神が、「我、神の身を禀け、苦悩甚だ深し。仏法に帰依し、以て神道を免れむと思ふ。斯の願を果たすこと無くんば、災害を致すのみ。汝、能く吾が為に修行せよ」との託宣を告げた。そこで赤麿が神願寺を創建して、若狭比古神のために修行したところ、年穀は豊かに実り、人が夭死することもなくなったという。

他にも、㋐は「幸為レ吾造レ寺、助二済吾願一、吾因二宿業一、為レ神固久、今欲下帰二依仏道一修中行福業上」(5)、㋔は「我多度神也、吾経二久劫一、作二重罪業一、受二神道報一、今冀永為レ離二神身一、欲レ帰二依三宝一」、㋖は「猶後生受二此獼猴身一、成二此社神一、故為レ脱二斯身一、居二住此堂一、為レ我読二法華経一」(6)との託宣を承けたとする。こうした事例を鑑みて、「神明は衆生の一として、宿業に因て迷界に流転し、煩悩の羈に縛せらるる故に、仏法によつて解脱せんことを求め、仏法を尊び、仏法を悦ぶといふ思想である」と喝破されたのが、辻善之助氏であった(7)。いわゆる神身離脱思想である(8)。当時の人々は、我が国の神が神としての身に苦悩し、仏教による救済を求めていると認識していた。

この様に、文献史料がきわめて限られている奈良時代において、㋐～㋗の都合八例もの神宮寺が確認されているのである。しかも、その分布は広範囲に及んでおり、地域的偏倚は認められない。当時、神身離脱思想が全国的に流布し、その結果各地に神宮寺が誕生したであろうことは、想像に難くない。

それにしても、神宮寺が斯くも建立された理由は、那辺に求められるであろうか。この疑問に関しては、神宮寺を「仏教的装いをまとった新たな形態の祭祀」と見做す、高橋美由紀氏の提唱が参考になる。氏は、前掲㋑にみられる疫病・天災等による共同体の危機─託宣による仏事の要求─神意に基づく仏事の厳修─共同体秩序の回復という図式は、上記の「仏事」を「祭祀」と置き換えれば、まさしく伝統的神祇祭祀の典型となる点を指摘される。神宮寺の創建は、飽くまでも神が要求するものであり、その要求に応えることで荒ぶる神を慰撫し、共同体の秩序回復を図ろうとする点において、従来の神祇祭祀と何等変わりはないという理解である(9)。神宮寺は、当時の人々にとって新たな「まつり」の場に他ならなかった。それ故にこそ神宮寺は人々に受け容れられ、全国各地に普及したのであろう。

さて、奈良時代の神宮寺をこの様に理解するならば、神宮の神宮寺である㋕伊勢大神宮寺の創建は、皇室の祖先神に対する伝統的祭祀に、仏式のそれを新たに付加しようとした試みに他ならなかったことになる。斯くして神宮に初めて、仏教の波が押し寄せてきた次第であるが、その結末は如何なるものとなったのか。本節において検討を試みることにしたい。

1 伊勢大神宮寺の創建

① 『続日本紀』天平神護二年七月丙子条(新訂増補国史大系。以下『続紀』と略記)

遣レ使造二丈六仏像於伊勢大神宮寺一

②『続紀』宝亀三年八月甲寅条

是日、異常風雨、抜レ樹発レ屋、卜レ之、伊勢月読神為レ祟、於レ是毎年九月、准二荒祭神一奉レ馬、又荒御玉命・伊佐奈伎命・伊佐奈美命、入二於官社一、又徙二度会郡神宮寺於飯高郡度瀬山房一

③『続紀』宝亀十一年二月朔条

神祇官言、伊勢大神宮寺、先為レ有レ祟遷二建他処一、而今近二神郡一、其祟未レ止、除二飯野郡一之外移二造便地一者、許レ之

天平神護二年（七六六）七月二十三日、朝廷は使を派遣して、一丈六尺の仏像を伊勢大神宮寺に造立することとした。ところが、その六年後の宝亀三年（七七二）八月六日には、度会郡から飯高郡度瀬山房への移転が決定された。これは、伊勢月読神の祟りとする、卜占の結果による措置であった。伊勢月読神とは、現皇大神宮（内宮）別宮・月読宮の御祭神である。その他にも、毎年九月には、内宮第一の別宮である荒祭宮に準じて、月読社にも馬を奉納することとし、さらには、同社内に祀られる月読命荒御魂・伊佐奈伎命・伊佐奈美命（現月読荒御魂宮・伊佐奈岐宮・伊佐奈弥宮）を、官社に列することとした。それでもなお、月読命の祟りは止まなかったらしい。神祇官は、伊勢大神宮寺の移転先（飯高郡度瀬山房）が、神郡（度会・多気郡）に近いためであるとして、飯

野郡以外の公郡へのさらなる移転を申請し、宝亀十一年（七八〇）二月一日、それが認められた。

一方、内宮祠官荒木田家の記録である『太神宮諸雑事記』[10]（以下『雑事記』と略記）には、次の如く記載されている。

④『雑事記』神護景雲元年十月三日条

逢鹿瀬寺、永可レ為二太神宮寺一之由、被レ下二宣旨一既畢

⑤『雑事記』神護景雲元年十二月条

月次祭使差二副別勅使一、以二逢鹿瀬寺一永可レ為二太神宮寺一之由、被レ祈二申皇太神宮一畢、宣命状具也

⑥『雑事記』宝亀四年九月二十三日条

瀧原宮内人石部綱継・物忌父同乙仁等参宮間、逢鹿瀬寺少綱僧海円、従レ寺出来、成二口論一之間、凌二轢件内人等一之後、自二寺家政所一、注二内人綱継等所為之由一、牒二送司庁一、仍召二対綱継等一、令二申沙汰一之処、綱継・乙仁等伏レ辨（辯カ）、怠状畢也

⑦『雑事記』宝亀六年六月五日条

神民石部楯桙・同吉見・私安良等、字逢鹿瀬《仁之》天漁レ鮎之間、逢鹿瀬寺小法師三人、自レ寺出来、恣打二凌楯桙等一已了、仍楯桙等訴二申於司庁一、申文云、二所太神宮朝夕御膳料漁進、依レ有二例役一、各随二身網鉤等一、行二臨逢鹿瀬川一、為レ漁之程、件寺法師三人并別当安泰之童子二人等出来、且打二穢所レ取御贄一、且凌二轢神民等一也者、随則以二同七年二月三日一、訴二申於神祇官一、仍奏二聞於公家一、随則左大臣宣、奉レ勅、永可レ停二止神宮寺一、飯野郡可レ被レ越宣旨已了、官使左史生小野宿祢也

神護景雲元年（七六七）、逢鹿瀬寺を太神宮寺となすべき宣旨が下された。これが内宮に伝達されたのは、十月三日のことであった。そして同年十二月の月次祭には、特別に勅使が派遣され、内宮神前においてその旨が報告された。それから六年が経過した宝亀四年（七七三）九月二十三日、（内宮別宮）瀧原宮の内人・物忌父等が、参宮すべく向かっていたところ、逢鹿瀬寺の海円なる僧が出て来て口論となり、海円が内人・物忌父等を凌轢する事件が起きた。ところが、この事件に素早く対応した寺家政所が、内人等の所為であるとする牒を司庁（太神宮司庁）に送ったために、同庁において両者が対決することとなった。結果は、内人・物忌父等の敗訴となり、彼等は海円に謝罪した。また宝亀六年（七七五）六月五日には、神民等が逢鹿瀬川において鮎漁をしていたところ、寺の小法師三人と別当安泰の童子二人が出て来て、漁獲した鮎を穢し、彼等を凌轢するという事件が起きた。穢された鮎は、二所太神宮朝夕御膳料としての御贄であった。故に神民等は司庁に訴え、これをうけた宮司は、翌年二月三日に神祇官へ提訴した。この問題は奏聞へと至った結果、逢鹿瀬寺の神宮寺号を停止し、飯野郡へ移転させることに決定したのであった。

神宮は、神仏隔離の原則がよく守られていたことで知られている。奈良時代、その神宮に、神宮寺が存在したのである。しかもその創設は、朝廷によるものであった。ところが短期間のうちに、神郡外へと排斥されている。

こうした伊勢大神宮寺の興廃は、神宮史のみならず、我が国の神仏習合史上においても、注意すべき事象といえよう。

しかし、その典拠である『続紀』と『雑事記』には、記述に明らかな齟齬がみられるのである。『続紀』によると、伊勢大神宮寺を創設したことで月読神の祟りが発生し、宝亀三年（七七二）には度会郡から飯高郡度瀬山房へ、そして同十一年（七八〇）には、度瀬山房から飯野郡以外の公郡への移転が決定されたとある。一方の『雑事記』には、月読神の祟りの記述が全くみられず、宝亀七年（七七六）における飯野郡への移転は、寺僧等が御贄の鮎を穢したことによるものとする。

2　先行研究の整理

こうした齟齬を、如何に解決すべきか。諸先学の学説を、次掲の表1としてまとめてみた。

江戸時代以来、『続紀』に記載される伊勢大神宮寺と『雑事記』の逢鹿瀬寺は、別の寺であるとの見解が大勢を占めていた。つまり、伊勢大神宮寺は二ヶ寺存在したと見做されていたのである。

ところが昭和三十二年、『続紀』の伊勢大神宮寺と『雑事記』の逢鹿瀬寺は、同一であるとの学説が発表された。田中卓氏による提唱である。すなわち、天平神護二年七月に丈六仏像造立の勅が下り（①）、翌年十月に完成したので、正式に逢鹿瀬寺を伊勢大神宮寺として定めた（④⑤）。しかしその後、伊勢月読神の祟りが起きたために、宝亀三年八月、伊勢大神宮寺を飯高郡度瀬（波瀬ヵ）山房へ徙した（②）。ところが、この処置は徹底されず、逢鹿瀬寺は依然として元の地にあり、種々の紛争が生じた（⑥⑦）。故に宝亀七年、逢鹿瀬寺を飯野郡へ移したのであるが（⑦）、それでもなお、月読神の祟りが止まなかったために、宝亀十一年、神郡および飯野郡以外への移転が命ぜられた（③）、と考えられたのである。[11]

表1　伊勢大神宮寺学説一覧

	著者・編者	『書名』・「論文名」※1	発表年		学説	所在地	移転先
1	藤堂元甫	『三国地志』	宝暦13年	1763	二ヶ寺	菩提山	飯野郡山添村神宮寺山 → —
						相鹿瀬	—
2	古谷久語	『布留屋草紙』	寛政2年	1790	二ヶ寺	菩提山	—
						相鹿瀬	飯高郡石津村
3	安岡親毅	『勢陽五鈴遺響』	天保4年	1833	二ヶ寺	菩提山	飯高郡広瀬村
						(未詳)	—
4	村尾元融	『続日本紀考證』巻九	明治3年	1870	一ヶ寺	相鹿瀬	—
5	御巫清直	『太神宮寺排斥考』	明治22年	1889	二ヶ寺	(未詳)	飯高郡広瀬村 → 同郡伊勢寺村
						相鹿瀬	(所見なし)
6	宮内黙蔵	『伊勢名勝志』	明治22年	1889	二ヶ寺	—	飯野郡山添村神宮寺山 → —
						相鹿瀬	—
7	大西源一	「伊勢大神宮寺考」	明治43年	1910	二ヶ寺	(未詳)	飯野郡山添村神山 → 飯高郡神戸村大神宮山
						相鹿瀬	飯高郡石津村
8	田中　卓	「イセ神宮寺の創建」	昭和32年	1957	一ヶ寺	相鹿瀬	飯高郡波瀬（不徹底）→ 飯野郡 → 飯野郡以外の適地
9	大西源一	「伊勢大神宮寺」	昭和35年	1960	不　明		
10	菅原信海	「伊勢神宮寺とその信仰」	昭和48年	1973	二ヶ寺	菩提山	飯野郡山添村神宮寺山 →（未詳）
						相鹿瀬	飯高郡
11	村山修一	『本地垂迹』	昭和49年	1974	一ヶ寺	相鹿瀬	
12	鎌田純一	「太神宮諸雑事記の史料性」	昭和55年	1980	二ヶ寺	度会郡	飯野郡 → 飯高郡
						相鹿瀬	飯高郡
13	景山春樹	「神道と仏教」	昭和59年	1984	二ヶ寺	度会郡	—
						相鹿瀬	—
14	岡田　登	「伊勢大神宮寺としての逢鹿瀬寺について」	昭和61年	1986	一ヶ寺	相鹿瀬	※2
15	※3	新日本古典文学大系15『続日本紀』四・補注27-二七	平成7年	1995	一ヶ寺	相鹿瀬	飯高郡度瀬山房…神山（現松阪市中万町）（宝亀三年八月朔条註）。
16	神宮司庁	『神宮史年表』註49	平成17年	2005	一ヶ寺	相鹿瀬	
17	中東顕凞	「伊勢太神宮寺考」	平成18年	2006	一ヶ寺	相鹿瀬	飯高郡広瀬村→飯高郡以外の適地
18	岡田　登	「伊勢大神宮寺（逢鹿瀬寺）の移転先をめぐって」	平成20年	2008	一ヶ寺	相鹿瀬	※4

※1　著書の発行所、論文の掲載先等については以下の通り。
1 上野市古文献刊行会編、上野市発行、昭和62年。 2 三重県郷土資料叢書第21集、三重県郷土資料刊行会、昭和44年。 3 三重県郷土資料叢書第85集、昭和53年。 4 国書刊行会、昭和46年。 5 増補大神宮叢書9『神宮神事考證』後篇所収、吉川弘文館、平成19年。 6 三重県郷土資料叢書第67集、昭和49年。 7『考古学雑誌』第1巻第1号。 8『藝林』第8巻第2号。のち「伊勢神宮寺の創建」として、『神宮の創祀と発展』（神宮司庁、昭和34年）および『伊勢神宮の創祀と発展』（田中卓著作集4、国書刊行会、昭和60年）に収録。 9『大神宮史要』第三編、平凡社。 10 仁戸田六三郎編『日本人の宗教意識の本質』所収、教文館。 11 吉川弘文館。 12『史料』（皇學館大學史料編纂所報）第27号。 13『新版仏教考古学講座』第1巻所収、雄山閣出版。 14『史料』第85号。 15 岩波書店。 16 戎光祥出版。 17 昭和7年脱稿。荊木美行氏により翻刻（『史料』第202号）。 18『史料』第218号。

※2　飯高郡度瀬山房（大神宮寺号の移転。逢鹿瀬寺はその後も存続）→逢鹿瀬寺の大神宮寺号回復→飯野郡（大神宮寺号の移転）→神郡・飯野郡以外の公郡（大神宮寺号の移転）

※3　青木和夫・稲岡耕二・笹山晴生・白藤禮幸校注。

※4　飯高郡度瀬山房…大明神山（現松阪市広瀬町）。飯野郡…御麻生薗廃寺（現松阪市御麻生薗町）。神郡および飯野郡以外の公郡…ヒタキ廃寺（現松阪市阿形町）

◎本表作成にあたっては、山中由紀子「伊勢神宮寺をめぐる諸問題」（『斎宮歴史博物館研究紀要』18、平成21年）や、岡田登「伊勢大神宮寺としての逢鹿瀬寺について」（『史料』第85号、昭和61年）を参照した。

田中氏は、「伊勢神宮寺の創建が、実は、主として僧道鏡の権勢の前に屈した神宮の宮司・禰宜らの阿諛打算にもとづくものである」[12]と指摘される。この様に、奈良時代の政治史と的確に関連付けられた氏の研究は、従来の論考と一線を画するものであった。かつて伊勢大神宮寺二ヶ寺説を提唱された大西氏も、田中説が発表された後は、「此の問題は永久の謎」[13]として、自説を撤回されている。

なお、田中説提唱の後も、菅原信海氏、鎌田純一氏、景山春樹氏が、二ヶ寺説を支持する論考を発表されている。しかし、神仏習合研究の第一人者である村山修一氏が、「『続日本紀』天平神護二年にみる伊勢大神宮寺とは結局逢鹿瀬寺にほかならず」と断言されており[14]、その影響は、決して小さくなかったと思われる。実際、平成七年刊行の新日本古典文学大系15『続日本紀』四においては、「本条の大神宮寺は、諸雑事記にいう逢鹿瀬寺に当るであろう」として、田中氏の一ヶ寺説が採用されている[15]。さらに、上記の姿勢はそのまま、神宮司庁編『神宮史年表』に受け継がれた[16]。

そして、田中氏の一ヶ寺説を、文献史学のみならず、考古学および歴史地理学の観点から補強されたのが、岡田登氏である。

逢鹿瀬寺の故地は、現多気郡多気町大字相鹿瀬字広である。当地より古瓦が出土することは、江戸時代から知られており[17]、そしてそれらは奈良時代以前まで遡ることが、鈴木敏雄氏によって確認されている[18]。ちなみに、前掲②には「徙二度会郡神宮寺於飯高郡度瀬山房一」とあった。伊勢大神宮寺が逢鹿瀬寺であるならば、逢鹿瀬寺の所在地は、度会郡でなければならない。ところが、比定地は多気郡内なのである。この矛盾について、田中氏は、相鹿瀬が「度会郡と多気郡の、丁度、郡境に位置し、この間を縫つて流れるのが宮川であつて、宮川を挿んで郡界に多少の出入りのあつたことも考へられるから、それ程決定的なものではない」[19]と述べられるのみであるが、岡田氏は、康永三年(一三四四)の『太神宮法楽寺寺領文書紛失記(法楽寺文書紛失記)[20]』に、「一　治田壱段在度会郡字相鹿瀬口永蓮寺横葉料田」あるいは「一　治田壱段　在多気郡相可郷佐奈字相可《（ママ）》瀬口自南二段長」の両表記がみられ、相鹿瀬の地が度会・多気両郡に跨る可能性のあること、そして「伊勢釈尊寺領須崎岩淵沙汰文」所収建久三年（一一九二）正月二十六日官宣旨に、[21]「倩訪旧、《例歟》（中略）如二宝亀五年官符一者、所レ崇参箇、《条》多気・度会二箇郡堺内授受寺田、割二出神郡一、応レ授二他郡一云云、又度会郡所在、、《逢鹿》瀬寺有二勅定一、雖レ定二神宮寺一、彼寺僧徒於二神郡一成二条々濫行一之由、依神《訴歟》、、同七年被、綸言、永停二止其号一、令レ移二越他郡一畢」とあることから、「逢鹿瀬寺が、奈良時代に於いて度会郡に所在していたことは確実であり、続紀記事とは何等矛盾することはない」と結論付けられた。[22]

その他、逢鹿瀬寺跡から出土した古瓦を軒丸瓦五種・軒平瓦五種に分類され、このうち鎌倉時代の軒平瓦一種を除く他は全て、奈良時代後半から平安時代前半頃のものであること、そしてその多くが火災による赤変を受けている点に注目され、逢鹿瀬寺は、大神宮寺号停止後も存続した可能性を指摘されている。また、逢鹿瀬寺の位置は神宮（内宮）の真西であり、それは「東の神宮に対して西の大神宮寺は、度会郡に於ける朝日と夕日の位置関係にあたっている」とされる。さらには、伊勢大神宮寺（逢鹿瀬寺）の移転先について、宝亀三年（七七二）の飯高郡度瀬山房を大明神山（現松阪市広瀬町）に、同七年飯野郡への移転先を御麻生薗廃寺（現松阪市御麻生薗町）に、そして同十一年の移転先をヒタキ廃寺（現松阪市阿形町）に比定されている。[23]

3　問題の所在

現段階において、伊勢大神宮寺をめぐる学説は、逢鹿瀬寺一ヶ寺説にほぼ定着した感がある。しかし、同説に対する本格的な検証は、未だなされていない。[24] 故に以下では敢えて、それを試みたいと思う。

『続紀』①と『雑事記』④⑤について、天平神護二年七月に丈六仏像造立の勅が下り（①）、翌年十月に完成したので、正式に逢鹿瀬寺を伊勢大神宮寺として定めた（④⑤）。この解釈は、成り立ち得るものである。その後、伊勢月読神の祟りが起きたために、宝亀三年八月、度会郡の神宮寺を飯高郡度瀬山房へと徙した（『続紀』②）。これは『続紀』を信用する限りにおいて、動かし難い事実である。

ところが、『雑事記』⑥⑦によると、飯高郡度瀬山房へ徙した筈の伊勢大神宮寺＝逢鹿瀬寺が、依然として存在しているのである。

この矛盾について、一ヶ寺説では「処置が徹底せず、名目のみは神宮寺が飯高郡度瀬山房に移つたものの、—或いは、それさへも実行はされずに、—逢鹿瀬寺は依然としてもとの地にあり[25]」とか、「その移転は、寺号並びに大神宮寺としての資格の移転であって、逢鹿瀬寺そのものは廃絶されず、そのまま逢鹿瀬の地に存続していた[26]」と説明される。しかしこれが事実ならば、大神宮寺号を剥奪された一地方寺院が、朝廷の命を忽諸していたことになる。奈良朝の威令は、斯くも軽いものであったのか。

『雑事記』⑥⑦の内容を振り返ってみるに、宝亀四年（七七三）に司庁へ牒送したのは、「寺家政所」であったし、同六年に神民等を凌轢したのは、小法師と「別当安泰之童子」であった。政所や別当の存在から、当時の逢鹿瀬寺には、然るべき寺院としての機構が具わっていたと見做されよう。その政所から、神宮の宮司庁に牒を送っている点も注目される。ここでいう牒とは、寺院の中枢機関である三綱が役所と取り交わす際に用いられる、移式準用の牒といわれるものである[27]。つまり、逢鹿瀬寺と司庁との間には、上下支配関係がないことになる。さらには、寺家政所からの牒送をうけ、司庁において対決した結果、瀧原宮内人・物忌父等が訴えに伏し、寺僧海円に謝罪しているのである。大神宮寺としての資格を剥奪された逢鹿瀬寺が、果たして宮司庁に牒を送り、しかも神宮祠官との対決において、寺側に有利な裁断を引き出すことなど出来るであろうか。これは、宝亀四年の段階において、逢鹿瀬寺が名実ともに伊勢大神宮寺であったことを示していよう[28]。

伊勢大神宮寺一ヶ寺説は、『続紀』の伊勢大神宮寺と『雑事記』の逢鹿瀬寺を同一と見做し、両者の関連記事を年代順に並び替える方法を執る。この方法に則り、史料を厳密に解釈してゆくと、宝亀三年（七七二）、伊勢大神宮寺を飯高郡度瀬山房へ移転したものの（『続紀』②）、翌四年から六年にかけてもなお、逢鹿瀬寺が大神宮寺としての権威を誇り、依然として所在している（『雑事記』⑥⑦）ことになる。この矛盾を解決しない限り、一ヶ寺説は成立しないのではないか。

4　二つの伊勢大神宮寺――内宮大神宮寺と外宮大神宮寺――

以上の検証により、伊勢大神宮寺＝逢鹿瀬寺一ヶ寺説には自家撞着が認められ、現状では首肯し難いことを、明らかにし得たと思う。それでは、『続紀』と『雑事記』の齟齬を、如何に説明すべきか。そこで注目したいのが、江戸時代以来の、『続紀』の伊勢大神宮寺と『雑事記』の逢鹿瀬寺を別の寺と見做す、伊勢大神宮寺二ヶ寺説である。

しかしながら、従来の二ヶ寺説もまた、次に掲げる二つの問題点が認められ、そのままでは成立し難い。一つは、伊勢大神宮寺が二ヶ寺存在したならば、『続紀』や『雑事記』にも、その二ヶ寺が記載されそうなものである。ところが、それぞれ一ヶ寺ずつしか記載されていないのは、一体何故かという点である。もう一つは、『雑事記』の逢鹿瀬寺は、故地が確定している。『続紀』でいう伊勢大神宮寺は、一体何処にあったのかという問題である。伊勢大神宮寺二ヶ寺説を成立させるには、従来の学説では説明しきれていない如上の問題を、解決しなければならない。

まずは、前者の問題について、検討を試みたい。これを考察する上で足掛かりとしたいのが、景山春樹氏による次の見通しである。

神仏習合の関係がすすむにつれて神宮寺も次第に改造されはじめる。多度社の例に準じて伊勢国度会郡にあった伊勢の神宮寺には天平神護二年（七六六）に丈六の仏像が造立されるし、『大《（ママ）》神宮諸雑事記』をみると、天平神護三年（七六七）には伊勢国の逢鹿瀬寺を神宮の宮寺とすることを宣下したというから、これが事実だとすれば度会郡のものともう一つ神宮寺ができたことになる。内宮と外宮にそれぞれ一寺づつが専属して、分離することになったのかもしれない[29]。

右掲を踏まえた上で、『雑事記』⑤に注目してみたい。神護景雲元年（七六七）十二月の月次祭に際しては、別の勅使が差し副えられており、その勅使が、逢鹿瀬寺を太神宮寺となすべき由を、皇太神宮に報告しているのである。これは、逢鹿瀬寺が内宮の大神宮寺として位置付けられていたことを、如実に示していよう。『雑事記』は、荒木田徳雄神主家に伝わった古記文に、子孫が代々書き継いだものであった。内宮祢宜家の記録という性格上、内宮大神宮寺である逢鹿瀬寺のことしか記されなかったのではないか。

以上の蓋然性が認められるならば、『続紀』に登場するもう一方の伊勢大神宮寺は、外宮の大神宮寺と考えるのが妥当であろう。ところが、その創設は、天平神護二年（七六六）のことであった。外宮の大神宮寺が、内宮に先んじて成立しているのは何故か。これは、外宮先祭の原則に従ったものと考えられる。

『雑事記』雄略天皇即位二十一年条に、「我祭奉㆑仕之時、先可㆑奉㆑祭㆓豊受神宮㆒也、而後我宮祭事可㆓勤仕㆒也」とする、皇太神宮の託宣が収録されている。これが、外宮先祭の淵源とされる。実際、『皇太神宮儀式帳』[30]三節祭年中行事并月記事・二月例に「以㆓十二日㆒、年祈幣帛使参入坐弖、幣帛進奉時行事」、『止由気宮儀式帳』三節祭等并年中行事月記事・二月例に「年祈幣帛使参入弖、幣帛進時行事（中略）後手一段拍罷出、即内宮参入」とある。二月十二日の祈年祭において、勅使は先ず外宮に参入し、終了後直ちに内宮へ向かうのが例であった。両宮儀式帳の成立は、平安時代初頭の延暦二十三年（八〇四）である。外宮先祭の原則は、奈良時代には既に確立されていたとみて、間違いないであろう。これに則って、まずは外宮の大神宮寺を整備すべく、天平神護二年（七六六）七月二十三日、使を派遣して丈六の仏像を造立することにしたのではないか。

それでは、『続紀』に外宮の大神宮寺しか記載されていないのは何故か。これは、月読神の祟りと関係がある様に思われる。

『続紀』②を、再検討してみよう。宝亀三年（七七二）八月六日、平城京において樹木が抜け家屋が破損する程の異常なる風雨が吹き荒れた。これを占ったところ、伊勢月読神の祟りとの結果が出た。そこで朝廷は、二つの対策を講じている。一つは、祭祀の拡充や社格の上階等、祟る月読神を慰撫する処置である。もう一つは、祟りの原因を除去する措置である。問題とされた度会郡神宮寺すなわち外宮の大神宮寺には、その六年前、朝廷が公に丈六仏を造進している（①）。卜占の結果、それを月読神が怒っていると見做されたために、祟りを恐れた朝廷は、外宮大神宮寺を、神郡外の飯高郡へ移転させることにしたと考えられる。

しかしそれでもなお、月読神の祟りは止まなかった。そこで宝亀十一年（七八〇）、飯野郡以外の公郡へ移転させることとした（③）。斯くの如く、外宮先祭の原則に従い、まずは外宮大神宮寺を公に荘厳した結果、月読神の祟りが発生した。しかもそれが長期にわたって継続するという、異常事態となったために、国史に記録されることとなった。『続紀』に外宮の大神宮寺しか登場しないのは、上記に理由が求められるのではないか。

5　伊勢大神宮寺の所在地

次に、『続紀』に登場する伊勢大神宮寺（すなわち外宮大神宮寺）の比定地について、検討を試みたい。

従来の二ヶ寺説において屢々提唱されてきたのが、菩提山神宮寺跡（現伊勢市中村町）である。菩提山は、内宮の北東約一五〇〇《メートル》程の五十鈴川右岸に位置する。『勢陽五鈴遺響』[31]度会郡巻之十三・菩提山神宮寺項によると、「寺伝云、聖武天皇勅願天平十六年草創。開基行基菩薩」とある。しかし、これは飽くまでも伝承に過ぎない。その上、奈良時代にまで遡る遺物が、今のところ発見されていないことから、岡田氏は「奈良時代の神宮寺と直接結びつけることはできない」とされている[32]。

また、『皇字沙汰文』[33]所収天慶九年（九四六）四月七日伊勢豊受太神宮神主解に、

右謹検㆓案内㆒、従㆓上古代㆒、神宮遠近四至内、不㆑居㆓住人民等㆒者也、而中間、神宮奉仕兵士・仕丁・百姓等居住、奉㆓仕神宮㆒之間、依㆓去寛平五年（八九三）十一月廿七日司符㆒、被㆓擯出㆒者、其後不㆑居㆓住人民等㆒也、而去延喜始間、又居住行事、新家橋継、其次神主徳世・同今行・同常安・同徳守等也、其後延長・承平年中（九二三～三八）、来住人民員多、爰件人々等、非㆑幾之間串云、件地己等私点地云々、強作并神宮近辺居住、動致㆓死穢及産穢色々汚穢㆒、又宮河辺草木伐掃、於㆓神宮㆒有㆓洪水崩頽危㆒也、

とある。かつて神宮（ここでは外宮）の近隣一帯は、定住が禁止された区域であった。それは第一に、死穢や産穢等、様々な汚穢の発生が危ぶまれたからである。斎宮や離宮院（斎王離宮・宮司政庁・度会郡駅家の複合施設）が或る程度隔離されていたのも、上記の理由による。その禁が外宮近辺において弛緩し始めたのは、九世紀末であった。内宮近辺もまた同様であったとすると、定住の禁が徹底されていた奈良時代に、菩提山神宮寺を創建することが、果たしてできたであろうか。それは住侶を伴うものであるだけに、到底考えられないのである。

しからば、『続紀』でいう伊勢大神宮寺は、一体何処に所在したのであろうか。その手掛かりとなる史料は、存在しないのか。一ヶ寺説の田中氏と岡田氏は、『続紀』や『雑事記』以外の伊勢大神宮寺関係史料として、次

掲を提示されている。

⑧延長七年（九二九）七月十四日伊勢国飯野荘太神宮勘注[34]

就中、依二大（ママ）政官去宝亀五年七月廿三日符旨一、多気度会両郡堺内所在仏地、依二明神御祟一、祓清為二神地一已了、又依二大（ママ）政官去昌泰三年七月五日符旨一、在二飯野郡一寺田仏地、依二皇大神御祟一、祓清為二神地一亦了、然則此郡為二神郡一以来、不レ可レ有二仏地一、況乎東大寺庄、従来無レ有二飯野多気両郡部内一、

⑨宝亀五年七月二十三日太政官符（『神宮雑例集』[35]巻第一・伊勢国神郡八郡事）

一多気度会二ケ郡堺内、授二交寺田并王臣位田及他郡百姓口分田一事

上件三色田割二出神郡一、応レ授二他郡田一、但祢宜・祝位田者、不レ在二此限一、

逢鹿瀬寺が太神宮寺として指定された後、寺僧達と神宮祠官や神民等との間で屢々摩擦が生じたことは、既に確認した通り（『雑事記』⑥⑦）である。田中氏は、こうした摩擦の原因として、⑧の傍線部にみられる如く「神郡内の仏地をすべて神地となす措置がとられた」点を挙げられる[36]。ここでいう仏地とは何か、氏は明確にされていないが[37]、岡田氏は⑨を根拠に、「本文書の言う仏地は、寺田のことで、寺などを含めたものでない」と指摘されている。

⑧には、「宝亀五年七月廿三日符旨」とある。その太政官符が⑨であり、上記には「仏地」ではなく「寺田」

とある。岡田氏の指摘は、正鵠を射ているかにみえる。

ところが、⑧には「多気・度会両郡堺内に所在する仏地は、明神の祟りにより、祓い清められて既に神地となっている」とあるのに対して、⑨は、「多気・度会両郡堺内に混在する三色田（寺田・位田〔神宮祠官分を除く〕・他郡百姓口分田）を割き出し、他郡の田を充てよ」といった意になろうか。内容から察しても、⑧が⑨そのものの要旨であるとは、考えにくい。

また⑨が、『神宮雑例集』に収録されている点にも注意しておきたい。上記は、鎌倉時代初期の編纂とされる。すなわち、⑨は原官符ではなく、その抄出ではないか。そこで煩を厭わず、⑨の全文を掲げて検討してみることにする。

太政官符伊勢大神宮司

一多気度会二ヶ郡堺内、授二交寺田并王臣位田及他郡百姓口分田一事

上件三色田割二出神郡一、応レ授二他郡田一、但祢宜・祝位田者、不レ在二此限一

一二ヶ神郡逃走百姓口分田地子、国司徴納混二合官稲一事

上件地子稲応レ収二神税一

右二条事、国司依レ件施行

一勘二問太神宮祢宜・祝・内人・物忌等犯過雑穢一、以応レ科レ祓事

右一条事、専使下勘問準二犯科一祓中清二ヶ神郡上

以前得二神祇官解一偁、今月廿日供奉御卜所レ祟事条如レ件者、被二右大臣宣一、奉レ勅、宜二依レ状施行一者、国并司宜承知、依レ宣施行、符到奉行

従五位上行右少辨当麻真人永嗣　　左大史正六位上会賀臣真継
宝亀五年七月廿三日

右掲の第一条は既に検討した。続く第二条、第三条もまた簡潔であり、抄出を疑いたくなるが、これだけでは判定し難い。しかし傍線部は、明らかに不自然である。実際、これを書写した先人達も不審に思ったらしく、「此間有㆓闕文㆒歟」などと注記した写本も存在する。[38] 右掲官符は抄出とみて、間違いないであろう。

なお、⑧の文書名について、『平安遺文』では端裏書に従い、「伊勢国飯野荘太神宮勘注」とする。ところが実際は、伊勢国飯野郡司が作成した、郡内の寺田（東大寺・東寺）および雑田（淳和院田）都合一一八町一段三二〇歩の坪付勘文である。飯野郡司は、神民口分田坪付勘文も同時に作成して宮司庁に提出したらしく、同月二十一日、伊勢太神宮司は解をもってそれらを上申するとともに、斎宮寮へも牒送している。[39] 斯くの如き坪付勘文において、飯野郡司が太政官符を歪曲したとは考えにくい。⑧は、宝亀五年七月廿三日太政官符の指令内容を正しく伝えたものといえよう。そしてそれは、⑨として『神宮雑例集』に収録される（もしくは転写される）際、削除された内容を伝えるものとみてよいであろう。

他にも、⑧には昌泰三年（九〇〇）七月五日太政官符に基づく執行内容が記されており、そこには「在㆓飯野郡㆒寺田仏地」とある。⑧においては、寺田と仏地とを明らかに区別している。以上の分析により、⑧傍線部の仏地が⑨の寺田に該当するとは、短絡的にいえないのである。

ならば、⑧でいう仏地とは何か。これには、「仏の位」ほかに、「仏の教えが説かれ伝えられていく場所。つまり、寺院またはその寺地」の意味がある。[40] ここでいう仏地とは、寺院（およびその境内地）を指すものと考えられる。

その「仏地」が所在したのは、「多気度会両郡堺内」であるという。上記でいう「堺内」とは、具体的に何処を指すのか。多気・度会郡の郡堺より内側（つまり多気・度会両郡域内）か、もしくは多気・度会両郡を区切る郡堺かの、いずれかであろう。そこで⑧を吟味するに、二重傍線部「飯野多気両郡部内」との用例がある。これは明らかに、飯野・多気両郡郡域内のことを指している。部内には、「令制での地方行政区画の内」の意がある。[41]これは同じ⑧において、敢えて「堺内」と記したのは、これが多気・度会両郡域内ではないことを明示するためであろう。

門井直哉氏の研究によると、古代においては、ゾーンとしての境界が少なくなかったとされる。すなわち、所属の曖昧な土地が帯状に伸びる、いわば境界帯によって区画されていたとする理解である。その曖昧な空間が、後の開発や管理支配の進行によって、やがては線的な境界へと移行してゆく。[42]実際、『皇太神宮儀式帳』管神宮肆院行事に「瀧原宮一院〈伊勢志摩両国堺大山中在、大神宮以西相去九十二里〉」（〈　〉内は割書）とみえる。内宮別宮瀧原宮（現度会郡大紀町瀧原）の鎮座する大山が、伊勢・志摩両国の堺であった。また、同前神田行事には「伊勢国与志摩国堺戸島神祭」とある。戸島（比定地未詳）は、両国の堺であった。ならば、大山や戸島自体は何方の国に所属するかというと、曖昧である。平安時代初頭以前の神宮周辺における行政区画は、斯くの如き大様なものであった。

『皇太神宮儀式帳』初神郡度会多気飯野三箇郡本記行事によると、孝徳天皇（位大化元年～白雉五年・六四五～五四）の時代、十郷を割いて度会の山田原に屯倉を立て、残りの十郷をもって竹村に屯倉を立て、それぞれに督領・助督を置いた、とある。内宮鎮座以来の「神国」[43]は、ここにおいて度会・多気郡に分割されたのであった。しかしながら、門井氏の指摘および伊勢・志摩国境の例を鑑みるに、その境界は、何方の郡に所属するのか曖昧な土地が、帯状に分布する形態であったと考えられる。

以上で検討した点を勘案し、「多気度会両郡堺内所在仏地」とは、多気・度会両郡の境界帯上に所在する寺院（およびその境内地）の意と解しておきたい。そして其処は、宝亀五年七月二十三日太政官符を承け、明神の祟りを鎮めるべく祓い清められ、神地になっているという。上記に該当する寺院は、宝亀三年、伊勢月読神の祟りにより飯高郡への移転を強いられた、度会郡神宮寺（つまり外宮大神宮寺）以外に考えられない。

ちなみに、逢鹿瀬寺の所在した相鹿瀬は、前掲『法楽寺文書紛失記』にみられる如く、中世においては度会郡とも、多気郡とも表記される地であった。これは、相鹿瀬の何処かに境界線が引かれていたというよりも、相鹿瀬の地全体が、度会・多気両郡の境界帯に位置していたことを示すものであろう。斯くの如き地に、内宮大神宮寺が所在したのである。その対をなす外宮大神宮寺もまた同様であった可能性は、十分に考えられるのである。

6　外宮大神宮寺の所在地

そこで、度会・多気両郡の境界付近に所在する古代寺院跡を検索すると、一所が浮上する。四神田廃寺（佐奈山廃寺）[44]である。この比定は、果たして妥当か否か。以下では文献史学の手法に加えて、考古学の成果も参照しつつ、検討してみることにする。

四神田廃寺は、現多気郡多気町大字四神田字フケに所在する。地元で佐奈山と呼ばれるその丘陵上は、大字四神田の東端に位置し、同町大字野中に隣接する。現在、大字野中は全域が多気郡内であるが、『神宮雑例集』巻第一・御厨御園事には、度会郡の内宮領として「野中御園」の名が挙げられている。一方、『法楽寺文書紛失記』には、「一　畠地壱段　在多気郡有尓郷野中村字須山野自道南伍段」の記載がみられる。野中は相鹿瀬と同じく、度会・多気両郡の境界帯上に位置していたと考えられる。四神田廃寺は、その野中に隣接している。したがって同地は、⑧でいう「多気度会両郡堺内所在仏地」に該当する可能性が出てくる。

その「仏地」は、宝亀五年七月二十三日太政官符を承け、祓い清め神地に改められたという。それは、一体如何なる行為であったのか。

『日本書紀』欽明天皇十三年十月条は、仏教公伝の記事として有名である。百済の聖明王より贈られた金銅釈迦如来像は、崇仏派の蘇我稲目に授けられた。稲目は、向原の自邸を清めて寺となし、仏道に励んでいたところ、国に疫病が流行し、死者は増すばかりであった。斯くして排仏派の訴えるところとなり、「乃以㆓仏像㆒流㆓棄難波堀江㆒、復縦㆓火於伽藍㆒、焼燼更無㆑余」㊺との処置がなされた。

また『雑事記』長元四年（一〇三一）六月条によると、十七日、内宮月次祭に奉仕した斎王に、荒祭宮（天照大御神荒御魂）が神懸かった。その託宣は、斎宮寮頭相通とその妻古木古曾が「我夫婦波仁、二所太神宮翔付御利奈、男女乃子共、荒祭・高宮付通給也、女房共和仁、今五所別宮付給也止号天志」いることを「甚無礼之企也、須㆔一旦与㆓神罰㆒也」と激しく叱責し、「是則以㆓件相通等㆒、令㆑処㆓重科㆒天、欲㆑令㆓配流㆒也」との旨を伝えるものであった。これを承けた祭主は、解状を作成する一方、七月六日には、二宮祠官を斎宮寮頭の館に派遣して、荒祭宮・高宮の御殿と号する「禿倉《ホコラ》二宇」を焼き掃わせている。後世に属する史料ではあるが、神宮におけるこうした事例の存在と、前掲『日本書紀』の先例を鑑み、⑧でいう「祓清為㆓神地㆒」とは、伽藍を焼き払うことで、その土地を祓い清める行為であったと見做したい。

この見解が認められるならば、かつての外宮大神宮寺と思しき「多気度会両郡堺内所在仏地」には、伽藍を焼却した痕跡がみられる筈である。四神田廃寺は如何であるか。考古学の研究成果を参照してみよう。

この四神田廃寺を最初に調査されたのは、鈴木敏雄氏であった。その成果は、昭和八年、採集物の写真とともに発表された。

同丘頂上ヨリ北方ニカケテ瓦片散乱ス。ソノ多数ハ焼瓦ニシテ又炭塊灰土ヲ多量ニ出スヲ見レバ、コノ寺院ノ焼尽セシコト明白ナリ。コノ他弥生式土器及祝部土器ヲ多量ニ散布ス。蓋シ遺跡ノ重複ナリ。頂上東面ニ素焼土器片ヲ集積散乱セル個所約四五坪アリ。蓋シ寺院関係ノ土器片ナルベシ。
本寺ノ疏瓦ハ一種ノミナリ。而シテ其疏瓦ハ逢鹿瀬寺ノ一疏瓦ニ全ク同一ノモノニシテ、只其中央ニ破損セル箝型ノ一線ヲ有スルヲ異ナル点トス。蓋シ逢鹿瀬寺ニ関係アル寺院カ。将又単ニ其古型ヲ使用セルニ止マルカ。(46)

当寺跡は、昭和五十年の多気郡農協ライスセンター建設により、ほとんどが破壊されてしまった(47)。こうした現況下、右掲の成果は大変貴重である。

当所に散乱する瓦片や土壌には、火災の痕跡がみられるという。故に「コノ寺院ノ焼尽セシコト明白ナリ」と断言される。四神田廃寺が、⑧でいう「多気度会両郡堺内所在仏地」である可能性は、さらに高まった。

また、確認される軒丸瓦は一種類のみで、それは逢鹿瀬廃寺から出土する一種と全く同じ（但し笵のヒビ割れによる一線を有する点のみ異なる）と指摘される。逢鹿瀬寺跡から出土した古瓦には、奈良時代後半から平安時代前半頃に比定されるものが存在すること、そしてその多くが火災による赤変がみられる点は、岡田氏が指摘された通りである。四神田廃寺と逢鹿瀬廃寺には、考古学上においても、斯くの如き共通点がみられるのである。

なお、四神田廃寺跡が破壊されたその年に、西谷遺跡（栃ヶ池瓦窯）が、奥義次氏によって発見された。上記は、四神田廃寺と逢鹿瀬廃寺とのほぼ中間点に位置する、栃ヶ池南畔（多気郡多気町大字成川字西谷）に所在する（次掲地図参照）。しかも、逢鹿瀬廃寺や四神田廃寺と同笵の古瓦が、出土したのであった。他に、窯壁と思しき焼土も散見することから、当所は瓦窯跡と推定されている(48)。

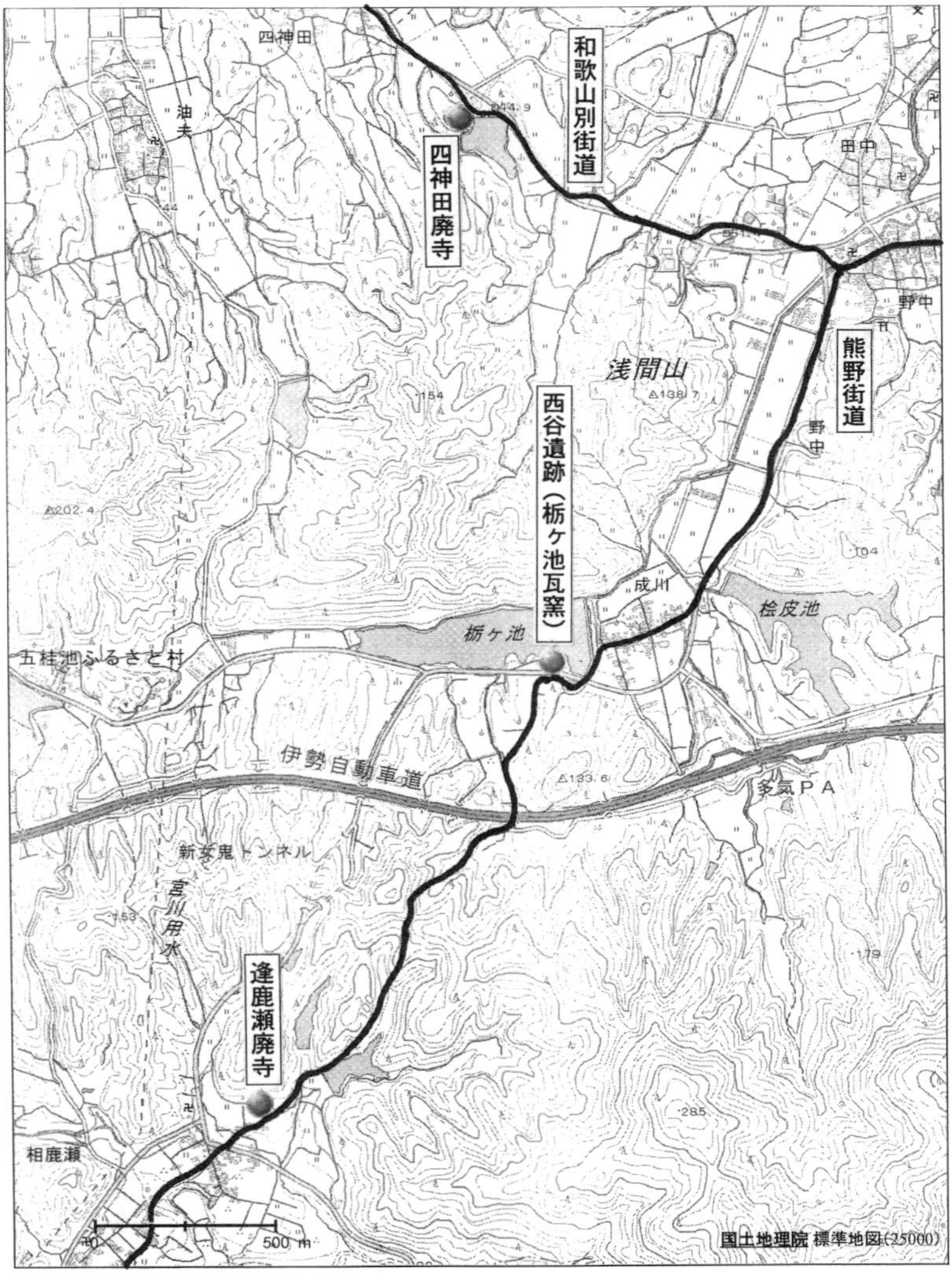

（地理院地図を加工して作成）

表２　逢鹿瀬廃寺・四神田廃寺・栃ヶ池瓦窯出土古瓦一覧

分類		文様	逢鹿瀬廃寺	四神田廃寺	栃ヶ池瓦窯
軒丸瓦	ＩＡ	単弁重弁八葉蓮華文（弁大）・外区珠文21	○		○
	ＩＢ	単弁重弁八葉蓮華文（弁小）・外区珠文16			○
	ＩＢａ	単弁重弁八葉蓮華文・外区珠文16	○		
	ＩＢｂ	単弁重弁八葉蓮華文・外区珠文16(范割れ)	○	○	
	ＩＣ	単弁重弁八葉蓮華文・外区珠文24ヵ	○		
	Ⅱ	内区複弁蓮華文・外区珠文帯	○		
	Ⅲ	単弁重弁十葉蓮華文ヵ	○		
	Ⅳ	単弁重弁十四葉蓮華文	○		
軒平瓦	Ｉ	均整唐草文		○	
	Ｉ－１	均整唐草文・上外区珠文	○		○
	Ｉ－２	均整唐草文・下外区珠文	○		○
	Ⅱ	均整唐草文（文様退化）・上下外区珠文	○		○
	Ⅲ	均整唐草文（内区のみ）	○		
	Ⅳ	均整唐草文・周縁素文	○		
丸瓦		—	○		○
平瓦		—	○		○

註（48）河北氏論文に基づき作成。

これら三遺跡において採集された古瓦の全てを、河北秀実氏が、上掲表2の如く分類された。この様な関係性から、逢鹿瀬廃寺と四神田廃寺の瓦は、栃ヶ池瓦窯で焼成されたと考えられており、少なくとも八葉蓮華文軒丸瓦に関しては、それが確実視されているのである[49]。

考古学による如上の研究成果は、四神田廃寺こそ外宮大神宮寺であり、それは内宮大神宮寺として設定された逢鹿瀬寺の対をなす存在であるとの推論を、裏付けるものとなろう。

7　新伊勢大神宮寺二ヶ寺説

さて、今まで検討してきた点を基に、新たなる伊勢大神宮寺二ヶ寺説を、ここに提示してみたい。

奈良時代後期、時の権力者道鏡の意向もあって、伊勢二所大神宮にも神宮寺を設置することとなった。これは、皇室の祖先神に対する伝統的祭祀に、仏式のそれを新たに付加しようとした試みに他ならなかった。本来ならば、両宮に隣接して建立すべきであった。ところが、当時は神宮近辺での定住が堅く禁じられており、其処に住侶を伴う寺院を創建することは、不可能であった。その上、神宮の鎮座する伊勢国南部は、かつて神国と呼ばれ特別視された地域である。何処にでも寺が建てられる訳ではなかった。

しかし、かつての神国には、度会・多気郡に分割されたことで、郡堺が出現していた。伊勢湾から南西に向かって長く伸びたそれは、後世の如き境界線ではなく、境界帯ともいうべき形態であった。神宮領中に、曖昧な空間が奇しくも現れたのである。新儀の伊勢大神宮寺には、最適の地として認識されたに相違ない。

神宮から度会・多気郡堺へ向かうには、近世でいう伊勢本街道から、田丸で熊野街道に分岐し野中へと至る陸路か、宮川を遡上して相鹿瀬へと至る経路が、最短であろう。伊勢大神宮寺の地を選定するにあたっては、こうした交通の便も考慮されたのではないか。

創建に際しては、外宮先祭の原則が適用された。まずは外宮の大神宮寺を建立すべく、天平神護二年（七六六）七月二十三日、使を派遣して丈六の仏像を造立することとした①。これが四神田廃寺の濫觴である。そして翌神護景雲元年（七六七）、逢鹿瀬寺をもって内宮の大神宮寺とした④⑤。上記に仏像造立等の記載がみられないことから、四神田廃寺が創建であったのに対して、逢鹿瀬寺は既存の寺院を充てたものと考えられる。この両寺院は、対をなす伊勢大神宮寺たるべく、同一文様の瓦をもって荘厳されることとなった。そこで、その中間地点に瓦窯が築かれて、両寺院へと供給された。斯くして度会・多気両郡の境界帯に、北の外宮、南の内宮に対応する二つの大神宮寺が、出現したのである。

その後、神護景雲四年（宝亀元年・七七〇）八月に称徳天皇が崩御するや、道鏡は下野国薬師寺へと左遷された。平城京で発生した異常風雨を、朝廷が伊勢月読神の祟りと判定し、外宮大神宮寺（四神田廃寺）を飯高郡度瀬山房へ移したのは、道鏡が失脚して二年後のことであった②。移転後の境内地は、宝亀五年七月二十三日太政官符を承けて祓い清められ、神地にされている⑧。しかしそれでもなお、月読神の祟りが止まなかったらしく、宝亀十一年（七八〇）二月一日、神祇官の建議により、飯野郡以外の公郡へのさらなる移転が決定された③。朝廷内には、道鏡が主導した神宮の神仏習合化に批判的な人々（神仏隔離派）が、少なくなかった様である。神祇官人達は、その代表であろう。そんな彼等が、道鏡失脚を機に、偶々発生した自然災害を月読神の祟りに託けて、外宮大神宮寺（四神田廃寺）の徹底的な排斥を行ったというのが、実情ではないか。

一方、内宮大神宮寺である逢鹿瀬寺においては、住侶達がその権威を笠に着て横暴となったのか、神宮祠官や神民等と屡々衝突した⑥。とりわけ宝亀六年（七七五）には、住侶等が二所太神宮朝夕御膳料としての御贄を穢した。神祇官を中心とする神仏隔離派は、これを内宮大神宮寺排斥の好機と捉えたのであろう。同七年、逢鹿瀬寺の神宮寺号停止と飯野郡への移転が決定された⑦。

この様に、外宮大神宮寺は創建後僅か六年、内宮大神宮寺にしても九年後には、神郡外への移転を強いられたのであった。

8　伊勢大神宮寺のその後

最後に、伊勢大神宮寺のその後を追ってみたい。

外宮大神宮寺が、宝亀十一年以降如何なる運命を辿ったのかは、全くの不明である。一方の内宮大神宮寺に関しては、その終焉を、文献史料から辿ることができる。

⑧にみえる「又依㆓大《(ママ)》政官去昌泰三年七月五日符旨㆒、在㆓飯野郡㆒寺田仏地、依㆓皇大神御祟㆒、祓清為㆓神地㆒亦了」は、これまで何故か顧みられることのなかった一節である。ここでいう「在㆓飯野郡㆒寺田仏地」とは何か。伊勢大神宮寺二ヶ寺説の立場からすれば、これは宝亀七年に逢鹿瀬の地から移転した、内宮大神宮寺の境

内地とその寺田を指すとしか考えられない。

飯野郡の内宮大神宮寺は、移転後一二四年間にわたって、どうやら命脈を保っていた様である。それが昌泰三年（九〇〇）、皇大神の祟りにより、境内地と寺田諸共に祓い清められ、神地になされたとある。

飯野郡は、天智天皇三年（六六四）、多気郡北東部の四箇郷を割いて公郡としたのが始まりであるという。[50] その後仁和五年（八八九）三月十三日、宇多天皇一代限りの神宮神郡とされ、醍醐天皇即位直後の寛平九年（八九七）九月十一日には、永代寄進とされた。[51] ここに、度会・多気・飯野の神三郡が成立する。皇大神が祟ったのは、その三年後のことであった。かつて大神宮寺を神郡外へ追放した以上、新たに神郡となった飯野郡内の内宮大神宮寺もまた、排斥しなければならない。そこで朝廷は、『続紀』②の先例を鑑み、偶発的事象を祟りに付会したのではないか。

それにしても、このたびは天照大御神の祟りである。朝廷は、その凄まじい怒りに託けて、内宮大神宮寺の存続を許さず、伽藍を焼却して廃寺に追い込んだものと考えられる。

おわりに――神宮における神仏隔離の確立――

伊勢大神宮寺は、時の権力者道鏡の意向もあって創建されるも、彼の失脚後は、神祇官を中心とする神仏隔離派により、徹底的に排斥された。この反対派の中心人物は、時の右大臣・大中臣清麻呂（任宝亀二年～天応二年・七七一～八二）と目されている。高取正男氏によると、清麻呂は子息の子老を神祇伯・祭主（任宝亀四年～延暦五年・七七三～八六）に、甥の比登を宮司（任宝亀元年～五年・七七〇～四）に配して、神宮とその周辺における仏教色を厳しく排除したという。[52] 中臣氏は、神祇祭祀をもって宮廷に仕えてきた氏族である。そんな彼等や神祇官人達にとって、神宮に寺院が付置されるのは、許し難いことであったに相違ない。

なお、延暦二十三年（八〇四）、神宮より神祇官に提出された『皇太神宮儀式帳』には、倭姫命（第十一代垂仁天皇皇女）が定めた忌詞として、「仏乎中子止云、経乎志目加弥止云、塔乎阿良々支止云、法師乎髪長止云、優婆塞乎角波須止云、寺乎瓦葺止云、斎食乎片食止云」等が挙げられている。ところが仏教の公伝は、第二十九代欽明天皇の時代であった。これが後世の仮託であることは、言を俟たないところである。こうした神宮における仏教禁忌の確立は、明らかに伊勢大神宮寺創建の反動であろう。そしてそれを主導したのは、大中臣氏をはじめとする神祇官人達であったと考えられる。

斯くして、道鏡主導による神仏習合化の反動として、ここに神宮における神仏隔離の原則が確立されるに至った。奈良時代末から平安時代初頭にかけて形成されたこの原則について、その実態は如何なるものであったのか。次節以降で検討してゆきたい。

註

(1)『群書類従』巻第六四所収。

(2)青木和夫・稲岡耕二・笹山晴生・白藤禮幸校注『続日本紀』四（新日本古典文学大系15）補注27―二七。なお、佐伯有義校訂・朝日新聞社刊本『続日本紀』文武天皇二年（六九八）十二月乙卯条に「遷多気大神宮寺于度合郡」とあるのをもって、神宮寺の初見と見做す説もあるが、田中卓氏は、諸本に「多気大神宮寺」の「寺」の字がないこと等から、これを明確に否定された（「伊勢神宮寺の創建」〔田中卓著作集4『伊勢神宮の創祀と発展』所収。国書刊行会、昭和六十年。初出は昭和三十二年〕二一八頁）。

(3)辻善之助「本地垂迹説の起源について」（『日本仏教史の研究』所収、金港堂書籍、大正八年。初出は明治四十年）。田村円澄「神宮寺と神前読経と物の怪」（『飛鳥仏教史研究』第Ⅱ部第六章、塙書房、昭和四十四年。初出は昭和三十七年）。

(4)『類聚国史』巻一八〇仏道七（新訂増補国史大系）。
(5)延暦二十年十一月三日多度神宮寺伽藍縁起資財帳（『平安遺文』一―二〇）。
(6)『日本霊異記』下巻第二十四縁（新日本古典文学大系）。
(7)註（3）辻氏前掲論文、七四頁。
(8)高橋美由紀「神仏習合と神仏隔離」（『神道思想史研究』Ⅰ古代・第五節、ぺりかん社、平成二十五年。初出は平成五年）。
(9)註（8）。引用箇所は九八頁。
(10)本書では、『神道大系』神宮編一所収本によった。本書は、内宮祢宜荒木田徳雄（任貞観十七年～延喜五年・八七五～九〇五）の家に伝わった古記文に、子孫が代々書き継いで成立したとされる編年体の史書。二巻。第一巻は、垂仁天皇即位二十五年の内宮鎮座より、後一条天皇の長元八年（一〇三五）までの記事を収める。その史的価値について、阪本廣太郎氏は、「此に云へる古記文は少くともこの徳雄神主の時代に成立せるものであつて、若しこれが徳雄神主の編述になるものとすると、清和天皇より醍醐天皇に至る迄の記事は彼自身の経歴せる処であり、其以前の記事と云へども奈良朝末期より後の記事は、宣旨、格、官符等信用せらるべき史料を引用してある処から、この古記文の大体は真面目なる記録として取扱はるべきものと思はれる」とされる（『新校羣書類従』第一巻解題、四頁）。後掲④～⑦には、宣旨や宣命が引用してあることから、上記は史料的価値のあるものとして、論を進めたい。
(11)註（2）田中氏前掲論文、二三八・二四四～五頁。
(12)註（2）田中氏前掲論文、二四四頁。
(13)『大神宮史要』（平凡社、昭和三十五年）、九四頁。
(14)『本地垂迹』（日本歴史叢書33。吉川弘文館、昭和四十九年）、三八頁。
(15)註（2）補註27―二七参照。
(16)戎光祥出版、平成十七年。天平神護二年七月二十三日条の註49に、「太神宮諸雑事記の逢鹿瀬寺がこの大神宮寺に当たる。（中略）続日本紀4（新日本古典文学大系）の補注27「伊勢大神の寺」とある（二八八頁）。

(17)御巫清直「太神宮寺排斥考」（天保年中脱稿、明治二十二年浄写）に、「其太神宮寺ノ在タル地ハ、東相鹿瀬村ノ東方ノ田畝ニ字ヲヒロト称スル辺、凡テ廃寺ノ古墟ナル由村老ニ聞ケリ。其処ニテ堀出シタル鎧瓦両三ヲ得テ見ルニ、千載ノ古色アリテ伊勢寺ニ出ル物ト其形質相類ス」とある（増補大神宮叢書9『神宮神事考證』後篇所収、吉川弘文館、平成十九年。引用箇所は一四二頁）。

(18)『三重県古瓦図録』（楽山文庫、昭和八年）。本書は、三重県内の古代寺院研究に際しては必ず参照されるなど、現在においてもなお学術価値を失っていない業績である。

(19)註（2）田中氏前掲論文、二三八頁。

(20)国立歴史民俗博物館蔵。星野利幸「神三郡の土地利用について―条里復元を中心に―」（『斎宮歴史博物館研究紀要』一六、平成十九年）に全文が翻刻されている。

(21)『鎌倉遺文』二―五七八。

(22)岡田登「伊勢大神宮寺としての逢鹿瀬寺について」（『史料』（皇學館大學史料編纂所報）第八五号、昭和六十一年）。引用箇所は三頁。その理由について、当該官宣旨の作成者は小槻隆職で、彼は「その職務上、神宮のことに関する過去の記録を披見することができたと言える。よって、この文書に記された「度会郡所在丶丶《逢鹿》瀬寺」の記載も、この文書にしかみられないものであるが、その信頼度は極めて高いものと言える」（同前）とされる。岡田氏は、当官宣旨中の「倩訪旧丶《例歟》」以下を、小槻隆職の勘申と考えておられる様である。しかし、「倩訪旧丶《例歟》」の直前を引用すると、「去年閏十二月廿九日為二頭《可為歟》亮奉行一、被二仰下一偁、神宮丶《領歟》伊勢国釈尊寺事、給主寄二進院法華堂一之条、尤以不当、仍放二彼堂領一、一向丶丶神宮領之由、可レ被二宣下一之旨、所レ被二仰下一也、早可レ令レ召二進本宮解状一者」とある。故に、つらつら旧例を訪ったのは、当該官宣旨の作成者小槻隆職ではなく、「本宮解状」の提出を命じられた二所太神宮祢宜と見做すべきである。したがって、「又度会郡所在丶丶《逢鹿》瀬寺有二勅定一、雖レ定二神宮寺一、彼寺僧徒於二神郡一成二条々濫行一之由、依神丶丶《訴歟》、同七年被丶綸言、永停二止其号一、令レ移二越他郡一畢」の一節は、内宮祠官家の古記録『雑事記』④〜⑦に拠ったものと思われる。しかし、当の諸雑事記には、逢鹿瀬寺の所在郡が記されていない。それを鎌倉時代初期の神宮祠官達が、「度会郡所在」と明記したのであった。よって「逢鹿瀬寺が、奈良時代に於いて度会郡に所在していたことは確実」とは、断言できないのである。

(23)以上、註(22)岡田氏前掲論文および「伊勢大神宮寺(逢鹿瀬寺)の移転先をめぐって」(『史料』第二一八号、平成二十年)。

その他、伊勢大神宮寺に関する先行研究を博捜・整理して問題点の抽出に努めた、山中由紀子「伊勢神宮寺をめぐる諸問題」(『斎宮歴史博物館研究紀要』18、平成二十一年)がある。本項執筆に関しては、氏の成果に拠るところが大きい。

(24)伊勢大神宮寺一ヶ寺説を正面から批判されているは、管見の限り、鎌田純一氏のみである。氏は、『続紀』の伊勢大神宮寺が、度会郡→飯高郡→飯野郡以外の公郡(実は度会郡→飯野郡→飯高郡)と移転しているのに対して、『雑事記』の逢鹿瀬寺は、多気郡→飯高郡(群書類従本)と移転しており、その所在地から「これは別とみるべきであろう」とされる(「太神宮諸雑事記の史料性」〈『史料』第二七号、昭和五十五年。引用箇所は二頁〉)。しかし、綿密な検討・考察により構築されている田中氏の一ヶ寺説批判としては、不十分であろう。

(25)註(2)田中氏前掲論文、二四五頁。

(26)註(22)岡田氏前掲論文、五～六頁。

(27)佐藤進一『古文書学入門』(法政大学出版会、昭和四十六年)、六九～七〇頁。『古文書用語辞典』(柏書房、昭和五十八年)。

(28)ちなみに岡田氏は、「宝亀四年、少なくとも六年までには、元の如く逢鹿瀬寺に復している」と説明されている(註(22)岡田氏前掲論文、六頁)。これを立証するには、飯高郡移転後、僅か一～三年で復することになった明確な典拠を示されるべきであろう。

(29)「神道と仏教」(『新版仏教考古学講座』第一巻所収、雄山閣出版、昭和五十九年)、二一〇頁。但し、『続紀』にみえる伊勢大神宮寺の初見を、文武天皇二年(六九八)十二月乙卯条とされているが、これが否定されていることは、註(2)で既に確認した。

(30)本書では、『神道大系』神宮編一所収本によった（後掲『止由気宮儀式帳』も同じ）。
(31)三重県郷土資料刊行会本『勢陽五鈴遺響』5、二二九頁。
(32)註（22）岡田氏前掲論文、八頁。
(33)本書では、『神道大系』論説編五・伊勢神道(上)所収本によった。
(34)「古梓堂所蔵文書」（『平安遺文』一―二三三。『大日本史料』延長七年七月十四日条にも収録）。傍線は引用者、以下同じ。
(35)本書では、『神道大系』神宮編二所収本によった。
(36)註（2）田中氏前掲論文、二四五頁。
(37)註（22）岡田氏前掲論文、七頁。
(38)『神道大系』神宮編二、二二頁。
(39)「内閣文庫所蔵文書」延長七年七月二十一日伊勢太神宮司解・同太神宮司牒（『平安遺文』一―二三四・二三五）。
(40)『精選版日本国語大辞典』（小学館、平成十八年）。
(41)同前。
(42)「歴史地理学からみた郡域編成の成立―評の「領域」をめぐって―」（奈良文化財研究所編『古代地方行政単位の成立と在地社会』所収、平成二十一年）。
(43)『神宮雑例集』巻第一・伊勢国神郡八郡事。
(44)天暦七年（九五三）二月十一日伊勢国多気郡近長谷寺資財帳（『平安遺文』一―二六五）によると、延喜十三年五月二十七日、麻績在子が常燈料として施入した治田「十六条四疋田里十九并廿坪壱段」の四至に「西限宮守寺地并佐奈山寺治田」とあり、上記「佐奈山寺」の左脇には「康―宝山寺」と注記されている。当資財帳は、康保・長和・建仁年間の三度に亘って、実際の寺領との照合がなされていることから（奥義郎「近長谷寺資財帳」〔『多気町史』通史第三編第二章、平成四年〕、一九一頁）、延喜十三年（九一三）から康保年間（九六四～八）にかけて、多気郡内の何処かに佐奈山寺（宝山寺）が存在したことは確実といえる。鈴木敏雄氏は、上記と地元における佐奈山の呼称をもって、当遺跡を「佐奈山寺址」と命名された（註（18）、一〇五～六頁）。
しかしながら、鈴木氏はその佐奈山寺址から、逢鹿瀬廃寺と同一の軒丸瓦を発掘されているのである（この点に関しては後述する）。奈良時代後期（八世紀）の古瓦が出土する四神田廃寺を、平安時代中期（一〇世紀）以降にしか確認できない佐奈山寺（宝山寺）に比定するのは、他の有力な傍証を提示しない限り、無理があろう。
したがって、四神田廃寺を佐奈山廃寺を呼称すること、そして当所を式内社佐那神社の神宮寺と見做す説（註（18）一〇六頁および註（22）岡田氏前掲論文五頁）には、異議を唱えるものである。

(45)本書では、新訂増補国史大系本によった。

(46)註（18）、一〇五頁。

(47)註（22）岡田氏前掲論文、八頁。

(48)河北秀実「西谷遺跡（栃ヶ池瓦窯）・逢鹿瀬廃寺・四神田廃寺採集瓦の同笵関係と想定される供給パターン」（『Mie history』vol.7　平成六年）、一五～六頁。

(49)同前、一七頁。

(50)『皇太神宮儀式帳』初神郡度会多気飯野三箇郡本記行事。

(51)『類聚三代格』寛平九年九月十一日太政官符。

(52)「神仏隔離の論拠」（『神道の成立』所収、平凡社、平成五年。初出は昭和五十二年）。

(補註)拙論（「伊勢大神宮寺について」〔『龍谷史壇』第一四〇号、平成二十七年〕。以下「前稿」と略記）発表後、岡田登氏より、以下の三点について御批判を頂戴した（「伊勢の大神宮と東大寺大仏造立」〔『皇學館史學』第三一号、平成二十八年三月〕四六～八頁）。

㋐逢鹿瀬寺と四神田廃寺からは、同笵の珠文縁重弁八葉蓮華文軒丸瓦が出土している。しかし、四神田廃寺のそれは笵割れしたもので、逢鹿瀬寺創建に使用された後、四神田廃寺に使用されたもので、四神田廃寺が逢鹿瀬寺に先行して創建されたとは考えられない。

㋑四神田廃寺が延喜式内社・佐那神社の神宮寺と考えられる理由

ⓐ四神田廃寺の所在地を「佐奈山」と俗称していること。
ⓑ四神田廃寺と佐那神社が、東西一直線で結ばれていること。
ⓒ逢鹿瀬寺と同笵の軒丸瓦の笵型を、割れたままで使用していること。
ⓓ四神田廃寺跡から、一〇世紀頃の良質な灰釉陶器や一二世紀頃の山茶碗が出土していることから、天暦七年（九五三）二月十一日伊勢国多気郡近長谷寺資財帳にみえる「佐奈山寺」（宝山寺）が一〇世紀まで存在していた可能性は高い。
ⓔ奈良市元興寺極楽坊の屋根には、現在も飛鳥時代の瓦が葺かれている。

㋒外宮先祭は、先に豊受大神宮に食を奉る祭典をし、その後皇大神宮に奉る祭典をすることからきたもの（豊受大神はわかりやすい言葉で言うと「毒味の神」）で、多田氏のように考えることはできない。また豊受大神宮の式年遷宮は、皇大神宮の二年後に行われていることからも、この論の前提にすでに誤りがある。

右掲の御批判に対して、それぞれ返答することにしたい。そもそも河北秀実氏や筆者が問題としたのは、四神田廃寺から、笵割れしているとはいえ、逢鹿瀬寺と同笵・同質の軒丸瓦が出土していることである。上記について、岡田氏は㋐の通りに説明される。四神田廃寺は、逢鹿瀬寺の創建後に建立され、その際に逢鹿瀬寺で用いた軒丸瓦の笵型を再利用して製作・葺装したと、どうやら考えておられる様である。そう断言されるのであれば、その根拠を示されるべきであるが、この点に関しては、全く言及されていない。

また、拙論の外宮先祭（これに則り、内宮大神宮寺の逢鹿瀬寺に先立って創建されたのが、外宮大神宮寺としての四神田廃寺であるとする愚説）を、岡田氏は㋒の通りに批判される。確かに、式年遷宮は内宮が先であるが、それ以外の神宮祭祀は全て、上記原則に則っていることは、周知の通りである。前稿では明確に述べなかったが、そもそも伊勢大神宮寺の創建は、皇室の祖先神に対する伝統的祭祀に、仏式のそれを付加しようとした新たなる試みに他ならないというのが、拙論における基本的理解である。故に、外宮先祭の原則が適用されたと考えた次第であるが、これを㋒の如く批判されても、当惑するばかりである。

なお拙論では、文献史料（『続紀』および『雑事記』）を検討する限り、伊勢大神宮寺＝逢鹿瀬寺一ヶ寺説は成り立ち難いことを、そもそもの出発点とした。一ヶ寺説を提唱される岡田氏からは、この点に関する御意見を伺いたかったのであるが、それには言及されず、㋑の御持論（四神田廃寺＝佐奈山寺（宝山寺）＝佐那神社神宮寺説。尤も、これを最初に提唱されたのは、鈴木敏雄氏〔註（18）、一〇六頁〕である）を展開された。しかしながら、四神田廃寺の謎を解く最大の鍵は、前述した通り、笵割れしているとはいえ、逢鹿瀬寺と同笵・同質の軒丸瓦が出土している事実を、如何に考察するかにあろう。拙論では、文献史料や考古学的成果を援用して、これを内宮大神宮寺（逢鹿瀬寺）との対をなす、外宮大神宮寺と結論付けた。御持論を提唱されるのであれば、まずは、逢鹿瀬寺と同じ軒丸瓦が出土する四神田廃寺が、なぜ佐那神社の神宮寺であるといえるのか、学術かつ論理的に説明されるべきではないか。

　以上の理由により、御批判をお寄せ下さったことには謝意を表するものの、その内容は首肯し難いものがあり、現段階においては、拙論を訂正する必要はないと考える。

二　伊勢蓮台寺の創建と内宮本地説の成立

はじめに

神宮に、初めて仏教の波が押し寄せてきたのは、奈良時代後半のことであった。時の権力者道鏡が主導したと考えられている、伊勢大神宮寺の創建である。ところが彼の失脚後、同寺は右大臣大中臣清麻呂を中心とする神仏隔離派により、徹底的に排斥された。そしてその反動として、神宮における神仏隔離の原則が、奈良時代末から平安時代初頭にかけて確立されるに至った。

延暦二十三年（八〇四）、神宮より神祇官に提出された『皇太神宮儀式帳』に「仏乎中子止云、経乎志目加弥止云、塔乎阿良々支止云、法師乎髪長止云、優婆塞乎角波須止云、寺乎瓦葺止云、斎食乎片食止云」等の忌詞がみられることは、既に確認した（第一章一）。神宮における仏教禁忌の実態を、端的に物語る一節として著名である。しかしながら、こうした神仏隔離の原則は、神宮祠官達が従事する祭祀・儀礼の場に限定されるものであったらしい[1]。彼等は、表向きには仏教を峻拒するも、実は敬虔な仏教信者であった事実が、諸先学の研究により明らかにされている。

神宮祠官と仏教の関係を論じた本格的な研究は、大正六年に発表された石巻良夫氏の「伊勢神宮祠官の仏教信仰に就て」[2]を嚆矢とする。上記によると、神宮祠官の上層である祭主・宮司（大中臣氏）や内宮祠官荒木田氏・外宮祠官度会氏でさえ、一族から数多くの出家者を輩出している。なかには、大中臣国雄の如く、僧侶から祭主（任承和元年～七年・八三四～四〇）[3]となった者や、内宮六祢宜荒木田成良の如き、建久四年（一一九三）の父一祢宜成長臨終に際して、突如出家した者も居た。さらには、各家とも氏寺を建立していた事実が確認されている。その寺院名と開基（創建者）は、次の通りである。

蓮台寺（度会郡前山）…祭主大中臣永頼（任正暦二年～長保二年・九九一～一〇〇〇）
釈尊寺（度会郡大野木）…祭主大中臣輔親（任長保三年～長暦二年・一〇〇一～三八）
勝善寺（度会郡岩出）…祭主大中臣親定（任寛治五年～保安三年・一〇九一～一一二二）
大覚寺（比定地未詳）…大宮司・造宮使大中臣千枝[4]
田宮寺（度会郡田宮寺）…内宮一祢宜荒木田氏長（二門氏寺。長徳年間・九九五～九）
法泉寺（度会郡小社）…荒木田氏一門氏寺[5]
常明寺（度会郡継橋郷）…度会氏崇重氏寺[6]

その他、大宮司大中臣宗幹（任永観元年～永延二年・九八三～八）の娘婿が建立した蓮華寺（後の太神宮法楽寺。

度会郡棚橋[7]）や、前出の内宮祢宜成長（任仁平三年～建久四年・一一五三～九三）が建立した天覚寺（度会郡二見[8]）を加えると、神宮祠官が建立した寺院は、平安時代だけでも九ヶ寺に及ぶ。しかもそのほぼ全てが、神宮の鎮座する度会郡内に所在した。奈良時代、神郡内に伊勢大神宮寺が創建されるも、僅か数年にして神郡外へ擯出されたことを思うと、隔世の感がある。

さて、石巻氏の後、当該分野の研究を深められたのが、萩原龍夫氏であった。氏は、神祇官人である「この祭主が伊勢に対して京都文化をもち込むというはたらきを自然演じたのであって、仏教による善業得果の、当時としては高度の文化生活を伊勢にもちこんだのも祭主が始めてである」とし、その結果建立されたのが、大中臣永頼の蓮台寺であったとされる。そしてこの「大中臣氏に倣って、荒木田・度会の両氏もまた氏寺を建てて維持した」と考察されている。また、昭和三十四年に発見された朝熊山経塚をはじめとする、神宮周辺の仏教遺跡から出土した金石文にも注目され、「荒木田・度会・大中臣の各氏の人々が平安末期に、末世澆季に当って遠く仏再来に備え経巻を書写埋納した、その信仰のほどはなかなかに熱烈であった」と結論付けられている[9]。

平安時代、祭主大中臣氏が齎した仏教信仰とその文化は、やがて神宮祠官全体へと弘まった。その濫觴は、どうやら大中臣永頼の蓮台寺建立に求められそうである。本節は、その蓮台寺の創建が、神宮の、延いては我が国の神仏習合史上において如何なる影響を及ぼしたのか、検討を試みるものである。

1　祭主永頼が編み出した方便

源顕兼（永暦元年～建保三年・一一六〇～一二一五）によって編まれた『古事談』に、次の説話が収録されている。

伊勢国蓮台寺者、祭主永頼建立也、永頼従㆓神事㆒之間、依㆑憚㆓仏事㆒、思而送㆓年月㆒、為㆑祈㆓請此事㆒、

限二三ケ日一参二籠内宮一、夢中被レ開二御殿一、乍レ驚奉レ見之処、三尺皆金色観音像也、仍其後所レ立之堂也[10]

（巻五―五一〔三八三話〕）

蓮台寺の草創に関する説話である。大中臣永頼が祭主として神事に従事したのは、正暦二年～長保二年（九九一～一〇〇〇）であった。その間、永頼は寺院の建立を発願するも、それが仏事であることを憚って、徒に年月を送っていた。しかし、永頼は一念発起して寺院建立を祈請すべく、三日間の内宮参籠を敢行した。すると、夢の中に御殿（内宮正殿）が現れ、突如開かれた内部に見えたものは、金色に光り輝く三尺の観音像であった。この示現を得て建立されたのが、蓮台寺であるという。

右掲の説話から、次の二点を看取することができる。一つは、神宮祠官や造宮使・公卿勅使等、神宮に携わる者が仏事を修するには、天照大御神に祈請して示現を得られればそれでよいとする、謂わば方便が編み出されていることである。ちなみに『古事談』には、右掲の前段（巻五―五〇〔三八二話〕）に、次の説話が収録されている。

三位祭主親定、造宮之間、有下可レ建二立一堂一之志上、歎云、過二御遷宮間一者、露命可レ難レ期、愁生之間、欲レ遂二此願一、仍以二此由一申二合江中納言一之処、納言答云、蓮台寺者、永頼祭主、外内両宮御遷宮之中間、祈二請神明一、蒙二神明之告一所二建立一也、然者雖二造宮之間一、能致二祈請一者、造営何事有哉云々、因レ之親定祈請所レ造レ堂也（岩出堂也）

大中臣親定が祭主であったのは、寛治五年～保安三年（一〇九一～一一二二）である。その間、彼が奉仕した神宮式年遷宮は、第二十二回（内宮嘉保二年（一〇九五）・外宮永長二年（一〇九七））および第二十三回（内宮永久二年（一一一四）・外宮永久四年（一一一六））である。[11] 文中に「過㆓御遷宮間㆒者、露命可㆑難㆑期」とあることから、親定が一堂の建立を志したという「造宮之間」とは、彼が齢七十を過ぎた、[12] 第二十三回式年遷宮を指すものと考えられる。何しろ、「皇家第一重事、神宮無双大営」[13] といわれた式年遷宮である。その期間中、神宮祠官の頂点に立つ身でありながら、一堂の建立という仏事を営むのは、当然憚るべきことであった。しかしながら、いつ尽きるとも知れない余命を鑑みて思い悩んだ末、当時博学で知られた大江匡房に相談した。大江匡房は、天永二年（一一一一）十一月五日、七十一歳で薨じている。[14] 一方、第二十三回内宮式年遷宮は、永久二年（一一一四）である。しかし、これは御神体を新宮に遷し奉る遷御の年であって、式年遷宮としては、遷御の年より遡ること三年、孟冬（十月）における造宮使補任および拝賀をもって始まりとした。[15] したがって、親定が匡房に教えを乞うたのは、匡房薨去直前の、天永二年十月ということになる。

大江匡房の返答は、次の通りであった。蓮台寺は、永頼祭主が外内両宮御遷宮の中間に、神明すなわち天照大御神に祈請して、大御神の告を蒙ったことにより建立された。故に、たとえ式年遷宮の期間中であっても、よく祈請すれば問題はないとのこと。そこで親定は、大御神に祈請して、岩出堂すなわち勝善寺を建立したという。何分、蓮台寺の建立が十世紀末なのに対して、大江匡房の談話は十二世紀初頭のことであり、その上当説話を収録する『古事談』は、十三世紀の成立である。[16] 匡房が語る大中臣永頼の事績には、史実とは認め難い箇所もあるが、[17] 少なくとも、永頼の編み出した方便が、その後京都の公家社会に流布したという点は、事実として認めてよいであろう。

2　内宮本地＝観世音菩薩説

もう一点は、内宮に参籠した大中臣永頼が、金色に光り輝く三尺の観音像を感得していることである。永頼は、どうやら内宮（天照大御神）の本地を、観世音菩薩と認識していたらしい。

上記に関しては既に、萩原龍夫氏が、

当時の信仰から言っておそらく十一面観音であろう。平安中期以後、伊勢内宮の本地を十一面観音と考える信仰が成立して、大中臣氏の蓮台寺の本尊はそれと同じ十一面観音であると信じられていた時期があるのであろう。

と指摘されている。(18) 実際、鎌倉時代の醍醐寺高僧であった通海（文暦元年～嘉元三年・一二三四～一三〇五）は、著書『太神宮参詣記』下第十三(19)において、

又神国ニ生ヲ忌ミ死ヲ忌ムハ、生死流転ヲ誌忌事也ト宝志モ説キ給ヘリ。宝志和尚ハ十一面観音ノ化現トシテ、神事ハ仏法ニヨルヘキ伝記ヲ残セリ。爰ヲ以祭主永頼ハ蓮台寺ヲ作リテ、十一面ヲ以神宮ノ御本地ト顕シ、荒木田氏ノ一門ハ田宮寺ヲ造テ十一面ヲ顕シテ、氏ノ伽藍トセシカハ、霊験新ニシテ、子孫一祢宜ニ至ルノミナラス、衆庶ノ願ヲ満ル事、掌ヲ指カ如シト申セリ。宝志ノ伝文実ニ為レ證ニタレリ。

と記している。「中臣氏系図」によると、通海は祭主大中臣隆通（任寛喜二年～宝治二年・一二三〇～四八）の子で、兄弟の隆世・隆蔭および隆世の子定世や隆蔭の子隆直・経蔭・隆実は、いずれも祭主を歴任している。(20) 通海が、

こうした家柄の出身であった点を踏まえるに、少なくとも「祭主永頼ハ蓮台寺ヲ作リテ、十一面ヲ以神宮ノ御本地ト顕シ」とある一節は、史実を伝えたものとみてよいと思われる。大中臣永頼が感得したという金色に光り輝く観音像とは、十一面観音であった。

ところが、右掲にみえる宝志とは、大陸南北朝時代の僧侶である。故に、「神事ハ仏法ニヨルヘキ伝記」が本朝における偽作であることは、論を俟たないところであろう。伊藤聡氏の指摘によると、上記「伝記」は両部神道書の『天照大神儀軌（宝志和尚口伝）』で、その成立は、長寛二年（一一六四）以前とされる[21]。両部神道が盛んとなったのは、平安時代末期であった[22]。『天照大神儀軌（宝志和尚口伝）』もまた、それ以前に遡ることはなく、したがって十世紀の祭主永頼が上記を参照したとは、考え難いのである。

しからば、内宮の本地を斯くの如く観世音菩薩と見做す信仰は、その淵源を一体何処に求めたらよいのであろうか。

当該分野に関しては、久保田収氏[23]が先鞭をつけておられるほか、網羅的研究として、前掲伊藤氏の論考が挙げられる[24]。これら先行研究に導かれつつ、右掲の疑問について考察を試みたい。

(1) 内宮本地＝観世音菩薩説の初見

久保田氏は、「伊勢神宮の本地説が明白に示されてゐる」初見として、『江談抄』にみえる次の一節を挙げられた。

又太神宮救世観音御変身云々、此事民部卿俊明所レ被レ談也云々[25]

『江談抄』とは、大江匡房（前出）の談話を、藤原実兼が筆録したものである。そしてここに登場する民部卿俊明とは、匡房と同じく白河院の近臣として活躍した、源俊明のことである。彼が民部卿に補されたのは、寛治八年（一〇九四）六月のことで、その官途のまま永久二年（一一一四）十二月二日、七十一歳で薨じている。[26] 伊藤氏は、「彼は公卿勅使として、六度も伊勢神宮に参詣している。神宮の本地について俊明の言があえて採り上げられるのも、彼と神宮との深い関係ゆえであろう」と考察されている。[27] ともあれ、天照大御神の本地を救世観音と見做す信仰が、十一世紀末～十二世紀初頭（より具体的には、源俊明が民部卿に補任された寛治八年から、匡房が薨去した天永二年（一一一一）の間）に存在したことは確かである。

ところが、平安時代末～鎌倉時代初期の学者藤原孝範が編纂した『明文抄』[28] 五神道部に、次の一節がみられる。

政事要略云、右府生竹田種理語云、伊勢遷宮□為㆓官史生㆒行事功了、参㆓向彼宮㆒、夢祢宜中臣《(ママ)》氏長教曰、於㆓外鳥居之下㆒、申㆓南無救世観世音菩薩㆒可㆑奉㆓礼拝㆒、仍百遍許突㆑額、夢覚之後、以㆓此旨㆒語㆓氏長㆒、答云、可㆑蒙㆓大神宮御助㆒也、成㆓検非違使㆒哉者、明年補㆓府生㆒、氏長之言似㆑有㆓其験㆒、若大神観音御変、依㆓奇夢㆒記㆑之、于㆑時寛弘三年二月廿日

右掲によると、『政事要略』には、寛弘三年（一〇〇六）二月二十日付の右衛門府生・竹田種理の所談が収録されているという。彼が、太政官の史生として遷宮行事を無事勤め上げ、内宮に参向した際のことである。夢に祢宜の中臣氏長が現れて、外鳥居の下で南無救世観世音菩薩と申して礼拝せよ、と教えてきたので、百遍ばかり額突いた。夢覚めた後、その有様を氏長本人に語ったところ、それは大神宮の御助を蒙ったということであり、貴方は検非違使になるのではないか、との返答であった。この氏長の言通り、種理は翌年右衛門府生（検非違使を兼任）に補せられた。もしかしたら、天照大御神は観音の御変ではないか、と。

ところで、現行本『政事要略』（新訂増補国史大系）には、右掲の記事がみられない。尤も、全一三〇巻中、現行本は僅か二五巻のみであるため、右掲は逸文の可能性がある。この点に注目された伊藤氏は、

・『本朝世紀』正暦四年（九九三）閏十月二十八日条に、「右史生竹田種理」が防鴨河使主典に補せられたとあること。
・種理が参宮したのは、第十七回内宮式年遷宮が終了した長保二年（一〇〇〇）であること。
・「中臣氏長」とは、時の内宮一祢宜荒木田氏長（任長徳元年～長保三年・九九五～一〇〇一）であること。
・『権記』長保三年（一〇〇一）正月三十日条に、右史生種理が「堪能の聞こえ」あるによって右衛門府生に補せられたとあること。

等の諸事実を挙げられた上で、「以上、種理・氏長に関する周辺史料より見ても、『明文抄』所引の「政事要略」を、真に『政事要略』の佚文と確定できよう」と推断されている。

そして、「とすれば、天照大神を救世観音の垂迹とする説は『江談抄』より一挙に百年近く遡りうることになる」と続けられている。[29] すなわち、右掲『明文抄』所引の『政事要略』逸文こそ、内宮（天照大御神）の本地説が明白に示されている、確実な初見ということになる。そしてそれによれば、内宮の本地は救世観音と見做されており、この説は竹田種理によって京都へと伝播したのであった。

(2) 二つの内宮本地説

一方、祭主大中臣永頼が、内宮の本地を十一面観音と見做していた点については前述した。つまり、二つの内宮本地説─十一面観音と救世観音─が、十世紀末の時点において同時に存在したことになる。

ちなみに、『政事要略』逸文において、竹田種理の夢想を「大神宮御助」と判じたのは、内宮一祢宜荒木田氏長であった。彼は、如何なる認識を有していたのであろうか。

後世の史料となるが、前掲『太神宮参詣記』には、「荒木田氏ノ一《(ママ)》門ハ田宮寺ヲ造テ十一面ヲ顕シテ、氏ノ伽藍トセシカハ」とあった。また享徳元年（一四五二）九月二日田宮寺氏子等目安に、「皇太神宮太《(ママ)》小祠官田宮寺氏子等申（中略）右当寺者、従二神慮一綷起而、長徳年中氏長一祢宜草創以来」、（寛正六年・一四六五）十月二十九日内宮一祢宜荒木田氏経書状には「抑太神宮二門氏寺田宮寺者、天下の御祈祷を致厳重大伽藍候」とある。[30] 長徳年間（九九五〜九）、氏長が荒木田氏二門の氏寺として田宮寺を創建したとする伝承は、彼の子孫達によるものであるだけに、事実とみてよいであろう。その田宮寺は、三重県度会郡玉城町田宮寺に現存し、本尊である金色の十一面観世音菩薩立像二躯は、平安時代初期の名作として、重要文化財に指定されている。[31] 荒木田氏長が、内宮の本地を十一面観音と認識していたことは、ほぼ間違いない。

その一祢宜氏長（任長徳元年〜長保三年・九九五〜一〇〇一）が、斯くの如き信仰を有し、しかも氏寺まで創建したのは何故か。彼の上司こそ、祭主大中臣永頼（任正暦二年〜長保二年・九九一〜一〇〇〇）であった。すなわち、祭主任期中の永頼が、内宮近隣の地に蓮台寺を創建したとする『古事談』の所説は、史実を伝えるものであり、その根底には、内宮（天照大御神）の本地を十一面観音と見做す信仰があった。こうした祭主家の先進的文化や信仰は、一祢宜荒木田氏長の模倣するところとなり、早くも長徳年間（九九五〜九）には、十一面観音を本尊とする氏寺田宮寺が創建されたのではないか。内宮の本地を救世観音と見做す説が、主に京都で流布したのに対して、十一面観音説は、どうやら神宮祠官の間で弘通した様である。

(3) 内宮本地＝観世音菩薩説の成立

それにしても、如上の信仰は、一体何処で形成されたのであろうか。上記を考察する上で足掛かりとしたいのが、伊藤聡氏による次の指摘である。[32]

　さて、このような神と仏の習合は、往々にして実体的な信仰が先行する場合が多いのだが、天照大神が観音菩薩と習合するに際しては、ある教説的前提が存在した。すなわち、観音を日天子に配当する解釈である。

> 日天子とは、インド神話に登場する太陽神が、後に仏教の天部として採り入れられたものである。この日天子を観世音菩薩と見做す説について、本朝における初見は、『百座法談聞書抄』の「観世音菩薩ノ申シ給フヤウ、ヲノレマカリテ、日天子トナリテ昼ヲテラサム」[33]であることが、伊藤氏によって確認されている。[34]しかしながら、これは天仁三年（一一一〇）六月十九日における善法房已講の講説であり、大中臣永頼や荒木田氏長・竹田種理等の方が、百年以上も先行している。
>
> 一方、視点を大陸にまで拡げると、『妙法蓮華経』序品の「復有名月天子・普香天子・宝光天子・四大天王」に関する、隋の天台大師（智顗）の解釈が挙げられる。
>
> 　名月等三天子、是内臣如二卿相一、或云、是三光天子耳、名月是宝吉祥月天子、大勢至応作、普香是明星天子、虚空蔵応作、宝光是宝意日天子、観世音応作、此即本迹釈也
>
> （『妙法蓮華経文句』巻第二下）[35]
>
> 『妙法蓮華経文句』（『法華文句』）とは、法華経の各句に対する注釈書で、言わずと知れた天台三大部の一つである。それによると、宝光とは宝意日天子のことで、観世音菩薩の応作（菩薩が衆生に応じた姿を現す働き）であり、これは観世音菩薩を本地、日天子を垂迹と見做す解釈である、とする。

以上を踏まえた上で、視点を本朝に戻そう。前出の『古事談』巻五—五〇（三八二話）には、先程の引用に続いて、

抑件蓮台寺ハ、安二置普賢像一、行二法華三昧一云々、件堂所前生之苦行庵室跡云々、永頼時々語二前生事一云々、件普賢、天蓋頂鏡之中央居二水精玉一、玉大、大二於橘一云々、氏人之中、可レ有二慶賀一之時、件玉必照耀、欲レ有二大慶一之時ハ、玉フチノ小玉等皆放レ光云々、故永実欲レ任二上総守一之時、中央大玉半分照耀、人々恠レ之、上総任中逝去畢、凡霊験掲焉之砌也云々、此事外宮権祢宜常行、参二礼部禅門一所レ語也

とある。法華三昧とは、「普賢の色身を見、釈迦及び分身の諸仏等を見、乃至一切障道の罪を滅して現身に菩薩の正位に入らんと欲する者の修する所にして、即ち三七日を期して法華経を読誦し、並に実相中道の理を念観するもの」で、「智顗が光州大蘇山に於て此の三昧に入りしことは古来喧伝せらるる所にして、（中略）本邦に於ては、最澄始めて比叡山に四種三昧の法を移修し、爾後常行三昧と共に諸山諸寺に始行せられ、法華三昧堂も亦競うて建設せらるるに至れり」という[36]。また、普賢菩薩像上に設置された天蓋には、大小の玉があしらわれており、その霊験あらたかなることを、外宮権祢宜度会常行が礼部禅門に語ったとある。権祢宜常行は、康治三年（一一四四）外宮六祢宜に補任され、永暦元年（一一六〇）一祢宜にて卒去している。礼部禅門は、源雅兼と考えられ、長承三年（一一三四）治部卿に補任されるも、保延元年（一一三五）に出家し、康治二年（一一四三）に薨去している[37]。

如上を勘案するに、度会常行が源雅兼に蓮台寺の霊験を語ったのは、保延元年～康治二年（一一三五～四三）ということになる。そしてその蓮台寺には、観世音菩薩を本尊とする金堂とは別に、普賢菩薩を本尊とする法華

三昧堂が併設されていた。蓮台寺は、どうやら天台宗の寺院であったと、見做すことが出来そうである。[38]『法華経』を所依の経典とする天台宗の僧侶にとって、開祖大師が著した『法華文句』は必須の書である。大中臣永頼の蓮台寺開創に際して、その天台宗僧が住侶として招かれ、彼等が檀越永頼の意向を汲んで、『法華文句』を基に、日天子＝天照大御神＝観世音菩薩との説を形成したのではないか。以上の考察により、内宮の本地を観世音菩薩とする説は、十世紀末、伊勢蓮台寺において誕生したものと見做したい。

(4) 内宮本地＝十一面観音説の形成

如上の蓋然性が認められるならば、次に考察しなければならないのは、種々ある観世音菩薩のなかでも、何故十一面と救世が内宮の本地として選ばれたのか、という点である。

まずは、十一面観音説について検討を試みたい。伊藤聡氏は、次の様に推定されている。

神宮周辺においては十一世紀段階から、天照大神の本地に観音を配当する信仰が存在していたのだが、その段階では救世観音とされているだけで、必ずしも十一面観音とは特定されていなかった。それが十一面観音とされるに至った経緯については、やはり前節で述べた長谷寺における長谷・伊勢同体説との関係が考えられよう。

伊勢神宮と長谷寺は距離も近く、このふたつを結ぶ伊勢街道は、神宮・長谷の参詣者の行き交うところであった。つまり、両者の人的・物質的交流のなかで、十一面観音同体説が形成されていったといえるだろう。[39]

伊藤氏は斯くの如く指摘されるが、十世紀末に、神宮祠官の間で十一面観音説が定着していたことは、先に検証した通りである。また、その十一面観音説の形成には、大和長谷寺における長谷・伊勢同体説が関係したと推定されるが、そもそも長谷・伊勢同体説の成立は、平安時代末期と見做すのが通説の様である。(40) それが十世紀末の段階で伊勢へと流布し、神宮祠官達に定着したとは、考え難いのではないか。

そこで注目したいのが、大和の長谷寺ではなく、神三郡（度会・多気・飯野郡）内に建立された近長谷寺(41)の存在である。三重県多気郡多気町長谷にある近長谷寺は、平安時代後期の作とされる六メートル超の本尊十一面観音立像（重要文化財）とともに、天暦七年（九五三）付の資財帳(42)（同前）が伝存することで知られている。その冒頭に、

実録近長谷寺堂舎并資財田地等事
　合
堂壱院〈桧皮葺　高二丈三尺五寸　長二丈六尺　妻一丈六尺　法名光明寺〉
三面庇　高一丈二尺　長五丈六尺五寸　妻三丈一尺
香蘭三面〈南面長六丈四尺　東西妻長三丈六尺三寸〉
金色十一面観音壱躰　御武一丈八尺　光坐卅三身化仏

とある。創建時には光明寺と号していたのが、何時しか近長谷寺と呼称される様になったらしい(43)。また、その末尾には、

以前堂舎并資財田地等、略勘定如レ件、但件寺元者、泰俊之先祖正六位上飯高宿祢諸氏、法名仏子観勝之御蔭存生間、勧二内外近親等一、以二去仁和元年一所二建立一、自レ爾以降資財等也、此帳可レ為二後代流記一、但本願施入田地在二別紙一、仍録二大略此帳一

天暦漆年歳次癸丑二月十一日
座主東大寺伝燈大法師在名　（裏）「泰俊」
別当延暦寺伝燈満位僧在名　（裏）「聖増」
本願施主子孫
相模守従五位下藤原朝臣在判
正六位正六（ママ）位上大中臣朝臣在判
正六位上藤原朝臣在名
正六位上大中臣朝臣
従七位上藤原朝臣在名
件田畠光明寺施入明白也、仍在地加二証署一
散位大中臣在判
藤原朝臣
飯高宿祢在判
飯高宿祢
磯部
磯部在判

郡判
件田畠、任二施入文一、在地証署明白也、仍与判如レ件
到来　天徳二年十二月十七日

大領勘済使外正六位上竹首元勝
少領検校従八位下麻続連公
検校従七位下中麻続公

とある。近長谷寺（光明寺）は、仁和元年（八八五）、飯高宿祢諸氏（仏子観勝）が本願となり、内外近親等に寄進を募って建立したという。同寺は、飯高氏の氏寺であった。その本願諸氏の子孫が、座主東大寺伝燈大法師泰俊で、どうやら彼が資財帳の作成を発願したらしい。天暦七年（九五三）二月十一日にそれが完成した暁には、座主泰俊以下、別当および本願の子孫五名が署判した。その後、在地関係者の証判を加えた上で、多気郡司の証判も求めた。これが郡衙に到来したのは、作成から五年が経過した天徳二年（九五八）十二月十七日で、大領以下が与判して同寺に下付した。現存する資財帳は、その副本（写）と考えられている。(44)

飯高氏は、神郡に隣接する飯高郡を本貫とする在地豪族であった。それが奈良時代、朝廷に采女として出仕した諸高以降、中央と関係をもつ様になり、平安時代初期には、嵯峨天皇の皇子を産んだ女性や、国司等を歴任した永雄・貞宗を輩出している。(45)なお、永雄が越後守に任じられたのは貞観五年（八六三）二月十日、丹波守に転じたのは翌年正月十六日、貞宗が下総介から守に転じたのは、仁和三年（八八七）二月十七日のことであった。(46)光明寺（近長谷寺）が建立された仁和元年は、飯高氏の最盛期であったと考えられる。

その飯高氏は、飯高郡丹生郷（現多気郡多気町丹生）における水銀の生産にも携わっていた。(47)中流貴族としての権勢と、こうした水銀生産で得た財力によって建立された光明寺（近長谷寺）の本尊は、一丈八尺（約五・四メートル）という、金色に光り輝く巨大な十一面観音像であった。(48)この雄姿が近隣の人々に与えた宗教的衝撃は、大なるものであったに相違ない。資財帳を分析するに、寛平二年（八九〇）以降、斎宮寮等の官人や神宮祠官、在地豪族による田畠の施入が相継いでいる。そのなかに、近長谷寺（光明寺）が所在する多気郡相可郷（現多気郡多気町東部一帯）内の治田三段・畠一段を寄進した「相可故大司大中臣良扶」（任延長三年〜六年・九二五〜八）や、天慶九年（九四六）に同郷内の垣内一処を寄進した「土左国掾大中臣清光」の名がみられる。他にも、「本願施主子孫」として二人の「正六位上大中臣朝臣」が名を連ねており、そして近長谷寺の在地関係者にも、「散位大中臣」の名を確認することができた。大中臣氏は、在地有力豪族の飯高氏と婚姻関係を結んだことで、その子孫達が、飯高氏の勢力圏内であった多気郡相可郷各地に土着した様である。彼等子孫達は、母方の氏寺である近長谷寺（光明寺）の本尊十一面観音を、篤く信仰していた。そんな彼等の信仰が、一族の大中臣永頼へと伝播した結果、内宮本地＝観世音菩薩＝十一面観音との認識が成立したのではないか。『古事談』でいう、永頼が三日間の内宮参籠で感得した「三尺皆金色観音像」とは、近長谷寺の十一面観音像を念頭に置いたものなのかもしれない。

　ちなみに、荒木田氏二門の氏寺田宮寺の本尊もまた、金色の十一面観音像であった。当時の神宮祠官達にとって、内宮本地＝十一面観音説は、神郡（多気郡）内の近長谷寺本尊を目の当たりにしているだけに、受け容れ易かったと考えられる。

⑸ 内宮本地＝救世観音説の形成

　次に、救世観音説について検討してみよう。救世観音とは、聖観音の別名が原義であったが、我が国では聖徳太子の本地仏として人口に膾炙した。この説が最初に打ち出されたのは、『聖徳太子伝暦』であったとされる。[49]すなわち、欽明天皇三十二年元旦、母間人穴太部皇女の夢に金色僧が現れて「吾有㆓救世之願㆒、願暫宿㆓后腹㆒」「吾救世観音、家在㆓西方㆒」と語り、その後太子を懐妊したとか、敏達天皇十二年七月に来朝した百済の日羅が、太子に「敬礼救世観世音大菩薩、伝燈東方粟散王」といって合掌したとか、推古天皇五年四月に来朝した百済王子阿佐が、「敬礼救世大慈観音菩薩、妙教流通、東方日国、四十九歳、伝燈演説大慈大悲敬礼菩薩」といって合掌したところ、太子の眉間から一白光が放たれた、といった伝説である。

田中嗣人氏の指摘によると、『聖徳太子伝暦』は、「それまでの先行太子伝を集大成したもので、『書紀』を土代にして、太子の事績に関する一切の伝承を、平安時代なりの合理性をもってものの見事に纏め上げ」た書物で、「太子伝は、この『伝暦』でもって一時期を画することになり、以後の太子伝は、この『伝暦』の注釈書の形をとったり、或いは『伝暦』を和文に潤色して物語とするか、さらには『伝暦』を基に絵画化し、聖徳太子絵伝としての方向に進んでいくかのいずれかの形態をとることになる」という[50]。

斯くの如く、後世に多大な影響を及ぼした『聖徳太子伝暦』であるが、その成立時期について、かつては、蔵人頭藤原兼輔が延喜十七年（九一七）九月に著したものとされてきた。ところが、その後この説は疑問視され、原形は永観二年（九八四）以前、現在の形は正暦三年（九九二）に完成したとする意見も出されており、現在もなお決着には至っていない[51]。ともあれ、『聖徳太子伝暦』の成立は十世紀であり、遅くとも正暦三年には完成していたのであるから、聖徳太子＝救世観音説は、恐らく十世紀末には、京都の公家社会の間で流布していたものと考えられる。

ちなみに、内宮本地＝救世観音説の初見は、『政事要略』逸文であり、上記には、竹田種理が長保二年（一〇〇〇）の参宮時に感得した夢想が記録されていた。その夢想に「祢宜中臣《（ママ）》氏長教曰、於㆓外鳥居之下㆒、申㆓南無救世観世音菩薩㆒可㆑奉㆓礼拝㆒、仍百遍許奕㆑額」とあるのは、彼が参宮して一祢宜荒木田氏長と懇談した際、近年神宮祠官の間で話題となっていた内宮本地説を聞いたことが、素地になっていると思われる。しかしながら、ここにおいて十一面ではなく、救世観世音菩薩とされているのは、折しも京都で流行していた聖徳太子＝救世観音説と習合した結果ではないか。

天照大御神は、皇室の祖神であり、そして聖徳太子は、皇族出身の賢人である。つまり、大御神直系の子孫である聖徳太子は、実は救世観音の化身であったという論理が成立することになる。竹田種理が語った内宮本地＝救世観音説は、こうした論理からみて理解しやすく、故に聖徳太子＝救世観音説の弘通と相俟って、京都の公家社会に定着したものと考えておきたい。

おわりに

蓮台寺は、時の神宮祭主大中臣永頼（任正暦二年〜長保二年・九九一〜一〇〇〇）によって建立された。その創建に際して、神宮に携わる者が仏事を修するには、天照大御神に祈請して示現を得られればそれでよいとする、謂わば方便が、永頼によって編み出された。また、天照大御神の本地を観世音菩薩に配する説が、蓮台寺の住侶となった天台宗僧によって編み出された。斯くして誕生した内宮の本地説は、十一面観音説と救世観音説の二つに分化する。前者は、神郡（多気郡）内に所在する近長谷寺の本尊・金色十一面観音像の影響によるものと思われ、これは大中臣永頼から内宮一祢宜荒木田氏長をはじめとする神宮祠官達へと伝播した。そして後者は、折しも当時の京都で流行していた聖徳太子＝救世観音説と習合したもので、長保二年（一〇〇〇）に参宮した官人竹田種理を介して、京都の公家社会へと浸透したのではないか。

内宮本地＝観世音菩薩説について、それが一体何時、何処で形成されたのかは、今まで明らかにされていなかった。史料の制約上、類推を重ねたが、本節はその一試論でもある。

註

（1）伊勢神道書には、「仏法の息を屏す」の語が散見する。高橋美由紀氏は、その意味を「神事の場に仏教的要素を持ち込み、神の前に仏教的なものを顕わにするのを避けることである」と定義される（「神仏習合と神仏隔離」〔『神道思想史研究』Ⅰ古代第五節、ぺりかん社、平成二十五年。初出は平成五年。引用箇所は九五頁〕）。

(2)『國學院雑誌』二十三巻三・四号。

(3)以下、神宮祠官（祭主・宮司・祢宜）の補任期間については、『二宮祢宜年表』（増補大神宮叢書4『神宮典略』別冊。吉川弘文館、平成十八年）によった。

(4)大中臣千枝は、祭主永頼の養子である。長保元年（九九九）大宮司に補任され、同三年造宮使に転任し、長和二年（一〇一三）に卒去している（「中臣氏系図」〔『群書類従』巻第六二所収〕・「二所太神宮例文」〔『神道大系』神宮編四所収〕）。千枝が大覚寺を建立したのは、養父永頼の影響であろう。

(5)江戸時代末期の内宮祢宜薗田（荒木田）守良（任文化九年～天保十一年・一八一二～四〇）は、大著『神宮典略』三十七寺院・法泉寺項において、

蒼渓山法泉寺は古跡度会郡小社村にありしを〈小社は田丸領にあり〉、後に宇治郷岡田村に移し建たるなり。其年月は物に見えず〈此小社村なる一門氏社を岩井田山の麓に引移せり。其頃にもあらんか、考がたし〉。又開基未知と神宮勘文に見えたり。是をしも誠にいはば、二門氏寺田宮寺は氏人氏長の草創といへば、此寺も一門氏人の草創なるべし。（増補大神宮叢書3『神宮典略』後篇〔吉川弘文館、平成十七年〕六一八頁。〈 〉は割書、以下同じ）。

と考察している。この守良神主による推定を敷衍し、その開創は、二門氏寺の田宮寺と同時期と見做しておくことにしたい。

(6)『東大寺衆徒参詣伊勢大神宮記』に、「外宮一祢宜光忠申送云、常明寺者、是神官崇重氏寺也」とある。上記は、文治二年（一一八六）四月、東大寺の僧侶六十名が内外両宮を参拝し、大般若経の転読供養等を盛大に営んだ次第を、一行の一人であった慶俊が、約一ヶ月後に筆録したものである。本書では、国文学研究資料館編『真福寺善本叢刊』第八巻（臨川書店、平成十二年）によった。

(7)国立歴史民俗博物館蔵『太神宮法楽寺寺領文書紛失記』。星野利幸「神三郡の土地利用について—条里復元を中

心に—」（『斎宮歴史博物館研究紀要』一六、平成十九年）に全文が翻刻されている。当寺については、第二章五にて詳述する。

(8)前掲『東大寺衆徒参詣伊勢大神宮記』に、「件浦（引用者註・二見浦）有二一伽藍一、其名曰二天覚寺一、是成長建立也云々」とある。

(9)「伊勢神宮と仏教」（『神々と村落—歴史学と民俗学との接点—』所収、弘文堂、昭和五十三年。初出は昭和四十三年）。引用箇所は、順に二九二・二九七・三〇二頁。

(10)本書では、新日本古典文学大系本によった。

(11)神宮司庁編『神宮史年表』（戎光祥出版、平成十七年）。

(12)大中臣親定は、保安三年（一一二二）正月二十八日、八十歳にて薨じている（「中臣氏系図」）。

(13)『遷宮例文』（神宮司庁編『神宮遷宮記』第二巻所収、国書刊行会、平成四年）。

(14)『公卿補任』（新訂増補国史大系）。

(15)註（13）。その詳細については、拙稿「鎌倉時代の遷宮と神宮祠官」（『伊勢市史』第二巻中世編・第一章第二節）を参照されたい。

(16)本書成立の上限は建暦二年（一二一二）九月、下限は筆者が薨じた建保三年（一二一五）二月である（新日本古典文学大系41『古事談　続古事談』（岩波書店、平成十七年）解題）。

(17)匡房の語る「外内両宮御遷宮之中間」とは、第十七回内宮式年遷宮（遷御）の長保二年（一〇〇〇）九月十六日から、外宮式年遷宮（遷御）の長保四年九月十五日までの期間（註（11））ということになる。ところが永頼は、長保二年九月初頭には重病を患っており（『権記』同月五日条）、同月二十二日に出家し、その二日後に卒去している（「中臣氏系図」）。したがって、「外内両宮御遷宮之中間」に永頼が蓮台寺を建立したとは、到底考えられないのである。

(18)註（9）、二九五頁。

(19)増補大神宮叢書12『神宮参拝記大成』所収、吉川弘文館、平成十九年。引用箇所は六一頁下。

(20)詳細については、第二章五を参照されたい。
(21)「天照大神・十一面観音同体説の形成」(『中世天照大神信仰の研究』第二部第一章、法蔵館、平成二十三年。初出は平成八年)。
(22)岡田莊司「両部神道の成立期」(安津素彦博士古稀祝賀会編『神道思想史研究』所収、昭和五十八年)。
(23)「伊勢神宮の本地」(『神道史の研究』第三部一、皇學館大學出版部、昭和四十八年。初出は昭和四十七年)。後掲引用箇所は、三〇一頁。
(24)註(21)。その他としては、永井義憲「蜻蛉日記「をとせでわたる森」考―長谷、伊勢同体信仰の源流―」(『密教学研究』第二号、昭和四十五年)がある。『蜻蛉日記』には、天禄二年(九七一)七月、作者一行が長谷寺に参詣し、椿市(現桜井市金屋)へ帰る際のこととして、

をとせでわたる森のまへを、さすがに「あなかま〳〵」と、たゞ手をかき面をふり、そこらの人のあぎとうやうにすれば、さすがにいとせんかたなくおかしく見ゆ。(新日本古典文学大系本)

との一節がみられる。この「をとせでわたる森」を、永井氏は、手力雄命を祭神とする長谷山口神社(現桜井市初瀬)に比定された上で、

①鎌倉時代中期の長谷寺に存在した、手力雄神が喧騒を嫌って人の声を奪う神であったとする伝承は、十世紀まで遡る可能性がある。

②手力雄神は、皇大神宮の相殿の神として斎祀されていることから、天照大神と長谷観音との信仰上の結びつき―平安末期の成立とされる、長谷寺十一面観世音菩薩が大神の本地仏であるとする思想―は、天禄二年(九七一)には既に存在したのではないか。

と考察された。上記が認められるならば、内宮の本地を観世音菩薩と見做す信仰は、大和長谷寺が淵源ということになる。しかしながら、仮に①は認められたとしても、②が付会の批判を蒙ることは、免れ得ないであろう。実際、伊藤聡氏も「『蜻蛉日記』の記事については断定できない」(註(21)一八二頁)と、慎重な姿勢を示されているし、「長谷信仰に伊勢信仰が結び付くのは、平安時代末期頃からと考えるのが妥当である」との立場をとられる八田達

男氏は、永井氏の説を完全に否定されている（「伊勢・近長谷寺と長谷観音信仰」〔『仏教史研究』第三七号、平成十二年。引用箇所は四四頁〕）。なお、右掲新日本古典文学大系本（平成元年）においても、「をとせでわたる森」は「長谷寺と椿市の間にあったらしいが未詳」（一六三頁注二一）とし、永井説には全く触れていない。

(25)第一仏神事・熊野三所本縁事。本書では、新日本古典文学大系本を用いた。

なお、厳密な史料批判を抜きにすれば、『太神宮諸雑事記』および『東大寺要録』所引「大神宮祢宜延平日記」天平十四年（七四二）十一月三日が初見記事になるが、この問題は次節にて検討する。

(26)註（14）。

(27)註（21）、一七八〜九頁。「伊勢勅使部類記」（『神道大系』神宮編三所収）によると、俊明は、永保元年（一〇八一）・同二年（一〇八二）・承徳三年（一〇九九）・康和三年（一一〇一）・同四年（一一〇二）・天永元年（一一一〇）に、伊勢公卿勅使として神宮に赴いている。

(28)『続群書類従』巻第八八六所収。

(29)註（21）。引用箇所は一八一頁。

(30)順に、「氏経卿引付」（『三重県史』資料編中世1㊤）二―一三・五―五九。

(31)『三重県玉城町史』上巻（平成七年）、五〇四頁。

(32)註（21）。引用箇所は一八二頁。

(33)佐藤亮雄校註『百座法談聞書抄』（南雲堂桜楓社、昭和三十八年）。引用箇所は五四頁。

(34)註（21）、一八三頁。

(35)『大正新脩大蔵経』第三十四巻経疏部二、二四頁上。

(36)『望月仏教大辞典』（増訂版）第五巻（世界聖典刊行協会、昭和三十三年）。引用箇所は、四五七八・四五七九頁。

(37)註（14）および『平安時代史事典』（角川書店、平成六年）。

(38)鎌倉時代の史料であるが、「三千院文書」正中二年（一三二五）十一月二十五日承鎮法親王附属状（『三重県史』資料編中世3㊥第一部文書編京都府二三―一）に、京都実相院（天台宗寺門派）の末寺として、「伊勢国蓮台寺」

の名がみられる。
(39)註(21)、一九六頁。
(40)註(24)八田氏前掲論文参照。ちなみに同説が明確に記されている初見は、成立が正治二年〜承元三年(一二〇〇〜九)とも、十三世紀後半ともいわれている『長谷寺密奏記』であることが、伊藤氏自身の研究によって明らかにされている(註(21)、一八九頁)。
(41)同寺に関する研究としては、奥義郎「近長谷寺資財帳」(『多気町史』通史第三編第二章、平成四年)や、註(24)八田氏前掲論文等がある。
(42)本書では、『多気町史』史料集(平成三年)によった。
(43)この呼称から、当寺と大和長谷寺(本尊十一面観音)との関係を窺うことができる。しかし八田氏が指摘される通り、大和長谷寺との関係を強調する様になるのは後世のことで、十世紀の資財帳において、それを説く記述は見当たらない(註(24)八田氏前掲論文、三八頁)。光明寺がなぜ近長谷寺と呼ばれる様になったのかは、残念ながら不明である。
(44)註(41)奥氏前掲論文、一六八頁。
(45)註(24)八田氏前掲論文、三四頁。
(46)『日本三代実録』同日条。
(47)註(24)八田氏前掲論文、三九頁。
(48)なお、現存の十一面観音像には、金箔が見当たらないという(『多気町史』通史、七〇八頁)。その作風等から、上記は資財帳に記載された像ではなく、平安時代後期に再興されたものと考えられている(註(24)八田氏前掲論文、三六頁)。
(49)金治勇『聖徳太子信仰〈増補版〉』(春秋社、昭和五十五年)。田中嗣人『聖徳太子信仰の成立』(吉川弘文館、昭和五十八年)。なお『聖徳太子伝暦』は、続群書類従本(巻一八九)を用いた。
(50)註(49)田中氏前掲書。引用箇所は順に一六六・六六頁。

（51）この論争については、註（49）田中氏前掲書にまとめられている（五九〜六五頁）。

（補註）本節は、『神道史研究』第六三巻第一号（平成二十七年四月）に発表した拙稿を、加筆修正したものである。その後、山本倫弘氏が、「神宮法楽の展開と神宮周辺寺院」と題する論考を発表された（『寺院史研究』第一五号、平成二十八年十一月）。そのなかで、蓮台寺や田宮寺の創建について検討された氏は、「以上みてきたように、仏教を忌避する立場にあった神宮祠官は、十一世紀に大江匡房らによって形成された「本地垂迹説」、具体的には天照大神＝十一面観世音菩薩説を受容することで、従来の禁忌に抵触することなく、自らの氏寺を建立することが可能になったのである。そして、祭主大中臣永頼の氏寺蓮台寺と荒木田氏の氏寺田宮寺の十一面観世音菩薩像が天照大神の本地とされたことは（図）、神宮祠官氏寺が神仏習合思想に基づく天照大神・神宮信仰の拠点であったことをよく示しているといえよう。」（七頁）と、拙論とは異なる結論を提示された。しかしながら、先行する拙稿を御存知でありながら（一三頁註（31））、拙論に何等批判を加えず、斯くの如く結論付けられていることに、疑義を呈するものである。

三　「大神宮祢宜延平日記」について

はじめに

古代の神宮と仏教の関係を研究する上で、避けられない一つの問題がある。それは、『太神宮諸雑事記』および『東大寺要録』所引「大神宮祢宜延平日記」の次の記事を、如何に考えるかである。

〔甲〕『太神宮諸雑事記』(1)

天平十四年〈壬午〉十一月三日、右大臣橘朝臣諸兄卿参二入於伊勢太神宮一、其故波、天皇御願寺可レ被二建立一之由、依二宣旨一所レ被二祈申一也、然勅使帰参之後、以二同十一月十一日夜中一、令二示現一給布、天皇之御前仁玉女坐、即放二金色光一天宣、本朝和神国也、可下奉レ欽二仰神明一給上也、而日輪者大日如来也、本地者毗盧舎那仏也、衆生者悟レ之、当レ帰二依仏法一止、御夢覚之後、御道心弥発給天、件御願寺事於、始企給〈倍利〉

〔乙〕「大神宮祢宜延平日記」（『東大寺要録』(2) 巻第一・本願章第一所収）

大神宮祢宜延平日記云、天平十四年十一月三日、右大臣正二位橘朝臣諸兄、為二勅使一参二入伊勢大神宮一、天皇御願寺可レ被二建立一之由、所レ被レ祈也、爰件勅使帰参之後、同十一月十五日夜、示現給布、帝皇御前玉女坐、而放二金光一底宣久、当朝ハ神国ナリ、尤可下奉レ欽二仰神明一給上也、而日輪者大日如来也、本地者盧舎那仏也、衆生者悟二解此理一、当レ帰二依仏法一止云布、御夢覚給之後、弥堅固御道心発給、始二企件御願寺一給也、謂二東大寺一是也〈已上、證二記文一〉

奈良時代の天平十四年（七四二）十一月三日、右大臣橘諸兄が勅使として神宮に参入した。それは、聖武天皇御願寺の建立を祈るためであった。彼が帰参した後の同月十一日（〔乙〕十五日）夜中、天皇の御前に玉女が現れて金色の光を放ち、「本朝（〔乙〕当朝）は神国なり。（〔乙〕尤も）神明を欽仰し奉り給ふべきなり。しかるに日輪は大日如来なり。本地は毗盧舎那仏（〔乙〕盧舎那仏）なり。衆生はこれを悟りて（〔乙〕此の理を悟解して）、まさに仏法に帰依すべし」と宣った。夢覚めた後、天皇はいよいよ道心を発して、件の御願寺建立を始め企てられたのであった（〔乙〕東大寺というのがこれである）。

右掲によれば、【A】聖武天皇は、御願寺（東大寺）の建立を神宮に祈願し、そのための勅使として橘諸兄を派遣されたことになる。そして【B】日輪（文脈に即して解釈すれば天照大御神）は大日如来であり、その本地は盧舎那仏とする観念が、奈良時代に存在したことになる。しかしながら、これらの所伝を載せる〔甲〕〔乙〕とともに、厳密な史料批判が必要であることは、言を俟たないところであろう。

1『太神宮諸雑事記』と「大神宮祢宜延平日記」

『太神宮諸雑事記』（以下『雑事記』と略記）は、皇太神宮（内宮）の鎮座より延久元年（一〇六九）までの記事を収録した編年体の史書である。その奥書に、

> 此古記文者、故従二致仕官長徳雄神主一以往相伝来也、其後故興忠官長、其男氏長官長、其男延利官長、其子延基官長相伝天、各自筆日記、而延基神主男故延清四神主宿館〈志天〉、外院焼亡之次、於二正文一者焼失已了、
>
> 此記文、寛治七年官沙汰被二召上一之後、同八年所レ被二返下一也

とある。『雑事記』には、その原形となる「古記文」がかつて存在したらしい。それは、内宮祢宜荒木田徳雄（任貞観十七年～延喜五年・八七五～九〇五）[3]以来相伝してきたもので、その孫興忠[4]（任応和元年～天元元年・九六一～七八）―氏長（任天元元年～長保三年・九七八～一〇〇一）―延利（任長徳元年～長元三年・九九五～一〇三〇）―延基[5]（任長元二年～承暦二年・一〇二九～七八）と、代々書き継がれてきた。ところが、延基の子延清が四祢宜（任承暦二年～同四年・一〇七八～八〇）の時、内宮外院の火災で焼失してしまったという。この火災は、承暦三年二月十八日のことであった[6]。

一方、「此記文」は、寛治七年（一〇九三）に朝廷への提出を命じられ、翌年返却されたとある。上記に従えば、

現行本『雑事記』は、承暦三年～寛治七年に編纂されたものということになる。ところが、『雑事記』の書誌学的研究に取り組まれた井後政晏氏は、『兵範記』仁安四年（嘉応元年・一一六九）正月十二日条に、

早旦祭主神祇権大副親隆朝臣、造宮司大中臣有長・祢宜荒木田神主忠良・元満・成長等〈一二三祢宜等不二参上一〉率来相会、尋二問炎上間次第并遷宮事等一、次引率参二殿下一、（中略）祢宜等申云、内院正殿并東西宝殿・瑞垣御門等可レ被二忩造一、但宝亀・延暦火災之時、寄二五ヶ国一被二遣営一由注二留神宮一已存、其由且可レ在二勅定一、件記文、正本承暦雖二焼失一、各持二参案文一、神宮雑事皆存二旧記一所レ行也、[7]

とみえる点に注目されている。すなわち、寛治七年に朝廷へ提出された「此記文」は現行本『雑事記』ではなく、荒木田各家に保管されていた「古記文」の案文である可能性が高いと考えられているのである。それでは、嘉応元年時点に存在する右掲「旧記」は、「古記文」案文そのものであるかというと、決してそうではなく、これこそ「古記文」案文を抄写・修訂した、現行本『雑事記』であるとされる。そもそも現行本は、助詞・助動詞を仮名で表記するといった、院政期の特徴を具えているが、『兵範記』同日条の右掲以降に引用された宝亀・延暦火災の記事は、現行本と同文なのである。右掲でいう「旧記」が「古記文」の案文であるならば、その引用文は古体でなければならない。したがって、現行本『雑事記』成立の下限は、仁安三年（一一六八）と考えられている。ちなみに上限は、別宮の表記方法等から大治三年（一一二八）と推定されている。[8]

『東大寺要録』は、嘉承元年（一一〇六）に成立し、長承三年（一一三四）寺僧観厳により増補・再編集された、東大寺の寺誌である。[9]ここに引用されている〔乙〕「大神宮祢宜延平日記」（以下「延平日記」と略記）は、逸文であるが、その内容は〔甲〕とほぼ同じである。上記関係を見る限り、「延平日記」は『雑事記』そのものか、

もしくはその異本ということになる。ちなみに井後氏は、延平自身の手によって成された「別本」と見做されている。(10) 荒木田延平は、前掲荒木田延基の次男で、延清の弟でもある。承保二年（一〇七五）内宮六祢宜に補任され、永長元年（一〇九六）二祢宜に昇進するも、康和元年（一〇九九）四月に中風で倒れ、長男忠俊に祢宜職を譲った。卒去したのは、長治元年（一一〇四）二月二十一日であった。

2　研究史の整理

この様に、『雑事記』は、内宮祠官荒木田氏が代々書き継いできた年代記（「古記文」）の案文を、大治三年～仁安三年（一一二八～六八）に抄写・修訂したものであり、一方の「延平日記」は、彼が祢宜として在職した十一世紀後半の成立ということになる。こうした後世の編纂物であることに加えて、「諸兄が大仏建立の為めに参宮したなどといふ事は確実なものには見えぬ」こと、そして「本地垂迹説が形成せられて唱へられるやうになつたのは、遙か後のことで、奈良時代には、未だ纔かにその萌芽ともいふべき考文であつた」として、前掲【A】【B】を虚構と断じたのは、辻善之助氏であった。(11)

ところが、『続日本紀』によると、天平十二年（七四〇）十月、「縁レ有レ所レ意」て伊勢国に向かわれた聖武天皇は、翌月二日に一志郡河口頓宮（関宮）に到着され、翌三日、少納言従五位下大井王ならびに中臣・忌部等を遣わして、幣帛を大神宮に奉られた。同日、九州で反乱を起こした藤原広嗣を捕獲したとの報が齎されている。天皇が関宮に滞在されたのは十日間で、十二日に出発され、十四日には鈴鹿郡赤坂頓宮に至られた。そして二十一日には、従駕者への叙位が行われ、その一人であった従二位橘諸兄に、正一位が授けられている。ちなみに〔甲〕では、諸兄による奉幣を天平十四年十一月三日、玉女の示現を同月十一日とする。前者は月日が、後者は関宮滞在最終日という点で、『続日本紀』の記述と一致する。如上に注目されたのが、田中卓氏である。すなわち〔甲〕は、天平十二年十一月三日の奉幣に関する「神宮独自の所説を伝へてゐる」ものであり（天平十四年とするのは編纂時の誤謬）、そしてこの奉幣の意図するところは、「広嗣の乱平定奉謝」および「天皇御願寺＝後の東大寺建立祈願」と考えられた(12)。【A】には史実が或る程度反映されていると、氏は見做されたのである。

なお、【B】にみられる本地垂迹説については、「ここに天照大神と盧舎那仏を結びつける本地垂迹の思想の萌芽—ここにみえる「本地」は大日如来に関してのことで、イセ大神の本地といふことではないであらうから、後の本地垂迹そのものとみることはできない—が認められ」るとされる。しかし、その一方で「諸雑事記にいふ「日輪者大日如来也、本地者盧《ママ》舎那仏也」といふ文章そのものには、或いは後の考が入つてゐるかも知れないが」とも記されており(13)、田中氏は、その評価に慎重を期しておられる様である。これに対して、〔甲〕〔乙〕のみならず、上記にはみられない行基参宮譚(14)をも事実と位置付けられたのが、西田長男氏である。氏は、「行基はすでに「日輪者大日如来也、本地者盧舎那仏也」といった思想をいだいていたかもしれない」と、本地垂迹説の起源を奈良時代の行基に求める伝統的学説の復権を、声高に提唱された(15)。

この西田氏の提唱は、櫛田良洪氏や村山修一氏によって支持され(16)、伝統的学説はまさしく復権するかにみえた。ところが近年、これに異を唱えられたのが、伊藤聡氏である。氏の論旨をまとめてみよう。

○行基参宮譚の初見は、志摩国吉津御厨（現度会郡南伊勢町吉津）の仙宮院で撰述された『中臣祓訓解』（建久二年（一一九一）以前の成立）である。同じく仙宮院で編まれた『三角柏伝記』によると、同院は行基菩薩の建立とされる。これに鎌倉時代初頭の俊乗房重源および東大寺衆徒の参宮がきっかけとなって、行基が東大寺創建のために参宮したとする説話が、ここ仙宮院周辺において形成されたのではないか(17)。

○これまでの神仏習合研究の蓄積のなかで明らかにされている通り、本地垂迹説が明確に成立するのは十世紀以降であり、特に本地仏が個々の神々に配当されるようになるのは、十一世紀前後からのことである。
○「日輪者大日如来也、本地者毗盧舎那仏（〔乙〕盧舎那仏）也」でいう「本地」とは、「玉女」すなわち天照大神の本地ということである。たとえ「本地垂迹」の語を使っていないとしても、内容的に本地―大日（盧舎那仏）と垂迹―天照大神の関係を明かすことこそが、本話の主題ではないか。
○東大寺大仏（盧舎那仏）＝大日如来との観念が明確に確認できるのは、十二世紀極初期頃とする研究がある。(18)

以上、〔甲〕〔乙〕の研究史を、簡単に振り返ってみた。その記述内容【A】については田中卓氏、【B】は辻善之助氏および伊藤聡氏の学説が有力である。すなわち、聖武天皇が御願寺（東大寺）の建立を神宮に祈願し、そのための勅使として橘諸兄が派遣されたとする所伝には、史実が或る程度反映されているのに対して、(19)奈良時代に天照大御神の本地を大日如来＝盧舎那仏とする観念が存在したかについては、これを後世の創作と見做して否定するのが、現段階における学界の趨勢といえる。(補註)

3　「大神宮祢宜延平日記」とは

それにしても、この様な所伝が、『雑事記』や「延平日記」といった内宮祠官荒木田氏の記録に収録されているのは、一体何故であろうか。従来の議論においては、こうした問題に踏み込むまでには至らず、それが史実か否かだけに終始した憾みがある。

ところで、『雑事記』は大治三年～仁安三年（一一二八～六八）の編纂と考えられているのに対して、「延平日記」の成立は、十一世紀後半であった。つまり、後者の方が先に成立しているのであるが、前者については、江戸時代以来の研究が蓄積されているのに対し、後者に関しては、前者そのものか、もしくはその異本（別本）と見做される他に、特段の注意が払われることはなかった。[20] そこで、以下ではこの「延平日記」に注目してみることにしたい。

⑴ 偽書「大神宮祢宜延平日記」

「延平日記」は逸文であり、それを収録するのが『東大寺要録』であった。その『東大寺要録』には、前掲〔乙〕の他に、次の記事も引用されている。

〔丙〕伊勢大神宮祢宜延平日記云、天平十九年丁亥九月廿九日、始而東大寺大仏盧舎那仏被レ奉二鋳鎔一、未二成畢給一、而依レ無下可レ塗二件大仏一之金上、天皇御心不レ静、歎念御之間、蒙二示現一御須、告云、近江国栗太郡、水海岸頭山脚、有二勝地一、件地建二立伽藍一、而修二行如意輪法一者、必金宝者可二出来一也者、即御夢覚之後、件栗太郡勢多村下一勝地、急建二立伽藍一、安二置如意輪観世音并執金剛神像各一躰一〈石山寺是也〉、修二行件如意輪法一給之程、以二同年十二月一、従二下野国一、奏二聞金出来之由一也云々、天平勝宝元年、大神宮祢宜外従八位上神主首名、被レ叙二外従五位下一、是依二黄金出来一也〈已上記文〉

天平十九年（七四七）九月二十九日、東大寺大仏の鋳造が開始された。しかし、大仏を鍍金するための黄金がなく、聖武天皇はこれを歎いておられた。その様な折に、天皇は次の如き示現を蒙られた。近江国栗太郡は琵琶湖岸の山麓に、勝れた地がある。そこに伽藍を建立して如意輪法を修行すれば、必ずや金宝が出て来るであろうと。そこで天皇は、栗太郡勢多村の一勝地に急ぎ伽藍を建立し、如意輪観音像と執金剛神像各一躰を安置した。これが石山寺で、示現に従い如意輪法を当寺で修行させたところ、同年十二月、下野国より金が出たとの奏聞がなされた。そして天平勝宝元年（七四九）、外従八位上であった内宮祢宜荒木田首名が、外従五位下に叙せられた。これは、黄金出来によるものである。

右掲において、聖武天皇の夢に現れたのは何者か。黄金出来後、内宮祢宜荒木田首名（任天平年中〜宝亀年中）が格段の上階を果たしていることから、これが天照大御神を指していることは明白であろう。つまり「延平日記」〔乙〕〔丙〕とも、大御神が東大寺の造営に神威を振るったとする神仏習合的色彩の強い記事であり、それ故にこそ、東大寺の寺誌である『東大寺要録』に収録されたのであった。

ちなみに〔丙〕は、石山寺の開創を研究する上でも参考にされている。そしてこれと同類の話が、『三宝絵詞』下巻にみられることが指摘されている(21)。

> 大仏アラハレ給日、堂塔イテキタリヌルニ、此国モト金ナクシテ、ヌリカサルニアタハス。カ子ノミタけの蔵王ニ祈申サシメ給。今法界衆生ノタメニ寺ヲタテ仏ヲツクレルニ、我国金ナクシテ、此願ナリカタシ。ツテニキク、此山ニ金アリト。願ハ分給ヘト祈ニ、蔵王シメシ給ハク、此山ノ金ハ、弥勒ノ世ニ用ルヘシ。我ハ只守ルナリ。分カタシ。近江ノ国志賀郡ノ河ノホトリニ、昔翁ノ居テ釣セシ石アリ。其上ニ如意輪観音ヲツクリスヱテ祈リ行ナハシメ玉ヘトアリ。スナハチ尋求ルニ、今ノ石山ノ所ヲエタリ。観音ヲツクリテ祈ルニ、ミチノ国ヨリハシメテ金出来ヨシヲ申テタテマツレリ。スナハチ年号ヲ改テ、天平勝宝ト云ニ、寺ヲ供養シタマフコロホヒ、行基菩薩　良弁僧正　波羅門僧正、仏誓（ママ）フシミノ翁、コノモトノ翁ナトイヘルアトヲタレタル人々、或ハ我国ニ生レ、或ハ天竺ヨリ来テ、御願ヲタスケタリ(22)。

東大寺の大仏が鋳造され、境内の堂塔が完成しつつあるなか、聖武天皇は、鍍金用の黄金がないことを憂いておられた。そこで金峯山寺の蔵王権現に、大峰山の金を分け給えと祈願された。すると、近江国志賀郡の川の畔に、むかし翁が居て釣りをした石があるから、その上に如意輪観音を安置して祈願せよとの示現を蒙られた。今でいう石山にその石が発見されたので、観音を造立して祈願したところ、陸奥国から初めて金が出たとの奏上がなされた。故に、天平勝宝と改元されたのである。天皇が東大寺の供養をされる時分には、行基菩薩以下垂迹の人々が、我が国に生まれたり、或いはインドから来朝して、同寺建立の御願を助けたのであった。

『三宝絵詞』とは、源為憲が編纂した仏教説話集で、序文によれば、その成立は永観二年（九八四）のことであった。したがって、長治元年（一一〇四）に卒去した荒木田延平が、右掲そのものを参照したか、或いはその類を仄聞した可能性は十分に考えられよう。しかし右掲と〔丙〕とを比較するに、聖武天皇に示現したのが金峯山寺の蔵王権現であること、そして金の産出国が陸奥という点で、大きく相違している。ちなみに『続日本紀』によると、我が国で初めて金が産出されたのは陸奥国で、天平感宝元年（七月二日天平勝宝に改元・七四九）四月二十二日、陸奥守百済王敬福が黄金九百両を献じている。にもかかわらず、〔丙〕では敢えて下野国の産出とするのは何故か。ここで『雑事記』を確認するに、前掲〔甲〕（天平十四年十一月三日条）に続いて、

天平十九年〈丁亥〉九月、太神宮御遷宮、即下野国金上分令レ進給〈倍利〉、同十二月、諸別宮同奉レ遷天、
廿年一度御遷宮、長例宣旨了

天平廿年〈戊子〉、任二宮司従五位下津島朝臣小松一、件小松、以二去十五年正月廿三日一、度会郡城田郷字石
鴨村、新築三固池一処二既畢、依二件成功一、叙二従五位下一之後、拝三任宮司一也

天平廿一年〈己丑〉四月日、従二陸奥国一金進レ官、是奉三為公家一重宝也、仍以二同年七月二日一、改二天平勝
宝元年一〈己丑〉、当二唐天宝八年一、件金出来之由、二所太神宮仁令レ申給〈倍利〉、即太神宮祢宜外従八位

上神主首名、叙二外従五位下一

とある。天平十九年条は、第四回内宮式年遷宮に際して下野国の金（かね。金属の総称か）の上分が進上されたこと、それに諸別宮の式年遷宮が定例化されたこと、同二十年条は、津島小松が成功により宮司を拝任したこと、同二十一年条は、陸奥国の金貢進が内外両宮に報告されたこと、それに伴い内宮祢宜荒木田首名が上階した記事である。いずれも、神宮史上において記録すべき内容であり、故に右掲は、「古記文」案文を正確に抄写・修訂したものとみて間違いないであろう。荒木田延平は、この「古記文」案文から右掲傍線部を抄出し、これに天照大御神の霊験譚として換骨奪胎した『三宝絵詞』所引の説話を、強引に組み合わせた。かくして成立したのが、〔丙〕ではなかったか。

以上の蓋然性が認められるならば、同じ「延平日記」の〔乙〕もまた、筆者延平の見解を色濃く反映させた記事と見做すことができよう。すなわち、天平十二年十一月三日の奉幣に関する神宮独自の所説を伝えていた「古記文」案文に、天照大御神の本地を大日如来＝盧舎那仏とする、彼なりの研究成果を織り込んだものではないか。『雑事記』は、内宮祢宜が代々書き継いできた「古記文」の案文を抄写・修訂したものであった。ところが「延平日記」〔乙〕〔丙〕の内容は、こうした内宮の記録という基本的性格から明らかに逸脱している。「延平日記」は、『雑事記』の単なる異本―「古記文」案文の抄写・修訂―などではなく、筆者荒木田延平の思索が随所に反映された、いわゆる偽書―佐藤弘夫氏が提唱される[23]「既存の常識や教学に縛られることなく、権威あるテキストを自己の信念に基づいて自由に読み替えていくという」思考方法によって編まれた書物―ではなかったか。

⑵『太神宮諸雑事記』との関係

なお、「延平日記」〔乙〕と『雑事記』〔甲〕とは、ほぼ同文であった。この疑問に関して、私見を述べておきたい。

現行本『雑事記』の成立について、井後氏が、大治三年～仁安三年（一一二八～六八）と推定されている点は既に確認した。その上限の根拠として、永承五年（一〇五〇）六月十一日条に「土宮」の社名がみえる点を挙げられる。外宮所管の土御祖神社が別宮土宮として昇格したのは、大治三年六月五日、度会川治水の報賽によるものであった[24]。つまり、元々「土御祖神社」と記してあった箇所を、現在名の「土宮」に書き改めているのである。現行本『雑事記』が、何らかの意図をもって編纂されたことは確実である。そして、前掲『兵範記』仁安四年（嘉応元年・一一六九）正月十二日条に、「件記文、正本承暦雖二焼失一、各持二参案文一」とあった点を想起したい。承暦三年（一〇七九）二月十八日に焼失した「古記文」は、その案文が、荒木田各家に保管されていた。

そもそも大治三年～仁安三年に、荒木田氏がなぜ相伝の記録を編纂しなければならなかったのか、現段階では明らかにし得ないが、この編纂において、同氏各家に遺されていた複数の案文と校合したであろうことは、容易に想像がつく。その際に、「延平日記」も参照されたのではないか。

しかしながら「延平日記」は、「古記文」に筆者延平の思索を織り込んだ偽書であった。故に神宮の記録としては、不適切な箇所も少なくなかったに相違ない。石山寺創建譚ともいうべき〔丙〕天平十九年九月二十九日条などは、その典型であり、こうした記事は却下されたのであろう。ところが〔乙〕は、真偽はともあれ、神宮の記録という点では、排除すべき内容ではない。しかもそれは、聖武天皇や橘諸兄といった止事無き人々が登場する、魅力的な記事である。かくして〔乙〕天平十四年十一月三日条は、現行本『雑事記』同日条（すなわち〔甲〕）として、ほぼそのまま採用されたものと考えておきたい。

4　荒木田延平の意図

荒木田延平が偽書「延平日記」を編纂したきっかけは、承暦三年（一〇七九）二月十八日における「古記文」正文の焼失であろう。何しろ、彼の父延基まで代々書き継がれてきた貴重な年代記が、目の前で失われたのである。しかしその案文が、荒木田各家に保管されていたことは、既に確認した通りである。にもかかわらず、延平は、それらの案文を意図的に改竄した。その理由は、那辺に求められるであろうか。

(1)　荒木田延平の仏教信仰

鎌倉時代末期の成立とされる『補任次第 延喜以後(25)』によると、荒木田延平について、

号二見二
二祢宜従四位上延平　在任廿五年　小社祭主輔経挙
右神主、二門延基二男也、承保二年十一月十六日、祭主挙奏（中略）康和元年四月八日、為二神拝一、参道御橋河津下河原致二解除一、立レ座五六歩之上、乍中風、俄倒臥、以二其乗船一退出、僅存命、雖レ祈レ療、猶不二平復一、仍以二同月十五日一、譲二長男忠俊神主一之後、経二五ヶ年一、康和五年出家、長治元年二月廿一日卒去

とある。右掲では、次の二点に注意したい。一つは、延平が康和元年（一〇九九）四月に中風で倒れている点である。「延平日記」の編纂は、これ以前のこととみて間違いないであろう。もう一点は、延平が卒去の前年に出家している事実である。彼は神宮祠官でありながら、仏教を深く信仰していた。

『補任次第 延喜以後』によると、延平の父延基は「二門延利三男、僧院肇一男也〈伯父為レ子〉（中略）年齢十六才之時、伯父頼親譲」とある。延平の祖父は、荒木田氏出身の僧侶であった。そして、延利の父（すなわち僧院

肇の祖父）が、一祢宜氏長（任長徳元年～長保三年・九九五～一〇〇一）である。彼は、荒木田氏二門の氏寺である田宮寺を創建している[26]。荒木田延平の仏教信仰は、父祖氏長以来の、まさしく筋金入りのものであった。その様な彼であったからこそ、自らが奉仕する内宮と仏教との関係について思いを致し、彼なりの研究を深めたのであろう。

(2) 内宮本地＝十一面観音説の超克

しかしながら、鎌倉時代の祭主大中臣隆通（任寛喜二年～宝治二年・一二三〇～四八）の子で、後に醍醐寺の高僧となった通海は、著書『太神宮参詣記』下第十三[27]において、

又神国ニ生ヲ忌ミ死ヲ忌ムハ、生死流転ヲ誌忌事也ト宝志モ説キ給ヘリ。宝志和尚ハ十一面観音ノ化現トシテ、神事ハ仏法ニヨルヘキ伝記ヲ残セリ。爰ヲ以祭主永頼ハ蓮台寺ヲ作リテ、十一面ヲ以神宮ノ御本地ト顕シ、荒木田氏ノ一門ハ田宮寺ヲ造テ十一面ヲ顕シテ、氏ノ伽藍トセシカハ、霊験新ニシテ、子孫一祢宜ニ至ルノミナラス、衆庶ノ願ヲ満ル事、掌ヲ指カ如シト申セリ。宝志ノ伝文実ニ為ㇾ證ニタレリ。

と記している。宝志和尚に関してはさておき、荒木田氏長が時の祭主大中臣永頼（任正暦二年～長保二年・九九一～一〇〇〇）の影響を受け、十一面観世音菩薩を内宮の本地仏と見做す様になり、それを本尊とする氏寺田宮寺が創建されたとする傍線部の記述は、通海の出自を鑑みるに、史実を伝えたものとみてよいと思われる。現にその田宮寺は、三重県度会郡玉城町田宮寺に今も遺っており、本尊の十一面観世音菩薩立像二躯は、平安時代初期の名作として、重要文化財に指定されている[28]。

一祢宜荒木田氏長をはじめとする十世紀末の祠官達が、祭主の影響をうけ、内宮の本地を十一面観音と見做し

ていたことは、ほぼ間違いない様である。ところが、その直系の子孫である荒木田延平は、内宮の本地を大日如来かつ盧舎那仏と認識していることが、前掲〔乙〕から判明する。これは一体どうしたことか。

一祢宜荒木田氏長（任長徳元年～長保三年・九九五～一〇〇一）から祢宜延平（任承保二年～康和元年・一〇七五～九九）までの間の出来事として想起されるのが、彼等祢宜達と祭主・宮司との激しい対立である。神祇官僚の大中臣氏によって世襲された祭主・宮司は、神宮において次第に勢力を拡大した。この進出に、古くから奉仕してきた祢宜以下の職掌人達が反発し、十一世紀中頃には、強訴という形で表面化する。西垣晴次氏(29)・村岡薫氏(30)の指摘によると、都合一〇度に及んだ神宮祠官による強訴のうち、実にその半数が、祭主を対象としたものであった。長暦三年（一〇三九）二月を皮切りに、永承五年（一〇五〇）と同七年（一〇五二）には、それぞれ二度ずつ勃発している。この強訴については、両氏が詳細に研究しておられるので再論はせず、以下では、その主謀者が誰であったかに注目してみたい。

①『雑事記』長暦三年二月十五日条

太神宮祢宜等京上了、一祢宜正四位下荒木田神主利方、二祢宜従四位上延満、三祢宜従四位上重頼、権祢宜従五位上延長、権祢宜従五位下宮常、宮掌大内人従五位下度会弘行、引率之神民、不レ可二計尽一也、

②『雑事記』永承五年正月二十日条

太神宮一祢宜延満神主、三祢宜氏範、四祢宜延長等、引二率大少内人・祝部・神民七百余人一〈之天〉、京上了、

③『雑事記』同年十月日条

太神宮権祢宜正五位下荒木田神主言頼、随二身大小内人・神民四十余人一、京上了、

④『雑事記』永承七年三月二十七日条

太神宮一祢宜延満、三祢宜氏範、四祢宜延長、五祢宜重経等、引二率大小内人・祝部・神民八百余人一、重上京已了、

⑤『春記』同年八月二日条（増補史料大成）

神祇少副元範云、伊勢内宮正員祢宜等、率二神人五百余人一入京、

右掲から明らかな通り、強訴の主謀者はどうやら内宮一祢宜であって、外宮の度会氏は、何故か全く関与していない[31]。大中臣氏の進出に激しく反発したのは、内宮祠官の荒木田氏であった。

この一連の強訴は、延平の父延基の時代にあたる。長暦三年は延基が五祢宜、永承五年～七年は二祢宜であった。②④に延基の名がみられないのは、上京する一祢宜より留守を任されたからであろう[32]。なお⑤を最後に、祭主を対象とする強訴は確認できなくなる。これは、荒木田氏の要求が或る程度認められたことに加え、祭主の巧みな政策[33]も功を奏したのであろうが、父延基が抱いた祭主への不信感は早々に払拭できるものではなく、息子の

延平へと継承されたに相違ない。そんな延平にとって、内宮の本地を十一面観音と見做すことは、それが祭主家の影響によるものであっただけに、受け容れ難かったのであろう。予てより仏教信仰に篤かった延平は、内宮本地＝十一面観音説を超克する理論を模索した。斯くして辿り着いたのが、内宮本地＝大日如来＝盧舎那仏説ではなかったか。

　大日如来＝盧舎那仏説については、「十世紀半ば以来、東大寺においては様々な形で大日如来がクローズアップされてくる」とする、横内裕人氏の指摘がある。[34]氏は、こうした徴証の一つに、康和四年（一一〇二）四月十日、東大寺別当以下三綱が大和国山辺郡長屋庄内一町八段を「大日悔過供田」として、「東大寺大仏殿」に寄進している点[35]を挙げられ、「この大日悔過の本尊が、盧遮那大仏を密教的に解釈した大日如来であった可能性は高い[36]」と考えられている。また、天喜三年（一〇五五）□月二十八日丹波国後河荘田堵等解[37]は、国司による突然の国役賦課を訴えたものであるが、それに、

　右田堵等、謹検二案内一、此御庄者無二一歩公田相□（交）事一、何況大日如来御点顕給〈与り〉以後、肆百歳及〈多り〉、而未如レ是国事雑役更無二被レ付レ仰事一、

とみえる点にも注目されている。ここでいう後河荘を東大寺領として点定した大日如来が、本尊の盧遮那仏を指していることは、明らかであろう。すなわち、東大寺の大仏（盧舎那仏）を大日如来と見做す観念が、十一世紀後半には、地方の有力農民層にまで弘まっていたのである。

　一方、内宮本地＝大日如来説については、伊藤聡氏の詳細な研究がある。[38]その初見は、康平三年（一〇六〇）、東密小野流の成尊が東宮（のちの後三条天皇）に撰進した『真言付法纂要抄』にみえる次の一節であるとされる。

抑於二瞻部州八万四千聚落之中一、准陽谷内感、秘密教事、見レ上、又昔威光菩薩〈摩利支天、即大日化身也〉常二居日宮一、除二阿修羅王難一、今遍照金剛鎮二住日域一、増二金輪聖王福一、神号二天照尊一、刹名二大日本国一乎、自然之理、立二自然名一、誠職此之由矣(39)

かつて威光菩薩（すなわち大日如来の化身）が、日宮（太陽の宮殿）に常居して阿修羅王の難を除いた様に、今は遍照金剛（空海）が日域（日本）に鎮住して、金輪聖王（帝王の称。ここでは天皇）の福を増幅している。そして神を天照尊と号し、刹（国）を大日本国と名付く―伊藤氏は、これが「天照大神や空海が大日如来の化身であることを含意していることは確かだ」とされる(40)。

この様に、荒木田延平が祢宜として神宮（内宮）に奉仕した十一世紀後半には、内宮本地＝大日如来説と大日如来＝盧舎那仏説とが確実に併存した。「延平日記」〔乙〕および『雑事記』〔甲〕にみられる内宮本地＝大日如来＝盧舎那仏説は、延平が如上の説を勘案した結果なのであろう。

(3) 八幡信仰との関連

また、十一世紀後半は、八幡神の神格が飛躍的に上昇した時代であった点にも注意しておきたい。

そもそも東大寺の創建において、八幡神が助力した（とされる）ことは夙に知られている。『続日本紀』によると、天平勝宝元年（七四九）十二月十八日、八幡神を京に迎え入れ、宮城南の梨原宮に新殿を造り神宮とした。そして同月二十七日、八幡神の祢宜尼・大神朝臣杜女が東大寺を参拝した。孝謙天皇・聖武上皇・光明皇太后以下、百官・諸氏人等もこれにあわせて東大寺へ赴き、僧五千を請した大法要が営まれた後、八幡神に一品、比咩神には二品が奉られた。その際の宣命に、次の一節がみられる(41)。

去にし辰年、河内国大県郡の知識寺に坐す盧舎那仏を礼み奉りて、則ち朕も造り奉らむと思へども、え為さざりし間に、豊前国宇佐郡に坐す広幡の八幡大神に申し賜へ、勅りたまはく、「神我れ、天神・地祇を率ゐいざなひて、必ず成し奉らむ。事立つに有らず。銅の湯を水と成し、我が身を草木土に交へて障る事無くなさむ」と勅り賜ひながら成りぬれば、歓しみ貴みなも念ひたまふる。

天平十二年（七四〇）、河内国知識寺に行幸した聖武天皇は、その本尊と同じ盧舎那仏を造立せんと発願されるも、それを成就することができずにおられた。そこで豊前国宇佐郡の八幡大神に祈願したところ、「神である私が天神・地祇を率い誘って、必ずや所願を成就させよう」との託宣を蒙り、その通りに大仏が完成した。上皇となった今、それを喜ばしく思い申し上げている、とある。

また、寛平元年～寛弘六年（八八九～一〇〇九）編纂と考えられている『宇佐八幡宮弥勒寺建立縁起』(42)に、次の一節がみられる。

又同（聖武天皇）御宇、為レ奉レ造二東大寺盧遮那仏一、遣レ使祈レ神、即詫宣曰、吾護二国家一是猶二楯戈一、倡二率神祇一、共為二智識一云、又同料為レ買二黄金一、欲レ遣二使於大唐一、於レ是遣二朝使於神宮一、祈二祷往還之平安一、即詫宣曰、所レ求黄金将レ出二此土一、勿レ遣二使於大唐一云々、爰陸奥国献二黄金一

右掲によると、大仏鍍金用の黄金を唐から購入すべく、その使節の往還平安を宇佐八幡宮に祈願した。すると、「黄金は此土（日本）から出てくるから、唐に遣使してはならない」との託宣を蒙り、果たして陸奥国より黄金が献上された、とある。東大寺創建における八幡神の助力のなかでも、天平感宝元年（七四九）の黄金九百両の

献上は、その最たるものと認識されていた。

この様に、聖武天皇が東大寺の創建を祈願して示現を得、さらに大仏鍍金用の黄金が献上されるという構図は、「延平日記」と軌を一にするものである。荒木田延平は、こうした八幡神の託宣を下敷きに、「延平日記」〔乙〕〔丙〕を創作したのではないか。

さて、その後も八幡神が篤く信仰されたこと、貞観二年（八六〇）平安京の南西男山に勧請された石清水八幡宮が、神宮に次ぐ「第二の宗廟」として尊崇された点は、周知の通りである。この「第二の宗廟」もしくは「宗廟」という呼称の淵源に関して、吉原浩人氏は、平安時代後期の博学な公卿であった、大江匡房（長久二年～天永二年・一〇四一～一一一一）の活動に注目されている。そもそも、或る特定の神社を「宗廟」と呼ぶ例は、匡房以前には存在しないという。それを伊勢・八幡といった、皇祖神を祀る神社の呼称として初めて使用したのが、八幡信仰に篤い匡房であった。彼は、この語を自らの著作で繰り返し使用することによって、その定着を図った。斯くして、伊勢・八幡を他の神々とは一線を画する存在にせんとする国家的意思が、寛治～長治年間（一〇八七～一一〇六）にかけて形成されたと指摘されている[43]。

寛治六年（一〇九二）十月九日、大江匡房が白河院使として参宮している[44]。時に荒木田延平は、内宮三祢宜であった。その際延平が匡房と面会し、彼の提唱する「宗廟」論に接して刺激された蓋然性は、十分に考えられよう。

八幡神の社格が神宮に並ぶ「宗廟」へと高められた契機は、東大寺創建時における託宣であった。また、その東大寺の本尊盧舎那仏は大日如来でもあり、そして天照大御神は、大日如来の化身とも見做されていた。折しも内宮本地＝十一面観音説の超克を模索していた荒木田延平は、以上を勘案して、内宮本地＝大日如来＝盧舎那仏説を構築し、天照大御神が八幡神と同じく、日本国内より黄金を出現させるなどして東大寺の創建を助けたとする説話を創作したのではないか。

⑷「神仏隔離」という矛盾の止揚

そして、そもそも神宮は、祭祀・儀礼の場における神仏隔離が原則であったことも、踏まえておく必要があろう。

この原則が、八世紀末（奈良時代末〜平安時代初期）にかけて形成されたこと、しかしその一方で、十世紀末以降、仏教信仰とその文化が神宮祠官達に浸透していった点は、先に検討した通りである(45)。神仏隔離を原則とする神宮に、敬虔な仏教信者達が奉仕しているのである。真摯な神宮祠官であれば、斯くの如き矛盾に心悩ました筈である。

以上の点を踏まえるならば、「延平日記」〔乙〕天平十四年十一月三日条における天照大御神の託宣は、注目すべき内容であることに気付く。

当朝ハ神国ナリ、尤可下奉レ欽二仰神明一給上也、而日輪者大日如来也、本地者盧舎那仏也、衆生者悟二解此理一、当レ帰二依仏法一

日本は神国であるから、神明を第一に仰ぎ尊ばなければならない。しかし、日輪（天照大御神）は大日如来であり、その本地は盧舎那仏である。衆生はこの真理を悟って、仏法に帰依せよ―この託宣に従えば、祠官達が仏教を篤く信仰しつつも、神国の伝統に則り神明第一に奉仕すれば、何等問題はないことになる。これは、荒木田延平が自らの、延いては当時の神宮祠官達が抱えていた矛盾を止揚すべく、天照大御神に仮託して創作したものではないか。

こうした神宮祠官の矛盾を止揚しようとした先蹤は、十世紀末の祭主大中臣永頼に求められる。源顕兼（永暦元年～建保三年・一一六〇～一二一五）によって編まれた『古事談』に、次の説話が収録されている。尤も、これは前節にて検討済みであるが、今一度引用し確かめておきたい。

伊勢国蓮台寺者、祭主永頼建立也、永頼従二神事一之間、依レ憚二仏事一、思而送二年月一、為レ祈二請此事一、限二三ヶ日一参二籠内宮一、夢中被レ開二御殿一、乍レ驚奉レ見之処、三尺皆金色観音像也、仍其後所レ立之堂也

（巻五―五一〔三八三話〕）(46)

大中臣永頼が祭主として神事に従事したのは、正暦二年～長保二年（九九一～一〇〇〇）であった。その間、永頼は寺院の建立を志すも、それが仏事であることを憚って、徒に年月を送っていた。しかし、永頼は一念発起して寺院建立を祈請すべく、三日間の内宮参籠を敢行した。すると、夢の中に御殿（内宮正殿）が現れ、突如開かれた内部に見えたものは、金色に光り輝く三尺の観音像であった。この示現を得て建立されたのが、蓮台寺であるという。

右掲の説話から、神宮祠官や造宮使・公卿勅使等、神宮に携わる者が仏事を修するには、天照大御神に祈請して示現を得られればそれでよいとする、謂わば方便が編み出されている点を看取することができる。これが、神仏隔離を原則とする神宮に、仏教を信仰する神職が奉仕するという矛盾の解決を図った嚆矢であるが、この方便と荒木田延平の所説とを比較するに、後者が思想的により深化したものであることは、明白であろう。

荒木田延平は、仏教を信仰しつつ神宮に奉仕するための習合理論を構築した先駆者としても、位置付けられるのではないか。

5 「大神宮祢宜延平日記」の影響

ところで、寛治六年(一〇九二)に白河院使として参宮した大江匡房は、内宮の本地を如何に認識していたのか。これも前節にて指摘済みであるが[47]、ここで改めて確認しておきたい。彼の談話を筆録した『江談抄』に、次の一節がみられる。

又太神宮救世観音御変身云々、此事民部卿俊明所レ被レ談也云々

匡房は、内宮の本地を救世観音と認識していた。そしてこれは、民部卿俊明より聞いた説であるという。彼は、匡房と同じく白河院の近臣として活躍した、源俊明のことである。俊明もまた、永保元年(一〇八一)・同二年(一〇八二)・承徳三年(一〇九九)・康和三年(一一〇一)・同四年(一一〇二)・天永元年(一一一〇)に、伊勢公卿勅使として神宮に赴いている[48]。このうち、永保元年・二年は荒木田延平が四祢宜、承徳三年は二祢宜の時であった。延平と面会した蓋然性の高い源俊明・大江匡房ともに、内宮本地=救世観音説なのである。これは、延平の提唱する内宮本地=大日如来=盧舎那仏説が、当時全く受容されていなかったことを示していよう。

ところが、こうした荒木田延平の所説は、後世に少なからぬ影響を与えた。その一つとして、久保田収氏[49]や伊藤聡氏[50]は、俊乗房重源の参宮を挙げておられる。

重源が、造東大寺大勧進職としてその再興に尽力したことは、夙に知られている。この大事業における最大の難関は、大仏殿再建のための巨材確保であった。そこで重源も、八方手を尽くして調査したらしく、元暦二年(一一八五)三月には、神宮御杣山からの伐採を申請するも、実現しなかった。

斯くして大仏殿の巨材確保に行き詰まった重源は、意を決して神宮に参詣する。『東大寺衆徒参詣伊勢大神

宮記』[51]によると、文治二年（一一八六）二月中旬、重源は大仏殿のことを祈り申すため内宮に参籠したところ、二十三日夜、天照大御神の神告が下された。そこで、東大寺へ戻って衆僧と協議した結果、大般若経二部を新写して参詣し、内外両宮において各一部ずつ転読供養をした上で番論義（僧侶同士による仏教教義に関する問答）を行ったらどうか、ということに決まった。

ところが同年三月二十三日、周防国が東大寺造営料国として充てられることになった。国主となった重源は、陳和卿や番匠等を率いて直ちに下向し、四月十日には周防国の杣山に入ったという。したがって、同年四月の東大寺衆徒による両宮参拝および法楽に、重源は参加しなかったが[52]、何しろ、彼が天照大御神の示現を受けたとする丁度一ヶ月後に、東大寺造営料国の決定がなされたのである。そして、東大寺衆徒による神宮法楽を経て、大仏殿は見事に再建された。これが後世に影響しない筈はなかろう。久保田氏は、東大寺と神宮との関係が密接となり、その後東大寺の諸堂を建立するにあたっては、神宮に祈請するのが習わしとなったこと、それに伴って神仏調和の思想が強まり、僧侶の神宮参拝の風習が促されたこと、そして神宮をめぐる神道説の出現に刺激を与えた点等を挙げられている。

斯くの如く、「中世思想史の上に幾多の波紋を投ずることとなつた[53]」重源の参宮であるが、彼は一体何によってその着想を得たのか。『衆徒参詣記』所収文治二年四月二十九日御経供養導師啓白詞に、

是以、我寺本願感神聖武皇帝、（中略）即献二勅使於当宮一、奉レ待二霊応於大神一御之処、神慮大感、冥助忽通、任二御託宣之新旨一、悦奉レ鋳二盧舎那之霊像一之日、（中略）依レ之、聖人偸尋二草創之旧跡一、深奉レ致二祈精於神宮一、而夢中有二御示現一、忝効験可レ顕之趣也、

とある。伊藤氏はこれをうけ、

先にみた諸兄参宮譚の文章（引用者註。本節〔甲〕〔乙〕）を直接引いてはいないものの、「勅使を当宮に献じ、霊応を大神に待ち奉り御すの処、神慮大に感じ、冥助忽ちに通ず。御託宣の新たなる旨に任せ、悦びて盧舎那の霊像を鋳奉る日」のくだりが、それを踏まえたものであることは明らかであろう。

と指摘されている(54)。荒木田延平の所説は、『東大寺要録』に収録されたことで、重源や東大寺衆徒等の参照するところとなり、大仏殿再建のための参宮および神宮法楽へと繋がったのである。

また、『衆徒参詣記』所収四月二十二日後白河法皇院宣に、

東大寺盧舎那仏者、聖武皇帝勧二進天下之衆庶一、譸（禱カ）二請伊世大神宮一所二建立一也

とある。これが「延平日記」〔乙〕を踏まえていることは、言を俟たないところであろう。どうやら重源は、『東大寺要録』所引のそれを、叡覧に供した様である。

なお、建久六年（一一九五）二月二十九日、九条良経が公卿勅使として伊勢に発遣されているが、その良経の日記の抄録『建久六年後京極良経公卿勅使記(55)』同月十二日条に、次の記事がみられる。

今日有二殿上議定一、是東大寺供養事、可レ被レ申二伊勢太神宮一哉否事也、議定之趣縦横云々、或仏事不レ被レ申二神宮一云々、或天平被レ発二遣公卿勅使一之由見二要録一、任二彼例一可レ被二発遣一云々、或又期日已迫、可

レ有二其煩一、或供養以後可レ被二発遣一云々、以二件等趣一被二奏聞一処、猶可レ被二発遣一之由　勅定切了、天平右大臣諸兄為二　勅使一云々、今度必不レ可レ為二大臣一云々、

同年三月十二日の東大寺大仏殿供養に際して、神宮にその旨を報告すべきか否か、議定がなされた。議論は紛糾して結論が出ず、㋐仏事を神宮に申すべきではない、㋑天平年間に公卿勅使を発遣したという「要録」の例に則り、発遣すべきである、㋒大仏殿供養の終了後に発遣したらどうか、の三案を答申して勅裁を仰ぐこととなった。結論は、㋑案が採用され、天平の例は右大臣橘諸兄が勅使であったが、このたびは大臣とする必要はないとされた。

右掲の「要録」が何を指すかは、明らかであろう。「延平日記」〔乙〕は、建久六年二月二十九日公卿勅使発遣の先例として、公式に認められたのである。

さらには、「伊勢専修寺文書」年月日未詳慈円書状(56)に、次の記載がみられる。

不可説の夢記進二覧之一候、大旨ハ参上之時申入候了、其上ニ能々これをしつかに御心えて、御見の候て、諸事御祈事も御計の可レ候に候、これハ星ノ夢を見たるとまてハ、不レ可レ憚候歟、入立て候こまかの次第ハ、一切ニ人不レ可レ知事ニ候、真言の奥義ニも候、又君御秘事ニも候歟、ⓐ東大寺に候なる記文ニハ、大神宮たまのおんなニ現して、東大寺つくらるへきよし、聖武天皇にハ申候由、おはしましたると候と承及候、ⓑ又大神宮に瀧原とか申候社をハ、大神宮の魂《アラタマ》と申候テ、不動明王にておはしますなるに候、秋冬のほとに、大神宮へきとまいり候て、返々御祈をつかうまつらんと思給候、御祈これにつきて候へく候、参仕之時、委細可二申上一候よし、よく〳〵申させおはしますへく候、慈円上

右掲についても、伊藤聡氏が既に研究されている。[57] まずは、冒頭の「不可説の夢記」を、建仁三年（一二〇三）六月に著した『夢想記』を指すと考えられ、この消息もまた、その頃に書かれたものであろうと推定された。また、傍線部ⓐの「東大寺に候なる記文」を、『東大寺要録』と判断された。すなわち、上記所収「延平日記」〔乙〕の内容を、慈円が把握していたことは明白であるが、「ただ、文面からすると実見したのではなく、あるいは兄の兼実を通じて知ったと推察されよう」と考えられている。

しかしながら、傍線部ⓐに続いて、また「大神宮に瀧原とか申候社」（皇大神宮別宮瀧原宮）は天照大御神の「魂（アラタマ）」であり、その本地は不動明王であると記されている。この傍線部ⓑは、『東大寺要録』にみられない記述である。右掲でいう「東大寺に候なる記文」とは、あるいは「延平日記」そのものであり、当時の東大寺に所蔵されていたそれを、慈円が直接披見した可能性も考えられる。この蓋然性が認められるならば、傍線部ⓑは、失われた「延平日記」の内容の一部を伝えたものとなろう。[58]

この様に、荒木田延平の所説は、鎌倉時代初頭の東大寺再建において、重源をはじめとする同寺の僧侶達のみならず、後白河法皇や後鳥羽天皇以下、時の公卿達や慈円といった高僧にまでも参照されるところとなった。偽書「延平日記」が後世に及ぼした影響は、決して小さくなかったのである。

おわりに

「延平日記」は逸文であり、確実な例としては、『東大寺要録』に引用されて遺るのみである。上記については、『雑事記』そのものか、もしくはその異本・別本と見做される程度で、今まで然程注意されることはなかった。ところが、遺された僅かの逸文を検討する限り、「延平日記」は『雑事記』の単なる異本―荒木田氏が代々書き継いだ年代記（「古記文」）の抄写・修訂―などではなく、筆者延平の思索が随所に反映された、いわゆる偽書であったと考えられる。

荒木田延平が「延平日記」を編纂したきっかけは、承暦三年（一〇七九）二月十八日における「古記文」正文の焼失であろう。しかしその案文が、荒木田各家に保管されていた。にもかかわらず、延平はこれらの案文を意図的に改竄したのである。その理由について、本節では次の様に考えてみた。

父祖以来の仏教信仰を受け継いだ荒木田延平は、内宮本地＝十一面観音説の超克と、当時の神宮祠官達が抱えていた矛盾の止揚を模索したと思われる。前者の超克は、それがかつて荒木田氏と激しく対立した、祭主家の影響によるものであったことに起因する。後者の矛盾とは、神仏隔離を原則とする神宮に、仏教を信仰する神職が奉仕しているという現実であった。折しも、荒木田延平が祢宜として神宮（内宮）に奉仕した十一世紀後半には、東大寺の本尊盧舎那仏は大日如来であるとか、大日如来の化身を天照大御神と見做す説が存在した。また、八幡神の神格が飛躍的に上昇し、同神の社格が神宮に並ぶ宗廟へと高められた時代でもあった。以上を鑑みた延平は、奈良時代における八幡神の託宣を下敷きに、天照大御神が東大寺の創建を助けたとする説話を創作したのであろう。

この説話には、彼が勘案したと思しき本地垂迹説―内宮本地＝大日如来＝盧舎那仏説―や、当時の既成事実―祠官達が仏教を信仰しつつ神宮に奉仕していること―を肯定する託宣が盛り込まれている。ちなみに、彼以前に斯くの如き理論を著した神主は、寡聞にして知らない。「延平日記」は、神職が神仏習合説を提唱した著作としても、最古の部類に属するのではないか。

なお、如上は延平の思索の一端であって、他にも神宮（内宮）と仏教との関係に思いを致し、彼なりの思索を深めたに相違ない。「伊勢専修寺文書」年月日未詳慈円書状にみられる「大神宮に瀧原とか申候社をハ、大神宮の魂《アラタマ》と申候テ、不動明王にておはしますなるに候」の一節は、その一つとも考えられる。そしてこれら思索の成果を、「古記文」へ強引に組み込んでいった。斯くして成立したのが「延平日記」であり、このうち東大寺に関する記事だけが、偶々『東大寺要録』に収録されたことによって、今に伝わったのではないか。

こうした延平の所説は、鎌倉時代初頭の東大寺再建時に再評価され、流布するに至った。彼の所説は、重源や東大寺関係者、そして朝廷にも少なからぬ影響を及ぼしたと考えられる。

註

(1)本書では、『神道大系』神宮編一所収本を用いた。〈 〉内は割書。以下同じ。

(2)本書では、筒井英俊編『東大寺要録』(全国書房、昭和十九年)を用いた。

(3)『二宮禰宜年表』(増補大神宮叢書4『神宮典略』別冊、吉川弘文館、平成十八年)。以下、神宮祠官の補任期間は上記による。

(4)以下、荒木田氏の系譜については、荒木田氏経(室町時代の神宮祠官)自筆の古系図(田中卓「荒木田氏古系図の出現」〔『皇學館大學紀要』第二一輯所収、昭和五十八年〕により翻刻)によった。

(5)註(4)古系図では、延利の孫(延利の三男・僧院肇の子で、延利二男・頼親の猶子)とする。

(6)神宮司庁編『神宮史年表』(戎光祥出版、平成十七年)。

(7)増補史料大成本。傍線・記号は引用者。以下同じ。

(8)「太神宮諸雑事記の成立」(『神道史研究』第三六巻第一号、昭和六十三年)。

(9)『国史大辞典』東大寺要録項(永村真氏執筆)。

(10)註(8)、六一頁。なお、西田長男氏も「『東大寺要録』は、『諸雑事記』の異本である延平本にしたがったものと考えられるのである。しかしてこの異本を『延平日記』と呼んだのは、いわば延平の増補本の謂いである」(「伊勢の神宮と行基の神仏同体説」〔『日本神道史研究』第四巻所収、講談社、昭和五十三年。初出は昭和三十四年〕四四頁)と指摘されている。

(11)「本地垂迹説の起源について」（『日本仏教史の研究』所収、金港堂書籍、大正八年。初出は明治四十年）。引用箇所は、順に五四・五七頁。

(12)「伊勢神宮寺の創建」（田中卓著作集4『伊勢神宮の創祀と発展』所収、国書刊行会、昭和六十年。初出は昭和三十二年）。引用箇所は順に二二三・二二五・二二四頁。

(13)註（12）。引用箇所は二二〇・二二七頁。

(14)最も人口に膾炙した例として、『元亨釈書』巻第十八・神仙五を挙げておく。

伊勢皇太神宮者、天照大神之廟也、初聖武皇帝欲レ創二東大寺一、即思念、我国家歴代奉レ神、今営二仏宇一、不レ知、戻二神意一不、欲レ試二機宜一、天平十三年勅二行基法師一、授二仏舎利一粒一、詣二勢州一、献二皇太神宮一、基於二内宮南門大杉下一縛レ廬而居、期二七日一持念告二上旨一、第七之夜神殿自開、大声唱曰、実相真如之日輪、照二却生死之長夜一、本有常住之月輪、爍二破煩悩之迷雲一、我今逢二難レ遭大願一、如二渡得レ船、又受二難レ得宝珠一、如二暗得レ炬、師其持二舎利一、蔵二埋飯高郷一、以頼二邦家一、基捧二舎利一蔵二彼所一、反レ都奏レ事、

（大日本仏教全書）

(15)註（10）西田氏前掲論文。引用箇所は八九頁。

(16)櫛田良洪「神仏習合説の再検討」（『真言密教成立過程の研究』第三章第一節、山喜房佛書林、昭和三十九年）。村山修一「奈良朝における神仏習合の進展」（日本歴史叢書33『本地垂迹』四、吉川弘文館、昭和四十九年）。

(17)「行基参宮譚とその周辺」（『中世天照大神信仰の研究』第一部第一章三、法蔵館、平成二十三年。初出は平成十九年）。

(18)「橘諸兄参宮譚の成立」（『中世天照大神信仰の研究』第一部第一章二。初出は平成十五年）。

(19)この点については、【B】を否定された伊藤聡氏も、「もちろん如上を以て、田中が立証しようとした諸兄の伊勢参宮の史実性、あるいはかかる所伝が貞観年中の徳雄の時代にあったという可能性が完全に否定されるものではない」とされる（註（18）四五〜六頁）。

(20)その研究史については、井後氏が的確にまとめておられる（註（8））。

(21)栄原永遠男「石山寺と国分寺」(『新修大津市史』第一巻古代、昭和五十三年)、二六八〜九頁。
(22)六月東大寺千花会項。本書では、吉田幸一・宮田裕行校『三宝絵詞〔東寺観智院本〕』(古典文庫第二一五冊、昭和四十年)によった。
(23)『偽書の精神史』(講談社、平成十四年)。引用箇所は三二頁。
(24)註(8)、六一〜三頁。
(25)本書では、『神道大系』神宮編五所収本を用いた。
(26)第一章二参照。
(27)増補大神宮叢書12『神宮参拝記大成』所収、吉川弘文館、平成十九年。引用箇所は六一頁下。上記は前節において引用済みであるが、叙述の都合上、再掲することにしたい。
(28)註(26)に同じ。
(29)「律令体制の解体と伊勢神宮」(『史潮』第五六号、昭和三十年)。
(30)「伊勢神宮における神人強訴の一考察—禰宜庁の成立をめぐって—」(中世民衆史研究会編『中世の政治的社会と民衆像』所収、三一書房、昭和五十一年)。
(31)①に「宮掌大内人従五位下度会弘行」の名がみられるが、彼は飽くまでも、内宮大内人としての強訴への参加である。度会氏が内宮遷宮実務や祭祀に深く関与していた点については、平泉隆房「外宮祠官度会氏の二宮兼行について」(『日本学研究』第九号、平成十八年)を参照されたい。
(32)長暦三年二月の強訴において、内宮祠官達は全一三ヶ条におよぶ要求を朝廷に突き付け、第十二条「太神宮氏人可レ戴一預朝臣一事」以外は全て裁許された(①)。このうち第十三条「太神宮司与祢宜可レ被レ定一置移牒官一事」は、宮司と祢宜が、移や牒を取り交わす対等な地位であることを認めたものである。村岡薫氏は、これをもって祢宜庁(内宮庁・外宮庁)が成立したと考えられている(註(30)、五九頁)。この祢宜庁は、以後明治まで存続する。
(33)西垣晴次氏は、祭主が御厨の設立・寄進を推進して供祭料不足の解決を図ったこと、田堵層であった荒木田氏人を権祢宜に補任して自らの配下に組み入れたこと、そしてこの権祢宜層から祢宜に抜擢することで、神職集団の再編成を行った点を挙げられている（註（29）、五〇〜五一頁）。
（34）「南都と密教―東大寺盧遮那大仏の変奏」（『国文学　解釈と教材の研究』第四五巻一二号、平成十二年）。引用箇所は四四頁。
（35）『平安遺文』四―一四七八。
（36）註（34）、四三頁。
（37）『平安遺文』三―七五六。
（38）「天照大神・大日如来同体説の発生」（『中世天照大神信仰の研究』第一部第一章一。初出は平成十五年）。
（39）『大正新脩大蔵経』第七七巻所収。引用箇所は四二一頁中〜下。
（40）註（38）、三一頁。なお、この一節を最初に注目されたのは久保田収氏で、氏もまた「大日如来、天照大神、遍照金剛空海とが結びつけられてをり、その間に内面的なつながりのあることが信ぜられてゐたのである」と指摘されている（「伊勢神宮の本地」〔『神道史の研究』第三部一、皇學館大學出版部、昭和四十八年。初出は昭和四十七年〕、三〇九頁）。
（41）以下の書き下しは、新日本古典文学大系本によった。
（42）『神道大系』神社編四七宇佐所収。
（43）「八幡神に対する「宗廟」の呼称をめぐって―大江匡房の活動を中心に」（中野幡能編『八幡信仰事典』所収、戎光祥出版、平成十四年。初出は平成五年）。
（44）『伊勢勅使部類記』（『神道大系』神宮編三所収）。
（45）第一章一・二参照。
（46）本書では、新日本古典文学大系本によった。
（47）第一仏神事・熊野三所本縁事。本書では、新日本古典文学大系本を用いた。
（48）註（44）に同じ。
（49）「重源の伊勢神宮参詣」（『神道史の研究』第三部二。初出は昭和三十六年）。

(50)註（18）。

(51)本書では、真福寺本（国文学研究資料館編『真福寺善本叢刊』第八巻〈臨川書店、平成十二年〉所収）を用いた。以下では、『衆徒参詣記』と略記する。

(52)以上の諸点については、第二章一にて詳しく検討する。

(53)註（49）、三二一頁。

(54)註（18）、四六〜七頁。

(55)『神道大系』神宮編三所収。

(56)『鎌倉遺文』五―三四一四。『親鸞　高田本山専修寺の至宝』（三重県総合博物館開館記念企画展第6弾図録、平成二十七年）所収の写真を参照して一部修正した。

(57)註（18）、四八・八四頁。

(58)但し、慈円のいう「大神宮の魂（アラタマ）」が何を指すのかは、注意する必要がある。仮に「魂（アラタマ）」が荒御魂を指すのであれば、瀧原宮＝天照大御神荒御魂（荒々しく勇武な側面）＝不動明王（大日如来の化身）という図式は、内宮＝天照大御神＝大日如来という「延平日記」〔乙〕のそれと、まさしく対応する。ところが、天照大御神の荒御魂は、別宮荒祭宮に鎮座しており、瀧原宮については、単に「天照大神遙宮」（『皇太神宮儀式帳』）と記されるのみである。つまり、傍線部ⓑを「延平日記」の内容と見做し、そして「魂（アラタマ）」を荒御魂と解釈するならば、内宮二祢宜まで勤めた荒木田延平が、別宮瀧原宮を大御神の荒御魂と強弁したことになる。この点については、後考を俟ちたい。

（補註）本稿脱稿後、岡田登氏が、「伊勢の大神宮と東大寺大仏造立」と題する講演録を発表された（『皇學館史學』第三一号、平成二十八年三月）。上記では、〔甲〕〔乙〕について「この記事は信用できる」（三二頁）と断言される。その一根拠として、聖武天皇の御前に現れた玉女が、「日輪は大日如来なり。本地は毗盧舎那仏（〔乙〕盧舎那仏）なり」と宣ったとする箇所を挙げられ、「この部分を、天照大神の本地が盧舎那仏・大日如来であるとする平安時代以降に見られる本地垂迹の姿と捉える方もいますが、ここには「日輪」とあります。「日輪」、すなわち太陽は大日如来で、その本地は盧舎那仏であると、仏教教理から述べたもので、天照大神の本地が盧舎那仏であるとは言っておりません」（三四頁）と述べられる。岡田氏は、これを以前から提唱されており（「奈良三彩小壺出土の多気町クツヌイ遺跡をめぐって―東大寺大仏造立と伊勢神宮―」（『史料』（皇學館大学史料編纂所報）第一六五号、平成十二年））、このたび再論された恰好となる。

岡田氏の提唱は、「日輪」を天照大御神の譬喩ではなく、文字通り太陽と解釈する点に独自性がみられる。そこで、氏の解釈に従って玉女の発言を現代語訳すると、「本朝（〔乙〕当朝）は神国である。（〔乙〕尤も）神明を仰ぎ尊ばねばならない。そして（「而」は順接でしか訳せない）太陽は大日如来で、その本地は毘盧舎那仏（〔乙〕盧舎那仏）である。衆生はこれを悟って（〔乙〕この理を悟解して）、まさに仏法に帰依すべきである」となろうか。これでは、神国の論理と仏教の教理が、並列されているだけである。そもそも神国である本朝において、なぜ仏法に帰依しなければならないか、理解できないではないか。日輪＝天照大御神＝大日如来＝盧舎那仏であってこそ、神明の欽仰と仏法への帰依が、晴れて両立するのである。

なお、岡田氏の如く「太陽は大日如来で、その本地は毘盧舎那仏（〔乙〕盧舎那仏）である」と解釈すると、奈良時代には、毘盧舎那仏（〔乙〕盧舎那仏）＝大日如来とする観念が既に存在したことになる。しかしながら、この観念が明確に確認できるのは、十二世紀極初期頃とする研究成果があることは、既に述べた通りである。この点について、岡田氏は全く言及しておられない。ともあれ、この研究成果を学術的に否定し、毘盧舎那仏＝大日如来説が奈良時代まで遡る点を立証し得ない以上、「この記事は信用できる」とする岡田氏の主張は、成立し難いであろう。

第二章　鎌倉時代の神宮と仏教

一　俊乗房重源の参宮

はじめに

奈良時代後期、神宮に伊勢大神宮寺という新たな仏式祭祀を付加しようとした道鏡の取り組みは、彼の失脚後、右大臣大中臣清麻呂を中心とする神祇官人達の激しい抵抗に遭い、水泡に帰した。そしてその反動として、祭祀・儀礼の場における神仏隔離の原則が、奈良時代末から平安時代初頭にかけて確立されたことは、前章一において検討した通りである。

ところがその後、神宮に再び仏事を奉納せんと志した人物が現れた。俊乗房重源（保安二年〜建永元年・一一二一〜一二〇六）である。本節では、その重源の事績について、検討を試みたいと思う。

1　俊乗房重源とは

まずは、重源とは如何なる人物であったのか、次掲表3の略年譜に基づきつつ、確認しておきたい。

表3　俊乗房重源略年譜（小林剛編『俊乗房重源史料集成』〔吉川弘文館、昭和四十年〕に基づき作成）

保安二年（1121）	1歳	重源、紀季重の男として京都に生まる。
長承二年（1133）	13歳	重源、京都山科の醍醐寺において出家。
保延三年（1137）	17歳	重源、四国辺を修行して廻る。
保延五年（1139）	19歳	重源、初めて大峯にて修行し、また熊野、御嶽、葛城等に登る。
仁安二年（1167）	47歳	重源、入宋し、翌年栄西と共に帰国。この時浄土五祖画像等を将来すという。
治承四年（1180）		◎　十二月廿八日、平重衡率いる平家の軍勢により、東大寺・興福寺焼亡す。
治承五年（1181）	61歳	二月下旬　重源、東大寺に参詣し、焼け損じたる大仏を見て歎く。
治承五年（1181）		◎　六月廿六日、造東大寺定（東大寺再建に着手すべく、造寺官および造仏官を任命）
養和元年（1181）	61歳	八月　重源、東大寺造営勧進の宣旨を賜る。
養和元年（1181）		◎　十月六日、東大寺大仏鋳造始。まず大仏の螺髪を鋳る。
養和元年（1181）	61歳	十月九日　重源、はじめて洛中の諸家を勧進して廻り、女院その他より奉加を受く。
寿永元年（1182）	62歳	七月廿三日　重源、宋の陳和卿と語らって、東大寺の大仏を鋳造せんとす。
寿永三年（1184）		◎　六月廿三日頃、東大寺大仏の鋳造がほぼ終わる。来七月中に完成し、その後鍍金の予定。
元暦二年（1185）	65歳	三月三十日　重源、東大寺造営用の大材を伊勢太神宮の杣より採らんことを申す。
文治元年（1185）		◎　八月廿八日、東大寺大仏開眼供養。
文治二年（1186）	66歳	二月中旬　重源、太神宮に参詣。廿三日夜、大御神示現す。帰寺後、東大寺衆徒の参宮が決定。
文治二年（1186）	66歳	◎　三月廿三日　周防国を東大寺造営料に充て、重源をして国務を管せしむ。

文治二年（1186）	66歳	四月十日　重源、陳和卿や番匠等を率いて周防国に下向し、杣に入る。十八日、造東大寺杣始。
文治二年（1186）		○四月廿日　東大寺衆徒、参宮にむけて沐浴潔斎を開始。
文治二年（1186）		○四月廿三日　東大寺衆徒、参宮のため進発す。
文治二年（1186）		○四月廿五日　東大寺衆徒、山田成覚寺に到着。
文治二年（1186）		○四月廿六日　東大寺衆徒、常明寺にて導師啓白と番論義を外宮に奉納す。夜、衆徒外宮参拝。
文治二年（1186）		○四月廿七日　東大寺衆徒、常明寺にて大般若経を転読す。続いて内宮を参拝す。二見天覚寺泊。
文治二年（1186）		○四月廿八日　東大寺衆徒、二見天覚寺にて法楽を予定するも、悪天候により延期す。
文治二年（1186）		○四月廿九日　東大寺衆徒、二見天覚寺にて導師啓白と番論義を内宮に奉納す。
文治二年（1186）		○四月三十日　東大寺衆徒、二見天覚寺において大般若経を転読す。
文治二年（1186）		○五月一日　東大寺衆徒、二見天覚寺を発つ。三日、東大寺着。
建久元年（1190）		◎十月十九日　東大寺大仏殿上棟。
建久四年（1193）	73歳	重源、両宮に大般若経を奉納す。内宮法楽は、二見天覚寺において奉納す。
建久六年（1195）		◎三月十二日　東大寺大仏殿供養。後鳥羽天皇臨幸し、源頼朝以下参列す。
建久六年（1195）	75歳	重源、両宮に大般若経を奉納す。内宮法楽は四月十七・十八日、菩提山神宮寺において奉納す。
建仁三年（1203）		◎十月三日　東大寺南大門金剛力士像開眼。
建仁三年（1203）		◎十一月三十日　東大寺総供養。
建永元年（1206）	86歳	六月五日　重源、東大寺において示寂す。

重源は、下級貴族紀氏の出身であった。十三歳のとき、京都山科の醍醐寺において出家し、僧名を重源、房号を俊乗房と定めた。十七歳から十九歳頃にかけては各地の名山霊地を修行して廻り、その聖地巡拝の志は、やがて大陸へと及んだ。重源は「入唐三度聖人」と名乗る通り、三回の大陸（当時の南宋）渡航を果たしたという。この入宋三度というのは、重源自身による虚構との学説も存在するが、近年では事実と見做す説の方が有力である。そして三度目の入宋の際、当時大陸の熱烈な浄土教信仰を目の当たりにした重源は、帰国後真言密教僧としての立場を保持しつつも、次第に念仏信仰へと傾斜したといわれており(1)、実際自らを「南無阿弥陀仏」とも称している。その他、寺院や仏像、道、橋、灌漑用溜池等の造営・修理にあたって広く寄進を募る勧進聖としても、重源は数多くの業績を残している。とはいえ、彼の前半生は、決してめざましいものとはいえなかった。

その重源に一大転機が訪れたのは、治承・寿永の乱（一一八〇～八五）の最中であった。源平合戦として知られるこの争乱が勃発して間もない、治承四年（一一八〇）十二月二十八日のことである。この日、奈良の東大寺および興福寺は、平重衡率いる平家の軍勢の火攻に遭い、その諸堂舎の多くが灰燼に帰した。所謂南都の焼き討ちである。これにより名高い奈良の大仏も、殿舎諸共に焼け落ちてしまった。当時の人々の衝撃と悲哀は、如何ばかりのものであったろう。翌治承五年六月二十六日、朝廷においては東大寺再建に着手し、造寺官および造仏官が任命された（造東大寺定）。しかしながら、時は源平争乱の最中である。その上旱魃や飢饉等の天災が続発するなか、再建のための経費以下資財や人員、それに技術等の調達が頗る困難なことは、火を見るよりも明らかであった。

そこで採られた方策が、勧進であった。そしてその総責任者として抜擢されたのが、重源である。果たして造東大寺定から二ヶ月後の養和元年（一一八一。この年の七月改元）八月、重源に対して東大寺造営勧進の宣旨が下された。時に重源六十一歳であった。

そもそも重源が、かかる国家的大事業に抜擢されたのはなぜか。直接的な理由は未だ明らかにされてはいないが、この東大寺再建という途方もない大事業に対し、重源は今まで培ってきた知識・経験・人脈を最大限に活かして、敢然と立ち向かった。

重源は、この勅命を受けるや、すぐさま一輪車六両を造り、宣旨の写しと勧進帳、それに造立すべき大仏および脇士の四天王像六幅をそれぞれの車に添えて、全国各地へと派遣した。その目的は、たとえ「尺布寸鉄」「一木半銭」であっても寄進して、大仏との結縁を勧めることであった。そしてこれを担ったのは、「大勧進上人（すなわち重源）以下同朋五十余人」の勧進聖集団であった。彼等は、念仏の同朋でもあったといわれている。

こうした重源の多方面にわたる人脈は、南宋の工人陳和卿の登用という点でも活かされた。彼等大陸の技術者の協力も得て、造東大寺定より四年が経過した文治元年（一一八五）、まずは大仏が完成し、八月二十八日には開眼供養が営まれた。

この大仏鋳造も難工事であったが、さらに困難を極めたのが、続く大仏殿の建立であった。とりわけそのための巨材の確保は、並大抵なことではなかった。そこで重源も、八方手を尽くして調査したらしく、元暦二年（一一八五。この年の八月十四日文治に改元）三月には、神宮御杣山からの伐採を申請している。しかしこれは許されなかった様で、翌文治二年三月二十三日、周防国が東大寺造営料国として充てられ、重源が国主として管することとなった。斯くして大仏殿の用材は、遠く周防国から伐り出し、瀬戸内海を経て、奈良まで運搬することに決まったのである。

この難題にも重源は怯むことなく、同年四月には現地へ下り、杣山では自ら陣頭指揮を執った。ここでも様々な困難に直面したが、やがて源頼朝や彼の命による諸国御家人の助力等も得て、気の遠くなる様な大規模かつ長距離運搬を成功させ、大仏殿建設に着手することができた。そして、大仏開眼後十年を経た建久六年（一一九五）三月十二日、後鳥羽天皇以下、源頼朝等が臨席しての大仏殿供養が、盛大に営まれた。
以後の造作はおおむね順調に進み、建仁三年（一二〇三）十月の南大門金剛力士像完成をもって、二十三年間に及ぶ国家的大事業はほぼ終了する。そしてこの年の十一月三十日には、東大寺総供養が営まれた。これを見届けた重源は、建永元年（一二〇六）六月五日、八十六年の波乱に富んだ生涯を閉じたのであった。

2　神宮と重源

この東大寺再建における最大の難関は、やはり大仏殿の再建であった。無論、大仏鋳造も決して容易ではなかったが、その工期は、養和元年（一一八一）十月六日の鋳造始から四年足らずである。それに対して、大仏殿の工期は、重源の周防国入り以来、約十年間を費やしている。この工事は、用材の確保という初段階からして難題であった。そこで重源は、元暦二年（一一八五）三月、神宮御杣山からの伐採を申請したのであったが、その典拠である『玉葉』(2)同年三月三十日条に、興味深い記述がある。この日、東大寺の件について訪ねてきた造寺長官藤原行隆に、九条兼実（『玉葉』筆者）は次の様に返答している。

余云、造寺料材木之中、大物等可ㇾ執二大神宮御杣木一之由、先日聖人所ㇾ示也〈有二霊告等一云々〉、而明年可ㇾ為二正遷宮山口年一云々、仍年内可ㇾ取二彼材木一之由所存也、可ㇾ被二忩申沙汰一事歟者

ここでいう「聖人」とは、重源のことである。その彼が兼実に対し、「東大寺の用材のなかでも大物については、神宮御杣山の木をもってこれに充てたい。これは「霊告」すなわち大神宮のお告げによるものである」(3)と申し出ている。この申請に兼実も同調し、来年は正遷宮（式年遷宮）の山口祭の年にあたる筈であるから、今年中

に東大寺の用材を伐り出したらよいと考えていた。

この様に、重源も九条兼実も、神宮の御杣山には、東大寺の良材となる巨木が存在するものと認識していた。その巨木をあてにして、重源は大神宮（天照大御神）のお告げまで持ち出したのである。神宮御杣山からの用材確保は、結局のところ実現しなかったのであるが、霊告の真偽はともかく、重源がこの時点において、神宮の存在を意識していたことは確かである。

しかしながら、東大寺に縁ある神社としてまず挙げられるのは、九州の宇佐八幡宮か、もしくは同宮から東大寺の鎮守として勧請された、手向山八幡宮であろう。重源は此等八幡宮ではなく、なぜ神宮を意識するに至ったのかは、前章三において既に述べた通りである。天平十四年（七四二）十一月三日、聖武天皇が御願寺（東大寺）の建立を神宮に祈願すべく、右大臣橘諸兄を勅使として派遣したところ、「当朝は神国なり。尤も神明を欽仰し奉り給ふべきなり。しかるに日輪は大日如来なり。本地は盧舎那仏なり。衆生は此の理を悟解して、まさに仏法に帰依すべし」との示現を蒙られたとする、『東大寺要録』所収「大神宮祢宜延平日記」の記述を参照してのことであった。この様に、東大寺草創に大いなる御稜威を発揮したとされる神宮を、大仏殿の巨材確保という困難に直面した重源が意識したのは、ごく自然のことであったと考えられる。

3　重源の参宮

斯くして大仏殿の巨材確保に行き詰まった重源は、文治二年（一一八六）二月、意を決して神宮に参詣する。その典拠として著名なのが、『東大寺衆徒参詣伊勢大神宮記』である。これは同年四月、東大寺の僧侶六十名が内外両宮を参拝し、大般若経転読供養等を盛大に営んだ次第を、一行の一人であった慶俊が約一ヶ月後に筆録したという、史料的価値の高いものである（以下『衆徒参詣記』と略記）。その最古の写本は、鎌倉時代末期を下るものではないとされる、名古屋の大須観音として有名な真福寺の蔵本であり、現存する写本はすべて、真福寺本を写したものか、またはその転写本であるとされる。[4]以下ではこの真福寺本を用いて、検討を進めることにする。なお、『衆徒参詣記』には、本篇の前に次の文章が記されている。[5]

①□□□□（東大寺聖）人参宮之次、依レ有二夢想之□（告）一、□□（於神）宮可レ令レ転二読-供-養大般若経一、率二六十口寺僧一、来廿六日可レ被レ遂二御願一之、件宿所事、二宮相共可レ被二用意一者、依二
院御気色一執啓如レ件
四月七日（文治二年）　右大弁藤原在判

②於二神宮一、可レ被レ転二読-供-養大般若経一事、
院宣如レ此、被二仰下（任脱カ）一之旨、件宿所事、可被□（致）用意之状如レ件
四月十三日（文治二年）　神祇権少副在

内官長殿

逐申、於二雑事一者、各可二随身一也、只、宿所并転読所、可レ被二計沙汰一也

③東大寺勧進上人重源、当寺造営祈祷、於二大神宮一大般若経書写供養并転読間事〈三ヶ度〉

④文治弐四月廿六日、外宮法楽於二常明寺一供養〈導師南都尊勝院僧都弁暁〉
同廿七日、六十口南京僧転読、法花持者十人読誦同南□（京）

⑤建久四年、同上人、二宮ノ法楽、大般若供養、所二見天覚寺
導師、醍醐座主勝賢僧正、曼陀羅供
外宮論匠、番民部卿已講定範〈布施人別帖絹一疋、沙金一両ツツ、七十口〉

⑥建久六年四月十七日、於二菩提山一供養、十八日読誦
先日、外宮法楽ノ導師侍従已講貞慶、今□(日)ハ内宮法楽、光明山僧都明遍所レ可レ被レ勤、聴聞衆□(中)今日モ已講御房御説法ニテ候ヘシト諸人令レ申□(之)、依二所望一、貞慶、重被レ勤之間、厳重不思議非レ一、雖レ爾不レ注レ之、説法最中ニ光明赫二道場一、種々瑞相現、不レ知二人之一、両上人御房、互依二願主信力一、此不思議瑞相現云々、御説法為二随喜一、御影向瑞相也、我非二信力一云々、即日之夕、聖人坐禅眠中ニ、无レ止貴女来二聖人前一、水精珠二果授与□(之)〈一果紅薄様裹之、一果白薄様裹之〉、聖人問云、是誰人乎、答云、吾是風宮也云々、夢中授与珠、覚後現二在袖上一、捧二頂上一帰二南都一多年安置之云々〈件珠者号二火執珠・水取珠一也〉、今度供養之間、不思議非レ一、重源聖人、申二貞慶聖人一云、御説法瑞相ハ御得分也、此珠ハ私得分也云々、

⑦三ヶ度六部御経安置所々、
二部、文治二年、八幡別所ニ安置、二部、建久四年常明寺
二部、建久六年、一部天覚寺、一部安芸土重深安置、

まずは、①(文治二年)四月十三日付の後白河法皇院宣が掲げられている。宛所が省略されているものの、この院宣が神宮祭主宛であったことは、次の②(同年)四月十三日付神祇権少副大中臣能隆(6)施行状から判明する。この二通が引用された後、③「東大寺勧進上人重源、当寺造営祈祷、大神宮において大般若経の書写供養ならびに転読の間の事〈三ヶ度〉」とある。三ヶ度とは、④文治二年四月二十六・二十七日、⑤建久四年、そして⑥建久六年四月十七日のことである。重源発願による神宮での大般若経供養が、都合三ヶ度行われたことを確認することができる。そして⑦には、その際書写し転読された大般若経の安置場所が、記載されている。以上の部分は、本篇の追記に該当する箇所であるが、これが何時、誰によって記されたのかは全くわからない。しかし少なくと

も、真福寺本が書写された鎌倉時代末期には、この記述が既に存在していたことは明らかである。以下ではこの記事を追記と呼び、本篇と区別することにしたい。

さて、『衆徒参詣記』本篇第一・参詣由来事条を検討してみよう。

> 文治二年〈歳次丙午〉仲春二月中旬之比、当寺勧進聖□（人）重源俊乗房、為レ祈二申造大仏殿事一、参二詣大神宮一、□（倫）於二瑞垣之辺一通夜之間、同廿三日〈辛未〉夜、大神示現云、吾近年身疲力衰、難レ成二大事一、若欲レ遂二此願一、汝早可レ令レ肥二我身一云々、（中略）即還二向本寺一、被レ触二此状於衆中一之処、衆徒相議曰、神明威光増益、莫レ過二般若威力一、早新二写大般若経二部一、僧綱以下六十口僧徒頂二戴之一、参二詣彼宮一、於二内外二宮一各一部遂二供養転読一、兼可レ被レ行二番論義一云々、

文治二年二月中旬、重源は大仏殿のことを祈り申すため太神宮（内宮）に参詣し、正宮瑞垣の辺りに潜んで通夜（参籠）したという。正宮は、幾重もの垣根に囲まれているが、瑞垣とは最も内側の、御正殿を囲う垣根である。夜、いくらひそかに忍び込んだとしても、其処まで参入したとは考え難い。ここでいう瑞垣とは、単に正宮の垣根の意で、最も外側の荒垣を指すものと思われる。そこで参籠していた重源に、二十三日夜、天照大御神が示現してお告げが下された。その内容は、「私は近年、身が疲れ力も衰えたために、大事を成し難くなった。もしこの願（すなわち大仏殿再建）を成就させたいのならば、汝が早く我が身を肥やすようにせよ」というものであった。そこで重源は、東大寺へ戻って衆僧と協議したところ、「神明の威光を増益するには、般若の威力に勝るものはない。早く大般若経二部を新写し、僧綱以下六十名の僧侶がこれを戴いて参詣し、両宮において各一部ずつ転読供養をした上で番論義（僧侶同士による仏教教義に関する問答）を行ったらどうか、ということに決まった。

なお、『衆徒参詣記』本篇第八・願文事条に、

事已及二天聴一、公家雖レ須レ仰二儒家一、於二大神宮一被レ行二仏事一之例、先蹤不二分明一云々、

とある。重源と東大寺衆徒による神宮法楽の計画は、やがて天聴に達した。そこで、神宮における仏事の先例を儒家に勘申させたところ、よくわからないとの答申であったという。これは、奈良時代の伊勢大神宮寺排斥以降、祭祀・儀礼の場における神仏隔離の原則が厳然と守られていたことを、如実に示していよう。ここにおいて、神宮における仏事――神宮法楽――が、約四百年の時を経て、再び敢行されることになったのであった。

4　重源参宮の回数

さて、大御神のお告げが本当にあったのかどうかはさておき、重源が文治二年二月中旬に参宮したというのは、事実と見做してよいであろう。或いは、これもまた重源の虚構と考えられなくもないが、そもそも重源本人が参宮したと主張している上に、彼が斯くの如き虚構を創出しなければならない理由も、思い当たらない。重源は、東大寺大仏殿の巨材確保に行き詰まり、藁にも縋る思いで、神宮に参詣したのではないか。

この重源の参宮後、東大寺僧六十名による神宮法楽が決定し、文治二年四月にそれが実施された。そして、その後建久四年と同六年四月にも、重源の発願による法楽が行われたことは、先程確認した通り（④～⑥）である。それではこの三ヶ度の神宮法楽において、重源は果たして参宮したのであろうか。次掲表4は、この問題について諸先学がどの様に考えておられるのか、発表順に並べてまとめたものである。

まずは文治二年二月の参宮について、これに異議を唱える先学は居られない。それでは、この参宮によって決

定した、文治二年四月の東大寺衆徒による神宮法楽に際して、重源は果たして同行したのか。戦時中の梅田義彦氏や、元皇學館大学教授の久保田収氏は、これを肯定されている。ところが昭和四十二年、萩原龍夫氏は「この参詣に重源が参加したかどうかは明らかでない」と疑義を呈され、そして昭和五十九年、安居久蔵氏がこれを完全に否定された。また、日本中世史の碩学である上横手雅敬氏も、明確に否定されている。しかしながら、重源の参宮を事実とする意見は、依然として根強いものがある。

一方、建久四年および同六年四月に関しては、安居氏が「いささか疑問がある」と指摘されている程度で、これを明確に否定する説は寡聞にして知らない(7)。

表4　重源の参宮に関する先行研究

	文治二年二月	文治二年四月	建久四年	建久六年四月
Ⅰ小島	—	—	—	○
Ⅱ梅田	○	○	○	○
Ⅲ久保田	○	○	○	○
Ⅳ萩原	○	△	—	※
Ⅴ安居	○	×	△	△
Ⅵ細川	○	○	○	○
Ⅶ五味	○	○	○	○
Ⅷ阿部	○	○	○	○
Ⅸ伊藤	○	×	—	○
Ⅹ小原	○	○	○	○
Ⅺ上横手	○	×	—	—
Ⅻ山田	○	○	○	○

○…参宮を史実とする。△…参宮に疑義あり。×…参宮していない。—…不言及。
※…重源が二顆の宝珠を授けられたというのは伝説とするも、参宮の実否までは言及されていない。

それにしても、造東大寺大勧進職という重責を担っていた重源が、果たして四度もの参宮を遂げることができたのであろうか。以下ではこの問題について、検討してみることにしたい。

5　文治二年四月参宮の実否

まずは、文治二年四月参宮の実否についてである。『衆徒参詣記』本篇によると、一行の出発は同年四月二十三日、転読供養等は同二十六日と定められた。以下、その参詣と法楽の次第は、後程詳しく触れたいと思うが、実はこの一行の中に、重源が見当たらない。本篇第十・六十口僧名事条に、今回の神宮法楽に参加した僧侶の名が列挙されている。実際の参加者は五十七名であるが、ここに、重源の名がないのである。その上、本篇の何処を読んでも、衆徒参詣時における重源の言動が全く記載されていない。

翻って、前掲追記①後白河法皇院宣を書き下してみると、

東大寺聖人参宮の次いで、夢想の告げあるにより、神宮において大般若経を転読供養せしむべく、六十口の寺僧を率ゐ、来る廿六日御願を遂げらるべし。件の宿所の事、二宮相共に用意せらるべし。

となる。東大寺聖人すなわち重源が、神宮において大般若経の転読供養をすべく、六十名の寺僧を率いて来たる四月二十六日に御願を遂げようとしているので、一行の神宮近辺における宿所をあらかじめ用意しておく様、祭主に命じたものであった。

また、本篇第九・御経供養導師事条所収の文治二年四月二十二日後白河法皇院宣にも、

就中、彼上人重源、忽蒙下夢告御願可二成就一之趣上也。仍相二伴六十口之寺僧一、転二読大般若之妙典一、其例未二分明一、

とみえ、ここでも重源が六十名の東大寺僧を伴って大般若経を転読するとある。これらに従えば、重源が参宮しようとしていたのは明らかであり、後白河院側もまたその様に認識していたことになる。

ところが、東大寺再建の記録である『東大寺造立供養記』(8)には、

文治二年春、被レ寄二周防国一、四月十日、大勧進以下十余人并宋人陳和卿・番匠物部為里・桜島国宗等、始入二周防杣一、

とある。『玉葉』によると、周防国が東大寺造営料国として充てられたのは、文治二年三月二十三日のことであった。国主となった大勧進重源は、陳和卿や番匠（大工）等を率いて直ちに下向し、四月十日には周防国の杣山に入ったというのである。『東大寺造立供養記』は、建仁三年（一二〇三）の総供養後あまり年代の降らない頃の成立で、記事の信憑性もかなり高いとされる(9)。

また、山口県防府市にある東大寺別院阿弥陀寺は、文治三年、重源が創建した寺院であるが、その創建時に鋳造された鉄塔（国宝）の銘に「造東大寺杣始　文治二年〈丙午〉四月十八日」(10)とある。この四月十八日の杣始に、重源が参列したのは確実である。一方、『衆徒参詣記』本篇によると、東大寺衆徒が参宮に向けて沐浴潔斎を始めたのは四月二十日、出発は二十三日であった。杣始から潔斎開始まで二日、出発までは五日である。その間、重源が周防国から東大寺まで移動するというのは、当時の交通事情を鑑みれば、安居氏や上横手氏の指摘の通り、到底不可能であろう。したがって、文治二年四月における重源の参宮は、なかったと見做すべきである。

しかしながら、当初の予定は違っていた。これは、先程検討した二通の院宣から明白である。重源は東大寺衆徒を率いて参宮するつもりであったし、後白河法皇に対しても、斯く奏上していた。ところが、二月二十三日夜

の神告から丁度一ヶ月後の三月二十三日、周防国が東大寺造営料国として充てられることに決まった。重源の所願は、奇しくも成就したのである。欣喜した重源は、自ら陣頭指揮にあたるべく、急遽周防国へ下向したのではないか。

ここで、『衆徒参詣記』本篇第九・御経供養導師事条に注目すると、

一、御経供養導師事

権少僧都弁暁勤之、始雖レ為二聖人之勧進一、後及二法皇之恩請一、

とみえる。また、先程検討した追記①は、後白河法皇が、東大寺衆徒一行の宿所の用意を祭主に命じたものであった。この神宮法楽は、重源の発願によるものではあったが、途中から後白河法皇の主導により、事が進められることとなった。重源が急遽周防国へ下向したのは、こういった事情もあったと思われる。そこで東大寺の衆徒等はやむなく、願主不参加のまま参宮と法楽を遂げたというのが、どうやら実情ではなかったか。

6　建久四年・同六年四月参宮の実否

それでは、建久四年および同六年四月において、重源は果たして参宮したのであろうか。まずは、前掲『衆徒参詣記』追記⑤を振り返ってみたい。

建久四年、同上人、二宮の法楽。大般若供養。所は二見天覚寺。導師は醍醐座主勝賢僧正、曼荼羅供。外宮論匠、番民部卿已講定範〈布施は人別帖絹一疋、沙金一両づつ、七十口〉

建久四年に、重源は神宮法楽を企画した様である。その理由は、よくわからない。その上、この記事には一部脱落があるらしく、少々難解である。しかし少なくとも、重源が参宮した事実は書かれていない。

一方、建久六年四月の二宮法楽は、先月十二日が大仏殿供養なので、その報恩感謝の為に企画されたことは明らかである。この法楽に関する史料としては、前掲『衆徒参詣記』追記⑥のほか、『太神宮参詣記』(11)（所謂『通海参詣記』）が挙げられる。上記は、祭主大中臣隆通の子で、後に醍醐寺の高僧となった通海が、弘安九年（一二八六）八月から翌年十月にかけて執筆した書物である。その上巻・九風宮事に、次の記事がみられる。

> 次ニ風宮遙拝、当社ハ霊威殊ニ掲焉也。去文治二年、建久四年、同六年、東大寺大仏殿上人（後）春乗房重源、院宣ヲ奉ハツテ参詣ノ間、建久六年四月ノタヒ、当宮ニシテ法施ノ時、眠ノ内ニ貴女来テ、二果ノ宝珠ヲ授ク。一果ハ白キウスヤウニ是ヲ裹ミ、一果ハ紅ノウスヤウニ是ヲツツメリ。聖人アヤシク思テ、誰人ソヤト問奉ル。貴女答云、我ハ是当宮摂社風宮也云々、眠覚テ是ヲミルニ、両果玉マノアタリ是ニアリ。頂戴シテ南都ニ帰テ大願ヲ遂ケ侍リキ。

これを読む限り、重源は文治二年のほか、建久四年と同六年にも参宮しており、とくに建久六年四月においては、法楽の際、重源の夢の中に風宮の女神が現れ、彼に二顆の宝珠を授けたことになる。

しかし、この所謂『通海参詣記』であるが、上記を詳細に研究された小島鉦作氏によると、いま確認した右掲部分は、『衆徒参詣記』追記⑥を「ほとんど何らの主観を加えずして簡略に和訳したものである」という(12)。すなわち『衆徒参詣記』の追記は、弘安九〜十年に通海が『太神宮参詣記』を著した際、既に存在していたことになる。そこでこの追記⑥を、実際に書き下して検討してみることにしよう。

建久六年四月十七日、菩提山において供養、十八日読誦。先日、外宮法楽の導師は、侍従已講貞慶。今日は内宮法楽、光明山僧都明遍勤めらるべきところ、聴聞衆中より、今日も已講御房の御説法にて候へしと諸人之を申さしむ。所望により、貞慶、重ねて勤めらるるの間、厳重なる不思議一つに非ず。しかりと雖どもこれを注さず。説法の最中に、光明道場に赫き、種々の瑞相現はる。人之を知らず。両上人御房、互ひに願主の信力により、此の不思議なる瑞相現はると云々。御説法の随喜として、御影向の瑞相なり、我が信力にあらずと云々。

即日の夕べ、聖人坐禅の眠中に、止むことなき貴女聖人の前に来りて、水精の珠二果之を授与す〈一果は紅の薄様に之をつつみ、一果は白き薄様に之をつつむ〉。聖人問ひて云はく、是れ誰れ人や。答へて云はく、吾れは是れ風宮なりと云々。夢中にて珠を授与す。覚めて後、袖の上に現在す。頂上に捧げて南都に帰り、多年之を安置すと云々〈件の珠は、火執珠・水取珠と号するなり〉。今度の供養の間、不思議一つに非ず。重源聖人、貞慶聖人に申して云はく、御説法の瑞相は御得分なり。此の珠は私の得分なりと云々。

内宮の法楽は、建久六年四月十七日から十八日にかけて、菩提山において営まれた。菩提山とは、度会郡宇治郷内（現伊勢市中村町）にかつて所在した、菩提山神宮寺を指す（現在は廃寺）。先日の外宮法楽は、已講御房貞慶（法相宗。法然の専修念仏を批判したことでも知られる高僧）が導師を勤めたので、今日の内宮法楽は、明遍僧都が導師を勤める予定であった。ところが、本日も貞慶聖人の御説法をとの要望が、聴衆から寄せられたことにより、再び貞慶が導師を勤めることとなった。その最中、道場に光明が赫くなど、不思議な現象が一つならず起きた。しかし、他の人々は誰も気付くことはなかった。

そして、次の二重傍線部は注意しなければならない。ここでいう「両上人御房」および「願主」とは、一体誰を指すのか。「両上人御房」に該当する人物は、今まで読んできた文脈から判断する限り、已講御房貞慶と明遍僧都しか考えられない。そして「願主」とは、今回の法楽を発願した重源であろう。先行研究のなかには、「両上人御房」を重源と貞慶とする指摘もあるが、(13)ここまでの段階において、当の重源は一度も登場していないので、斯くの如く解釈するのは唐突過ぎよう。以上を踏まえて二重傍線部を要約すると、この不思議は、願主である重源聖人の信力によるものであり、また説法に随喜したことによる影向（神仏が来臨すること）の瑞相であると、貞慶・明遍の両聖人は語り合った、となろうか。

次の段落も重要である。内容を要約すると、この日の夕、聖人が坐禅を組み眠っていると、夢の中に止んごとなき貴女が現れて、その貴女から水精（晶）の珠二顆を授与された。そこで聖人が誰人か尋ねると、吾は風宮であると答えた。夢から覚めると、果たしてその二つの珠が袖の上にあった。聖人はそれを押し戴いて奈良へ帰り、長年大切に安置した。「火執珠」「水取珠」と名付けられたこれらについて、重源聖人は、「御説法の際の瑞相は貴方の得分であるが、この珠は私の得分である」と貞慶聖人に語った、となろう。先程の『通海参詣記』は、これをそのまま簡略にして引用したものである点を、確認できると思う。

但し、風宮から火執珠と水取珠を授与されたという聖人を、通海は重源と解している。果たして、それでよいのであろうか。史料を素直に読み、文脈に即して解する限り、右掲でいうところの聖人は、貞慶を指すとしか考えられない。貞慶が火執珠と水取珠を得たからこそ、重源が、それは願主である私の取り分であると主張したのである。重源がこれらの珠を得ているのならば、斯くの如き主張を貞慶に対してする必要はない。したがって、ここでいう聖人とは貞慶を指し、彼が珠を得て奈良へ帰ったのち、それを聞きつけた重源が、その珠を強請ったものと解しておきたい。

以上、『衆徒参詣記』追記⑥・建久六年四月の二宮法楽に関する記事を検討してきた。ここに、重源が参加した事実を確認することはできない。ところが、これを読んだ通海は、この法楽に願主の重源が参加するのは当然のことと捉え、波線部の「聖人」を重源と解釈してしまった。この解釈を、諸先学の多くはそのまま受容された。鎌倉時代の高僧によるこの誤解が、現在にも影響し続けている訳である。しかし⑥を厳密に解釈する限り、この法楽に重源が参加している形跡は認められない。故に建久六年四月において、重源が参宮したと見做すことは出来ないのである。

ちなみに、『衆徒参詣記』追記⑤・建久四年においても、重源が法楽に参加した形跡は確認できない。ここにおいても、重源が参宮したとは考え難いであろう。したがって重源の参宮は、大仏殿の巨材確保等を祈願した、文治二年二月の一度きりと見做すべきである。続く同年四月の参宮と神宮法楽に、当初は参加する予定であった。しかし、東大寺造営料国決定をうけて周防国へ下向したために、急遽不参加となった。そしてその後は、建久四年および建久六年四月(大仏殿完成の報恩感謝)の神宮法楽を発願し企画したものの、重源自身は伊勢に下向せず、南都の諸大徳等に任せたと考えるのが妥当かと思う。

7 文治二年の二宮法楽

さて、先程から度々引用している『衆徒参詣記』の本篇は、一行の一人であった慶俊が、約一ヶ月後に筆録したという史的価値の高い史料であった。その記述の中から、伊勢滞在中の様子について、粗描してみることにする。

東大寺衆徒一行が伊勢へ向けて出発したのは、予定通り文治二年四月二十三日の朝であった。まずは再建間もない大仏を拝み、次いで鎮守の手向山八幡宮に詣でた一行は、焼失した南大門跡から神宮を目指して進発した。その総勢は、衆徒六十名(実際には五十七名)以下、所従雑人まで含めて都合七百人に及んだ。途中、風雨に見舞われながらも、二十五日に山田へ到着した。その際、東大寺衆徒の団体参拝という珍しい光景を一目見ようと、宮川の両岸に人々が群集したという。一行は、申一点（午後三時頃）に成覚寺へ到着した。しかし、それから七百名もの宿所を手配しているうちに、深夜となってしまった。

翌二十六日、その成覚寺において、外宮に法楽を奉納しようとした。ところが、時の外宮一祢宜度会光忠から申し送りがあった。それは、常明寺こそ神官崇重の氏寺であり、厳重の仏事は必ずこの寺で修するのが先例である、というものであった。常明寺は、伊勢市倭町にかつて所在した。倭町は、江戸時代まで常明寺門前町と称されていた。当寺のかつての威容が偲ばれる。

そこで一行は、常明寺へと移動する。これを聞きつけ集まってきた、無数の聴聞者達が見守るなか、午一点（午前十一時）より法要が始まった。まずは、今回法楽を奉納するに至った事由を導師が啓白し、次いで三番の番論義が行われて終了となった。

そしてその夜、衆徒の一部が外宮を参拝した。これは、白昼では憚りがあると、外宮祢宜が諫め申したためである。しかし、旧暦二十六日では月光を期待できず、境内は漆黒の暗闇である。そのため瑞垣（実際は重源の参籠と同じく、正宮一番外側の荒垣か）辺りで参拝した後は、子細に及ばす謹んで退出したという。

翌二十七日の明け方、衆徒六十名が再び常明寺に参会し、大般若経の転読供養が行われた。終了したのは、申一点（午後三時頃）であった。これをもって外宮法楽は終了し、一行は内宮へと向かった。

内宮では、一祢宜荒木田成長が待ち受けていた。一行が一鳥居辺りに到着した際、僧徒の群参は憚りがあるとして、成長はまず二～三名を神前に誘導した。残りの僧侶もこれに倣い、衆徒全員が参拝した様である。これを終えた筆者慶俊は、「凡そその神殿の製作は余社に似ず、地形の勝絶は異域に入るが如し」と絶賛し、「我等何の宿福によりて今この砌に詣でんや」と随喜の涙を流している。

内宮参拝後、一行は二見浦へと向かった。この二見浦の一角に、荒木田成長が建立した天覚寺があった。明治二十八年（一八九五）刊行の『神都名勝誌』[14]巻之五・天覚寺旧趾項によると、「今、江山の上に、凡、百八十坪ほどの平地あり。四方に、疆域の形状を存し、石積等、所々に残れり。（中略）恐らくは、此の地ならむか」とある。その天覚寺の境内に、成長は僧房四宇を新造しており、うち三間四面の屋は導師用、五間屋の三宇は衆徒用であった。そして各屋には、「珍菓・旨酒」や「垸飯・肴膳」が用意されていたという。さらには、温室（常時入浴可能）や従者のための仮屋も設けられており、到着した一行がここで一息ついていると、衆徒六十名には重ねて美膳が運ばれ、その他所従雑人あわせて七百名が皆饗応に預かった。夕方には、本堂において往生講（極楽浄土に往生することを願って行われる法要）が営まれ、それが終わってからは宴会と、まさに至れり尽くせりであった。

翌二十八日、天覚寺には法楽を聴聞せんとする人々が雲霞の如く集まった。しかし、生憎朝方は大雨であったため、成長の申し出により順延となった。衆徒等はこれを喜び、なかには船に乗って二見浦を遊覧し、和歌を詠む者も居た。そしてその夜は、華やかな宴会となった。

そして四月二十九日から三十日にかけて、晴れて東大寺衆徒による法楽が盛大に営まれた。その次第は常明寺の時と同じく、一日目は導師の啓白と三番の番論義、二日目は辰刻（午前七時頃）より大般若経の転読供養で、申一点（午後三時頃）に終了した。その日はそのまま宿坊に泊まり、翌五月一日未明に一行は出発、同三日には無事東大寺へ到着して大団円となった。

以上、『衆徒参詣記』の中でも、伊勢滞在中の様子を粗描してみた。本論から少々脱線したが、衆徒等の両宮参拝の様子や、内宮一祢宜成長によるもてなしぶり等々、興味深い記述が目白押しであるのに加えて、次節以降の叙述上、煩を厭わず紹介した次第である。

おわりに

俊乗房重源の参宮は、史料を詳細に検討する限り、文治二年二月の一度きりである。ところが、この只一度の参宮から、都合三度に及ぶ、東大寺をはじめとする南都諸寺院の僧侶による神宮法楽へとつながった。

また、こうして神宮祠官と奈良の僧侶との交流が始まったことに伴い、神仏調和の思想が強まり、僧尼による神宮参拝が多くみられる様になった点も指摘されている。(15)

㋐弘長年間(一二六一〜六四) 無住道暁

㋑文永十年(一二七三)二月 思円房叡尊

㋒建治元年(一二七五)三月 思円房叡尊

㋓弘安三年(一二八〇)三月 思円房叡尊

㋔正応四年(一二九一)四月 後深草院二条

㋕正安三年(一三〇一)十一月 他阿弥陀仏真教

㋖文保元年(一三一七)三月 虎関師錬(16)

このうち、㋐無住(『沙石集』)と㋖虎関師錬(『元亨釈書』)、それに㋑〜㋓思円房叡尊(律宗。奈良西大寺を拠点に戒律の復興を行う一方、高弟の忍性らとともにハンセン病患者の救済に尽くした)は、高等学校の日本史の教科書にも登場する高名な僧侶である。そして、㋕他阿は時宗の第二祖であるし、㋔『とはずがたり』の筆者である通称後深草院二条は、名門貴族の娘で、宮廷生活において数々の恋愛遍歴を経た後、出家して全国各地を旅してまわったという、当時にしては異色の女性として知られている。斯くの如き著名な僧尼達の参宮が、鎌倉時代にこれだけ確認できるのである。無名の僧尼を含めれば、実際にはさらに多かったものと思われる。当時、僧尼による参宮が流行したのはやはり、重源の影響とみてよいであろう。

この様にして考えてみると、重源の参宮は一度だけであったが、その一度きりの参宮が後世に及ぼした影響は、決して小さくはなかったのである。

註

(1)佐伯弘次「大陸の浄土信仰—念仏と舎利—」(中尾堯編『旅の勧進聖　重源』所収、吉川弘文館、平成十六年)。

(2)本書では、国書刊行会本を用いた。〈 〉内は割書、以下同じ。

(3)ちなみに、内宮の次の式年は建久元年(一一九〇)で、山口祭はその三年前の文治三年(一一八七)十月に行われている(「建久元年内宮遷宮記」〔神宮司庁編『神宮遷宮記』第一巻所収〕)。

(4)国文学研究資料館編『真福寺善本叢刊』第八巻(臨川書店、平成十二年)所収。

(5)傍線・丸数字は引用者、以下同じ。

(6)『祭主補任』(『神道大系』神宮編四所収)によると、大中臣能隆は、寿永元年十二月八日権少副に転じ、文治元年十一月二十五日祭主に任じられている。

(7)表4の典拠を、以下に列挙しておく。

I小島鉦作「大神宮法楽寺及び大神宮法楽舎の研究」(小島鉦作著作集第二巻『伊勢神宮史の研究』所収、吉川弘文館、昭和六十年。初出は昭和三年)

八代博士は「重源の参詣は文治二年二月の事」であるといっているが、この『大般若経転読記』(引用者註・「東大寺衆徒参詣伊勢大神宮記」のこと)には明らかに建久六年(一一九五)四月十八日のことに懸けているから、『通海参詣記』(引用者註・『太神宮参詣記』のこと)に「建久六年四月」と記しているのは正しいことであり、(一一八頁)

Ⅱ梅田義彦「僧徒の大神宮崇拝史」（『神道思想の研究』所収、日本出版配給、昭和十七年）

以上は東大寺衆徒が重源に率ゐられて伊勢大神宮に参詣する直前に至るまでの過程を説明する為の序論である。文治二年は（中略）仲春二月の中旬、重源は造東大寺大仏殿のことを祈請せんが為、大神宮に参詣し、ひそかに瑞垣の辺で通夜をした所、二十三日の夜大神示現せられ、我身近年力衰へ大事成し難い故、之を肥えしめよと仰せらるる夢を見た（一〇五頁）

此年（引用者註・建久四年）重源は再び二宮法楽の為二部の大般若経を書写し、二見の天覚寺に於て供養した（一一〇頁）

次に建久六年三月十二日、後鳥羽天皇臨御、頼朝亦之に臨んで東大寺の供養が盛大に行はれた。四月、重源は第三度二部の大般若経を書写し、十七日菩提山に於て供養したが、此日は外宮の法楽で、翌十八日内宮の法楽を行つた。（同前）

尚転読記に従へば建久六年四月十八日夕、風宮が重源の夢に現れ給うた。（一一六頁）

Ⅲ久保田収「重源の伊勢神宮参詣」（『神道史の研究』第三部二、皇學館大學出版部、昭和四十八年。初出は昭和三十六年）

重源の伊勢参宮は、いま知られるところでは四回ある。有名なのは、文治二年（一一八六）四月に、六十人の僧徒をひきつれて参宮したことであつて、重源の『南無阿弥陀仏作善集』には、伊勢神宮に対し書写供養した大般若経が、内宮三部、外宮三部、合せて六部で、これを三度にわたつて供養したことを述べてゐる。『東大寺衆徒参詣伊勢太神宮記』の端に記された追記には、文治二年（一一八六）、建久四年（一一九三）、建久六年（一一九五）と、その年代を挙げて、三たび参宮したことを明らかにしてゐる。（三一一頁）

Ⅳ萩原龍夫「鎌倉時代の神宮参詣記」（『神々と村落―歴史学と民俗学との接点―』所収、弘文堂、昭和五十三年。初出は昭和四十二年）

まず文治二年（一一八六）の時のことを記した「東大寺衆徒神宮参詣記」をとりあげる。この重源の参詣は東大寺の再建という大事業の達成のために企てられたもので、六〇人の僧を率いて重源が神宮に参詣したという世紀の大業であり、この一書は東大寺の僧でこの式に列なった慶俊の筆録にかかり、史料性も豊かでかつ精細なものである。（三三八頁）

この年（引用者註・文治二年）重源が大仏殿のこと（大仏は前年八月に開眼供養をすませた）を祈願すべく神宮に赴き、瑞垣のほとりに通夜（参籠と同じ）していると、二十三日の夜に大神が示現されて、「吾れ近年身疲れ力衰え、大事を成し難し。もしこの願を遂げんと欲せば、汝早くわが身を肥えしむべし」と宣うたという。（三三九頁）

以上が慶俊の記した参詣記である。この参詣（引用者註・文治二年四月）に重源が参加したかどうかは明らかでないが、とにかく重源の勧進事業の一環として、伊勢神宮に対し東大寺の衆僧が群参して大般若経転読その他の法会を行った状況がわかる。

なお重源がこの法施を行っていたころ、睡眠の間に貴女が現れ、二顆の宝珠を授けた。一つは白の薄様に包まれ（いわゆる水取り珠）、一つは紅の薄様に包まれ（いわゆる火執り珠）ていたということが、『東大寺八幡大菩薩験記』という書にある。これと同じようなことは、「東大寺衆徒神宮参詣記」の方にもあるのだが、それは追筆であり、しかも文治二年のことでなく、建久六年四月のこととしている。この話は、重源が「吾近年身疲力衰」云々という託宣を受けたことがふくらんで行った伝説ではないかと思う。やはり衆徒参詣記の史料性がずばぬけて高いようである。（三四三頁）

Ⅴ安居久蔵「文治二年の俊乗坊重源の伊勢参宮に関する疑義」（『日本仏教史学』第一九号、昭和五十九年）

文治二年二月中旬、重源は参宮したであろう。（中略）即ち、重源は文治二年四月十日、周防国に入った。そして、四月十八日には滑川（なめらやま）において杣始めを行った。（中略）その重源が、果たして伊勢太神宮に二十六日に参詣できたか。（五八～九頁）

重源は、四月十八日杣始めの式を終えてすぐ三田尻港まで引き返したとしても、乗船は十九日朝になったことであろう。それで、神宮参詣のため沐浴潔斎に入る二十日までに奈良に帰着することは、どう考えても不可能でなければならない。（五九頁）

それまでは、重源も神宮参詣を予定していたであろう。だから、「六十口僧徒を引率して」と書かれたのであろう。しかし、ここに至って、重源には神宮参詣のことは、もう寺僧に任せてよかった。奇瑞が現れたのだ。（中略）重源にとって、東大寺再興という大目的のためには、如何なる手段も辞するところではない。神宮参詣のことも、奇瑞を得たと称して勧進の成果を朝野に期したものであったに違いない。国司に任ぜられるや、周防国入りを決行することが、何よりも優先すると考えたのであった。（六一頁）

なお、建久四年度の参詣は、なぜか月日の記入がなく、この年は財政的に頗る逼迫し困難を極めた年であったこと。建久六年四月十七日の参詣は、同年三月十二日大仏殿落慶供養、そして五月十三日重源が高野山に逐電して源頼朝が諸方に捜索を命じた事件の中間の時期に当り、大般若経二部千二百巻を勧進する余裕があり得たか、従って参詣を実現できたか、いささか疑問がある。（六一頁）

Ⅵ細川涼一「謡曲「第六天」と解脱房貞慶―貞慶の伊勢参宮説話と第六天魔王―」（『金沢文庫研究』第二八七号、平成三年）

また、『東大寺衆徒参詣伊勢大神宮記』（『俊乗房重源伊勢太神宮参詣記』）によれば、建久六年（一一九五）四月、東大寺大勧進の俊乗房重源は東大寺造営祈祷のため、三度目の伊勢参宮を果したが、この十七日の外宮法楽と十八日の内宮法楽の導師は貞慶が勤めている。この説法の最中には、重源・貞慶二人の願主の信力によって種々の瑞相が現れたという。ただし、この参詣記のこの部分は、文治二年（一一八六）二月中旬に重源が伊勢大神宮に参詣して夢想の告を得、これにもとづいて同年四月に東大寺衆徒が東大寺造営を祈って伊勢参宮をした次第を記したこの記録にとっては追筆部分にあたり、萩原龍夫氏はこのことから、この史料のこの部分は「伝説」であるとしている。（八頁）

Ⅶ五味文彦『大仏再建　中世民衆の熱狂』（講談社、平成七年）

このように行隆（引用者註・造東大寺長官藤原行隆）の訴えが容易に認められないなかで、重源は意を決して伊勢神宮に参詣して東大寺の造営を祈っている。

二月の中旬に参詣し、瑞垣の辺で通夜していたところ、二十三日の夜になって伊勢の大神が夢に現れ、「吾は近年になって身が疲れ力も衰えたので大事をなしがたくなっている。そこでこの願を成就したいのならば、汝は早く我が身を肥やすべきである」とのべたという。（一五八頁）

重源の企画した（引用者註・文治二年四月の）伊勢神宮での大般若経転読は大成功に終わった。南都から伊勢を往復した一行の姿と行動は東大寺の再建を多くの人びとに訴えるに十分であったろう。

なお大般若経転読の他にも持経者による法華経の転読も重源が私的に行ったらしい。おそらく重源は表面では動かずに陰で動いていたのであろう。（一六七頁）

というのも（引用者註・建久六年）四月には伊勢で大仏殿供養の礼のための法楽を行っている。外宮では笠置寺の貞慶が、内宮では明遍が導師となって行われたもので、その説法の最中に道場で光明がきらめき、種々の瑞相が現れたという。またその日、重源の夢に貴女が登場して水精の珠二つをあたえられたともいう。（二三七頁）

Ⅷ阿部泰郎「『東大寺衆徒参詣伊勢大神宮記』解題」（『真福寺善本叢刊』第八巻所収、臨川書店、平成十二年）

本紙第4紙までの部分は、本篇の参詣記とは別個の独立した記事である。但し、料紙は本篇の分と全く同一で同時期に書写されたものと認められる。（中略）本書は、第4紙までに書写された記事（以下、別記と称す）と、第5紙以下の本篇（以下、〔参詣記〕と称す）との二つに大きく分かたれる。本書書写の際もしくはそれ以後に付加された別記は、初めに二通の文書（a文治二年四月七日付後白河院院宣b同年四月十五日付祭主請状・同追書）を掲げ、次に「東大寺勧進上人重源当寺造営祈祷於大神宮大般若経書写供養并転読間事三ヶ度」と始まる一文が続き、文治二年の参詣にはじまり、建久四年と同六年の三箇度にわたる重源の伊勢大神宮参詣とその際の大般若経供養における霊験が記されている。（四三五～六頁）

同「伊勢に参る聖と王―『東大寺衆徒参詣伊勢大神宮記』をめぐりて―」（今谷明編『王権と神祇』所収、思文閣出版、平成十四年）

『参詣記』は、その本文冒頭条「参詣由来事」に、重源による参宮と夢告のことを述べている。それが東大寺衆徒の参詣の契機となったとするのである。文治二年二月中旬、「大仏殿事」を祈り申すため重源は大神宮へ参詣した。（一九八頁）

Ⅸ伊藤聡「文治二年東大寺衆徒伊勢参宮と弁暁―金沢文庫保管『大神宮大般若供養』をめぐって―」(『仏教文学』第二五号、平成十三年)

第二点目は、四月の衆徒参宮には重源自身は、参宮には同行しなかったことである。(中略)この時期重源は、長門に下向している。二月の参宮からも分かるように、彼は神宮との密接な関係を既に構築しており、恐らく衆徒参宮を企画した主体だった筈である。にも拘わらず、自身が同行しなかったのは、後白河院の全面的後援が得られた結果、敢えて同行する必要がなくなったからであろう。(五四頁)

同「外宮高倉山浄土考―伊勢神宮における弘法大師信仰」(『中世天照大神信仰の研究』所収、法藏館、平成二十三年。初出は平成十一年)

筆者も建久六年の参宮を史実と考えている(三一九頁)

Ⅹ小原仁「東大寺の復興と勧進―国家の大業―」(中尾堯編『旅の勧進聖 重源』所収、吉川弘文館、平成十六年)

この年(引用者註・文治二年)は、三月二十三日に周防国が東大寺造営料国に宛てられ、国務を管することになった重源が四月に同国に入国したこと、大仏殿建立は緒についたばかりで難問山積の状態であったこと、などについてはすでにふれたが、さらにこれに前後して、重源は伊勢太神宮に参詣して造営の成功を祈願し、ついで六〇名の僧侶を率いて内外両宮の神前に大般若経を転読供養している。彼は再建成就を祈願して生涯に四度伊勢に参詣しているが、この度のはその最初であった。(一〇四頁)

Ⅺ上横手雅敬「重源ノート」(『権力と仏教の中世史―文化と政治的状況―』所収、法藏館、平成二十一年)

そのような時、文治二年二月中旬、重源は伊勢神宮に参詣し、東大寺造営の成功を祈った。(六九頁)

三宝を嫌う風のあった伊勢神宮に、六十名の僧徒が大挙して参詣したのは、そもそも未曾有の出来事であるが、彼らを引率したのが重源であると、永く考えられていた。(中略)しかし『慶俊記』(引用者註・『東大寺衆徒参詣伊勢大神宮記』のこと)を丹念に読み、他の記録をも検討すれば、重源の再度の参宮はなかったことが判明するのである。(七〇頁)

大仏殿の造営には巨木が必要であり、重源はその確保に悩んだ。元暦元年(一一八四)六月、吉野山の奥で大木を発見し、しかも運搬のための水運の便もあるので、重源は歓喜極まりなかったという（『玉葉』二十三日条）。また翌文治元年三月には伊勢神宮の杣の木の伐採を望んでいる（同上、三十日条）。文治二年の参宮の目的の一つが、大仏殿造営の用材の獲得について伊勢神宮の協力を得ることにあったと見てよかろう。

吉野や伊勢での用材の確保が困難であったのか、それだけでは不足であったのか、重源が伊勢から帰って程なく、文治二年三月、造営料国として周防が東大寺に寄せられ、重源が国務を沙汰することになり（『玉葉』二十三日条）、大仏殿の用材も主として同国のものが充てられることになった。四月十日、重源以下十余人、宋人陳和卿、それに番匠らが周防の杣に入ったという（『東大寺造立供養記』）。防府市阿弥陀寺の鉄塔の銘には四月十八日を杣始としている。とすれば重源が二十三日に東大寺を出発し、伊勢に赴くことは不可能であろう。

最近では重源が東大寺僧とともに伊勢に赴いたことを否定する説が次第に有力となっているが、それでも重源引率説はなお後を絶たないので、ここに取り上げてみたのである。（七一頁）

XII山田雄司「伊勢神宮の中世的意義」（伊藤聡編『中世神話と神祇・神道世界』所収、竹林舎、平成二十三年）

次に、まとまった参詣記としては最初のものである、俊乗房重源が神宮に参詣した際の記録『東大寺衆徒参詣伊勢大神宮記』から、僧侶の参宮の状況を見てみる。文治二年（一一八六）二月中旬ころ、重源は東大寺大仏殿造営を祈るために参宮したが、その際瑞垣の辺で通夜し、二十三日夜に大神による「近年身疲力衰、難レ成二大事一。若欲レ遂二此願一、汝、早可レ令レ肥二我身一」との託宣があったため、東大寺に戻って大般若経二部を新写し、四月には僧綱以下の僧徒六十人をはじめとした都合七百人ほどを伴って再び参宮し、内外二宮にて各一部の供養転読と番論義を行おうとした。（中略）二度目・三度目の参宮記事は簡略であり、二度目の参宮は建久四年（一一九三）で、二宮法楽の大般若経供養を二見の天覚寺で行い、三度目の参宮は建久六年四月で、菩提山で供養が行われた。（一六六～七頁）

(8)『群書類従』巻第四三五所収。

(9)『群書解題』。

(10)小林剛編『俊乗房重源史料集成』（吉川弘文館、昭和四十年）、一二六頁。

(11)増補大神宮叢書12『神宮参拝記大成』所収、吉川弘文館、平成十九年。
(12)註(7)Ⅰ、一一八頁。
(13)註(7)Ⅵ。
(14)神宮司庁編。平成四年、皇學館大學創立百十周年・再興三十周年記念出版として復刊された。
(15)註(7)Ⅲ。
(16)以上の詳細については、拙稿「鎌倉時代の神宮と仏教」(『伊勢市史』第二巻中世編・第一章第四節)を参照されたい。

二　俊乗房重源と内宮一祢宜荒木田成長

はじめに

文治二年(一一八六)二月、東大寺大仏殿の巨材確保に行き詰まった大勧進の重源は、意を決して神宮(内宮)に参籠した。すると同月二十三日夜、天照大御神が示現して、「私は近年、身が疲れ力も衰えたために、大事を成し難くなった。もしこの願(すなわち大仏殿再建)を成就させたいのであれば、汝よ、早く我が身を肥やすようにせよ」と宣ったという。そこで重源は、すぐさま東大寺へ戻って衆僧と協議したところ、神明の威光を増益するには、般若の威力に勝るものはない。早く大般若経二部を新写し、僧綱以下六十名の僧侶がこれを戴いて参詣し、内外両宮において各一部ずつ転読供養をした上で番論義(僧侶同士による仏教教義に関する問答)を行ったらどうか、ということに決まった。

右掲は、『東大寺衆徒参詣伊勢大神宮記』(1)(以下『衆徒参詣記』と略記)本篇第一・参詣由来事によるものである。

ところが、大御神が示現した（とされる）日から丁度一ヶ月後の三月二十三日、周防国が東大寺造営料国として充てられることとなった。(2) 国主となった重源は、陳和卿や番匠等を率いて直ちに下向し、四月十日には周防国の杣山に入っている。(3) したがって、同年四月の東大寺衆徒による両宮参詣と法楽に、重源は参加しなかったことになる。その理由は、『衆徒参詣記』本篇第九・御経供養導師事に「始雖レ為二聖人之勧進一、後及二法皇之恩請一」と記されている通り、この神宮法楽はそもそも重源の発願によるものであったが、途中から後白河法皇の主導となってしまった点に求められそうである。以上については、前節において既に述べた。

ちなみに、『衆徒参詣記』冒頭の追記には、四月七日に祭主へ宛てた院宣が収録されており、

□□□□（東大寺聖）人参宮之次、依レ有二夢想之□（告）一、□□（於神）宮可レ令レ転二読-供-養大般若経一、率二六十口寺僧一、来廿六日可レ被レ遂二御願一之、件宿所事、二宮相共可レ被二用意一者

とある。その六日後、祭主は当院宣を内宮一祢宜に施行するとともに、「於二雑事一者、各可二随身一也、只、宿所并転読所、可レ被二計沙汰一也」と命じている。時の内宮一祢宜は、荒木田成長（任治承三年〜建久四年・一一八七〜九三）であった。(4) この法楽において、内宮側は衆徒の宿所と法楽開催所の確保が義務付けられた。そしてそれは、外宮側も同様であった筈である。

ところが、こと神宮においては、奈良時代に伊勢大神宮寺が排斥されて以降、祭祀・儀礼の場における神仏隔離の原則が確立され、それが厳然と保たれてきた。その神宮に、東大寺大仏殿再建を祈願すべく、同寺衆徒等による大般若経転読供養が奉納されることに決まったのである。さらには、時の治天の君であられた後白河法皇が、内外両宮祠官達に対して、衆徒の宿所と法楽開催所の確保を命じられたのであった。こうした前例のない事態に

際して、神宮祠官達は如何に対応したのであろうか。本節で検討することにしたい。

1 両宮祠官による対応の相違

結論から記せば、両宮祠官達の対応は、まさしく対照的であった。前節で検討した通り、外宮側は、衆徒六十名用の宿所を用意しただけで、六四〇名に及ぶ従者達のそれは、衆徒等自身で手配する有様であった。衆徒用の宿所は、山田の成覚寺（比定地未詳）であり、其処で法楽が営まれると思いきや、当日になって、氏寺常明寺（現在は廃寺。伊勢市倭町）への変更が申し入れられている。また、衆徒等による白昼の外宮参拝も諫止している。

これに対して、内宮一祢宜荒木田成長は、少人数ずつとはいえ、衆徒全員の正宮参拝を許している。江戸時代以前、僧尼は二鳥居より先への参入を厳しく制限され、僧尼拝所での遙拝を余儀なくされていた点を鑑みると、(5)破格の待遇である。そしてそれは、宿所兼法楽開催所の二見浦天覚寺においても同様で、まさに至れり尽くせりであった。

以上を検討する限り、外宮一祢宜度会光忠は、衆徒宿所と法楽開催所の確保という、最低限の義務を履行しただけであった。その一方で、内宮一祢宜荒木田成長のもてなし振りは、際立ったものがある。

この温度差は、一体どうしたことか。史料を吟味するに、後白河法皇の院宣が祭主を通じて両宮に下達されたのは、四月十三日付である。そして、衆徒一行が山田に到着したのは、二十五日であった。準備期間が、僅か十日余りであった点を鑑みるに、内宮側の対応は、あまりにも出来過ぎであろう。何分、急なことで準備不足のまま迎え、混乱した形跡が認められる外宮側の方が、自然な対応ではないか。

ここまで考え来ると、二見天覚寺の境内に、衆徒一行専用の僧房四宇や温室・仮屋等が新築されているのは、注目すべき点といえる。これ程の施設を、僅か十日余りで完成させるのは、到底不可能であろう。荒木田成長は、四月七日付の院宣が下される以前に、東大寺衆徒が参宮することを知っていて、周到に準備していたとしか考えられないのである。

ならば、荒木田成長が衆徒参詣を知ったのは何時か。考えられるのは、重源が参籠した同年二月中旬である。その際、参籠僧が東大寺勧進職として名高い俊乗房重源と知り、彼と語らった可能性は、十分に想定できよう。

2　荒木田延利流の仏教信仰

それにしても、荒木田成長のもてなし振りが斯くも際立っていたのは、一体如何なる理由によるのであろうか。『衆徒参詣記』本篇第十八・同廿九日御経供養事の導師敬白詞に、次の文章がみられる。

是以我寺本願感神聖武皇帝、伝二尺尊遺法於慈氏尊之暁一、為レ導二我国衆生於一仏土之境一、勧レ人造二希代之大像一、傾レ国立二高広之伽藍一と思食キ、即献二勅使於当宮一、奉レ待二霊応於大神一御之処、神慮大感、冥助忽通、任二御託宣之新旨一、悦奉レ鋳二盧舎那之霊像一之日、（中略）依レ之聖人倫尋二草創之旧跡一、深奉レ致二祈精於神宮一、而夢中有二御示現一、忝効験可レ顕之趣也、

東大寺は、聖武天皇が勅使を当宮（内宮）に派遣して祈念したところ、霊験あらたかな託宣を蒙られ、造営に着工することとなった。重源聖人はその「草創之旧跡」を尋ね、神宮（内宮）に祈願したところ、大御神の示現を得ることができたという。

右掲でいう「草創之旧跡」を、重源は何に拠って尋ねたのか。それが『東大寺要録』所収「大神宮祢宜延平日記」天平十四年十一月三日条であったこと、そしてこの「大神宮祢宜延平日記」とは、筆者延平の思索が随所に

反映された、いわゆる偽書であったと考えられる点は、既に検証した通りである（第一章三）。

この荒木田延平について、鎌倉時代末期の成立とされる『補任次第 延喜以後』(6)に、次の如く記されている。

号二見一
二祢宜従四位上延平　在任廿五年　小社祭主輔経挙
右神主、二門延基二男也、承保二年十一月十六日、祭主挙奏〈重経替、于レ時従五位上、父執印〉（中略）康和元年四月八日、為二神拝一、参道御橋河津下河原致二解除一、立レ座五六歩之上、乍中風、俄倒臥、以二其乗船一退出、僅存命、雖レ祈レ療、猶不二平復一、仍以二同月十五日一、譲二長男忠俊神主一之後、経二五ヶ年一、康和五年出家、長治元年二月廿一日卒去

延平は、承保二年（一〇七五）内宮祢宜に補任され、最終的に二祢宜にまで昇進した。ところが、康和元年（一〇九九）四月に中風で倒れ、長男忠俊に祢宜職を譲った。そして、同五年に出家し、翌年二月十一日に卒去している。彼は神宮祠官でありながら、仏教を深く信仰していた。

『補任次第 延喜以後』によると、延平の父延基は「二門延利三男、僧院肇一男也〈伯父、為レ子〉（中略）年齢十六才之時、伯父頼親譲」とある。延平の祖父は、荒木田氏出身の僧侶であった。そして、延利の父（すなわち僧院肇の祖父）が、一祢宜氏長（任長徳元年～長保三年・九九五～一〇〇一）である。彼は、荒木田氏二門の氏寺である田宮寺を創建している。荒木田延平の仏教信仰は、父祖氏長以来の、まさしく筋金入りのものであった。その様な彼であったからこそ、自らが奉仕する内宮と仏教との関係について思いを致し、彼なりの研究成果を、著作に盛り込んだものと考えられる（第一章三）。

ちなみに、荒木田成長もまた、二見浦に氏寺天覚寺を創建する程の仏教信者であった。その彼は、延平の曾孫

に当たる。如上の関係を系図で示すと、次掲の通りとなる。(7) 荒木田氏については、神主石敷の長男佐祢麿の子孫を一門、次男田長のそれを二門と呼び慣わしている。このうち二門を概観すると、氏長以降、延利・延親・延満流に分派し、それぞれ子孫が繁栄していることに気付く。とりわけ延利流は、彼の三男が出家して僧侶となっており、そしてその僧院肇の孫が、延平である。同流は、内宮祠官荒木田氏のなかでも、父祖氏長以来の仏教信仰を色濃く継承した家系であった。成長は、その直系の子孫である。そんな彼が、曾祖父延平の所説を信奉して参宮した重源に感激し、種々の協力を申し出たであろうことは、想像に難くない。

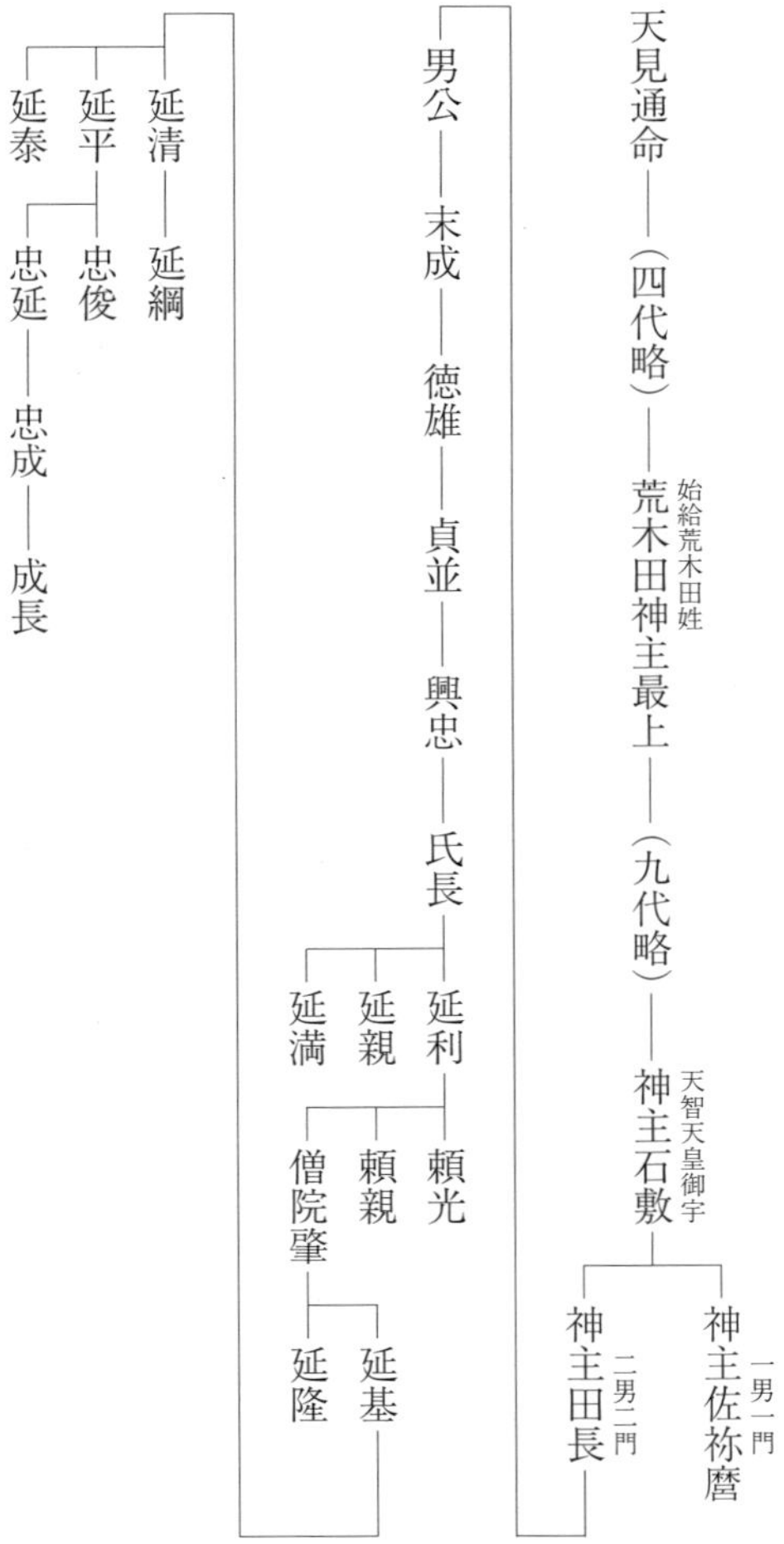

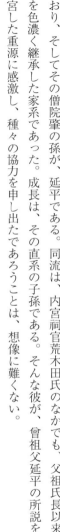

3　荒木田成長の意図

しかしながら、荒木田成長は単に感激しただけの理由で、東大寺衆徒一行に対してあれ程の饗応を行ったのであろうか。そこで『衆徒参詣記』を改めて検討すると、本篇末に収録されている五月二十一日後白河法皇院宣に、注意すべき文言が記されていることに気付く。

神宮御祈大般若事、被二遂行一之由、尤所二聞食悦一也、而祢宜成長雖レ存二私宿願之由一、丁寧之深及二叡聞一、
殊可レ被二感仰一者、依二　院宣一執達如レ件
五月廿一日　　右大弁　在判
祭主殿
（傍線は引用者）

荒木田成長は、この度の「神宮御祈大般若」において、或る「私宿願」の成就を期していたらしいことが、傍線部から判明する。また後白河法皇は、それも承知の上で、成長の「丁寧之深」を嘉されたのであった。法皇も御存知であったという彼の「私宿願」とは、一体何であったのか。

『玉葉』文治元年（一一八五）九月十日条に、次の記事がみられる。

為二頭弁光雅奉行一、有二尋問事一、申二所存一了、
御教書状云、
大神宮祢宜成長、内々所レ進状如レ此、両条事、共雖レ無二先規一、寄二事於神威一、頻驚二天聴一、何様可レ候哉、可下令二計申一御上候者、依二院御気色一、言上如レ件、光雅頓首謹言

九月十日　　　　　　　　　　　　　右大弁光雅上

進上大宮亮殿

請文案如レ此

大神宮祢宜成長両条所望事、禁色之恩許、上階之宣下、共為二新儀一、曾無二旧例一、彼祭主之叙二三品一、非三神宮之異二諸社一哉、其上剰以二禁色・上階之殊賞一、被レ授二卑賤下劣之祠官一、宗廟之霊意享否、其奈何、但先年之功不レ可レ不レ賞、可レ申二請他事一之由、可レ被二仰下一歟、抑如レ此臨時之処分、偏起レ自二叡慮一、可レ有二左右一也、況於レ寄二事於神威一哉、愚暗短慮、迷二成敗一者也、以二此旨一可レ然之様、可レ被二計披露一歟、謹言

九月十日

この日、後白河法皇の院宣が下された。それは、内宮一祢宜荒木田成長が「両条」を内々に所望してきたことによるもので、これらは共に先例がない上に、事を神威に寄せた要求であったため、果たして如何すべきか、九条兼実に諮問した内容であった。その「両条」とは、「禁色之恩許」と「上階之宣下」であったことが、即日提出された兼実の請文から判明する。ちなみに、成長は当時正四位上であったから、(8)「上階之宣下」が従三位の叙位を指すことは明らかである。こうした成長の所望に対して、兼実は、「卑賤下劣之祠官」に斯くも特別な賞を授けること、そしてこれが本当に「宗廟之霊意」すなわち天照大御神の託宣を承けてのことなのかと、強い疑義を呈している。しかし、「先年之功」は賞に値するものであるから、成長には他事を申請する様仰せ下されては如何かと返答している。その後、成長が上階した徴証は確認できないので、どうやら兼実の意見は採用されたらしい。

この様に、「神宮御祈大般若」を遡ること約七ヶ月前、荒木田成長は、天照大御神に託けて、「禁色之恩許」と「上階之宣下」を後白河法皇に要求していたのである。前掲五月二十一日付院宣でいう成長の「私宿願」とは、この両条を指すとみてよいであろう。なお、このたびの「神宮御祈大般若」が、途中から後白河法皇の主導により進められたことは、先に確認した通りである。すなわち、荒木田成長の東大寺衆徒一行に対する過度の饗応は、明らかに法皇への阿りであって、その意図するところは、かつて九条兼実によって阻まれた、自身への勧賞にあったのである。

4 まとめ

さて、今まで検討・考察してきた点を、以下にまとめてみよう。内宮一祢宜荒木田成長は、祠官としての実務に秀でていたらしく、その能力は九条兼実も認めるほどであった。また、度会郡二見浦に氏寺天覚寺を創建するなど、父祖の伝統を受け継ぐ熱心な仏教信者であった。さらには、天照大御神に事寄せて、自身の従三位への叙位や禁色の恩許を後白河法皇に要求するという、野心と狡猾さも兼ね備えていた。大神宮の託宣といえば、俊乗房重源もまた、これを根拠に神宮御杣山からの伐採を画策した経歴がある(9)。その重源が、文治二年(一一八六)二月、東大寺大仏殿の巨材確保に行き詰まり、藁にも縋る思いで伊勢に遣って来た。この参詣は、『東大寺要録』所引の「大神宮祢宜延平日記」を鑑みた上のことであった。曾祖父延平の所説を信奉する重源に、成長は感激したのであろう。斯くして重源と一祢宜成長は結託し、文治二年二月二十三日夜の示現を創作した。そしてその上で、東大寺衆徒による神宮法楽をも企画したというのが、実情ではないか。

ところが、この神宮法楽が後白河法皇の主導となったことで、状況が変化する。重源は、東大寺造営料国として充てられた周防国に、国主として早々に下向した。発願主である彼が法楽に参加しなかったのは、法皇の介入に遠因があったのかも知れない。一方、約七ヶ月前、従三位への叙位や禁色の恩許に浴すことができなかった成長にしてみれば、法皇に媚を売るまたとない好機となった。成長は、重源が参籠した二月中旬から、東大寺衆徒一行を迎えるべく準備に取り掛かったと思われるが、法皇の主導が判明してからは、それを徹底したのであろう。斯くして文治二年四月二十七日から三十日にかけて、空前絶後ともいうべき饗応が、一祢宜荒木田成長個人の尽力によって催されたのである。そして同年五月二十一日、彼の目論見通り、御感の院宣を獲得することができたのであった。

ちなみに、これ程尽力したにもかかわらず、荒木田成長は正四位上のまま、建久四年（一一九三）十月十二日に卒去している。また、彼が禁色の恩許に浴したとする史料は、寡聞にして知らない。成長は相当強かな神主であったが、後白河法皇は、そんな彼を見事に煙に巻いたのであった。

おわりに

文治二年（一一八六）四月に開催された東大寺衆徒による神宮法楽は、神宮史のみならず、我が国の神仏習合史や思想史上においても、画期的な出来事となった。久保田収氏は、東大寺と神宮との関係が密接となり、その後東大寺の諸堂を建立するにあたっては、神宮に祈請するのが習わしとなったこと、それに伴って神仏調和の思想が強まり、僧侶の神宮参拝の風習が促されたこと、そして神宮をめぐる神道説の出現に刺激を与えた点等を挙げておられる[10]。この神宮法楽は、俊乗房重源の発願によるものとして著名であるが、本節においては、その陰で、時の内宮一祢宜荒木田成長が関与していた可能性を指摘した次第である。

註

(1)本書では、真福寺本（国文学研究資料館編『真福寺善本叢刊』第八巻〈臨川書店、平成十二年〉所収）を用いた。
(2)『玉葉』同日条。
(3)『東大寺造立供養記』（『群書類従』巻第四三五）。
(4)『二宮禰宜年表』（増補大神宮叢書4『神宮典略』別冊。吉川弘文館、平成十八年）。以下、神宮祠官の経歴は、特記のない限り上記によるものとする。
(5)拙稿「鎌倉時代の神宮と仏教」（『伊勢市史』第二巻中世編・第一章第四節。平成二十三年）および『俊乗房重源の参宮』（皇學館大学講演叢書第一三三輯、平成二十四年）参照。
(6)『神道大系』神宮編五所収。〈〉内は割書。
(7)「従三位氏経卿自筆荒木田両門系図」（田中卓「荒木田氏古系図の出現」〈『皇學館大學紀要』第二十一輯、昭和五十八年〉により翻刻）に基づき作成した。
(8)『補任次第　延喜以後』。
(9)『玉葉』元暦二年（一一八五）三月三十日条。その詳細については、前節参照。
(10)「重源の伊勢神宮参詣」（『神道史の研究』第三部二、皇學館大學出版部、昭和四十八年。初出は昭和三十六年）。

三　内宮祠官荒木田氏による神道説の形成

はじめに

伊勢神道とは何か。端的には、『国史大辞典』に記載されている鎌倉時代に伊勢神宮において形成された神道説をいい、厳密にいえば伊勢神宮の中でも外宮の祠官であった度会氏の人々によって唱えられたものであるところから、度会神道・外宮神道などと呼ばれることもある。(1)

との説明が、一般的であろう。ところが、鎌倉時代の神宮において形成された神道説には、内宮の祠官であった荒木田氏の人々によって唱えられたものも存在する。伊藤聡氏は、「内宮側で説かれた神道説の内容を伝える数少ない例」として、鎌倉時代の仏教説話集『沙石集』の冒頭「太神宮御事」を挙げられる。(2)

去弘長年中、太神宮へ詣デ侍シニ、或社官ノ語シハ、①当社ニ三宝ノ御名ヲ忌、御殿近クハ僧ナドモ詣デヌ事ハ、昔此国未ダナカリケル時、大海ノ底ニ大日ノ印文アリケルニヨリ、太神宮御鉾指下テサグリ給ケル。其鉾ノ滴、露ノ如ク也ケル時、第六天魔王遙ニ見テ、「此滴国ト成テ、仏法流布シ、人倫生死ヲ出べキ相アリ」トテ、失ハン為ニ下ダリケルヲ、太神宮、魔王ニ会給ヒテ、「ワレ三宝ノ名ヲモイハジ、我身ニモ近ヅケジ、トク〳〵帰リ上給ヘ」ト、誘ヘ給ヒケレバ帰ニケリ。其御約束ヲタガヘジトテ、僧ナド御殿近ク参ラズ。社壇ニシテハ、経ヲモアラハニハ持ズ。三宝ノ名ヲモタヾシク謂ズ。仏ヲバ立スクミ、経ヲバ染紙、僧ヲバ髪長、堂ヲバコリタキナドイヒテ、外ニハ仏法ヲ憂キ事ニシ、内ニハ深ク三宝ヲ守リ給フ事ニテ御座マス故ニ、我国ノ仏法、偏ニ太神宮ノ御守護ニヨレリ。

②当社ハ本朝ノ諸神ノ父母ニテマシマス也。素戔烏尊天津罪ヲ犯シ給フ事ヲ、ニクマセ給テ、天岩戸ヲ閉テ、隠サセタマヒシカバ、天下常闇ニ成ニケリ。八百万ノ神達悲ミ給テ、太神宮ヲスカシ出シ奉ン為ニ、庭火ヲ焼テ神楽シタマヒケレバ、御子ノ神達ノ御遊ヲユカシク思召テ、岩戸ヲ少シ開キテ御覧ジケル時、世間明カニシテ、人ノ面見ヘケレバ、アラ面白トイフ事、其時イヒ始メタリ。サテ手力雄尊ト申ス神、抱キ奉テ、岩

戸ニ木綿ヲ引テ、此中ヘハ入セ給フベカラズトテ、軈テ抱キ出シ奉テ、遂ニ日月ト成テ、天下ヲ照シ給フ。サレバ日月ノ光ニ当ルモ、当社ノ恩徳也。

③都ハ大海ノ底ノ大日ノ印文ヨリ事起リテ、内宮外宮ハ両部ノ大日トコソ習伝ヘテ侍ベレ。天岩戸トイフハ都率天也。高天原トモ云ナリ。神ノ代ノ事皆由アルニコソ。真言ノ意ニハ、都率ヲバ内証ノ法界宮、密厳国トコソ申ナレ。彼内証ノ都ヲ出テ、日域ニ跡ヲ垂レ給フ。故ニ内宮ハ胎蔵ノ大日、四重万陀羅ヲカタドリテ、玉垣・瑞籬・アラ垣ナド重々ナリ。鰹木モ九アリ。胎蔵ノ九尊ニ象ル。外宮ハ金剛界ノ大日、或ハ阿弥陀トモ習侍也。サレドモ金剛界ノ五智ニ象ルニヤ、月輪モ五アリ。胎金両部陰陽ニ象ル時、陰ハ女、陽ハ男ナル故ニ、胎ニハ八葉ニ象リテ、八人女トテ八人アリ。金ニハ五智男ニ官ドリテ、五人ノ神楽人トイヘル此故也。

④又御殿ノ萱葺ナル事モ、御供ノ三杵ツキテ黒キモ、人ノ煩、国ノツイヘヲ思食故ナリ。鰹木モスグニ、垂木モマガラズ。是ハ人ノ心ヲ直ナラシメント思食ス故也。サレバ心直クシテ、民ノ煩、国ノ費ヲ思ハン人ハ、神意ニ叶フベキ也。

⑤然ニ当社ノ神官ハ、自然ニ梵網ノ十重ヲ持ル也。人ヲ殺害シヌレバ、永ク氏ヲ放タル。波羅夷罪ノ仏子ノ数ニ入ザルガ如シ。人ヲ打擲刃傷シヌレバ解官セラル。軽罪ニ似タリ。

⑥又当社ニ物ヲ忌給フ事、余社ニ少シ替侍リ。産屋ヲバ生気ト申ス。五十日ノ忌也。又死セルヲモ死気トテ、同ク五十日忌給フ也。其故ハ死ハ生ヨリ来ル。生ハ是レ死ノ始ナリ。サレバ生死ヲ共ニ忌ベシトコソ申伝ヘ侍レト云キ。(3)

右掲は、無住が弘長年中（一二六一～六四）に太神宮（内宮）に参詣した際、「或社官」から聞いた話であるという。(4) 伊藤聡氏は、この「或社官」を時の五祢宜氏忠(5)に比定しておられるが(6)、もとより確証がある訳ではない。

ともあれ、上記が内宮祠官の荒木田某を指すことは、疑いのないところであろう。その右掲には、著者無住の誇張も、多少は含まれていよう。しかし荒木田某が語った事柄から、大きく逸脱するものでもない筈である。

なかでも①は、第六天魔王譚として知られる説話である。[7]その他にも、②〜⑥の説話が収録されているが、①に比べて注目度は高くない。②は、日月の光が天照大御神の恩徳であることを、天岩戸神話に基づいて解説する。③は、内外両宮を両部神道の理論でもって説明したもの。④は、神宮の御殿には大御神の神意が込められており、そこには政治や人のあるべき姿が象徴されていると説く。⑤は、神宮祠官の罰則と『梵網経』との共通点を挙げる。そして⑥は、神宮の禁忌に関する説明で、死のみならず何故出産までも忌むのかを、「死ハ生ヨリ来ル。生ハ是レ死ノ始ナリ」と解く。

それにしても、こうした内宮祠官荒木田氏の神道説は、如何にして形成されたのであろうか。

右掲①〜⑥を改めて概観するに、このうち②④⑥は、記紀神話や神宮の伝統に根差した、素朴な神道説である。此等は、御鎮座以来祢宜職を世襲してきた荒木田氏が、[8]故実を伝承する過程で次第に形成され、口伝化したものなのであろう。一方、①③⑤は、仏教もしくは両部神道の理論をもって神宮の制度や殿舎等の説明を試みた、荒木田氏独自の神仏習合説ともいうべき内容である。上記は、彼等が培ってきた仏教の知識に立脚するものであり、そしてその背景に、同氏の仏教信仰が存在したであろうことは、想像に難くない。つまり、荒木田氏の神道説は、同氏が代々伝承してきた神宮の故実と仏教信仰に基づいて、形成されたものと考えられるのではないか。

そこで本節では、荒木田氏の故実伝承および仏教信仰に焦点をあて、その歴史を辿ることで、同氏による神道説がどの様にして形成されていったのか、検討を試みたいと思う。

1　荒木田延利流の仏教信仰

神宮において仏教が禁忌とされたことは、夙に知られている。しかしながら、これは神宮祠官達が従事する祭祀・儀礼の場に限定されることであった。平安時代、神祇官僚でもある大中臣氏により齎された仏教信仰・文化は、やがて神宮祠官全体へと弘まった。その濫觴は、祭主大中臣永頼（任正暦二年〜長保二年・九九一〜一〇〇〇）の蓮台寺（明治二年廃寺。現伊勢市勢田町内）建立に求められる。この創建に際して、天照大御神の本地を観世音菩薩に配する説が、住侶となった天台宗僧によって編み出された。こうして誕生した内宮の本地説は、十一面観音説と救世観音説の二つに分化する。前者は、神郡（多気郡）内に所在する近長谷寺の本尊金色十一面観音像の影響によるものと思われ、これは大中臣永頼から内宮一祢宜荒木田氏長（任長徳元年〜長保三年・九九五〜一〇〇一）をはじめとする神宮祠官へと伝播した（第一章二）。

当時の神宮祠官達は、表向きには仏教を峻拒するも、実は敬虔な仏教信者であった。荒木田氏長の玄孫延平（祢宜任承保二年〜康和元年・一〇七五〜九九）も、その一人である。そんな彼は、祭主家の影響による内宮本地＝十一面観音説の超克と、当時の神宮祠官達が抱えていた矛盾―神仏隔離を原則とする神宮に、仏教を信仰する祠官が奉仕している現実―の止揚を模索した結果、奈良時代における八幡神の託宣を下敷きに、天照大御神が東大寺の創建を助けたとする説話を創作した。「大神宮祢宜延平日記」である。そのなかに、彼の勘案した内宮本地＝大日如来＝盧舎那仏と見做す本地垂迹説や、当時の既成事実―祠官達が仏教を信仰しつつ神宮に奉仕していること―を肯定する託宣を盛り込んだ。荒木田延平は、神宮祠官初の、延いては我が国で最初の、神仏習合説を提唱した神主であったと考えられる（第一章三）。

そして、この延平の曾孫が、荒木田成長である。彼が内宮一祢宜（任治承三年〜建久四年・一一七九〜九三）の時、神宮の神仏習合史上において画期となる出来事があった。文治二年（一一八六）二月における俊乗房重源の参宮と、その結果同年四月に催されることとなった、東大寺衆徒による団体参詣および神宮法楽である。重源の参宮は、『東大寺要録』所引「大神宮祢宜延平日記」天平十四年十一月三日条を鑑みた上のことであった。上記には、東大寺創建に際して聖武天皇が神宮に祈願していること、そして内宮の本地は大日如来かつ盧舎那仏とする一節がみられる。故に重源は、神宮に東大寺の再建を祈願することには整合性があると見做し、遙々伊勢へと遣って来たのである。一方の荒木田成長は、自らが創建した天覚寺を内宮法楽の開催所とした上で、総勢七百名にも及んだ東大寺衆徒一行を招き、目を見張るほどの手厚いもてなしを施している。その真の意図は、後白河法皇への阿りであったと考えられるが（第二章二）、ともあれ成長もまた、父祖の伝統を受け継ぐ熱心な仏教信者であり、かつ曾祖父延平の神仏習合説を継承していたからこそ、俊乗房重源に賛同し、東大寺衆徒の神宮法楽にも協力を惜しまなかったのであろう。

なお、荒木田成長の子息のうち、養和二年（一一八二）に長男成良が、文治五年（一一八九）に次男成定が祢宜として補任された。上記は『補任次第 延喜以後』(9)によったが、その成良条には、「父臨終時出家、年三十、中道房云々」とある。建久四年（一一九三）十月十二日、彼が六祢宜の時であった。(10)現役のまま出家した正祢宜は、彼だけである。(11)

如上の荒木田氏について、その関係を系図で示すと、次掲の通りとなる。(12)

このうち二門を概観すると、氏長以降、延利流・延親流・延満流に分派し、それぞれの子孫が繁栄していることに気付く。とりわけ延利流は、彼の三男が僧院肇で、その孫が延平である。そして、延平の曾孫が成長であり、成長の子には成良がいる。同流は、内宮祠官荒木田氏のなかでも、父祖氏長以来の仏教信仰を色濃く継承した家系であった。

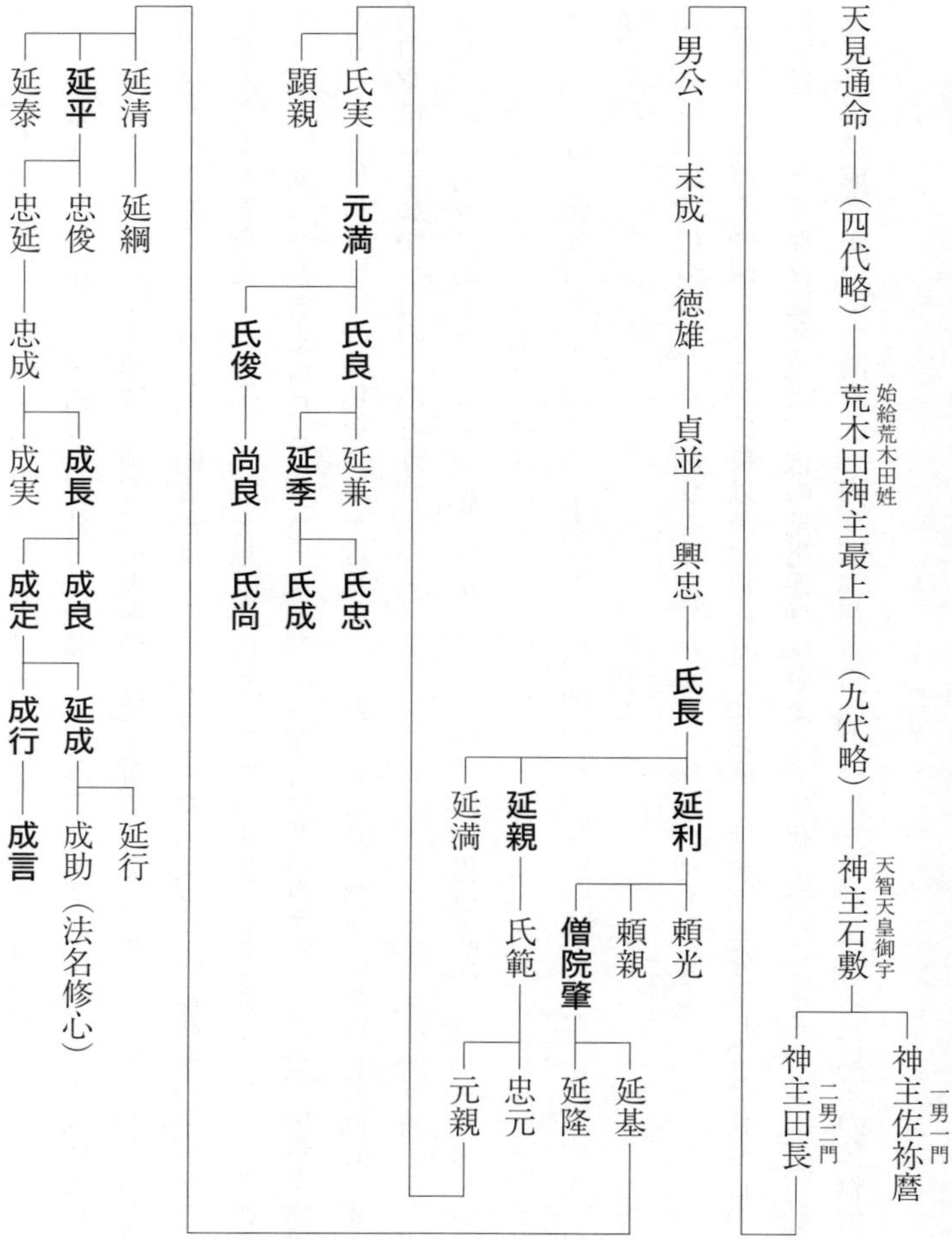
天見通命
（四代略）
荒木田神主最上
始給荒木田姓
（九代略）
神主石敷
天智天皇御宇
神主佐祢麿
一男一門
神主田長
二男二門
男公
末成
徳雄
貞並
興忠
氏長
延利
頼光
頼親
僧院肇
延親
延満
延基
延隆
氏範
忠元
元親
氏実
顕親
元満
氏良
氏俊
延兼
延季
尚良
氏忠
氏成
氏尚
延清
延平
延泰
延綱
忠俊
忠延
忠成
成長
成実
成良
成定
延成
成行
延行
成助（法名修心）
成言

2 荒木田延利流の神宮故実研究

さて、『太神宮諸雑事記』[13]は、皇太神宮（内宮）の鎮座より延久元年（一〇六九）までの記事を収録した史書として知られている。その奥書に、次の如く記されている。

> 此古記文者、故従二致仕官長徳雄神主一以往相伝来也、其後故興忠官長、其男氏長官長、其男延利官長、其子延基官長相伝天、各自筆日記、而延基神主男故延清四神主宿館〈志天〉、外院焼亡之次、於二正文一者焼失已了、
>
> 此記文、寛治七年官沙汰被二召上一之後、同八年所レ被二返下一也

右掲については、第一章三にて既に検討済みである。内宮には、かつて現行本の原形となる「古記文」が存在したらしい。それは、祢宜荒木田徳雄（任貞観十七年～延喜五年・八七五～九〇五）以来、その孫興忠（任応和元年～天元元年・九六一～七八）—氏長（任天元元年～長保三年・九七八～一〇〇一）—延利（任長徳元年～長元三年・九九五～一〇三〇）—延基（任長元二年～承暦二年・一〇二九～七八）と、代々書き継がれてきた記録であった。ところが、延基の子延清が四祢宜（任承暦二年～同四年・一〇七八～八〇）の時、内宮外院の火災で焼失してしまったという。この奥書が事実であるならば、内宮の年代記ともいうべき「古記文」は、氏長以降、延利流へと相承されたことになる。なお、「古記文」の正文が焼失したのは、承暦三年（一〇七九）二月十八日のことであり、その際の内宮五祢宜が、延平であった。彼が「大神宮祢宜延平日記」を編纂したのは、この正文焼失が契機になったと考えられる。荒木田氏二門延利流は、仏教信仰のみならず、九世紀以来の伝統を有する神宮（内宮）の故実も継承する家柄であった。

また、『建久元年内宮遷宮記』[14]とは、現存する最古の遷宮記（式年遷宮の記録）である。このうち建久元年（一一九〇）九月十二日条は、神宝読合に関する記事であり、その際の祢宜の出退を「五七神主相具参（中略）一三同退出、二大夫与レ予始終候レ之、四大夫元雅依二故障一自レ本無二参宮一」と記している。上記に注目された平泉隆房氏は、「一二三四五七祢宜の出退を記し、更に予とあるのをみれば、この予が作者自身にして六祢宜の荒木田成良をさすと考えて良い」と指摘された。[15]成長の子成良もまた、延利流神宮故実研究の伝統を確かに受け継いだ神主であった。

3　荒木田元満・成長両家の交流——その濫觴と内宮祢宜庁の掌握——

ところが、延利流でその後仏教信仰が確認できるのは、成長の曾孫成助が出家した位である。[16]同流で継承された仏教信仰や神仏習合説、それに内宮の故実研究といった伝統は、成良の以後衰退してしまったのであろうか。

建久四年（一一九三）十月十二日、一祢宜成長が卒去したことに伴い、成良が突如出家して六祢宜を致仕したことは、先に確認した通りである。その彼に替わって祢宜に補任されたのが、延親流の二祢宜元満（任嘉応二年〜承安三年・一一七〇〜七三）の子氏良であった。[17]一見、何の変哲もない交替に思えるが、その後、彼等元満および成長の子孫達が、内宮祢宜庁の牛耳を執っていくのである。

荒木田元満が、父六祢宜氏実の譲与によって七祢宜に補任されたのは、天養元年（一一四四）二月二十六日のことであった。その九年後の仁平三年（一一五三）十一月十八日、荒木田成長が、父五祢宜忠成の譲を得て七祢宜に補任された。時に元満は六祢宜であった。以降、元満—成長の序列で彼等は順調に昇進し、十七年後の嘉応二年（一一七〇）には、一祢宜元満—二祢宜成長にまで達した。恐らくこの間に、両者は親睦を深めたものと思われる。ところが承安三年（一一七三）二月八日、元満が五十四歳で卒去する。突然の逝去であったのだろう。

表５　内宮祢宜年表（建久三年〜正安三年）

元号	西暦	一	二	三	四	五	六	七	八
建久三年	1192	**成長**	重章	忠満	元雅	光定	**成良**	**成定**	
建久四年	1193	重章	忠満	元雅	光定	**氏良**	**成定**	−	
建久五年	1194	重章	忠満	元雅	定満	光定	**氏良**	**成定**	
建久六年	1195	重章	忠満	元雅	定満	光定	**氏良**	**成定**	
建久七年	1196	重章	忠満	元雅	定満	光定	**氏良**	**成定**	
建久八年	1197	重章	忠満	元雅	定満	光定	**氏良**	**成定**	
建久九年	1198	重章	忠満	元雅	定満	光定	**氏良**	**成定**	
正治元年	1199	重章	忠満	元雅	定満	光定	**氏良**	**成定**	
正治二年	1200	重章	忠満	元雅	定満	光定	**氏良**	**成定**	
建仁元年	1201	忠満	元雅	定満	**氏良**	成仲	**成定**	満言	
建仁二年	1202	忠満	定満	**氏良**	成仲	**成定**	満言	元兼	
建仁三年	1203	忠満	定満	**氏良**	成仲	**成定**	満言	元兼	
元久元年	1204	定満	**氏良**	成仲	**成定**	満言	経明	元兼	
元久二年	1205	定満	**氏良**	成仲	**成定**	満言	経明	元兼	
建永元年	1206	定満	**氏良**	成仲	**成定**	満言	経明	元兼	
承元元年	1207	定満	**氏良**	成仲	**成定**	満言	経明	元兼	
承元二年	1208	定満	**氏良**	成仲	**成定**	満言	経明	元兼	
承元三年	1209	定満	**氏良**	成仲	**成定**	満言	経明	元兼	
承元四年	1210	定満	**氏良**	**成定**	満言	経明	宗経	元兼	
建暦元年	1211	定満	**氏良**	**成定**	満言	経明	宗経	元兼	
建暦二年	1212	定満	**氏良**	**成定**	満言	経明	宗経	元兼	
建保元年	1213	定満	**氏良**	**成定**	満言	経明	宗経	元兼	
建保二年	1214	定満	**氏良**	**成定**	満言	経明	宗経	元兼	
建保三年	1215	定満	**氏良**	**成定**	満言	経明	宗経	元兼	
建保四年	1216	定満	**氏良**	**成定**	満言	経明	宗経	元兼	
建保五年	1217	**氏良**	**成定**	満言	経明	宗経	元兼	経定	
建保六年	1218	**氏良**	**成定**	満言	経明	宗経	元兼	経定	
承久元年	1219	**氏良**	**成定**	満言	経明	宗経	元兼	経定	
承久二年	1220	**氏良**	**成定**	満言	経明	宗経	元兼	経定	
承久三年	1221	**氏良**	**成定**	満言	経明	宗経	元兼	経定	**延季**
貞応元年	1222	**成定**	満言	経明	宗経	元兼	経定	**延季**	**延成**
貞応二年	1223	**成定**	満言	経明	宗経	元兼	経定	**延季**	**延成**
元仁元年	1224	**成定**	満言	経明	宗経	元兼	徳俊	**延季**	**延成**
嘉禄元年	1225	**成定**	満言	経明	宗経	元兼	徳俊	**延季**	**延成**
嘉禄二年	1226	**成定**	満言	経明	宗経	元兼	徳俊	**延季**	**延成**
安貞元年	1227	**成定**	満言	経明	宗経	元兼	延季	**延成**	満忠
安貞二年	1228	**成定**	満言	経明	宗経	元兼	**延季**	**延成**	満忠
寛喜元年	1229	**成定**	満言	経明	宗経	元兼	**延季**	**延成**	満忠
寛喜二年	1230	**成定**	満言	経明	宗経	元兼	**延季**	**延成**	満忠
寛喜三年	1231	**成定**	満言	宗経	元兼	**延季**	**延成**	満忠	**成行**
貞永元年	1232	**成定**	満言	宗経	元兼	**延季**	**延成**	満忠	**成行**
天福元年	1233	**成定**	満言	宗経	元兼	**延季**	**延成**	満忠	**成行**
文暦元年	1234	**成定**	満言	宗経	**延季**	**延成**	満忠	成重	**成行**
嘉禎元年	1235	**成定**	満言	宗経	**延季**	**延成**	満忠	成重	**成行**
嘉禎二年	1236	**成定**	満言	宗経	**延季**	**延成**	成重	氏俊	**成行**
嘉禎三年	1237	**成定**	宗経	**延季**	**延成**	成重	**氏俊**	**成行**	永元
暦仁元年	1238	宗経	**延季**	**延成**	**氏俊**	**成行**	重仲	長光	経元
延応元年	1239	宗経	**延季**	**延成**	**氏俊**	**成行**	重仲	長光	経元
仁治元年	1240	宗経	**延季**	**延成**	**氏俊**	**成行**	重仲	長光	経元
仁治二年	1241	**延季**	**延成**	**氏俊**	**成行**	重仲	長光	経元	行長
仁治三年	1242	**延季**	**延成**	**氏俊**	**成行**	重仲	長光	経元	行長
寛元元年	1243	**延季**	**延成**	**氏俊**	**成行**	重仲	長光	経元	**氏忠**
寛元二年	1244	**延季**	**延成**	**氏俊**	**成行**	重仲	長光	経元	**氏忠**
寛元三年	1245	**延季**	**延成**	**氏俊**	**成行**	重仲	長満	経元	**氏忠**
寛元四年	1246	**延季**	**延成**	**氏俊**	**成行**	重仲	長満	経元	**氏忠**
宝治元年	1247	**延季**	**延成**	**氏俊**	**成行**	重仲	長満	経元	**氏忠**
宝治二年	1248	**延季**	**延成**	**氏俊**	**成行**	重仲	経元	成家	**氏忠**
建長元年	1249	**延季**	**延成**	**氏俊**	**成行**	重仲	経元	成家	**氏忠**
建長二年	1250	**延季**	**延成**	**氏俊**	**成行**	重仲	経元	成家	**氏忠**
建長三年	1251	**延季**	**延成**	**成行**	重仲	経元	成家	**氏忠**	**尚良**
建長四年	1252	**延季**	**延成**	**成行**	重仲	経元	成家	**氏忠**	**尚良**
建長五年	1253	**延季**	**延成**	**成行**	重仲	経元	成家	**氏忠**	**尚良**
建長六年	1254	**延季**	**延成**	**成行**	重仲	経元	成家	**氏忠**	**尚良**
建長七年	1255	**延季**	**延成**	**成行**	重仲	経元	成家	**氏忠**	**尚良**
康元元年	1256	**延季**	**延成**	**成行**	経元	**氏忠**	満盛	泰良	**尚良**
正嘉元年	1257	**延季**	**延成**	**成行**	経元	**氏忠**	満盛	泰良	**尚良**
正嘉二年	1258	**延季**	**延成**	**成行**	経元	**氏忠**	満盛	泰良	**尚良**
正元元年	1259	**延季**	**延成**	**成行**	経元	**氏忠**	満盛	泰良	**尚良**
文応元年	1260	**延季**	**延成**	**成行**	経元	**氏忠**	満盛	泰良	**尚良**
弘長元年	1261	**延季**	**延成**	**成行**	経元	**氏忠**	泰良	**尚良**	経雄
弘長二年	1262	**延季**	**延成**	**成行**	経元	**氏忠**	泰良	**尚良**	経雄
弘長三年	1263	**延季**	**延成**	**成行**	経元	**氏忠**	泰良	**尚良**	経雄
文永元年	1264	**延季**	**延成**	**成行**	経元	**氏忠**	泰良	**尚良**	経雄
文永二年	1265	**延季**	**延成**	**成行**	経元	**氏忠**	泰良	**尚良**	経雄
文永三年	1266	**延季**	**延成**	**成行**	経元	**氏忠**	泰良	**尚良**	経雄
文永四年	1267	**延季**	**延成**	**成行**	経元	**氏忠**	泰良	**尚良**	経雄
文永五年	1268	**延季**	**延成**	**成行**	経元	**氏忠**	泰良	**尚良**	経雄
文永六年	1269	**延季**	**延成**	**成行**	経元	**氏忠**	泰良	**尚良**	経雄
文永七年	1270	**延季**	**延成**	**成行**	経元	**氏忠**	**尚良**	泰氏	経雄
文永八年	1271	**延季**	**延成**	**成行**	経元	**氏忠**	**尚良**	泰氏	経雄
文永九年	1272	**延季**	**延成**	**成行**	経元	**氏忠**	**尚良**	泰氏	経雄
文永十年	1273	**延季**	**延成**	**成行**	**氏忠**	**尚良**	泰氏	経雄	行泰
文永十一年	1274	**延季**	**延成**	**成行**	**氏忠**	**尚良**	泰氏	行泰	経有
建治元年	1275	**延季**	**延成**	**成行**	**尚良**	泰氏	章延	経有	**氏成**
建治二年	1276	**延季**	**延成**	**成行**	**尚良**	泰氏	章延	経有	**氏成**
建治三年	1277	**延季**	**延成**	**成行**	尚良	泰氏	章延	経有	**氏成**
弘安元年	1278	**延季**	**成行**	**尚良**	泰氏	章延	氏棟	経有	**氏成**
弘安二年	1279	**延季**	**成行**	**尚良**	泰氏	章延	氏棟	経有	**氏成**
弘安三年	1280	**延季**	**成行**	**尚良**	泰氏	章延	氏棟	経有	**氏成**
弘安四年	1281	**延季**	**成行**	**尚良**	泰氏	章延	氏棟	経有	**氏成**
弘安五年	1282	**成行**	**尚良**	泰氏	章延	氏棟	経有	**氏成**	**成言**
弘安六年	1283	**成行**	**尚良**	泰氏	章延	氏棟	経有	**氏成**	**成言**
弘安七年	1284	**成行**	**尚良**	泰氏	章延	氏棟	経有	**氏成**	**成言**
弘安八年	1285	**尚良**	泰氏	章延	氏棟	興氏	経有	**氏成**	**成言**
弘安九年	1286	**尚良**	泰氏	章延	氏棟	興氏	経有	**氏成**	**成言**
弘安十年	1287	**尚良**	泰氏	章延	氏棟	興氏	経有	**氏成**	**成言**
正応元年	1288	**尚良**	泰氏	章延	氏棟	興氏	経有	**氏成**	**成言**
正応二年	1289	**尚良**	泰氏	章延	氏棟	興氏	経有	**氏成**	**成言**
正応三年	1290	**尚良**	泰氏	章延	氏棟	経有	**氏成**	**成言**	**氏尚**
正応四年	1291	**尚良**	泰氏	章延	氏棟	経有	**氏成**	**成言**	**氏尚**
正応五年	1292	**尚良**	泰氏	章延	氏棟	経有	**氏成**	**成言**	**氏尚**
永仁元年	1293	**尚良**	泰氏	章延	氏棟	経有	**氏成**	**成言**	**氏尚**
永仁二年	1294	**尚良**	泰氏	章延	氏棟	経有	**氏成**	**成言**	**氏尚**
永仁三年	1295	泰氏	章延	氏棟	経有	**氏成**	**成言**	**氏尚**	泰世
永仁四年	1296	泰氏	章延	氏棟	経有	**氏成**	**成言**	**氏尚**	泰世
永仁五年	1297	泰氏	章延	氏棟	経有	**氏成**	**成言**	**氏尚**	泰世
永仁六年	1298	泰氏	章延	氏棟	経有	**氏成**	**成言**	泰世	泰利
正安元年	1299	泰氏	章延	氏棟	経有	**氏成**	**成言**	泰世	泰利
正安二年	1300	泰氏	章延	氏棟	経有	**氏成**	**成言**	泰世	泰利
正安三年	1301	泰氏	章延	氏棟	経有	**氏成**	泰世	行兼	泰利

彼の祢宜職は子息に譲られることなく、他家の者が後任として補されることとなった。一方、成長はその後も上階を続け、治承三年（一一七九）二月五日、一祢宜に就任した。寿永元年（一一八二）四月六日に長男成良が、文治五年（一一八九）三月十六日には次男成定が祢宜に補任されている。そして、建久四年（一一九三）十月の一祢宜成長卒去および六祢宜成良の致仕に伴い、元満の子氏良が祢宜に昇格した。しかも、氏良は正四位下であったため、従四位下成定より上階の五祢宜に補任されたのである。この人事の背景には、元満・成長両家の交流があり、成良が氏良に祢宜職を譲ったであろうことは、想像するに難くない。

前掲の表5は、その後の内宮祢宜の補任状況を一覧にしたものである。氏良—成定の序列で、父達と同じ様に昇進した彼等は、建保五年（一二一七）、遂に一祢宜—二祢宜へと上り詰めた。以降、永仁二年（一二九四）までの七十八年間、内宮を統轄する一祢宜の地位は、極一部を除き、元満・成長両家が交替しつつ独占し続けることになる。そして承久三年（一二二一）、祢宜の定員が増加されたことにより、氏良の子延季が昇格した。以後、八員定員の内宮祢宜庁は、元満・成長両家で少なくとも三員、多い時には五員によって占められるという状態が、永仁五年（一二九七）までの七十七年間続いたのであった。

4　荒木田元満・成長両家の交流——神宮教学を中心に——

こうした荒木田元満・成長両家の親密な交流は、神宮教学の分野にまでも及んでいたらしい。平泉隆房氏は、神道五部書の一として著名な『造伊勢二所太神宮宝基本記』(18)（『宝基本記』）の奥書に、

建保二年甲戌九月十二日、書二写之一　荒木田神主氏良判

文永三年丙寅三月二日、以二内宮一祢宜延季神主本一神主憲継書二写之一

件憲継自筆書写本、外玉串大内人度会神主常主相二伝之一
建治三年丁丑九月二日、祢宜度会神主行忠書二写之一

とある一方、『宝治元年内宮遷宮記』(19)同年九月十五日条に、

四脚御床金物、就二宮庁御記文并故有忠神主及憲継所帯建久記文等一奉二仕之一、

とみえる点に注目されている。斯くの如く、『宝基本記』の伝来・書写過程が、「建久記」すなわち『建久元年内宮遷宮記』のそれと一部重複していることから、

荒木田成良によって著わされた『建久元年内宮遷宮記』が、誰の手も経ずに直接憲継の所持に帰し、あるいは憲継の筆写するところとなったと考えるよりも、この遷宮記は荒木田氏良・延季父子の手を経て憲継に伝えられたか、あるいはそのような書写過程をとった、と考える方が妥当であろう。

と考察され、さらには、

成長・成良さらに氏良・延季（成長・成良および氏良・延季は親子、成良以外の三人は全て内宮一禰宜つまり長官になった）あたりが平安末期から鎌倉前中期にかけて、内宮祠官中、教学面での中心人物であり、この人たちを中心として神宮研究が行われ、その成果は度会憲継を介して外宮祠官度会氏にもたらされたのではな

いか、というのが筆者の考えである。

と、かなり踏み込んだ見解を示されている。[20]

荒木田氏良・延季父子については、『二宮祢宜補任至要集』[21]第三文博輩補任事に、次の如く記されている。

祢宜職者、為㆓神宮㆒為㆓朝家㆒、可㆑被㆑撰㆓補文博故実之輩㆒之由、度々宣旨也
建久四年四月十四日仰、
正祢宜七人之事、
携㆓文博㆒存㆓故実㆒者可㆓拝任㆒也、而偏依㆓年﨟㆒転任之間、非器之者多以居㆓其職㆒、此条為㆓神宮㆒為㆓朝家㆒、
太以無㆑益、自今以後、祭主宮司等相共議定、撰㆓器量㆒可㆑挙歟云々、依㆑之、
　内宮
一氏良〈建久四年十二月十一日任、六成良替〉
一延季〈承久三年三月廿二日、加任八員〉
八行長〈仁治二年七月廿三日任、一宗経替〉
六泰良〈建長八年七月日任、七雅忠替〉
二有俊〈貞和四年三月六日任、三経延替〉

『二宮祢宜補任至要集』とは、両宮祢宜の補任状況を、四十七項目に分類・考察した書物である。これが何時、誰の編纂によるのかは、残念ながら不明であるが、ともあれ、「文博故実之輩」の筆頭に氏良、第二に延季が挙

げられている事実は、彼等父子が神宮教学に関して如何に造詣が深かったかを、如実に物語っていよう。そんな彼等が、親密な間柄であった荒木田成良の著作『建久元年内宮遷宮記』を書写・相伝した可能性は、十分に考えられることである。

こうした学問的交流を通じて、延利流で培われてきた内宮の故実研究は、鎌倉時代初頭以降、どうやら元満家にも伝播した様である。そして、斯くの如き重厚な研究成果を継承していたからこそ、元満家の氏良・延季父子は、後に神宮教学の泰斗として評価される程の神主へと成長したのであろう。

5　荒木田元満・成長家の交流――仏教信仰・神仏習合説の伝播と発展――

また荒木田氏良・延季父子は、仏教思想にも造詣が深かった様である。この点に関しては、平泉氏も実例を挙げて指摘されているが[22]、伊藤聡氏の指摘[23]の方がより詳細であるため、以下では伊藤氏の研究に導かれつつ、確認しておくことにしたい。

建保五年七月～承久三年三月（一二一七～一二二一）、時の一祢宜荒木田氏良以下六名の内宮祠官が、慈円に和歌を贈っている[24]。慈円の私家集『拾玉集』[25]に収録されているもののなかから、氏良の一首を引用してみよう。

知らせばや願ひをみつの長柏なびくに見ゆる神風の空

神宮之中、礼奠之間為二永例一有二長柏一、謂二之三角柏一、件柏者、志摩国吉津島堺土具島内、在二山中生木上一也、吉津島風土記曰、昔行基菩薩、請二南天竺婆羅門僧正・天竺僧仏誓（ママ）一、殖二三角柏一、為二太神宮御園一、天平九年十二月十七日致二御祭之勤一也、其後伝教大師・興法大師・慈覚大師続以修二行之一、各以法二楽之一、

注記は「みつの長柏」に関する説明で、そのなかに「吉津島風土記」なる書物が引用されている。伊藤氏によれば、これは『三角柏伝記』を指すという。上記は、志摩国吉津御厨（現度会郡南伊勢町河内・神前浦付近）に所在した東禅仙宮寺院（仙宮院）の由緒を記したもので、最初期の両部神道書と考えられている。[26]氏は、「右の注記は氏良によるものであろうから、彼が『伝記』を所持していた可能性が高い」と指摘されている。[27]首肯すべきであろう。荒木田氏良は、両部神道にも通じた博学の神主であったと考えられる。

荒木田延季については、通海の『太神宮参詣記』[28]下第十六に、次の如く記されている。

内宮一祢宜延季ハ、殊ニ仏法ヲ禁忌シケルニ、子息四祢宜氏忠カ夢ニ、件上人相具スル聖ト二人、馬ニ乗テ一鳥居ヨリ二鳥居ニ入ケルヲ、モトヨリ僧ハ制アル事也、何ソ況ヤ馬ニ乗ナカラ入ルヘカラサル由、制セント走リ行クニ、子良一人出来テ、神ノ御納受アル事也、制スヘカラスト申夢ノ告アリケレハ、彼神勅ノ歌モ符号シテ、信心ヲ至シテ、父一祢宜モ仏法ニ帰シ侍リシ事也。

一祢宜延季かつ四祢宜氏忠に該当する時期は、文永十年八月～十二年四月（一二七三～五）である。延季はその頃まで、仏法を忌み嫌っていた。ところが、子息氏忠が見た発心上人（源慶。本章五参照）に関する夢の影響を受け、親子共々仏法に帰依するに至ったという。

ちなみに延季は、弘安五年（一二八二）六月二十四日、八十三歳で卒去している。したがって文永十年～十二年は、彼が七十四～六歳の時であったことになる。そんな高齢で果たして仏法に帰依したのか、甚だ疑問である。『無二発心成仏論』[29]とは、文永九年（一二七二）十一月十一日に参宮した円照が、多くの感夢や霊証を蒙って著したものである。円照上人は、東大寺戒壇院の復興に尽力したことで知られる高僧であった。一祢宜荒木田延季は、同上人と交流があったらしく、上書に序を寄せている。その冒頭は、次の通りである。

夫以、神者
天照坐之玄祖也、仏者、漢孝明之金人也、仰二其威光一者、則為二豊秋津洲第一之宗一（下略）

神とは、「天照坐之玄祖」すなわち天照大御神を指す(30)。一方の仏は、後漢の孝明帝（明帝）が夢に金人を見て使者を大月氏国に遣わし、永平十年（六七）、西域僧二名が洛陽に渡来したことから弘まった。天照大御神は、その仏の威光を仰いで国家第一の宗廟となった——この解釈で認められるならば、荒木田延季は、仏教を忌み嫌うどころか、東大寺の高僧と交流し、仏教の基本も理解した上で（「漢孝明之金人」は、震旦における仏教公伝を踏まえた記述と考えられる）、その威光を大いに評価していることになる。前掲『太神宮参詣記』下第十六の記述には、注意が必要であろう。

その他、延季と仏教・僧侶との関わりを示す史料としては、思円房叡尊の自叙伝として著名な『金剛仏子叡尊感身学正記』(31)が挙げられる。

文永十二年改元建治〈乙亥〉七十五歳
三月三日、大神宮第二度参詣進発、去文永十年三月廿一日還二向第一宿所一、内官長延年（季）記録到来、重可二参詣一之趣、神慮可レ量（下略）

叡尊の多彩な活動の一つに、蒙古襲来における異国降伏の祈願（後掲本章五参照）があった。神宮におけるそれは三度に及んでおり、第一度は文永十年三月のことであった。叡尊がこれを終えて第一宿所に戻ると、重ねての参詣を促す内宮長（内宮長官・一祢宜）延季の「記録」が到来したという。延季は、叡尊に高い関心を有していたらしい。

なお、『金剛仏子叡尊感身学正記』においては、三度の参宮とも、その次第は「性海比丘記」「性海比丘之日記」に具であるから、ここでは記さないとする。自らの体験にもかかわらず、叡尊が参照として挙げる上記とは、一体どのような史料なのか。このうち、三度目の叡尊参詣記に当たる「性海比丘之日記」については、原本らしきものが「伊勢御正躰厨子納入文書」[32]として西大寺に伝存している。その内容は、別稿にて要約済みであるが[33]、叙述の都合上、以下に再掲することにしたい。

弘安三年（一二八〇）三月十七日未刻、上人（叡尊）が衆僧とともに内宮を参詣した際、八人の祢宜（五祢宜は故障により不参）が正装にて彼等を出迎えた。正宮参拝後、続いて風宮《ママ》を参拝した際に、一祢宜延季が、ここ風宮で上人と心閑かに面談したいと申し出てきた。そこで上人および性海等高弟五名のみが残ると、一祢宜と八祢宜（延季次男氏成）が来て鳥居前で談話となった。すると突如、侍従と号する女人が現れた。一祢宜は、この女人は卜筮に長けている。もし不審なことがあれば、尋ねてみられよという。上人は、このたび異国の難と天下泰平・仏法繁昌のために参宮したのであるが、果たしてこれが神慮に叶って所願を成就することができるか、頗る不審であると答えた。すると女人は神懸って、我は牟山神であると名乗った。以下、牟山神が君（天照大御神）の命を奉じて示すという神告は、およそ次の様なものであった。

○我が君は、このたびの上人の法施を喜ばしく思われている。

○我が君は、一切の衆生を一子の如く思われている。但し、参拝者のなかには私事の願望を祈る者が数多いので、煩わしく思われることがある。こうしたなか、上人の所願には私無く、ただ仏法と王法の繁昌を祈るのみであり、そのために行った法施は莫大なるものがある。故に、上人による仏法興隆・天下泰平の祈願は決して空しいものとはならないから、不審に思うことはない。そもそも、上人が参宮と法施を発願した当初から、我が眷属や諸神を差し遣わして助けている。この発願を遂げて無事帰着するまで、何事も起こらない（から安心せよ）。

○それにしても、このたび上皇ならびに上人が清浄なる願を立てて一切経を施入し、我が君の御願通りに法楽を営むことほど、有り難く嬉しいものはないとの思し召しである。代々の恒例・臨時の伊勢公卿勅使は、さすがに支障がないけれども、さしたる崇重な志もなく、先例の如くなおざりに行われているのみである。故に、たとえ百の勅使が来たとしても、我が君は例のことかとして御悦びにならぬ。しかしこのたびは珍しく、明徳薫る国家鎮護の御願である。（その御願を叶え）一天の風を収め四海の波静かに、異国の賊が襲わないように致そう。また辺土であってもケガレが及ばぬよう、安穏静謐に致そう。以上が、君（天照大御神）より私（牟山神）に託された御告げである。

この託宣の間、一祢宜は感涙を禁じ得なかった。上人以下も最後まで聴聞し、終了したのは申の終刻であった。それは半時に及び、詞ごとに名句・対句が織り交ぜられ、また内典・外典が随所に引用されていた。故に愚鈍な私（性海）は、十中八九を聞き漏らしてしまった。ここに記してある託宣の内容は、まさしく九牛の一毛のみであると。

右掲に興味深い記述は多いが、ここでは、長官以下内宮祢宜が揃って、しかも正装で叡尊一行を出迎えていること、その一方で、一祢宜荒木田延季が、卜筮に長けているという巫女を叡尊に引き合わせている点に注目したい。これは内宮随一の巫女をもって、叡尊の法力を試す意味もあったのではないか。結局、叡尊の祈願は神慮に適うものであったことが、託宣によって証明される恰好となった。この様に、一祢宜延季は叡尊に対して格別の敬意を払う一方、その法力が果たして本物か否か、神宮古来の方法で確認しようとする意図も垣間見えるのである。

『太神宮参詣記』下第十六によると、荒木田延季は、晩年になるまで仏教を忌み嫌っていたかに描かれている。ところが、他の確実な史料を検討する限り、彼は仏教に深い関心を示し、その威力についても或る程度認めていた点を窺うことができる。しかし流石に内宮故実の碩学らしく、それを盲信することは避けていたというのが、実状ではなかったか。

荒木田氏良・延季父子が、神宮教学の泰斗であり、かつ仏教思想の理解者でもあったことは、如上の検討を通じて明らかにし得たと思う。彼等の神宮教学が、延利流にて培われてきた故実研究の影響であろうことは、先に推定した通りである。その延利流においては、仏教信仰や神仏習合説も継承されていた。上記もまた元満家へと伝わったことは、容易に類推できるところである。

但し、元満家の荒木田氏良・延季父子は、延利流の仏教信仰や神仏習合説を単に継承しただけではなさそうである。実際、氏良は両部神道にも通じていたらしい。またその子延季は、仏教に対して一定の距離を保ちつつも、円照や叡尊等当時の高僧達と交流を深めたりしていた。そして円照の『無二発心成仏論』に寄せた彼の序を検討する限り、天照大御神と仏とを並列し、大御神に対する仏の威光を評価している。そこに、「大神宮祢宜延平日記」にみられる本地垂迹説は、全く登場しない。

延利流で継承されてきた仏教信仰や神仏習合説、それに内宮の故実研究といった伝統は、荒木田元満・成長両家の親密な交流の結果、元満家の氏良・延季父子へと伝播した。なかでも仏教信仰および神仏習合説に関しては、単に受け継がれただけでなく、彼等父子によりさらなる工夫が進められた様である。

6　荒木田氏による神道説の形成

以上の点を踏まえた上で、本節冒頭に掲げた『沙石集』太神宮御事を、改めて検討してみよう。

弘長年間（一二六一～六四）の内宮祢宜庁は、一祢宜延季（元満孫）、二祢宜延成（成長孫）、三祢宜成行（成長孫）、四祢宜経元、五祢宜氏忠（延季子）、六祢宜泰良、七祢宜尚良（元満孫）、八祢宜経雄という構成であった。当時の内宮は、元満・成長家により運営されていたといっても、決して過言ではない。ちなみに、成長家は延利流の仏教信仰や神仏習合説・内宮故実研究を継承した家柄であり、また上記を継承し発展させたのが、元満家の氏良・延季父子であった。前掲①～⑥荒木田氏の神道説は、内宮故実研究では「古記文」を相伝した荒木田徳雄（任貞観十七年～延喜五年・八七五～九〇五）、仏教信仰では十世紀末の一祢宜氏長、そして神仏習合説では十一世紀後半の祢宜延平以来の伝統に立脚しており、それを受け継いだ元満・成長両家の祢宜達による弛まぬ思索・工夫の結果、十三世紀後半の鎌倉時代後期に至って結実し、口伝化されたものではなかったか。

7　荒木田氏による第六天魔王譚の改変

なお、『沙石集』にみられる荒木田氏の神道説は、全六項目中その半数が神仏習合説であった。このうち③は、荒木田氏良が両部神道に通じていたこともあり、それ以来蓄積されてきた成果なのであろう。また⑤は、当時の真言律宗隆盛の影響を受けた結果と考えられる。(34) ちなみに①第六天魔王譚も、両部神道の影響によるものであろうが、③⑤が神宮の社殿や制度を仏教でもって強引に解釈しただけなのに対して、①は説話の形態をとっているところに、他とは一線を画している。そこで最後に、この①第六天魔王譚について検討しておきたい。

まずはその内容を、以下に要約してみよう。神宮において仏法僧の三宝を忌み、御殿近くで僧が参拝せぬ習わしなのは、昔この国が未だ存在しなかった頃のことである。大海の底に大日如来の印文を発見した天照大御神は、御鉾を海の中に入れて御探りになられた。その時、鉾の雫が露の様になっているのを見た天界の魔王が、この雫が国となり、やがて仏法が興隆することで、人間が悟りに達する兆しがあるとして、これを亡きものとすべく降りてきた。その魔王と会われた天照大御神は、「私は三宝の名も言わないし、身にも近付けることはしないので、早く帰られよ」となだめすかされたところ、魔王は天界へと帰って行った。この魔王との約束があるからこそ、神宮においては僧が御殿近くで参拝せず、経典をあからさまに持たないのであり、また仏を立竦、経典を染紙、僧を髪長、堂を香焼などといって、三宝の名を正しく呼ばないのである。この様に、外見では仏法を忌むのであるが、実は深く三宝を御守りになられている。我が国の仏法は、偏に太神宮の御守護によるといえるのである。

伊藤聡氏の指摘によると、右掲①は「第六天魔王譚を語る初期のテキスト」であり、またこれと同時期のものとして、通海の『太神宮参詣記』下第一を挙げておられる[35]。

⑦俗云、仏法ヲ忌事ハ、昔伊弉諾・伊弉冉ノ尊ノ此国ヲ建立セント思ヒ給テ、第六天ノ魔王ニコイウケ給ヒシニ、魔王ノ申テ云ク、南閻浮提ノ内此所ニ仏法流布スヘキ地也。我仏法ノアタナルニ依テ、是ヲ不㆑可㆑許ト申シシカハ、伊弉諾尊、然ラハ仏法ヲ可㆑忌也ト乞請玉ヒシニ依テ、仏法ヲ忌也ト申伝タリ。

右掲⑦は、①の異伝ともいうべき内容で、魔王と契約したのは大御神ではなく、その父の伊弉諾尊としている点に相違がみられる。『太神宮参詣記』は、弘安九年（一二八六）八月十四日、外宮上棟祭拝観のため参詣した著者通海が、続いて内宮に詣でた際、二鳥居近くにて「僧」と「布衣ノ俗」が問答しており、それを聞き書きしたものであるという。無論、これは方便であり、通海は自身の習合説をこうした体裁で開陳したに過ぎないのであるが、⑦を狩衣の俗人（内宮祠官か）の発言としていること、上記に対して「僧云、此事大キニ信シ難シ」と反論している点から、⑦もまた荒木田氏の語るところであり、祭主大中臣隆通の子である通海は、これに大いなる不審を抱いていた点を窺うことができる。(36)

こうした第六天魔王譚が、イザナギ・イザナミノミコトが天の沼矛をもって海水をかき回した時、矛の先から滴り落ちた海水が重なり積もってオノゴロ島ができたという記紀神話に基づくものであることは、言を俟たないところであろう。そして、同譚が形成されたのは鎌倉時代のことで、荒木田元満・成長両家出身の祢宜達による思索・工夫の結果とみて間違いないと思われる。

しかしながら、同譚にはもう一つの下敷きがあった。岡田荘司氏は、『中臣祓訓解』(37)の冒頭にみられる次の一節を挙げられる。(38)

嘗天地開闢之初、神宝日出之時、法界法身心王大日、為レ度二無縁悪業衆生一、以二普門方便之智恵一、入二蓮花三昧之道場一、発二大清浄願一、垂二愛愍慈悲一、現二権化之姿一、垂二跡閻浮提一、請二府（符）璽於魔王一、施二降伏之神力一、神光神使駅二於八荒一、慈悲慈檄領二於十方一以降、忝大神、外顕下異二仏教一之儀式上、内為下護二仏法一之神兵上、

天地開闢の初め、無縁悪業の衆生を救うべく、権化の姿でもって人間界に現れた大日如来は、魔王に請うて符璽を手に入れた上で、降魔の神力を発揮し、仏の教えや仏弟子を天下に行き渡らせた。斯くして世界を統べるようになって以降、忝くも天照大御神は、外見では仏教と異なる儀式を顕すも、内実では仏法を護る神兵となって

いる―ここでいう大日如来の「権化之姿」が天照大御神であることは、文脈から容易に判断できる。

　中臣祓を密教的立場から註釈した『中臣祓訓解』は、建久二年（一一九一）以前の成立と考えられている。両部神道の文献としては早期に属し、また、伊勢神道の成立に強い影響を与えたことでも知られている。[39] 岡田氏の指摘によると、この『中臣祓訓解』は、前掲『三角柏伝記』に基づいて著作されたものであるという。[40] 博学の荒木田氏良が、両部神道にも通じていたと考えられる点は既に述べた。『三角柏伝記』を所持していた可能性の高い彼が、『中臣祓訓解』もまた入手していたであろうことは、容易に想像できるところである。斯くして氏良以降、荒木田元満・成長両家出身の祢宜達は、記紀神話と右掲『中臣祓訓解』を下敷きに、①および⑦といった説話を創作したのではないか。

　なお、伊藤聡氏は、第六天魔王譚でいう魔王とは伊弉諾尊にほかならず、その主眼は、魔王＝伊弉諾尊から大日如来＝天照大御神への譲国を説くことにあり、神璽（符璽）はその譲渡を証明するものであると結論付けられる。右掲『中臣祓訓解』は、まさしくこれに該当しよう。ところが、①や⑦では、副次的モチーフである神宮の仏法忌避の由緒としての面が強調されたために、直接関係しない神璽の部分は喪失してしまっているという。[41] これは、①や⑦が内宮祠官荒木田氏によって創作されたことを、如実に示していよう。十世紀末以来、神仏隔離を原則とする神宮に、仏教を信仰する祠官が奉仕するという矛盾が生じていたことは、既に述べた通りである。「大神宮祢宜延平日記」天平十四年（七四二）十一月三日条は、それを止揚する一つの試みであった。ところが鎌倉時代になると、新たな矛盾が生じるに至った。文治二年（一一八六）の俊乗房重源および東大寺衆徒による参宮以降、僧尼のそれが盛んとなったことは、本章一で既に述べた。髪長といって忌避すべき対象が、神宮を篤く崇敬して参拝に遣って来るのである。やがて内宮祢宜庁の牛耳を執る様になった荒木田元満・成長両家出身の祢宜達は、こうした矛盾を克服する方便を模索した。斯くして編み出された説話が、①および⑦ではなかったか。

①および⑦は、仏教教理と厳密に照らし合わせれば欠陥が目立つらしく、通海や虎関といった当時の名立たる高僧達は、激しく批判を加えている。[42]にもかかわらず、①や⑦は時の僧達により受容され、流布した様である。[43]これは、仏教を忌む神宮を僧侶が崇敬するための方便として、優れていたからではなかったか。①および⑦は、祢宜延平（任承保二年～康和元年・一〇七五～九九）以来連綿と続けられた、内宮祠官荒木田氏による神仏習合研究が到達し得た大きな成果として、（たとえ仏教教理上瑕疵があったとしても）認めてよいであろう。

おわりに

本節では、『沙石集』太神宮御事にみられる内宮祠官荒木田氏の神道説について、それが如何にして形成されていったのか、その過程を追ってみた。神宮の神道説といえば、「神道五部書」と称される根本聖典や、度会家行の『類聚神祇本源』を筆頭とする著作を擁する、外宮祠官のそれが有名である。一方の内宮祠官荒木田氏は、度会氏の如き大部かつ体系的な神道書を遺してはいないが、鎌倉時代・十三世紀後半には、独自の神道説を確立していた。それは、同氏が代々継承してきた神宮の故実と仏教信仰、そしてその過程において形成されていった神仏習合説に基づく、確乎たるものであった。「伊勢神道＝度会神道・外宮神道」といった単純な図式は、見直す必要があるのではないか。

なお、平泉隆房氏が、「成長・成良さらに氏良・延季あたりが内宮祠官中、教学面での中心人物であり、その研究成果は度会憲継を介して外宮祠官度会氏にもたらされたのではないか」との見通しを立てられていることは、先に紹介した通りである。いわゆる伊勢神道の大成者として知られる度会行忠（嘉禎二年～嘉元三年・一二三六～一三〇五）は、『梵網経』を重視し、その研究を通じて理解した戒律の基本を、自らの神道説の形成に反映させたと考えられる。[44]こうした『梵網経』を重んじる思想は、前掲『沙石集』太神宮御事⑤において、既にみられるものである。平泉氏の見解が正鵠を射ている可能性を指摘して、ひとまず擱筆することにしたい。

註

(1)第一巻、五八八頁(大隅和雄氏執筆)。
(2)「無住と中世神道説—『沙石集』巻一第一話「太神宮御事」をめぐって」(『中世天照大神信仰の研究』第五部第三章、法蔵館、平成二十三年。初出は平成十二年)。引用箇所は六〇三頁。
(3)本書では、日本古典文学大系本によった。記号の挿入とそれに伴う改行は、引用者による。以下同じ。
(4)なお、「太神宮御事」は⑥以降も続くが、それは「或社官ノ語シ」内容ではなく、著者無住の見解と判断されるため、引用しない。
(5)『二宮祢宜年表』(増補大神宮叢書4『神宮典略』別冊。吉川弘文館、平成十八年)。以下、神宮祠官(祭主・宮司・祢宜)の経歴は、特記のない限り上記によるものとする。
(6)註(2)、六〇一~二頁。
(7)当該研究の現段階における到達点は、伊藤聡氏によって示されている(「第六天魔王譚の成立—国土創成神話の中世的変奏」(『中世天照大神信仰の研究』第一部第三章、初出は平成七年))。
(8)延暦二十三年(八〇四)成立の『皇太神宮儀式帳』(『神道大系』神宮編一所収)に、「爾時、太神宮祢宜氏、荒木田神主等遠祖、国摩大鹿島命孫、天見通命乎祢宜定弖、倭姫内親王、朝庭爾参上坐支、従二是時一始弖、祢宜氏无二絶事一弖、職掌供奉」とある。
(9)荒木田茎貞(延喜六年(九〇六)任)から経延(徳治二年(一三〇七)任)までの内宮祢宜計一〇九名の略歴を記したもの。『神道大系』神宮編五所収。
(10)『類聚大補任』(『神道大系』神宮編五所収)建久四年条。
(11)石巻良夫「伊勢神宮祠官の仏教信仰に就て」(『國學院雑誌』二三巻三・四号、大正六年)。

(12)「従三位氏経卿自筆荒木田両門系図」（田中卓「荒木田氏古系図の出現」（『皇學館大學紀要』第二十一輯、昭和五十八年）により翻刻）に基づき作成した。太字は引用者。

(13)本書では、『神道大系』神宮編一所収本を用いた。〈 〉内は割書。以下同じ。

(14)神宮司庁編『神宮遷宮記』第一巻所収。

(15)「伊勢神道の成立」（『中世伊勢神宮史の研究』後編第一章一、吉川弘文館、平成十八年）、二二六頁。

(16)註（12）成助項に、「出家法名修心」とある。

(17)『補任次第 延喜以後』。

(18)本書では、『神道大系』論説編五伊勢神道(上)所収本を用いた。傍線は引用者、以下同じ。

(19)註（14）。

(20)註（15）。引用箇所は、順に二二七、二三五～六頁。

(21)『神道大系』神宮編五所収。

(22)註（15）、二四八～五〇頁。

(23)註（2）。

(24)その中には、「祢宜正四位上荒木田神主成定」や「権祢宜従四位下荒木田神主成延」（延成か。成定息）、「権祢宜正五位下荒木田神主延季」（氏良息）も含まれていた。荒木田元満・成長両家の親密さを、ここからも窺うことができよう。なお、氏良が一祢宜であったのは建保五年（一二一七）七月～承久四年（貞応元年・一二二二）三月、延季が祢宜に昇格したのが承久三年三月のことであるから、彼等の和歌が慈円に贈られた時期は、本文中に記した通りとなる。

(25)本書では、和歌文学大系本（明治書院発行）を用いた。引用の一首は、第五冊5583。

(26)註（2）、六〇〇頁および「行基参宮譚とその周辺」（『中世天照大神信仰の研究』第一部第一章三、初出は平成十九年）五四～六頁、真福寺善本叢刊6『両部神道集』（臨川書店、平成十一年）解題（伊藤氏執筆）。

(27)註（2）、六〇〇頁。

(28)増補大神宮叢書12『神宮参拝記大成』所収、吉川弘文館、平成十九年。

(29)鎌倉常磐山文庫蔵。納富常天「円照上人撰『無二発心成佛論』」(『南都仏教』第三九号、昭和五十二年)により全文が翻刻されているほか、近藤喜博「中世、伊勢内宮と緇流の参宮—圓照上人の場合を中心として—」(『國學院大學日本文化研究所紀要』第四輯、昭和三十四年)には、内容の分析とともに全文の写真が掲載されている。

(30)ここは難解であるが、近藤喜博氏の解釈に従った(註(29)近藤氏論文、七八頁)。

(31)奈良国立文化財研究所監修『西大寺叡尊伝記集成』(法蔵館、昭和五十二年)所収。

(32)註(31)。

(33)拙稿「鎌倉時代の神宮と仏教」(『伊勢市史』第二巻中世編・第一章第四節、平成二十三年)、一九七~九頁。

(34)この点については、次節で検討する。

(35)註(7)、一一八~九頁。

(36)なお、禅僧虎関師錬が著した『元亨釈書』(元亨二年〔一三二二〕脱稿)巻第十八・神仙五にも、①とほぼ同様の説話が収録されている。そして虎関もまた、この第六天魔王譚を「皆妖巫之詞耳」と激しく糾弾し、こうした神宮における仏教禁忌や同譚は、神宮祠官が神の計らいの如く矯って流布させた、全く根拠のないものと結論付ける(詳細については、拙稿「鎌倉時代の神宮と仏教」〔『伊勢市史』第二巻中世編・第一章第四節〕を参照されたい)。虎関は専門の禅宗のみならず、仏教・漢学・神道にも通じた傑僧であった。同譚は、そんな彼や醍醐寺の高僧通海等、仏教を深く修した当時の学僧達にしてみれば、到底受容し難いものであった。そして「皆妖巫の詞のみ」とし、同譚を内宮祠官による創作と見倣している点も、無住や通海の著作と共通している。

(37)『神道大系』古典註釈編八所収。

(38)「中世初期神道の形成—『中臣祓訓解』・『記解』を中心に—」(『日本思想史学』第一〇号、昭和五十三年)。

(39)岡田荘司「『中臣祓訓解』及び『記解』の伝本」(『神道及び神道史』第二七号、昭和五十一年)。

(40)「両部神道の成立期」(安津素彦博士古稀祝賀会編『神道思想史研究』所収、昭和五十八年)、三七五頁。

(41)註(7)、一三四頁。

(42)註（36）参照。

(43)一例を挙げると、正安三年（一三〇一）十一月、時宗の第二祖他阿弥陀仏真教が参宮している。その様子を記した「一遍上人絵縁起」第九・正安三年十月条（増補大神宮叢書12『神宮参拝記大成』所収）に、次の一節がみられる。

凡そ外用の仏法に敵する、しばらく魔王に順じて国土を領せんがため、内証の利生を専にする、終に群萠を誘て仏界に入れんことを欲する者をや。

意訳すると、およそ神宮が外見上仏法に敵対しているのは、天照大御神がしばらく第六天魔王に順応して日本の国土を領するためであって、大御神は、内々では衆生を救うことを専らにし、最終的には生きとし生けるもの全てを教え導いて、仏界へと入れることを欲しておられるのである、となろうか。この一節は、明らかに①の説話を踏まえたものである。

(44)次節参照。

四　伊勢神道と戒律

はじめに

伊勢神道書の一つである『古老口実伝』に、次の一節がみられる。

一、諸天三宝教令、以二梵網経一為二最極一也、宜レ加二一見一

『古老口実伝』とは、神宮祠官の心得るべき古伝・故実がまとめられた書物である。著者は、伊勢神道の大成者として知られる度会行忠（嘉禎二年〜嘉元三年・一二三六〜一三〇五）で、彼が外宮二袮宜であった正安元年（一二九九）九月から翌年六月までの間に撰述されたと考えられている。(1) その書に、諸天（天上世界に住して仏法を守護する神々）(2) や仏・法・僧三宝の教令としては、『梵網経』が最高である。故に「宜しく一見を加ふべし」と明記されているのである。

『梵網経』は、五世紀の中頃、大陸の南北朝時代に成立したと考えられている偽経である。全二巻のうち、下巻では、大乗の菩薩が受け保つべき戒としての十重禁戒および四十八軽戒が説かれている。それが天台大師（智顗）以来、天台宗によって重要視され、我が国においては、日本天台宗の祖である伝教大師（最澄）が、『梵網経』の十重四十八軽戒を受持するだけで比丘（すなわち正式な僧侶）になれるという、他国には見られない独特の制度を創出した。(3)

この『梵網経』に説かれている戒律を、伊勢神道の大成者である度会行忠が、極めて重視していたのである。それにしても、行忠は、なぜ戒律に注目したのであろうか。延いては、伊勢神道と戒律とは、果たして如何なる関係があるのか。これらの問題に言及されたのは、大隅和雄氏(4)や牟禮仁氏(5)、それに鎌田純一氏(6)である。なかでも、

禁忌の問題は、いうまでもなく仏教における戒律とも関連がある。中世に入って、新しく仏教の教団が成立し、民衆の間に布教活動を開始した時、仏教の戒律の場合にも、はじめにあげた禁忌の二つの側面と同様の問題が起った。僧侶の間でさまざまに論じられた戒律の尊重と復興の動きは、神道論における禁忌の重視に対応し、仏教教団が民衆に布教し、組織を拡大して行く過程で活潑に行なった授戒の問題は、縁起の世界

> で語られる禁忌に対応する。勿論、戒律は明確な仏教教義によって裏付けられたものであって、神祇の禁忌と同列に扱うことはできないのであるが、古い秩序が崩れ、所与のものとして何の疑問も感ずることなく帰属していた神祇信仰の世界がゆらぎ始める中で、民衆の間に浸透して行った宗教が古い禁忌の問題と出会ったことは確かであり、仏教の授戒の問題も、神道論の禁忌の問題も民衆の間における禁忌の再編成という複雑な背景をもっていたことを見落としてはなるまい。

という大隅氏の指摘は、伊勢神道の禁忌と仏教の戒律との関連性を展望されている点で、示唆に富むものがある。本節では、先学のこうした見通しを踏まえ、伊勢神道と戒律との関係について、具体的な検証を試みたいと思う。

1　初期伊勢神道と戒律

さて、度会行忠が『古老口実伝』を撰述したのは、鎌倉時代末期であった。その頃、外宮祠官の間で『梵網経』が重視されていた事実を、確認することができる。こうした戒律への注目は、何時頃まで遡ることができるのであろうか。

『中臣祓訓解』[7]に、

> 仏説言、垂跡所ㇾ誡、通二諸仏顕戒一、随二諸神之誡一、順二諸仏之戒一

とある。六波羅時代の成立ともいわれる『中臣祓訓解』が、伊勢神道に強い影響を与えたことは、夙に知られている[8]。それに、神の誡めは仏教の戒に通じると明記されてある。鎌倉時代、外宮祠官達が戒律に関心を示した淵

源は、どうやらここに求めることができそうである。

ところで戒律とは、戒と律との合併語で、戒は自分を律する内面的な道徳規範、律は教団において守るべき集団規則を意味する。大乗仏教の戒は、摂律儀戒・摂善法戒・摂衆生戒の三聚浄戒に分類される。摂律儀戒は、「止悪」すなわち悪を防止するために守るべき戒である。これは上座部仏教にもあるが、大乗仏教には、ほかに「作善」あらゆる善なることを積極的に実行する摂善法戒や、「利他」一切の衆生にあまねく利益を施す摂衆生戒が存在する。(9) ちなみに、『梵網経』に説かれる十重四十八軽戒はすべて、摂律儀戒に該当する。

一方、『中臣祓訓解』によると、この戒律に対応するのが、「諸神の誡め」である。諸神の誡めとは、神に奉仕する神職が守るべき禁令や規則であり、それは神が定めたものであるということになる。伊勢神道が、もし上記の文言にも影響された『中臣祓訓解』に、斯くの如き文言がみられることに注意したい。伊勢神道が、もし上記の文言にも影響されているのであれば、その神道書に、天照大御神や豊受大御神が示した（とされる）、神宮祠官の遵守すべき規範・規則が散見する筈である。

そこで、伊勢神道の最初期に成立したと考えられている、神道五部書(10)を検討してみることとしたい。

①『伊勢二所皇太神御鎮座伝記』（御鎮座伝記）

又詔布、神主部・物忌職掌人等、諸祭斎日爾、不レ触二諸穢悪事一、不レ見、不レ聞、不レ弔、不レ言、仏法言忌、亦不レ食レ宍、迄二神嘗会日一爾不レ食二新飯一、斎レ身謐レ心、慎摂レ掌、以敬拝祭矣、又神衣神部、是同也、

倭姫命礒宮坐、冬十一月、新嘗祭之夜深天、雑人等退出之後、神主部・物忌等宣久、吾今夜承二皇太神并止由気皇太神勅一、所二詫宣一、汝正明聞給倍、人乃天下之神物也、莫レ傷二心神一、神垂以二祈祷一為レ先、冥加

以二正直一為レ本、任二其本心一、皆令レ得二大道一、故神人守二混沌之始一、屏二仏法之息一、崇二神祇一、散斎・致斎・内外潔斎之日、不レ得二弔レ喪、問レ疾、食レ宍、不レ判二刑殺一、不レ決二罰罪人一、不レ作二音楽一、不レ預二穢悪事一、不レ散二失其正一、致二其精明之徳一、左物不レ移レ右、兵器无レ用、不レ聞二鞆音一、口不レ言二穢悪一、目不レ見二不浄一、鎮専二謹慎之誠一、宜レ致二如レ在之礼一矣、

② 『豊受皇太神御鎮座本紀』（御鎮座本紀）

皇天倭姫内親王詫宣久、（中略）神主部・物忌等、諸祭斎日、不レ触二諸穢悪事一、不レ行二仏法言一、不レ食レ宍、亦迄レ至二神嘗会日一不レ食二新飯一、常謐レ心、慎摂レ掌、敬拝斎仕矣、

③ 『造伊勢二所太神宮宝基本記』（宝基本記）

（引用者註・垂仁）天皇即位廿六年丁巳冬十一月、新嘗会祭夜、神主部・物忌八十氏等詔、吾今夜承二太神之威命一所二託宣一也、神主部・物忌等慎無レ懈、正明聞焉、人乃天下之神物奈利、須レ掌二静謐一志、心乃神明之主他利、莫レ傷二心神一礼、神垂以二祈祷一為レ先、冥加以二正直一為レ本須、任二其本誓一、皆令レ得二大道一者、天下和順、日月精明、風雨以レ時、国豊民安、故神人守二混沌之始一、屏二仏法之息一、置二高台之上一、崇二祭神祇一、住二無弐之心一、奉レ祈二朝廷一、則天地与二龍図一運長、日月与二鳳暦一徳遙、海内泰平、民間殷富、各念、祭レ神礼、以二清浄一為レ先、以二真信一為レ宗、散斎・致斎・内外潔斎之日、不レ楽、不レ弔、不レ散二失其心一、致二其精明之徳一、左物不レ移レ右、兵戈无レ用、不レ聞二鞆音一、口不レ言二穢悪一、目不レ見二不浄一、鎮専二謹慎之誠一、

宜レ致二如レ在之礼一、背レ法而不レ行、則日月照見給、違レ文而不レ判、則神明記識給、惣而神代仁者、人心聖而常也、直而正也、地神之末、天下四国人夫等、其心神墨焉、分二有無之異名一、心走使、無レ有二安時一、心蔵傷而神散去、神散則身喪、人受二天地之霊気一、不レ貴二霊気之所化一、種二神明之光胤一、不レ信二神明之禁令一、故沈二生死長夜闇一、吟二根国底国一、因レ茲、奉レ代二皇天一西天真人以二苦心一誨喩、教令レ修レ善、随レ器授レ法以来、太神帰二本居一、止二託宣一給倍利、若応レ節自在二告示一、則開二大明戸一、無レ形顕レ音、或小童女昇二立茅葉上一、須レ在二験言一矣、猥莫レ信二狂言類一、従二天地一官二陰陽一、掌二神木一宜レ存二自正一、是長生術・不老薬也、神主部・物忌等、所二託宣一懇到二其誠一、終無二欺弐一斎仕、敬二祭天神地祇一矣、

④『倭姫命世記』

天皇即位廿三年己未二月、倭姫命召二集於宮人及物部八十氏等一宣久、神主部・物忌等諸聞、吾久代、太神託宣〈摩志万志木〉、心神則天地之本基、身体則五行之化生〈奈利〉、肆元レ元入二元初一、本レ本任二本心一与、神垂以二祈祷一為レ先、冥加以二正直一為レ本利、夫尊レ天事レ地、崇レ神敬レ祖則、不レ絶二宗廟一、経二綸天業一、又屏二仏法息一、奉レ再二拝神祇一礼、日月廻二四洲一、雖レ照二六合一、須レ照二正直頂一止、詔命明矣、己専二如レ在礼一、奉レ祈二朝廷一〈良波〉、天下泰平〈志弖〉、四民安然〈奈良牟止〉、布告訖、自退二尾上山峯一石隠坐、

検索の結果、①〜④の四書より、右掲の如く当該記事を確認することができた。いずれも、倭姫命が神主部・物忌等職掌人に対して、天照大御神や豊受大御神の神勅を伝えるという形式で一致している。そしてその内容も、①と②、①と③では、重複がみられる。共通する文言には、同種の傍線を付しておいた。

高橋美由紀氏は、初期の伊勢神道書を「縁起書」と位置付けておられる。すなわち、

神宮三部書と称された『天照坐伊勢二所皇太神宮御鎮座次第記』『伊勢二所皇太神御鎮座伝記』『豊受皇太神御鎮座本紀』は、その書名自体が鎮座の由来を説いた縁起書であることを物語っている。『倭姫命世記』にしても同様で、本書の主たる内容は、倭姫命が神鏡を奉持して伊勢の五十鈴の川上に鎮座地を定めるに至る経緯を説くことにある。『造伊勢二所太神宮宝基本記』もまた、まず二宮鎮座の由来を詳述したうえで、遷宮の歴史、社殿や神鏡・神宝類の説明、神宮祠官の心得などに説き及んでいる。

とされる[11]。こうした縁起書的性格の五部書中、実に四書に、重複が少なからず確認されるとはいえ、これだけの神宮祠官に対する規範・規則が収録されているのである。しかも、倭姫命を通じて示された神勅として、権威付けられている。これらは、「神の誡めは仏教の戒に通ず」とする『中臣祓訓解』の影響とみて、間違いないのではないか。

しかしながら、肝腎の戒律が正確に理解されているかというと、決してそうとは言い切れない。戒律とは、そもそも体系的なものである。ところが、五部書中に散見する規範・規則は、決してその様に整えられていない。試しに、その内容を「止悪」と「作善・利他」に分けてみた。「止悪」は三聚浄戒の摂律儀戒、「作善・利他」は摂善法戒・摂衆生戒に当たる。右掲では、「止悪」を濃い網掛け、「作善・利他」を薄い網掛けで示しておいた。両者が混在していることは、一見して明らかである。この様に、大乗戒における止悪と作善・利他の明確な区分が、五部書中の規範・規則には認められない。五部書が成立した伊勢神道の草創期、外宮祠官達は戒律に注目してはいたものの、どうやらそれを正しく理解するまでには至っていなかった様である。

2　度会行忠と戒律

それでは、伊勢神道において戒律が正確に理解され、それが神道説の形成に反映される様になったのは、一体何時からなのであろうか。考えられるのは、度会行忠からである。

度会行忠が、『梵網経』に説かれている戒律を極めて重視していたことは、先程確認した通りである。そしてその十重四十八軽戒はすべて、本節でいう「止悪」の摂律儀戒に相当する。以上を踏まえた上で、行忠が「梵網経をもって最極となす」と明記する『古老口実伝』を、分析してみることにする。

次掲の表6は、『古老口実伝』の内容を簡潔にまとめたものである。全一〇六ヶ条に及ぶその内容を概観するに、第16～87条と第92・93条の都合七四ヶ条は、或る人々に対して、特定の行為を要求したものであることに気付く。

そこで、この都合七四ヶ条を分析してみるに、これらは禁令と規則とにまず大別できる。禁令には、「禁之」や「不用」など厳密に禁止するものと、「可㆑有㆓思慮㆒」として、当人の良識的判断を求めるものとに分類できる。規則については、次の三種に分類することができる。一つは、例えば第23条の「宮中鳥居内における唾棄は許されないので、畳紙を用いよ」といった、行為を制限するもの。二つ目として、第48条の「灸治は穢れ七日間」とする、条目の内容を明確に規定するもの。三つ目として、第45条に「月水が始まって七日後から三日間潔斎した場合、以後の参宮は憚りなし」とする、行為の可能条件を明文化したもの、である。

次に、こうした禁令・規則の対象者に注目して分類を試みる。まず、第16～40条まではすべて、神宮祠官を対象とする、祭祀の場における禁令・規則である。第18条の、一祢宜公文所への進入を不可とされたのは雑人であるが、それを遵守しなければならないのは祠官である。この二五ヶ条は、外宮祠官度会氏の、祭祀において心得るべき事柄を列挙したものと位置付けることができる。

続く第41～57条の一七ヶ条は、第49条を除けば、残りは一般を対象とした禁令・規則である。とりわけ第42～48・50・56条は、参宮に関するものである。度会行忠が、参宮人の穢れに如何に細心の注意を払っていたのか、窺うことができよう。

第58～63条は、再び祠官の禁令・規則である。しかしその対象者は、第58条にみえる、職掌のない、もしくは権祢宜でない五位の者とか、第59条の異姓内人、第60条の雑任権職内人や下人、第63条の六位ではない権祢宜・物忌であることから推すに、上記の六ヶ条は、度会姓ではない下級祠官を対象とするものと考えられる。

第64～81条について。このうち第73・74・75条は、どうやら別宮における祭祀の規則であり、また第78条は、対象者を特定していない。しかしその他は、外宮祠官度会氏およびその一族が、私生活上心得るべき禁令・規則といえる。

第82条は、「当家双六及簺態等、一切禁二制之一、曾祖父教令、迄レ至二于子々孫々一、不レ可二違犯一者也」とある。ここでいう当家とは、行忠の家すなわち度会姓西河原家を指す。その他、「犬を飼うことは更に其の要なし」とする第83条や、「祭日・神事における飲酒は斟酌を加うべし」との第84条、それに「当郷以外の白拍子との同火は思慮あるべし」とする第85条もまた、訓戒的な文言という意味で、第82条とよく似ている。これらの四ヶ条は、西河原家の家訓といえよう。

なお、第86・87条および92・93条には、共通項が見当たらない。その間の第88～91条が、明らかに禁令・規則ではない点から推して、上記四ヶ条は、補遺と考えておきたい。

以上、『古老口実伝』都合七四ヶ条の分析を試みた。その結果、これらは、

㋐ 外宮祠官度会氏の祭祀において心得るべき禁令・規則

	条　　目	禁令・規則の内容		対象者
56	両宮参詣時における墨笠の使用	不可	禁令	一般
57	不浄人・悪行犯人による山田大道の通行	不通之	禁令	一般
58	職掌のない、もしくは権祢宜でない五位の者に対する規定	可存式条也	規則(規定)	祠官
59	異姓内人との同火に関する規定	同火無憚	規則(可能)	祠官
60	重服の雑任権職内人との同宿・同火	可有思慮	禁令	祠官
	重服の下人等の往反	無憚歟	規則(可能)	祠官
61	軽服の権職との同宿	無憚歟	規則(可能)	祠官
	軽服の権職との同火	可有思慮歟	禁令	祠官
62	宮中触穢中の私的な酒宴楽舞遊興	可有思慮	禁令	祠官
63	権祢宜・物忌が六位と称し、新米を食用すること	違本記者歟	禁令	祠官
64	祠官等が北方に矢を放つこと	不可	禁令	祠官
65	宮中例番相違の時、後日番直勤仕すること	不可思慮	禁令	祠官
66	祠官の服気・旅行時における自番の日	於心中潔斎遙拝無怠	規則(制限)	祠官
67	其身が服気の時の勤仕	以他人祓、勤仕無障	規則(可能)	祠官
68	墜火物事	此等類者無禁忌	規則(可能)	祠官
	祭日に神事に従事する人が和市煮栗を食すること	可有思慮	禁令	祠官
69	祠官氏人の麝香・人骨の取扱い	不食／不用合方	禁令	祠官・氏人
	麝香・鹿・馬・牛・犬の薬としての服用	禁之	禁令	祠官・氏人
70	神官の鶴・豺・狼・熊類の取扱い	不食	禁令	祠官
71	正員祢宜の四足類の取扱い	不食	禁令	祠官
	権祢宜の四足類の取扱い	宮中宿館斎日可有憚歟	禁令	祠官
72	神官が血気残る鹿髄を持って家中に入り、その後神事に従事すること	尤可有思慮	禁令	祠官
73	高宮の穢物が出来した際同座した人の対応	（所定の経路で）退出	規則(制限)	祠官
74	土宮の穢物が出来した際同座した人の対応	（所定の経路で）退出	規則(制限)	祠官
75	風社の穢物が出来した際同座した人の対応	（所定の経路で）退出	規則(制限)	祠官
76	神官が六畜の皮を剥ぐこと	禁之	禁令	祠官
77	神官が魚鳥に不浄物の名を付けて食すること	可思慮	禁令	祠官
78	参宮人の駄馬乗用	不乗	禁令	一般
79	神主による供祭物以外の殺生	能禁制之	禁令	祠官
80	鷹を飼うこと。沼で雑魚を捕ること	禁之	禁令	祠官
81	鶉等の小鳥を飼うこと	禁之	禁令	祠官
82	当家における双六・篭態など	一切禁制之	禁令	西河原家
83	犬を飼うこと	更無其要	禁令	西河原家
84	祭日・神事における飲酒	可加斟酌	規則(制限)	西河原家
85	当郷所住以外の白拍子との同火	可有思慮	禁令	西河原家
86	神官の神御衣文様に関する規定	不用衣装文	禁令	祠官
87	神職・氏人の従女の名に「榊葉」「木綿志手」を用いること	代々禁制之	禁令	祠官・氏人
88	姓不詳の職掌人は秦氏と号すること			
89	一祢宜不従神事之時の作法			
90	古人云、上御池は祭主の吉凶、中御池は宮司の吉凶、下御池は祢宜の吉凶、御饌道は物忌の吉凶、御井参道土橋は大物忌子の吉凶			
91	調御倉に白蛇出現は、一祢宜の怪異			
92	一祢宜退出禁忌の方	※	禁令	祠官
93	朝夕御饌供進時の神拝	可有思慮	禁令	一般
	朝夕御饌供進時の参籠人・諸音声	不食／能々可有思慮	禁令	一般
94	神宮怪異事			
95	酒殿者神居殿也			
96	可存祠官古書			
97	神宮秘記数百巻内最極書			
98	如在礼儀用心書			
99	諸天三宝教令、以梵網経為最極也			
100	斎宮院内禁制如式文			
101	造伊勢太神宮使家中禁法事			
102	宮司家中禁法事			
103	正殿・宝殿・瑞垣等の玉葛について			
104	大小神祇の使者は、狐・烏・鶏・蛇・鏑			
105	神聖禁戒、千経所説、礼是心基也			
106	沼木郷惣刀祢事			

※酒殿与調御倉以北大楠方江不出入者也

表６ 『古老口実伝』内容一覧

	条目	禁令・規則の内容		対象者
1	年中行事			
2	当郷在家役事			
3	山宮祭			
4	常明寺勤役事			
5	日天八王子郷社勤役事			
6	十二月晦日夜、門神祝詞文			
7	一袮宜勤役事			
8	神宮古物御装束所用篇目			
9	仮殿御装束絹事			
10	古物御樋代・御船代等事			
11	御床板			
12	正殿材木			
13	宝殿			
14	玉垣柱・瑞垣板・諸殿堅魚木			
15	宿館事			
16	祠官による黒木仮屋建築	可有思慮	禁令	祠官
17	神官参籠時における台の使用	不用	禁令	祠官
18	一袮宜公文所への雑人の進入	不乱入	禁令	祠官
	寝殿おける仏事	不修	禁令	祠官
19	故障時における昇殿装束との同宿（軽服の際は隔離）	不同宿	禁令	祠官
20	服忌中神主の参籠時における大麻	可隔其間	規則（制限）	祠官
21	犬を連れての参上	禁之	禁令	祠官
22	宮中触穢時の宿直における笏の取扱い	不把	禁令	祠官
23	宮中鳥居内における唾棄	用畳紙	規則（制限）	祠官
24	深更の神拝	可有思慮	禁令	祠官
25	参道中央を歩くこと（片方に寄れ）	可有思慮	禁令	祠官
26	朝熊社への参向	可有思慮	禁令	祠官
27	氏神祭以後の番袮宜	沐浴事	規則（制限）	祠官
28	致斎・散斎・番直勤仕時における僧尼との同宿・同火	禁之	禁令	祠官
29	昇殿日における女人との同宿	禁之	禁令	祠官
30	高声	禁之	禁令	祠官
31	音曲・管絃・楽舞	禁之	禁令	祠官
32	兵具の所持	可存式条	禁令	祠官
33	忌火における湯黄（硫黄）の使用	古老禁制之	禁令	祠官
34	猪油の使用	古老禁制之	禁令	祠官
35	当番の外宮袮宜が内宮に参ること	可有思慮	禁令	祠官
36	参宮前三日間は致斎し、穢悪に与らず	宜存六色禁忌	禁令	祠官
37	昇殿人の規定	前七日間斎籠	規則（制限）	祠官
38	御饌番袮宜の規定	前夜参寄候也	規則（制限）	祠官
39	昇殿日における酒肉五辛等	不食	禁令	祠官
	忌火・沐浴の規定	塩并上御池水用之	規則（限定）	祠官
40	参籠の烏帽子	不放	禁令	祠官
41	諸祭日の御在所近辺における巫の鼓音	禁制符明也	禁令	一般
42	子良の月水で汚れた箇所	以他人削退	規則（規定）	一般
	上記を処置した人の処遇	沐浴解除以後、参宮無憚	規則（可能）	一般
43	祭日に同火の女性が月水となった場合の対応	沐浴、参宮無憚	規則（可能）	一般
44	小血・蛭血・鼻血等の対応（大血は忌む）	沐浴後、神拝無憚	規則（可能）	一般
45	月水の女性が、七日後に三日間潔斎した場合	第四日参宮無憚	規則（可能）	一般
46	産忌における参宮の規定	（日数により詳細に規定）	規則（規定）	一般
47	赤痢病	忌三ヶ日	規則（規定）	一般
48	灸治	穢七ヶ日	規則（規定）	一般
49	神宮職掌内人が死人を持つこと	忌事	規則（規定）	祠官
50	葬儀に従事した僧および死人を持った者	或百日、或一廻以後参宮	規則（可能）	一般
51	斎日および宿館近辺にて馬の血を取ること	可有思慮	禁令	一般
52	宿館近辺において膠を煮ること	可有思慮	禁令	一般
53	宮地・宮山の樹を伐採すること	一切禁之	禁令	一般
54	官道並樹内を雑人が往反すること	以昔禁之	禁令	一般
55	宮中西北の在家・門戸・大道における高声念仏・金口音	禁之	禁令	一般

㋑　一般を対象とした禁令・規則
㋒　度会姓以外の下級祠官を対象とする禁令・規則
㋓　外宮祠官とその一族が私生活上心得るべき禁令・規則
㋔　西河原家の家訓

の五種類に、截然と分類されている点を確認することができた。

以上の検討を通して気付くことは、全てが、穢れの防止を念頭に置くという点で、共通している。すなわち『古老口実伝』の七四ヶ条は、神宮において清浄を保つための禁令であり、規則なのである。

伊勢神道の中心思想が「清浄」と「正直」であることは、夙に知られている。その清浄を、神宮において如何に保つべきか—『古老口実伝』は、度会行忠がこの問題に真正面から取り組み、そのための禁令・規則を、『延暦儀式帳』や律令格式等の文献のみならず、まさしく古老の口伝といった神宮の古伝承も含めて博捜し、彼の学識・経験に則って分類・集大成したものといえるのではないか。

こうした清浄の保持が、戒律における「止悪」の摂律儀戒に当たることは、いうまでもない。度会行忠が撰述した『古老口実伝』の七四ヶ条は、すべてが清浄の保持、すなわち止悪に相当するもので、しかもそれは極めて体系的に編纂されている。先に検討した神道五部書とは、およそ対照的である。その『古老口実伝』において、行忠は「梵網経をもって最極となす」と明記しているのである。行忠が『梵網経』を研究し、その成果を神道説の形成に反映させたとみて、間違いないであろう。

3　度会常昌・家行と戒律

なお、こうした度会行忠の手法は、常昌や家行にも継承された様である。度会常昌（弘長三年～延元四年・一二六三～一三三九）は、『大神宮両宮之御事』等を著した伊勢神道家であり、また後醍醐天皇の信任厚く、神宮祠官として初めて従三位に叙せられた人物でもある。その常昌が、一祢宜として在任していた文保二年（一三一八）二月十七日、「太神宮参詣精進法」（所謂文保服忌令）が制定された。これは、外宮庁宣という形で発せられているものの、その編纂の中心は常昌であったことが、鎌田純一氏により確認されている。[12] 当庁宣に、「爰頃年以降、巫等号二太神宮先達一、於二参宮之路次一、行二新儀之軌式一、剰背二朝家憲章一、不レ弁二神宮古典一、不レ糺二甲乙丙之移展一、令レ決二断触穢不浄一云々」とある。近年太神宮の先達と称する巫達が、引率する参宮者達に新儀の儀式を執り行ったり、朝廷や神宮の法を無視し、勝手に触穢や不浄を決めているという。そこで、「於二向後一者、参二詣太神宮一之諸人、堅守二式目一、更不レ可二違犯一」と定めたのであった。

この庁宣と文保服忌令は、『文保記』[13]に収録されている。『文保記』とは、南北朝時代、外宮祢宜度会章尚が編纂した注釈書である。つまり『文保記』所収の服忌令には、原文と章尚の註釈が混在しているのである。そこで、文中の一打の箇所を服忌令の原文と考え、以下に列挙してみることにする。

1六色禁忌　2内外七言　3内外親族仮服（半減仮并服滅・閏月服事・改葬服・無服殤・夫婦仮服有無事・遠関日）　4触穢日数付改葬穢籠僧等禁忌（籠僧荷レ棺葬礼輩事・問葬禁忌事）　5触穢甲乙丙展転事付失火穢・灸治居レ灸人穢　6井落入死人以二失時一為二穢始一事　7中垣中心穢物事（喰二甲所草一馬穢否事）　8触穢牛馬入来時追出不レ為レ穢事（繋二馬於穢所垣外一布知不レ為レ穢事・犬咋二小児一不レ置二地上一通行不レ為レ穢事）　9犬子産以二後日一見付者不レ可レ為レ穢事（人骨依二其色赤一定二触穢一事）　10穢人与二清人一打合触穢事　11触穢者於二庭中一

請二施米一不レ為レ穢事　12雖レ昇二板敷上一不二着座一者不レ為レ穢事　13葺板不レ為レ穢事　14穢所杼木実落二‐入清方一取レ之即雖レ棄為レ穢事　15不二着座飲食一者雖レ見二死人一不レ為レ穢事　16人若畜死後雖二爛壊一以二見付一為二穢始一事　17中立縄三尺計不二引付一及二触穢一事　18雖レ無レ垣有二穢物一時一段畠悉令レ穢事　19触穢人与同船穢事　20潦水雨露流入不レ為レ穢事　21河流穢不レ留事　22池内有二穢物一不レ知二此由一飲レ水為レ穢事　23作田中流水穢不レ留事　24橋穢不レ留事　25持二死人一通二郭内一為レ穢事　26犬不レ知二何物一赤色物咋来令レ置二于地上一即又咋退穢事付烏事　27以二見出一不レ為レ始、以二至レ畠時一為二穢始一事　28焼亡時火本有二死人一穢否事　29掘レ墓穢事　30踏二穢物一為レ穢事　31手以下雖レ被二切落一可レ守二本人死去一事　32不レ足二于寸一物不レ為レ穢事　33切二人頸一者三十ヶ日為レ穢事　34霊天蓋穢事　35近日令二存知一可二斟酌一事　36失火・灸治穢　37生産穢付流産穢　38百日不レ参二太神宮已下一事　39婦人月水付血気禁忌等事　40猪鹿食禁忌付仮令月水赤痢病同火日限（女犯男・嫁レ夫女付妊者事・衣装事）　41路次解除（宮中禁制物事）

この様に、文保服忌令は四一ヶ条に及び、その規定はまさしく、微に入り細を穿つものである。ちなみに、行忠は『古老口実伝』において、一般を対象とした一七ヶ条の禁令・規則を挙げている。常昌が文保服忌令において意図したところは、行忠の手法・業績の継承と発展であったとみてよいのではないか。

そして度会家行（康元元年～正平六年・一二五六～一三五一）といえば、著書『類聚神祇本源』が有名である。その第十三巻が、「禁戒篇」である。同篇においては、「六色禁忌事」、「内七言・外七言事」、「忌仏法事」、「忌僧尼事」の四項目を立て、令格式や神道五部書等より抄出した該当記事をそれぞれ引用した上で、家行の見解が示してある。伊勢神道の教説を集大成した『類聚神祇本源』の一巻が「禁戒篇」として充てられ、その禁戒は四項目に分類されているのである。これは、上述した行忠・常昌の手法を、家行が継承していた証左ではないか。

4 『梵網経』が注目された所以

さて、ここまで伊勢神道と戒律の関係性について、検討してきた。伊勢神道に強い影響を与えた『中臣祓訓解』には、神の誡めは仏教の戒に通じるとする思想がある。草創期の伊勢神道書である神道五部書には、この思想に影響された形跡がみられる。しかしながら、戒律の基本が正しく理解されるまでには至っていなかった。それを『梵網経』の研究を通じて成し遂げ、神道説の形成に反映させたのは、度会行忠である。その成果を盛り込んだ『古老口実伝』が撰述されたのは、十三世紀末の正安元年（一二九九）九月から翌年六月にかけてであった。

それにしても、度会行忠が、数ある戒律書のなかでも『梵網経』に注目したのは、一体なぜであろうか。以下ではこの問題について、考えてみたい。

まずは、当の『梵網経』そのものを検討するに[14]、巻下の冒頭に、釈尊の言として次の一節がみられる。

仏子諦聴、若受㆓仏戒㆒者、国王・王子・百官・宰相、比丘・比丘尼、十八梵天・六欲天子、庶民・黄門・淫男・淫女・奴婢、八部・鬼神・金剛神、畜生乃至変化人、但解㆓法師語㆒、尽受㆓得戒㆒、皆名㆓第一清浄者㆒。

この様に、これから述べる十重四十八軽戒を受ける者は、みな清浄になれると説かれている。伊勢神道の中心思想は、「清浄」と「正直」であった。度会行忠が『梵網経』に注目したのは、この清浄を説いている点にあると思われる。

次に、度会行忠が活躍した時代に注意してみたい。行忠が外宮祢宜（八祢宜）に補任されたのは、建長三年（一二五一）のことであった。以降順調に昇進するも、三祢宜であった弘安六年（一二八三）に解却され、四年後に還補された。その後、永仁元年（一二九三）二祢宜、嘉元二年（一三〇四）一祢宜へと昇進し、翌年七十歳で卒去した[15]。

この十三世紀後半という時代、我が国の宗教界に傑出した人物が現れた。思円房叡尊である。叡尊は、奈良西大寺を拠点に戒律の復興に従事する一方、高弟の忍性等とともにハンセン病患者の救済にも尽力したことで知られる。また、蒙古襲来に際し、三度の参宮を遂げて異国降伏の祈願を行ったことは、前節にて確認した通りである。

その叡尊研究の第一人者である松尾剛次氏の指摘によると、当初は京都醍醐寺の僧であった叡尊は、三十四歳の時、同じ密教僧達の多くが魔道に落ちている姿を見て、その理由を破戒に見出し、きちんとした仏弟子となろうという意識から戒律「復興」に目覚めたという。そこで嘉禎二年（一二三六）九月四日、東大寺法華堂の観音菩薩の前で自誓受戒を行った。自誓受戒とは、仏や菩薩の前で戒律の護持を誓うことで、その仏や菩薩から直接戒律を授かったとする方法である。以後、正応三年（一二九〇）に九十歳で入滅するまでの間、叡尊は戒律復興を志し、精力的に活動したわけであるが、彼やその弟子達は、「私たちはつね日頃、厳しい戒律を守っているから、その戒律の呪術力によって穢れることはない」と称していたという。また民衆に対しても、分に応じた戒律の護持を勧めており、その戒律は、斎戒か、もしくは菩薩戒すなわち『梵網経』に説く十重四十八軽戒であった。斯くして叡尊教団は、信者数が一〇万人を超え、末寺も一五〇〇ヶ寺という、鎌倉・南北朝時代を代表する教団の一つとして成長した[16]。

こうした叡尊率いる真言律宗教団の噂が、やがて神宮へと達したことは想像に難くない。しかも同教団では、「戒律の呪術力によって穢れることはない」と謳っている。その穢れを防ぐ戒律として推奨されたのが『梵網経』であり、当のそれには、「十重四十八軽戒を受ける者は、みな清浄になれる」と明記されているのである。度会行忠が『梵網経』に注目したのは、こうした真言律宗隆盛の影響も少なくなかったと思われる。

5　鎌倉時代の朝廷と神宮

その他の要因として、当時朝廷に広がっていた、神宮祠官に対する不審感を挙げたいと思う。『小朝熊社神鏡沙汰文』[17]という史料がある。小朝熊社とは、皇大神宮摂社の朝熊神社および朝熊御前神社のことで、その前を流れる朝熊川（五十鈴川支流）の岩の上に、かつて二面の鏡が安置されていた。鎌倉時代、その鏡が三度紛失するも、やがて出現して無事帰座するという事象が起こった。当時神異と見做された、この事象に関する六十九通の文書をまとめたものが、『小朝熊社神鏡沙汰文』である。

一度目は、二面中一面が紛失したというもので、それは正治元年（一一九九）四月三十日に確認された。内宮側は、その旨をすぐさま奏上したところ、同年九月十一日、次の官宣旨が下された。

左弁官下伊勢太神宮

応レ令レ祈二謝公家御慎并恠所天下驚病事等一事

右、得二祭主神祇大副大中臣能隆卿去五月四日　奏状一偁、太神宮司同月三日解偁、祢宜等同月二日注文云、別社小朝熊社祝宇羽西重里今日申文偁、件御鏡二面——者、仍相副言上如レ件、令二神祇官・陰陽寮等卜申一之処、官卜云、依二神事違例穢気一所レ致之上、可レ有二公家御慎及恠所并天下驚恐病事一歟者、寮占云、依二神事不浄不信一所レ致歟者、左大臣宣、奉レ　勅、宜下下二知本宮一、令上レ祈二謝御卜趣一者、宮宜二承知、依レ宣行レ之

正治元年九月十一日　　　　　　　　大史三善朝臣　在判

内容を要約すると、神祇官ならびに陰陽寮で卜占を行ったところ、神祇官が提出した結果は、神宮における神

事の違例により穢れが生じたために、天皇の御物忌み等が必要であり、また天下に恐るべき病気が発生するとのこと。陰陽寮のそれは、神事における神宮祠官等の不浄や不信が原因であるとのことであった。そこで、「宜しく本宮に下知し、御卜の趣を祈謝せしむべし」との命が下された。この官宣旨は、内宮のみならず外宮へも下達され、十月六日には両宮祢宜が承諾し、「公家御慎并恠所天下驚恐病事等事、任二　宣下状一、殊致二丹誠一所二祈謝一也」との注進状を提出している。

さて、その二十八年後の嘉禄三年（一二二七）三月三日、残された神鏡一面が、本来の位置から東に五寸程移動していることが確認された。この神異に対する朝廷の回答が、次掲の官宣旨である。

左弁官下伊勢太神宮
　応レ令下且注二進神事違例不浄一、且祈中謝公家御薬恠所口舌上事
右、得二祭主神祇大副大中臣能隆卿去三月十七日奏状一偁、太神宮司同日解状偁、祢宜等同月十六日注文偁、得二別社小朝熊社祝重松今月十六日申文一偁、去三日巳時、御饌供用之次、拝見之処、御鏡御座指二東方一、令レ相二去御本座一五寸許也、此旨不レ可レ不二言上一、仍言上如レ件者、仍祢宜并祝部等、相共参二向社頭一、拝見之処、件御鏡相違之条、既有二其実一、此旨不レ可レ不二言上一、抑祝重松去三日拝見事、于レ今不二言上一之条、尤依レ無レ謂、加二勘発一之処、於二重松一者、即時相二触祝長清時一之由、所二遁申一也、雖レ須下尋二糺清時一言上上、当時故障之間、依レ有二遅怠之恐一、所二言上一也、仍相副言上如レ件者、令二神祇官・陰陽寮等卜申一之処、官卜云、依二本宮神事違例不浄一所レ致之上、恠所可レ有二口舌事一歟者、寮占云、依二神事不浄一所レ致之上、公家可レ慎二御薬事一歟、期二恠日一以後廿日内及来四月・七月・十二月節中並戊己日也者、権中納言藤原朝臣定高宣、奉　レ勅、宜レ令下本宮注二進神事違例一、祈中謝占卜趣上者、宮宜二承知、依レ宣行レ之

嘉禄三年四月一日　　　　　　　　大史小槻宿祢　在判

中弁平朝臣　在判

内容は、神祇官における卜占の結果、神宮神事の違例と不浄によるものであり、口舌の禍が起こるであろうとのこと。陰陽寮によるそれも、やはり神事の不浄が原因で、天皇は御薬の事を慎みたまうべきとのことである。故に、「宜しく本宮をして神事の違例を注進し、占卜の趣を祈謝せしむべし」との命が下された。これをうけた両宮祢宜庁は、五月二十六日、天皇の御薬および口舌の事については神に祈謝するものの、神事違例に関しては追って報告する、との注進状を提出している。

右掲の二例においては、神宮の神異を占うと、いずれも、それは神事を疎かにした穢れによるものとする結果が出ている。また、朝廷がこの結果をうけ、神への祈謝を命じている点も共通している。特に後者においては、神事違例の具体的な注進を命じている。

なお、上述と同様の事例を、他にも五例確認することができた。

⑤建久六年（一一九五）十月二十九日二所太神宮神主連署注進状[18]

今月（引用者註・八月）六日巳時、当番内人等申云、只今御所南方大隍之内、狐□成奇尋見之処、見二付豕頭一、其体新有二血肉一、是彼狐所二咋置一歟、即□（解カ）除畢、七日同夕、不レ可レ供二進例御饌一、仍過二三箇日穢限一、自二同九日朝一□祓清可レ令レ備二進御饌一也、此旨不レ可レ不二言上一者、（中略）□（令カ）神祇官・陰陽寮等卜申之処、官卜云、依二神事違例一、穢気所レ致□（之カ）上、恠所レ可レ有二口舌病事一歟者、寮占云、依二神事不浄一所レ致之上、公家□(可カ)慎御慎・御薬事歟、又従二離巽方一奏二口舌事一歟、期二彼日一以彼(後カ)廿日内及九月・明年二月三月節中並甲乙日也者、権大納言藤原朝臣頼実宣、奉レ勅、下二知本宮一、注二進神事違例不浄一、且レ令レ祈二申御卜趣一者、宮□(宣カ)承知、依レ宣行レ之者、謹所レ請如レ件、相二当于神事穢気不浄事等一、前前注進之上、今亦載二于月読・伊佐奈岐両宮御帳等汚損事一、（此間闕）宣旨請文所二言上一也、離巽方口舌病事、任二宣下之状一、殊抽二丹誠一所二祈請一也、

⑥建久六年十一月七日二所太神宮神主連署注進状(19)

今日（引用者註・九月十二日）午時許、於二権神主俊長宿館板敷之下一、見二付犬死一之□(由カ)、前祝節弘所二申上一也、即令レ加二実検一之処、有二其実一、件宿館依外院之□(内カ)、宮中同所触穢也、因レ之、十四日朝御稲抜穂、同日神御衣祭、十五日興玉□神態并御占神事、十六日河原御祓、同日夕由貴御饌及瀧祭桜御□態所二延引一也、任二先例一、随レ過二穢限一、自二十七日暁一、所レ勤二行次第神事一也、仍相副□(言カ)上如レ件者、仍令二神祇官・陰陽寮等卜申一之処、官卜云、依二神事違例不信不浄一所レ致之上、天下可レ有二口舌動揺病事一歟者、寮占云、依神事穢気・不浄□□(不信カ)所レ致之上、公家可レ慎二御薬事一歟、又恠所有二病事一歟、期二彼日以後卌日内一及□(注カ)進神事違例不信不浄、祈二申公家御薬及天下口舌動揺病事等一者、宮□(宣カ)承知、依レ宣行レ之者、謹所レ請如レ件、神事違例事等、先日度々注進畢、□(随カ)其状可レ被二裁定一也、公家御薬・天下口舌動揺病事等、殊所二祈申一也、

⑦「壬生文書」新写古文書(20)

建永二年（一二〇七）正月十二日辰時、外宮荒垣巽角外見二付人骨一、即所二取退一也者、

（中　略）

建永二年正月十二日、外宮荒垣巽角外見二付人骨一、被レ行二御卜一之後、仰二本宮一宜レ令下祈二謝公家御薬御慎・巽闘諍一、注中申神事違例不浄上之由、同年二月二十三日被レ下二宣旨一了、

⑧寛元四年（一二四六）三月二十八日祭主大中臣隆通施行状（『公文筆海抄』[21]）

一、宣旨施行

下　太神宮司

可下早任二　宣旨一、注二進神事違例穢気不浄一、且令上レ祈二謝怪所及巽坤方口舌動揺病事等一事

副下　宣旨

右、去十九日　宣旨、今日到来偁、子細云々具也、仍相副下知如レ件、宮司宜二承知、依レ件行一レ之、以下

寛元四年三月廿八日

祭主神祇権大副大中臣朝臣（隆通）

⑨宝治二年（一二四八）十二月二十八日祭主大中臣隆世請文（同前）

一、宣旨請文

祭主正四位上行神祇権大副大中臣朝臣某解申、請二　宣旨一事

壱紙〈被レ載乙応下且注二進神事違例穢気不浄一、且祈中謝公家御薬并怪所口舌等上状甲〉

副進

太神宮司請文一通

二所太神宮祢宜等請文一通〈内宮請文者同祢宜ト書之、外宮請文者豊受太神宮祢宜ト書之〉

右、任二去九月十三日　宣旨一、下二知宮司一之処、所レ進請文、今日到来候、子細載二于其状一也、仍相副言上如レ件、謹解

宝治二年十二月廿八日　祭主正四位上行神祇権大副大中臣朝臣（隆世）状

⑤は、建久六年（一一九五）八月六日、御所南方の大堀内において、血肉の付着した猪子の頭が発見された。この報告をうけ、神祇官・陰陽寮に命じて卜占を行わせたところ、神祇官が出した結果は、神事違例による穢れが原因であり、そのため口舌病が起こるであろうとのこと。陰陽寮のそれも、神事の不浄を原因とした上で、天皇は御薬の事を慎みたまうべきあり、また離（南）・巽（南東）方より口舌の事が奏上されるとのことであった。そこで朝廷は、内外両宮に対し、神事の違例・不浄の注進と卜占内容の祈申を命じている。

⑥は、同年九月十二日の午刻、権祢宜俊長の宿館板敷の下にて、犬の死体が発見された。神祇官における卜占の結果は、神事の違例・不信・不浄の致すところにて、天下に口舌動揺の病事が発生するであろうとのこと。陰陽寮によるそれは、神事により穢気や不浄等が発生したからであり、そのため天皇は御薬の事を慎みたまうべきあり、また病事が起こるとのことであった。そこで朝廷は、神事の違例や不信・不浄の注進と、御薬および天下口舌動揺病事の祈申を両宮に命じており、その期限は、犬の死体が発見された九月十二日より四十日以内とされた。

⑦は、建永二年（一二〇七）正月十二日、外宮荒垣の巽角外にて人骨が発見された。御卜の結果に基づき、同年二月二十三日、公家御薬御慎および巽闘諍の祈謝と、神事違例・不浄の注進を命じる宣旨が下された。⑧⑨が収録されている『公文筆海抄』とは、神宮祭主が職務上発給する文書を集めた公文様式集である。(22)上記から、⑧寛元四年（一二四六）三月以前、⑨宝治二年（一二四八）九月以前に、神宮において神異が発生し、朝廷が神事の違例や不信・不浄の注進と、卜占内容の祈謝を命じている事実を窺うことができる。

この様に、神宮において発生した事象は様々であるが、占いの結果は、ほぼ同じである。また、朝廷が卜占内容の祈謝と、神事違例・不信・不浄の注進を厳命している点も、一致している。これは一体どういうことであろうか。考えられるのは、神宮祠官達が神事を疎かにしているのではないかという、当時の朝廷における不審感である。

その不審感を端的に示すものとして、鎌倉時代の公家新制が挙げられる。

⑩建久二年（一一九一）三月二十八日後鳥羽天皇宣旨(23)

一　可㆑停㆘止太神宮権任祢宜已下経㆓廻他国㆒、常㆓住京都㆒并同氏人等任㆗京官㆖事

一　可㆑加㆘灼㆗誡太神宮已下諸社氏人等、不㆖㆑勤㆓番直㆒事

仰、已上二所大神宮司等、於㆓正祢宜㆒者為㆓長番㆒、於㆓権官㆒者皆有㆓結番㆒歟、而正祢宜背㆓式条并承暦符㆒結㆓小番㆒、権官已下偏不㆑勤㆓其役㆒、或移㆓住外国㆒、或経㆓廻上都㆒、或不㆑改㆓本姓㆒、或亦称㆓他姓㆒、各忘㆓厳制㆒、濫望㆓京官㆒、自今以後、全守㆓旧符㆒、莫㆑違㆓新制㆒、若尚不㆑拘㆓厳禁㆒者、任㆓宝亀八年符㆒、収㆓其位記㆒、宜㆑停㆑従㆓社務㆒、其外諸社司、各可㆑直㆓本社㆒事、并違犯之科亦同

⑪寛喜三年（一二三一）十一月三日後堀河天皇宣旨[24]

一可レ停下止二所太神宮任祢宜居二住京都一并諸社司□□等任二京官一、不レ随二社役一、為上レ先二賄賂一事

仰、社司者斎粛為レ先、奠職者忠勤為レ先、而或□□□、空忘二壖松城柏之陰一、或居二他宮一、暫怠二朝祈暮賽之礼一、以二社物一宛二賄賂之資一、費二神氏一廃二徭役之功一、霊鑑難レ測、冥慮有レ恐、自今以後一切停止、

⑫弘長三年（一二六三）八月十三日亀山天皇宣旨[25]

一可レ停下止権任祢宜已下経二廻他国一、常二住京都一并同氏人等任中京官上事

一可レ加下炳中誡太神宮已下諸社氏人等、不上レ勤二番直一事

仰、已上二所太神宮司等、於二正祢宜一者為二長番一、於二権官一者皆有二結番一歟、而正祢宜背二式条并承暦符一、私結番、権官已下偏不レ勤二其役一、或移二住他国一、或経二廻上都一、或不二本姓一、或称二異姓一、各不レ拘二禁制一、恣濫二望京官一、自今以後、従二停止一、尚不レ拘二此制一者、任二宝亀八年符一、□其位記、宜レ停レ従二神事一、其外諸社司、各可レ直二本社一事、并違犯之科亦同

⑩は、建久令として著名な新制である。ここでは、神宮祠官が他国に経廻したり、京都に居住して京官に就任することや、それにより当番の奉仕や宿直を勤めないことを堅く禁じている。そしてこれらは、⑪寛喜三年（一二三一）や⑫弘長三年（一二六三）の新制でも踏襲されている。とりわけ⑪においては、「社物をもって賄賂の資に宛て、神氏を費やして徭役の功を廃す」とみえる。神宮祠官達が、京官に任命されるべく社物を賄賂に宛てた

り、神領民を不当に徴用したりしているとして、厳しく糾弾しているのである。

無論、こうした祠官は極一部であったと考えられるが、鎌倉時代、彼等の如き者が後を絶たなかったことで、神宮の祭祀が本来の厳粛さから離れたことは否めない。斯くして、朝廷においては神宮祠官への不審感が募り、一旦神宮にて神異が起こるや、それは祠官達が神事を疎かにした穢れが原因であるとして、神への祈謝と神事違例の具体的な注進を命じたのではないか。

この様な事態を、心ある神宮祠官が看過しない筈がない。その一人が、度会行忠ではなかったか。行忠は、神宮祠官の綱紀粛正と神事の厳粛化を模索した。神事の厳粛化とは、如何に穢れを防ぎ、清浄を保つべきかに他ならない。折しも、我が国の宗教界においては、叡尊率いる真言律宗教団が台頭していた。叡尊教団は、「厳しい戒律を守っているから、その呪術力によって穢れることはない」と謳っている。彼等が基本とするその戒律に『梵網経』があり、そこには確かに清浄が説いてある。そもそも『中臣祓訓解』に、「神の誡めは仏教の戒に通ず」とあり、予てより戒律に関心を抱いていた度会行忠は、斯くして『梵網経』に注目し、神宮においては、『延暦儀式帳』や律令格式といった文献のほか、神宮の古伝承に散見する禁令や規則を、それに相当するものと位置付けた。こうした禁令・規則を博捜して分類・集大成した著作こそ『古老口実伝』であり、その編纂の意図するところは、神宮祠官の綱紀粛正と神事の厳粛化、延いては、朝廷における不審感の払拭であったと考えられよう。

おわりに

以上、伊勢神道と戒律について検討した。伊勢神道と仏教に関しては、密教との関係性が注目され、研究も進んでいる。ところが、こと戒律に関しては、その関係性が指摘されているのみであったため、このたび具体的な検証を試みた次第である。

註

（1）『神道大系』論説編五・伊勢神道(上)。

（2）中村元『佛教語大辞典　縮刷版』（東京書籍、昭和五十六年）。

（3）石田瑞麿『梵網経』（大蔵出版、昭和四十六年）。

（4）「中世神道論の思想史的位置」（日本思想大系19『中世神道論』解説。岩波書店、昭和五十二年）。後掲引用箇所は三六二〜三頁。

（5）「度会行忠と仏法―伊勢と京都との、中世神道思想交流の事例として―」（『中世神道説形成論考』所収、皇學館大学出版部、平成十二年）。該当箇所を引用しておく。

この『古老口実伝』の内容・性格は、「主として外宮祠官としての奉仕上心得べき古来の慣習・故実を記したもの」と概括される。本書が、そのようなものであるとするならば、この文について、次のような疑問が生じ得、問いが発せられることとなる。

一、なぜ「外宮祠官としての奉仕上心得べき」事柄を記す本書に、仏典をあげ、一見を加うべしとするのか。

二、その仏典が、梵網経であるのはなぜか。

三、ここにみられる、行忠の仏法への理解をどうとらえるのか。

（中略）二については、なぜ梵網経をもって諸天（欲界・色界・無色界の総称）の三宝（仏の教えを説いた教典）・教令（戒めさとし）の最極となし、よろしく一見を加うべしとするのか。（中略）行忠が梵網経に一見を加うべしとすることには、それが有する戒律と利益双方への関心があるかと推される。（三三九〜四〇頁）

（6）『中世伊勢神道の研究』（続群書類従完成会、平成十年）。該当箇所を引用しておく。

また、『梵網経』を重視し、一見すべき書としているところに、仏典についての知識も察せられる。（二二三

頁）

つぎに神宣、神主部・物忌らに対する神宣と、諸書に記すところについてみたい。（中略）そのほかにも老荘思想等の影響もみられるこれらの神宣を限定的な訓戒と記す方法も密教者の影響をうけてのことかとみられる。神主部・物忌らと限定したそれはまた戒律的である。（中略）これは、これらの諸書（引用者註・神道五部書）の撰作頃に、仏教界でも戒律が強く叫ばれ、それが武家また貴紳のあいだで尊重されていたことと無関係ではなかったであろう。（三一九～三二一頁）

(7)『神道大系』古典註釈編八・中臣祓註釈。
(8)久保田収『中世神道の研究』（神道史学会、昭和三十四年）、八八～九二頁。
(9)勝野隆広『傍訳梵網経』（四季社、平成二十年）解説。
(10)本書では、『神道大系』論説編五伊勢神道(上)所収本を用いた。〈　〉内は割書。傍線、網掛けは引用者。以下同じ。
(11)『伊勢神道の成立と展開　増補版』（ぺりかん社、平成二十二年）、二一七頁。
(12)註（6）、二四八頁。
(13)『群書類従』巻第五二三。
(14)本書では、勝野隆広『傍訳梵網経』を用いた。上記は、諸本との校合が丁寧になされている。
(15)註（6）、一九八～九頁。
(16)「叡尊の生涯」（同氏編『持戒の聖者　叡尊・忍性』所収。吉川弘文館、平成十六年）一五～七頁。『鎌倉新仏教の誕生』（講談社現代新書、平成七年）一二五・八九頁。『破戒と男色の仏教史』（平凡社新書、平成二十年）一五〇頁。
(17)本書では、『神道大系』神宮編二所収本を用いた。内容の詳細については、拙稿「小朝熊社の神鏡紛失事件」（『伊勢市史』中世編・第一章第四節四〔伊勢市、平成二十三年〕）を参照されたい。
(18)『大日本史料』同年八月二十九日条。
(19)註（18）に同じ。

(20)『大日本史料』承元元年二月二十三日条。
(21)『三重県史』資料編中世1(上)所収。
(22)『三重県史』資料編中世1(上)史料解題。
(23)『鎌倉遺文』一―五二六。
(24)『鎌倉遺文』六―四二四〇。
(25)『鎌倉遺文』一二―八九七七。

五　鎌倉時代の神宮法楽寺院――伊勢大神宮寺の中世的変容――

はじめに――伊勢大神宮寺とは――

奈良時代における伊勢大神宮寺の創建は、神宮の伝統的祭祀に、仏式のそれを新たに付加しようとした試みに他ならなかった。当寺に関する史料は、『続日本紀』と、内宮祠官荒木田家の年代記である『太神宮諸雑事記』とに大別される。前者に登場する「伊勢大神宮寺」と後者の「太神宮寺(逢鹿瀬寺)」が、果たして同じ寺なのか否かは、学説の分かれるところである。私見では、別の寺と見做しており、前者が外宮大神宮寺、後者は内宮大神宮寺(いずれも伊勢国度会・多気郡境界帯上に所在した)と考えている(第一章一)。

この伊勢大神宮寺とは、一体如何なる寺院であったのか。逢鹿瀬寺(拙論でいうところの内宮大神宮寺)の記事を基に、改めて検討してみることにする。

Ⅰ『太神宮諸雑事記』[1] 神護景雲元年十月三日条

逢鹿瀬寺、永可レ為二太神宮寺一之由、被レ下二宣旨一既畢

Ⅱ同前・神護景雲元年十二月条

月次祭使差二副別勅使一、以二逢鹿瀬寺一永可レ為二太神宮寺一之由、被レ祈二申皇太神宮一畢、宣命状具也

Ⅲ同前・宝亀四年九月二十三日条

瀧原宮内人石部綱継・物忌父同乙仁等参宮間、逢鹿瀬寺少綱僧海円、従レ寺出来、成二口論一之間、凌二轢件内人等一之後、自二寺家政所一注二内人綱継等所為之由一、牒二送司庁一、仍召二対綱継等一、令二申沙汰一之処、綱継・乙仁等伏レ辨（辯カ）、怠状畢也

神護景雲元年（七六七）、逢鹿瀬寺をもって太神宮寺となすべき由の宣旨が下された。それが内宮に伝達されたのは、十月三日のことで（Ⅰ）、同年十二月の月次祭には、特別に派遣された勅使により、その旨が内宮神前に報告されている（Ⅱ）。伊勢大神宮寺の創設が勅願であったこと、そしてそれは、逢鹿瀬寺という既存の寺院をもって充てたことが、右掲により判明する。

それから六年が経過した宝亀四年（七七三）九月、（内宮別宮）瀧原宮の内人や物忌父等が参宮すべく向かって

いたところ、逢鹿瀬寺の海円なる僧が寺から出て来て口論となり、海円が内人・物忌父らを凌轢する事件が起きた。ところが、この事件に素早く対応した寺家政所が、内人等の所為であるとする牒を司庁（神宮の宮司庁）に送ったために、同庁において両者が対決することとなった。結果は、内人・物忌父らの敗訴に決し、彼等は海円に謝罪したという（Ⅲ）。上記を吟味するに、司庁に牒送したのは「寺家政所」であった。伊勢大神宮寺は、然るべき寺院としての機構を具えていたことが判明する。その政所から、神宮の宮司庁に牒を送っている点も注目される。ここでいう牒とは、寺院の中枢機関である三綱が役所と取り交わす際に用いられる、移式準用の牒といわれるものであった(2)。つまり神宮と伊勢大神宮寺には、上下支配関係がないことになる。

如上の検討により、伊勢大神宮寺（逢鹿瀬寺）の特徴として、

ⓐ勅願による創設であったこと。
ⓑ既存の寺院をもって充てたこと。
ⓒ政所の存在等、然るべき寺院としての機構を具えていたこと。
ⓓ神宮の支配下に組み込まれていなかったこと。

の四点が明らかとなった。

ところが神護景雲四年（宝亀元年・七七〇）、この設置に積極的であったと思しき道鏡が失脚するや、程なくして伊勢大神宮寺は神郡（度会・多気郡）外へと排斥された。ここまでは、諸先学のよく注目するところであるが、それ以降の伊勢大神宮寺―神宮の神宮寺―に関する研究は、寡聞にして知らない(3)。伊勢大神宮寺そのものは、擯出以降神郡内に戻ることなく消滅したのであるから、当然であろう。

1　神宮における神前読経の始まり――俊乗房重源の神宮法楽――

さて、神に読経等の法楽を奉るべく、神社の近隣に建立されたのが、神宮寺であった。其処では、僧が常駐して恒常的に法楽を勤行する。これに対し、僧を神前もしくは神社近隣の寺院へ臨時に派遣して法楽を奉納するのが、神前読経である。楠晢英氏によると、国家が宗教政策として神前読経を導入したのは、延暦十三年（七九四）であるという。(4)

しかしながら、平安時代、神宮に神前読経が奉納されたとする事例は、今のところ確認することができない。出渕智信氏の研究によると、奉幣が特定諸社へと固定化する傾向に対応し、神前読経の対象社も次第に整備され、治安元年（一〇二一）には「石清水以下十六社」と定められている。(5)上記は、国家第二の宗廟が筆頭である。したがって、以下の十六社に、第一の宗廟たる神宮が含まれている筈はない。これは、奈良時代末から平安時代初頭にかけて確立された、祭祀・儀礼の場における神仏隔離の原則が、厳然と守られていたことを如実に示していよう。

ところがその後、こうした原則を巧みに掻潜り、初めて神宮に神前読経を奉納した人物が現れた。俊乗房重源（保安二年～建永元年・一一二一～一二〇六）である。

造東大寺大勧進職であった重源は、大仏殿の巨材確保に行き詰まり、文治二年（一一八六）二月、意を決して神宮（内宮）に参詣した。そして、その際示された（とされる）託宣に基づき、東大寺衆徒による神宮法楽―新写した大般若経による転読供養―が決定された。ところが、大御神が示現した（とされる）日から丁度一ヶ月後の三月二十三日、周防国が東大寺造営料国として充てられることとなった。国主となった重源は、陳和卿や番匠等を率いて直ちに下向したために、予定されていた東大寺衆徒の神宮法楽には参加しなかった。また、この神宮法楽は重源の発願によるものであったが、途中から後白河法皇の主導により事が進められた。斯くして、四月二十三日に東大寺を出発した衆徒一行は、二十五日に山田へ到着し、翌二十六日は導師啓白および番論義を、二十七日には大般若経の転読を、外宮祠官度会氏の氏寺である常明寺（度会郡継橋郷・現伊勢市倭町内）において奉納している。そして同日、宇治へと移動した一行は、内宮を参拝した後、時の一祢宜荒木田成長が建立した天覚寺（度会郡二見郷・現伊勢市二見町内）へと移動し、二十九日から三十日にかけて、常明寺と同様の法楽を奉納した。なお、重源の発願による大般若経書写・転読供養は、建久四年（一一九三）と同六年（一一九五）四月にも行われた。前者は天覚寺、大仏殿供養（三月十二日）の報恩感謝を目的とした後者は、菩提山において奉納されている。

以上は、本章一において検討した通りであるが、ここで菩提山について、少し補足しておきたい。菩提山は、内宮の北東約一五〇〇メートル程の五十鈴川右岸に位置する。江戸時代末期の地誌『勢陽五鈴遺響』度会郡巻之十三・菩提山神宮寺項に、「寺伝云、聖武天皇勅願天平十六年草創。開基行基菩薩」とある。[6] しかし、これが飽くまでも伝承に過ぎないことは、第一章一で既に述べた。石井昭郎氏の研究によると、李花亭文庫本『西行上人集』（『異本山家集』）雑の、

　伊勢にて、菩提山上人、対月述懐し侍りしに

めぐりあはで雲のよそにはなりぬとも　月に成行むつび忘るな[7]

が、文献上の初見であるという。[8] 西行の伊勢巡錫は、出家後間もなくの頃のほか、治承三年～文治二年（一一七九～八六）まで、二見の安養山に滞在していたことが確認されている。[9] 菩提山が何時、如何なる経緯により建立されたかは不明であるが、平安時代末期、寺院として存在していたことは確実である。

この様に、俊乗房重源や東大寺衆徒等は、般若の威力をもって大神宮の威光を増益せんとすべく、神宮近隣の

既存寺院において法楽を奉納したのであった。それにしても、彼等は一体何に拠って、こうした着想を得たのであろうか。

嵯峨井建氏の研究によると、大般若経は、国家が認めた神祇法楽経であった。同経による神前読経は、十世紀に一時断絶するも、十一世紀以降に復活し、同世紀後半の院政期以降は、検出事例が飛躍的に増加するという[10]。その事例の一つに、保延六年（一一四〇）十月十四日、筑前国筥崎宮における長日大般若経転読供養を発願した、前肥前守大江国通の願文があり、上記には「夫以大般若経者、畢竟空寂之妙文、尽浄虚融之実教也、足以賁二法楽一、足以増二威光一」の一節がみられる[11]。院政期には、大般若経による神前読経が斯くの如く盛んに行われていた。そしてその目的は、祭神の威光を増益することにあった。重源や東大寺衆徒等は、こうした当時の通念に基づき、神宮における神前読経を計画した様である。

2 神宮法楽——神宮における私祈祷法の確立と流行——

文治二年（一一八六）四月の神宮法楽は、神宮史上初の神前読経が敢行されたという点で、まさしく画期的な出来事であった。しかしその意義は、上記の一点だけに終わらない。私幣禁断を原則とする神宮において、仏式とはいえ、祈祷を堂々と行っている点も見逃せないのである。『延喜伊勢太神宮式』[12]に「凡王臣以下、不レ得三輙供二太神幣帛一、其三后・皇太子若有二応レ供者一、臨時奏聞」、延暦二十三年（八〇四）成立の『皇太神宮儀式帳』[13]一供奉幣帛本記事には「禁断幣帛、王臣家并諸氏之不レ令レ進二幣帛一、重禁断、若以二欺事一幣帛進人〈遠波〉、准二流罪一勘給之」とある。私幣禁断とは、天皇以外の者が幣帛を捧げて祈祷することを禁じた制度である（三后や皇太子は許可制）。文治二年四月においては、後白河法皇の恩請があったとはいえ、飽くまでも重源を願主とする神宮法楽は、これに抵触する。しかし上記制度には、仏式の祈祷が全く想定されていない。重源は、その点を衝いたのである。

また、幣帛に該当する大般若経や法楽が、神前ではなく、近隣の寺院において奉納されている点にも注意したい。これは、祭祀・儀礼の場における神仏隔離の原則を意識しての措置であったと思われる。重源や東大寺衆徒等による神宮法楽は、私幣禁断や神仏隔離の原則という厳しい網の目を潜って奉納された点でも、画期的であったといえよう。

ここにおいて、神宮法楽という私祈祷の方法が確立したのである。これが当時の人々に少なからぬ影響を与えたことは、想像に難くない。その一例として、『玉葉』[14]建久五年（一一九四）正月二十日条を挙げることができる。

於二太神宮一、供二養金泥心経六巻一、以二隆聖阿闍梨一為二導師一、中宮王子誕生御祈也、又春日神社同経一巻供養之、前大僧正為二導師一、各副二布施物一、余今日転二読心経千巻一、法二楽太神宮一、読二百巻一、法二楽春日一、皆王子誕生御祈也

時の関白九条兼実は、娘である中宮任子（後の宜秋門院）の皇子誕生を祈願して、太神宮（内宮）に金泥の般若心経六巻、春日社に同経一巻を奉納供養すべく、内宮へは隆聖阿闍梨を導師として派遣した。そして兼実自身も、般若心経千巻の転読をもって太神宮への法楽とし、また春日法楽として、心経を百遍読誦したという。

九条兼実は、その約三ヶ月前に東大寺まで赴き、大仏殿の立柱に取綱結縁している[15]。また建久五年二月十三日には、東大寺供養の日次について、造東大寺長官や陰陽師等と協議している[16]。大仏殿の再建が現実味を帯びてきた頃、兼実は神宮法楽を行っているのである。これは、途轍もない心願を見事成就させようとしている重源の例に倣ったものとみてよいであろう。

3　般若蔵の創建――神宮法楽寺院の濫觴――

斯くして、私幣禁断ならびに神仏隔離の厳しい神宮にあって、神宮法楽という私祈祷の方法が存在すること、そしてその霊験は、かの大仏殿が再建される程あらたかであるとする認識が、公家社会に弘まった。西園寺実氏（建久五年～文永六年・一一九四～一二六九）も、その影響を受けた一人である。ところが彼は、重源や東大寺衆徒等、また九条兼実とは異なり、神宮法楽を恒常的に奉納するための専門寺院を創建した。般若蔵である。

般若蔵に関しては、国立公文書館蔵「光明寺古文書」[17]巻六～八に散見する。上記を精査してその全貌を明らかにされたのが、中野達平氏であった[18]。以下では氏の研究に導かれつつ、この般若蔵について確認しておきたい。

般若蔵創建の経緯は、文永十一年（一二七四）正月日般若経蔵供僧権律師良祐等申状写[19]に簡潔にまとめられている。

> 右、転読濫觴、謹考二案内一、去建長之暦、冷泉大相国依二別御祈願一、以二宋本大般若経一部一、奉二献　大神宮一、即就二法施道場〈菩提山寺〉一、展二供養三段一、奉レ祈二　天長地久一、其御尊師如輪房上人是也、爰源慶上人於二般若経効験一無二比肩之人一、勝利有二驚身之聞一、因レ茲可レ崇二重彼御経一之趣、以二相国慇懃之調一、頻御二勧進上人一之間、建二立一宇之経蔵一、定二置三口之禅徒一、欲レ始二長日転読一之処、上人素三衣袂薄、秦嶺嵐冷、一鉢底空、首山蕨老、然間、供僧衣粮有レ志無レ力、是以相二談前祭主隆世卿一之日、件南職田・荒倉両郷納所顛倒、遙経二年序一、理訴未レ達二　天聴一、上人早経二　奏聞一、被レ申二下奉免　宣旨一者、彼両郷所済各分拾斛、可レ寄二付般若蔵一云々、不日経二　奏聞一、即被二　宣下一畢、

そもそも般若蔵は、去る建長年間（一二四九～五六）、冷泉大相国が宋本大般若経を大神宮（内宮）に奉納し、

法施の道場である菩提山寺において転読供養を展べることで、天長地久を祈ったことが始まりであるという。冷泉大相国とは、前太政大臣西園寺実氏のことである。「光明寺古文書」には、建長元年（一二四九）八月二十一日付の西園寺実氏願文案[20]が遺されており、上記には「抑此典之由来、倩案二前事一、静憶二今儀一、不レ図伝二我家一也、顧二宿縁一而慶幸、致レ誠二託霊祠一也、察二納受一而感激、以前之発願、已得二果遂一、向後之所レ求□不可□」とある。予てより、実氏は或る発願を抱いていたらしい。そこで神宮に祈願したところ、見事成就したので、家伝の大般若経を奉納することにしたという。

この西園寺実氏の発願について、中野氏は「娘の大宮院姞子所生の皇子に関わる事柄に相違ない」とされる。大宮院（嘉禄元年～正応五年・一二二五～九二）は、後嵯峨天皇の中宮で、寛元元年（一二四三）六月に皇子を出産している。皇子は程なくして親王に立てられ、同四年（一二四六）正月に践祚した。後深草天皇である。また、建長元年五月二十七日、大宮院は皇子（恒仁）を出産。同年八月十四日には、皇子に親王宣下がなされている。後の亀山天皇である。中野氏は、こうした「引き続き幸事に巡り逢わせた実氏は、まさしく得意の時期にあって、西園寺家と姻戚により結びついた後嵯峨上皇・後深草天皇・恒仁親王の向後の安穏を、皇室第一の宗廟である伊勢大神宮に祈らずにはいられなかったであろう」と結論付けられている。[21]実際、正嘉元年（一二五七）九月十三日官宣旨案[22]に「抑前太政大臣家奉レ為二神宮法楽一、被レ奉レ渡二唐本大般若経一部於神宮辺一、為二公家・仙洞御祈一、毎年被二転読一、厳重之御祈、殊勝之御願也」、年月日未詳某申状土代[23]には「云二長日神法楽之旨趣一、云二　公家仙洞・西園寺殿御祈祷一、子細異レ他候」とある。西園寺実氏は、外戚として皇室の弥栄を祈るとともに、自家の繁栄も併せて祈願したのであった。

この神宮法楽を、中野氏は九条兼実の例に倣ったと見做されている。[24]しかし、大般若経の奉納や、菩提山において転読供養がなされている点を踏まえるに、これは重源の例に准じたものとみた方がよいであろう。そして西園寺実氏は、法楽の霊験に余程感激したのか、菩提山を間借りするのではなく、法楽専門寺院の建立を発願したらしい。前掲権律師良祐等申状写によると、大般若経供養の効験で評判の源慶上人が、実氏の勧めにより一宇の経蔵を建立し、其処に三名の供僧を定め置いて、長日の転読供養を開始せんとした。しかし、上人は素より清僧であるが故に、供僧の衣粮にも事欠く有様であったという。なお、前掲官宣旨案に「而発心上人、雖レ構二安置之道場一、依レ無二読誦之資縁一、迄レ至二末代一為レ無二退転一、此件両所、可レ相二伝子孫一之由、被レ下二宣旨一者」とあり、源慶は発心上人とも呼ばれていたことが判明する。また上記においても、発心上人が大般若経安置の道場を構えたとある。般若蔵は、上人が建立したかにみえるが、建長六年（一二五四）正月二十三日、内匠頭賀茂在盛が「可レ被レ供二養大般若経蔵一日」を二月三日丙午もしくは同月六日己酉と勘申し、[25]これをうけた西園寺実氏が、「御経蔵供養日次事、如レ此注申候、両日間可被□□□歟」と命じている。[26]さらには、正嘉元年（一二五七）十二月二十一日祭主大中臣隆世起請文案に、[27]「爰前太政大臣家為二神宮法楽一、被レ安二置宋本大般若経於神郡一、毎年可レ有二転読一之処、無二其資縁一云々」とみえる。供僧の衣粮にも事欠く程の発心上人が、道場を建立できたとは考え難い。建長六年（一二五四）、神郡内に般若蔵を建立したのは西園寺実氏であり、その彼の招聘により、発心上人（源慶）が初代院主に就任したというのが、実情の様である。

ちなみに、前掲年月日未詳某申状土代に「建長元年八月廿一日、故常磐井前太政大臣家奉為御願□被奉□般若経於神宮縁辺（見消）、課二発心上人源慶一、卜二清浄之霊地一」とある。般若蔵が建立された地は内宮の近隣で、発心上人の卜占によって定められたことが判明する。

その発心上人（源慶）の俗名は、元神祇権少副大中臣隆尚（茂隆）であることが、中野氏によって明らかにされている。[28]『中臣氏系図』[29]によると、隆尚（茂隆）の父は神祇権大副隆兼、祖父は祭主隆宗（任建暦二年～貞応元年・一二一二～一二二二）[30]である。神宮法楽のためとはいえ、内宮近隣に寺院を建立するには、神宮祠官の同意が不可欠となろう。祭主の孫であり、かつて神祇権少副でもあった発心上人は、般若蔵の住持として適任であったに相違ない[31]。果たして上人は、長日転読供養の経費を捻出すべく、同族である時の祭主大中臣隆世（任宝治二年～正元元年・一二四八～五九）に相談した。前掲権律師良祐等申状写および祭主大中臣隆世起請文案[32]によると、祭主隆世の返答は次の通りであった。神宮領伊勢国河曲郡南職田と安西郡荒倉御園（現津市美里町穴倉）は、無給主の状態が長期に亘っており、これに関する訴訟も起きていない。故に、両神領の給主職を賜るべく申請して奉免の宣旨を蒙れば、給主得分の毎年都合二十石を経供料として充てることができると。そこで上人が、早速教えられた通りに申請すると、間もなく奉免の宣旨が下された。正嘉元年（一二五七）九月十三日のことであった[33]。時の帝は、西園寺実氏の外孫にあたる後深草天皇、実氏自身も関東申次の重職にあった。前掲権律師良祐等申状写でいう「不日経二奏聞一、即被二宣下一畢」とは、この辺りの事情を反映しているのであろう。

建長元年（一二四九）八月、西園寺実氏が皇室および自家の弥栄を祈願して内宮に奉納した宋本大般若経は、同六年（一二五四）二月に落慶法要を遂げた般若蔵に収蔵された。そして正嘉元年（一二五七）九月には、般若蔵における長日転読供養料として、神宮領伊勢国河曲郡南職田および安西郡荒倉御園の給主職を得た。ここにおいて初めて、内宮近隣に神宮法楽を専門とする寺院が成立したのである。ちなみに中野氏は、前掲正嘉元年九月十三日官宣旨案をもって、「ここに般若蔵は経済的基盤を得、勅願所として存続することとなった」と結論付けられる[34]。しかし、上記官宣旨に般若蔵を勅願所とする旨が一言も記されていないこと、それに大檀越の実氏が未だ壮健であった点を考えるに、正嘉元年時点の般若蔵は勅願所ではなく、飽くまで西園寺実氏が創建した、私祈祷のための神宮法楽寺院であったと思われる。

4　太神宮法楽寺の成立

鎌倉時代中期、こうした神宮法楽を専門とする寺院が創建されたことにより、神郡内の既存寺院をそれに改装する動きが現れた。二宮領度会郡大橋御園（現度会町内）棚橋の蓮華寺（太神宮法楽寺）である。

当寺に関しては、小島鉦作氏や佐々木裕子氏による詳細な研究がある[35]。筆者もまた小島氏の研究に導かれつつ、かつて論じたことがあるが[36]、本節において再び確認しておきたい。

蓮華寺には、かつて『太神宮法楽寺所司等立申文書紛失記』（『法楽寺文書紛失記』）が所蔵されていた[37]。上記は、南北朝時代の康永三年（一三四四）八月、同寺が戦乱に巻き込まれて相伝文書をすべて紛失してしまったために、所司等が後証として作成したものである。その上記の末尾には、次の如く記されている。

> 右当御薗者、伯祭主安則為二開発領主一（中略）大宮司宗幹相二伝之一、分二行男女一之間、余裔草二創蓮華寺一、（中略）而三宝院権僧正坊通海、受二彼余流一、改二寺号於太神宮法楽寺一、加二作堂塔・坊舎一、荘二厳社壇・瑞籬一、寄二田園一、紹二隆仏法一、（中略）加之、定二公家祈祷所一、号二十一箇寺一、申二賜不輸　宣旨・院庁御下文以下勅裁等一之間、已為二公家・武家御祈所一、貴二法味一募二権威一、所レ卓二牢于国中余寺一也、而間、道俗挙而帰依、遠近仰而尊楚、剰設二拾壱箇之末寺一、得二数百ヶ之田畠一矣、最可レ謂二当寺中興本願一哉

右掲によると、祭主大中臣安則（任寛平六年～延長六年・八九四～九二八）が開発した大橋御園は、大宮司大中臣宗幹（任永観元年～永延二年・九八三～八）の伝領後、息子と娘に分割された。その末裔が、蓮華寺を創建したという。一方、『法楽寺文書紛失記』には、当御園の相伝系図が記載されており、上記では宗幹の息子を宣宗、娘を敦子とし、敦子の前夫興胤を「此時建二立蓮花寺一、今法楽寺是也、法名覚禅」とする。蓮華寺は、大中臣

敦子の夫であった興胤（覚禅）によって創建されたことが判明する。そしてその寺務職は、興胤と敦子の子と思しき僧興寿から僧平範―僧宗賢―僧賢祐―僧行長―行恵―継尊（醍醐寺権少僧都）―尊海（醍醐寺権律師）を経て、尊海から醍醐寺三宝院権僧正通海へと伝えられた。右掲によると、蓮華寺の寺号を太神宮法楽寺と改めたのは、この通海であるという。通海は、堂塔や坊舎を増作するのみならず、境内に祀られていた社（神宮の分社か）をも荘厳にし、田園を寄せるなどして仏法興隆に努めた。しかのみならず、通海は当寺を朝廷・幕府の祈祷所とし、不輸の宣旨や院庁下文等を賜るなど当寺の権威を高め、その結果十一ヵ寺の末寺と数百の田畠を擁するに至った。故にこの通海こそ、当寺の中興本願というべきである、としている。

　この様に、蓮華寺を改称して太神宮法楽寺としたのは、通海であった。その意図は、寺号に端的に表されている。神宮法楽を営むための寺としたのである。そして通海は、当寺を朝廷の祈祷所とすることに成功する。この点については、『太神宮参詣記』[38]において通海自らも語っている。『太神宮参詣記』は、今まで度々触れてきた『衆徒参詣記』の如き紀行文ではない。弘安九年（一二八六）八月十四日、外宮正遷宮の上棟にあわせて参宮した筆者通海が、続いて内宮に参拝した際、僧と「布衣ノ俗」とが交わしていた問答を書き留めるという形式をとるが、実は、通海が神宮の由緒を説きつつ、自らの神仏習合説を展開したものである。その下第七に、次の記述がみられる。

　後嵯峨法皇ハ新院御坊ニ在ノ間、正嘉二年ニ法印通海ヲ召テ御祈ノ事ヲ被レ仰。依レ之御践祚ノ後、彼私堂法楽寺ヲモツテ勅願トスル官符ヲ被レ下テ、真言戒律ノ二宗ヲ置ル。又被二仰下一テ云ク、綸言併ラ、伊勢太神宮者霊鏡ヲ天ノ磐戸ノ月ニテラシ、喜瑞ヲ秋津洲ノ朝ニアラハス、実ニ是王法者神徳ノ加護ヨリ、神明ハ仏法ノ徳用ヲウク、然則愛染明王ノ護摩ヲ修セシメテ、不退長日ノ勤行トシ、宜ク二宮ノ法味ニ備ヘテ、一天ノ静謐ヲ奉レ祈ヘシト者レハ、綸言如レ此、悉レ之以状、文永元年九月卅日、右衛門権佐藤原経業ト侍ケルトカヤ。

冒頭の「後嵯峨法皇ハ新院御坊ニ在ノ間」は難解であるが、正嘉二年（一二五八）、通海を召して神宮における御祈を命じられたのは、当時皇太子であられた恒仁親王（のちの亀山天皇）と見做す、小島氏の説[39]に従っておきたい。そして、亀山天皇の践祚後、通海の私堂であった太神宮法楽寺を勅願寺とする官符が下された。また文永元年（一二六四）九月二十日には、愛染明王の護摩修法をもって長日二宮法楽を勤行し、天下静謐の祈祷を命じる綸旨が下された、とある。

通海（文暦元年～嘉元三年・一二三四～一三〇五）は、祭主大中臣隆通（任寛喜二年～宝治二年・一二三〇～四八）の子である。彼の兄には、後に祭主となる隆世や隆蔭が居り、さらに隆世の子定世や、定世の子定忠、隆蔭の子隆直・経蔭・隆実も祭主を歴任している[40]。通海在世中の祭主を列挙すると、以下の通りとなる。

文暦元年～宝治二年（一二三四～四八）……祭主大中臣隆通（通海父）
宝治二年～正元元年（一二四八～五九）……祭主大中臣隆世（通海兄）
正元元年～文永六年（一二五九～六九）……祭主大中臣隆蔭（通海兄）
文永六年～同　十年（一二六九～七三）……祭主大中臣定世（通海甥）
文永十年～同十一年（一二七三～七四）……祭主大中臣為継
同十一年～弘安三年（一二七四～八〇）……祭主大中臣隆蔭（通海兄）
弘安三年～正応元年（一二八〇～八八）……祭主大中臣定世（通海甥）

正応元年～同　二年（一二八八～八九）　……祭主大中臣隆直（通海甥）
正応二年～同　四年（一二八九～九一）　……祭主大中臣為継
正応四年～永仁五年（一二九一～九七）　……祭主大中臣定世（通海甥）
永仁五年～同　六年（一二九七～九八）　……祭主大中臣隆直（通海甥）
永仁六年～正安元年（一二九八～九九）　……祭主大中臣為継
正安元年～嘉元三年（一二九九～一三〇五）……祭主大中臣定忠（通海甥定世の子）

この様に、通海の在世中はほぼ、彼の親類が神宮祭主を勤めていた。通海が、醍醐寺権律師尊海の弟子となり、祭主家に縁のある蓮華寺を継承するのは、当然の成り行きであったといえる。また、そんな彼であったからこそ、蓮華寺を太神宮法楽寺という、太神宮を冠称し神宮法楽を標榜する寺院へと改変することができたのであろう。

とはいえ、太神宮法楽寺は所詮、通海の私堂に過ぎなかった。それが、亀山天皇の践祚（正元元年・一二五九）後に勅願寺として指定され、さらに文永元年（一二六四）九月三十日には、当寺における長日二宮法楽が命じられたのである。神宮法楽は、そもそもが私幣禁断および神仏隔離の原則からの、謂わば抜け道であった。それが、公式に認められた意義は大きい。

なお、小島氏の研究によると、通海は、醍醐寺において座主定済の壇に入るなどして研鑚を積んだ。定済は、内大臣源定通の子である。その母が、亀山天皇の乳母であったことから、天皇は定済を厚く信頼されており、その縁で、定済の弟子である通海をも漸次信任されるに至ったと考えられている。通海は、最終的に権僧正まで進み、醍醐寺座主職を所望するほどの重鎮となったが、嘉元三年（一三〇五）十二月五日、七十二歳で入滅した。(41)

5　法楽舎の創建

さて、太神宮法楽寺が勅願寺化され暫くするや、我が国に未曾有の国難が降り懸かってきた。蒙古襲来（元寇）である。

この国難に際して、朝廷は主要な神社・御陵・仏閣に熱烈なる祈りを捧げた。異国降伏の祈願である。相田二郎氏の研究によると、この祈願の始まりは、文永五年（一二六八）二月二十二日の二十二社奉幣である。これは、同年正月に初めて蒙古の国書が齎されたのを受けてのことであった。二十二社の筆頭は、神宮である。この神宮に、最も崇重なる祈願が捧げられたのはいうまでもなく、都合五度に及ぶ公卿勅使が遣わされた。❶同年四月十三日、❷同八年（一二七一）十二月十六日、❸同十二年（建治元年・一二七五）四月十五日、❹弘安四年（一二八一）閏七月二日、❺正応六年（永仁元年・一二九三）七月八日のことであった。このいずれにおいても、宸筆の宣命が奉られたという。[42]❶❷は亀山天皇、❸❹は後宇多天皇、❺は伏見天皇の御代である。

❶❷の二度に及ぶ公卿勅使を発遣された亀山天皇（位正元元年〜文永十年・一二五九〜七三）が、勅願寺である太神宮法楽寺に対しても、異国降伏の祈祷を命じられたことは想像に難くない。『太神宮参詣記』下第八に、次の記述がみられる。

　又異国降伏ノ為ニ、建治元〈乙亥〉三月法楽舎ヲ立テ、二百十六人ノ供僧ヲ置テ、六口阿闍梨ヲヨセ置カル、由、同七月十七日ニ官符ヲ被ㇾ下、是則習ヒ旧ヌル礼奠、神慮掲焉ノ証ニ非スヤ。

建治元年（一二七五）三月、通海は異国降伏のために法楽舎を建立した。そしてその年の七月十七日には、法楽舎に二一六名の供僧と、六名の阿闍梨を置く旨の官符が下されたという。この法楽舎について、小島氏は「大神宮法楽寺の宮域至近地帯における出張所（末寺）[43]」と解されている。太神宮法楽寺は、「不退長日ノ勤行トシ、宜ク二宮ノ法味ニ備ヘテ、一天ノ静謐ヲ奉レ祈」ための寺院であった。故にその出張所（末寺）が、内外二宮付近にそれぞれ設置されたのである。右掲には、その所在地が記されていないが、内宮の法楽舎は五十鈴川左岸の宇治郷岡田（現伊勢市宇治中之切町）、外宮のそれは、教王山神宮寺宝金剛院（世義寺。宮域北東隅（現伊勢市八日市場町・神宮司庁山田工作場一帯）から寛文十一年（一六七一）に現在地（伊勢市岡本町）へ移転）内に所在した。[44]このうち、外宮法楽舎に関しては、『太神宮参詣記』下第十六に、

外宮ノ砌リ於二世義寺一、建長七年十月ノ比、南都ノ上人アマタ、内外宮ノ為二御法楽一ニ千部ノ法花経ヲ転読セントシ侍ケルニ、

とある。内宮法楽舎が新規開創であったのに対して、外宮のそれは、建長七年（一二五五）の先例に則り、世義寺内に設けられたものと考えられる。

なお、法楽舎が創設された建治元年は、後宇多天皇の御代であるが、治天の君は亀山上皇であられた。これを踏まえられた小島氏は、右掲でいう同年七月十七日の「官符」を亀山上皇の院宣と見做されている。[45]法楽舎は、通海によって創設され、太神宮法楽寺の末寺として位置付けられたのであるが、その背景には、上皇の叡慮があったとみてよいであろう。

また、『太神宮参詣記』上第九には、次の記述がみられる。

又去弘安四年六月、公卿勅使ヲ発遣セラレテ、異国降伏ノ御祈アリ。祭主院宣ヲ承テ、祠官相共ニ祈請シ侍

リキ。通海法印又院宣ヲ承テ、内法ニツキテ、直ニ法楽舎ニ下着シテ、御祈ヲ始ム。

弘安四年（一二八一）六月は、東路軍が筑前国志賀島に来寇し、弘安の役における最初の合戦が勃発した月である[46]。この危急に際して、院公卿勅使が神宮に発遣された。祭主大中臣定世はこれを承け、祠官達を率いて異国降伏祈願を始めた。また、定世の叔父にあたる通海にも院宣が発せられ、彼は直ちに法楽舎へと下向して、内法すなわち仏式による祈祷を開始したという。

右掲にみえる祭主以下神宮祠官の祈請が、従来の神道式祈祷方法であったことは、言を俟たないところであろう。一方、上皇はこれと並行して、仏式による祈祷を通海に命じられた様である。ところが、通海は院宣（小島氏によれば、上皇の御願文[47]）を拝受していなかったので、彼の独断で「風宮神」にも特に祈願したところ、閏七月一日、巽方（南東）の風がにわかに起こって海上鳴動し、霊光かがやいて敵の大軍がたちまち漂没するという奇蹟が現れた。通海はこの奇蹟こそ、風宮の冥助に他ならないというのである。

通海がいう「風宮」とは、内外両宮の末社・風社のことである。その両風社が別宮（内宮風日祈宮・外宮風宮）に昇格したのは、正応六年（一二九三）三月二十日のことであった[48]。これが所謂神風の報賽であったことは、いうまでもない。

『太平記』[49]巻第三九・自太元攻日本事に、その経緯が次の如く語られている。

浩ル処ニ、弘安四年七月七日、皇太神宮ノ祢宜荒木田尚良・豊受太神宮ノ祢宜度会貞尚等十二人、起請ノ連署ヲ捧テ上奏シケルハ、「二宮ノ末社風ノ社ノ宝殿ノ鳴動スル事良久シ。六日ノ暁天ニ及テ、神殿ヨリ赤雲一村立出テ天地ヲ耀シ山川ヲ照ス。其光ノ中ヨリ、夜叉羅刹ノ如クナル青色ノ鬼神顕レ出テ土嚢ノ結目ヲトク。火風其口ヨリ出テ、沙漁ヲ揚ゲ大木ヲ吹抜ク。測ヌ、九州ノ異狄等、此日即可レ滅ト云事ヲ。事若誠有テ、奇瑞変ニ応ゼバ、年来申請ル処ノ宮号、以二叡感儀一可レ被二宣下一トゾ奏シ申ケル。

ちなみに「内宮注進状[50]」では、両宮風社の宝殿が鳴動し始めたのが七月二十七日、赤雲が出現したのは同月二十九日暁天のことであるとする。果たして、大風雨が元・高麗連合軍を襲ったのは、閏七月一日のことであった。ともあれ、風社の神が弘安の役において神威を振ったとする注進状を、両宮祢宜が作成していたこと、彼等の狙いは、風社の宮号宣下にあったこと、そしてこの風社神威説は、後世の『太平記』に収録されるほど、人口に膾炙していた点は確実である。

また通海も、『太神宮参詣記』上第九において、風社の霊威を詳述した上で、次の様に述べている。

官社ニツラ也テ、早ク宮号ニアツカリ、官幣ヲ領(須カ)テ神威ヲマサレハ、異国草ノ如ニシテ、靡然トシテ風ニ随ワム者歟ト申ケレハ、宮号アルヘキカトテ、神宮ニ下サレテ祢宜カ請文ヲメサレ侍リキ。其後未タ(ママ)被宣下セラレ侍ラス。

通海は、風社が官社に列なった上で宮号に与り、神祇官の幣帛を奉って神威を増すならば、敵国は草の如く風になびくことであろうと奏上した。これを受けて朝廷は、果たして風社を風宮としてよいものか、神宮側に問うてその請文を召されたというのである。

通海が風社の昇格を奏請したと伝える史料は、この『太神宮参詣記』のみである。何分通海自身の筆によるものなので、その真偽を確かめなければならないが、これについては、『皇字沙汰文[51]』上所収の永仁四年（一二九

六）二月二十三日皇太神宮神主注進状に、

去年十二月綸旨併、風宮造営事、通海法印状如レ此、子細見レ状歟、可レ為二何様一候哉之由、被二仰下一候也、
仍執達如レ件者、

とみえる点が参考になる。通海が風宮の造営を奏上し、これを受けた朝廷は神宮側に諮問するという図式は、前掲『太神宮参詣記』の記述と軌を一にする。風宮造営に、これ程まで尽力している通海である。彼が風社への宮号宣下を奏上したというのは、事実とみてよいであろう。

如上を勘案するに、弘安の役における風社神威説は、両宮祠官と通海の思惑が一致したことによる所産の可能性が高い。祠官の思惑とは、両宮風社への宮号宣下であり、通海のそれは、両宮法楽舎における神宮法楽の霊験を喧伝する点にあった。前者は、通海の協力もあって、正応六年（一二九三）三月二十日に見事成就する。そして後者に関しても、風社神威説の流布とともに、神宮法楽の霊験も広く認知されるようになったと考えられる。

6　後深草上皇による般若蔵・菩提山の御願寺化

さて、亀山上皇が、神宮法楽に斯くも熱心であられたのは、般若蔵を建立した外祖父・西園寺実氏の影響に相違ない。それでは、もう一人の外孫であった後深草上皇は、神宮法楽をどの様に考えておられたのか。「光明寺古文書」に、次の文書が収録されている。

①御経供料事、重　院宣進レ之

御祈事、見参之時令レ申了、今年殊可レ被レ抽二忠勤一候也、謹言

永仁三年

二月廿三日　清長（高辻）

大弐阿闍梨御房（良覚）（52）

右掲にみえる御経供料に関する院宣とは、次の後深草上皇院宣案である。

②般若蔵御経供料納所事、一方仁背二発心上人所存一、経二廻他国一之条、不レ可レ然、所詮、御辺為二御経蔵等管領仁一之上者、一向致計沙□（汰カ）、□（修カ）理已下事、被二興行一之条、可レ宜之由、内々被□、可下令二存知一給上、謹言

永仁三年

□月十二日　清長（高辻）

□□□□梨御房（大弐阿闍）（53）

発心上人（源慶）が般若蔵の初代院主であったこと、彼の尽力により、神宮領伊勢国河曲郡南職田・安西郡荒倉御園給主職を長日転読供養料として得ることができた点は、既に述べた通りである。また、年月日未詳僧慶範申状案に、「伊勢国内宮転読大般若供料納所職者、故本願発心上人他界時、充二行慶範并良真両人一間、管領無二違乱一、而良真逝去後、譲二弟子良覚一□、良覚姦謀余、背二本願遺言一、奪取慶範所□条、猛悪至也（中略）而良覚掠二賜御教書一云、一方仁□□□（背発心）聖人所存、経二廻他国一之条、不レ可レ然云々」とある（54）。上述の両給主職は、般

若蔵御経供料納所職として、発心上人より慶範・良真（卿阿闍梨）の両弟子に分与された。ところが、良真が逝去してその弟子良覚（大弐阿闍梨）[55]が跡を継ぐや、彼と慶範との間で納所職をめぐる訴訟が生じたらしい。先手を打ったのは良覚で、後深草上皇に訴えた結果、彼に般若蔵の院主および納所職を認める裁許を獲得した。それが②である。①では、院近臣と思しき高辻清長が、この②を良覚に進めた上で、御祈を今年は特に励む様命じている。後深草上皇は、般若蔵の納所職をめぐる訴訟を裁定している上に、院主に対して祈祷の精誠を命じているのである。永仁三年（一二九五）の時点において、般若蔵が後深草上皇の御願寺となっていた事実を窺うことができよう。但し、徳治三年（一三〇八）二月四日伏見上皇院宣案（前左馬権頭（西園寺公衡家家司）宛）に、「伊勢国□（宇）治郷大般若蔵事、良覚壊㆓渡□（経カ）蔵於他所㆒之由、被㆓聞食㆒之間、被㆑仰㆓付仙□（算）㆒候畢、然而為㆓御管領事㆒之上者、可㆑被㆑止㆓仙算沙汰㆒、可㆑有㆓計御下知㆒」とある[56]。西園寺実氏が没したのは、文永六年（一二六九）のことであったが、彼が創建した般若蔵は、その後も西園寺家の管轄下に置かれていた。そんな般若蔵を、後深草上皇が敢えて御願寺に指定されたのは、通海の私堂であった太神宮法楽寺を勅願寺とされた弟君（亀山天皇）に対抗されたのかもしれない。

また、端裏書から永仁六年（一二九八）の発給であることが判明する高辻清長書状案に、「般若蔵・菩提山ともに御祈所にて□□ハひとつ院主にて候しか、たうしハ発心上人か遺弟ともわかちて、二人して御いのりをつかまつりけに候、御巻数両方よりまいらせ候」とある[57]。菩提山は、西園寺実氏が奉納した宋本大般若経を最初に安置した「法施道場」であった。この菩提山が、どうやら般若蔵とともに後深草上皇の御祈所となり、両寺の院主を発心上人（源慶）が兼任することになった様である。その後、両寺における神宮法楽の導師は上人の遺弟二人に分けられ、彼等はそれぞれ祈祷を行って、巻数を献上する例となった。後深草上皇もまた神宮法楽に熱心であられた点を、窺うことができよう。

なお菩提山について、『類聚大補任』[58]弘長二年条に、

十一月廿九日、菩提山自二院主坊一失火、丈六堂・本堂・多宝塔・経蔵・本坊・宝蔵払レ地焼亡了

とある。壮麗であった伽藍は、弘長二年（一二六二）十一月の火災で灰燼に帰してしまった。ところが、その後間もなくして復興したことは、『金剛仏子叡尊感身学正記』[59]（以下『学正記』と略記）にみえる次の記載から確認することができる。

文永十二年改元建治〈乙亥〉七十五歳
三月三日、大神宮第二度参詣進発、去文永十年三月廿一日還二向第一宿所一、内官長延年（季カ）記録到来、重可レ参二詣一之趣、神慮可レ量、又親倫朝臣常来勧申、又依二衆僧評議一、所二思立一也、関東極楽寺衆首比丘忍性、宋本大般若経一部、自二鎌倉浦一載レ船、先著二伊勢国鳥羽郡一、為二当国守護所之沙汰一、運二送菩提山一、其外為二西大寺之沙汰一、図絵両界種子曼荼羅并釈迦三尊・十六善神像、又摺写新訳仁王経十部・梵網経一部、書写瑜祇大雲孔雀理趣等経持参（下略）

『学正記』は、戒律の復興に尽力したことで知られる思円房叡尊（建仁元年～正応三年・一二〇一～九〇）の自叙伝である。異国降伏の神宮法楽を奉った僧侶は、何も通海だけでない。叡尊もその一人であった。『学正記』によると、彼は文永十年（一二七三）と同十二年（建治元年・一二七五）、弘安三年（一二八〇）のいずれも三月に、高齢を押して神宮参詣を遂げている。右掲は、時の内官長（内宮一祢宜）荒木田延季等の慫慂や、西大寺衆僧の

評議もあって、叡尊が二度目の参宮を敢行したことを伝える記事である。この参宮に合わせて、鎌倉極楽寺に住していた高弟忍性も、宋本の大般若経一部を携えて鎌倉浦を出帆、太平洋を西走して伊勢国鳥羽（泊浦）に到着した。この大般若経は幕府の献納品であったらしく、鳥羽からは伊勢国守護所の差配により菩提山へと運送されたという。叡尊はここ菩提山において、神宮法楽を奉ったのであるが、それは当山が回禄した十三年後のことであった。その間に、叡尊が神宮法楽を奉納できる程の伽藍が復興しているのは、菩提山が般若蔵と共に、後深草上皇の御願寺となっていたからであろう。そして叡尊による奉納以降、菩提山に再び大般若経が置かれることとなり、般若蔵と同じく、同経を用いた神宮法楽が行われる様になったと考えられる。

7　伏見天皇による神宮法楽とその寺院の組織化

私的神宮法楽寺院であった㋐般若蔵や㋑太神宮法楽寺、それに重源の奉納以降「法施道場」として認識される様になった㋒菩提山は、やがて㋐㋒が後深草上皇の御願寺に、㋑は亀山天皇の勅願寺に指定された。そして建治元年（一二七五）三月、亀山上皇の叡慮により、異国降伏祈願を旨とする㋓内宮法楽舎と㋔外宮法楽舎が、㋑の末寺として両宮の近隣に設置された。斯くして鎌倉時代中期から後期にかけて、公的に認められた五つの神宮法楽寺院が誕生したのであるが、このうち㋑㋓㋔は大覚寺統の寺院なのに対して、㋐㋒は持明院統であるという差異がみられる。また、㋐㋒は大般若経を用いた神宮法楽であるのに対して、㋑におけるそれは、醍醐寺僧通海による愛染明王の護摩修法であった。一方、㋓㋔については『太神宮参詣記』下第二十三に、「今モ異国降伏ノ御祈ニハ、般若法花ノ転読、長日ノ行法、二宮法楽舎ニ是ヲ置ル」とみえる。上記を読む限り、㋓㋔では本寺㋑と同様の密教修法に加えて、大般若経および妙法蓮華経の転読供養が行われていたことになる。この様に、同じ神宮法楽寺院であっても、成立事情が異なる上に、法楽の方法も様々であった。

それが、伏見天皇（後深草皇子・持明院統）の親政期（正応三年～永仁六年・一二九〇～九八）になると、こうした神宮法楽寺院を組織化し、法楽の一体的運用を図ろうとする動きがみられる様になる。「光明寺古文書」巻六に、次の綸旨が収録されている。[60]

③神宮法楽大般若経事、於二教王山内證院一、可レ被二転読一、忩可レ被レ渡二御経一由、
天気所レ候也、仍執達如レ件
（永仁二年）二月三日　右大弁俊（光）□
（大中臣定世）祭主三位殿

④神宮法楽大般若経事、於二教王山内證院一、可レ被二転読一候之由、被（仰脱）祭主卿候了、御経并供料事、可レ有二御
問答一之由、其沙汰候也、仍執達如レ件
（永仁二年）二月三日　右大弁俊光（日野）
謹上　勝宝院僧正御房（道耀）

教王山とは、外宮宮域北東隅に所在した神宮寺法金剛院（世義寺）のことである。故にその山内の内證院は、外宮法楽舎を指すと考えられる。永仁二年（一二九四）二月三日、伏見天皇は其処で神宮法楽を奉納すべく、大般若経の転読供養を命じられた。

ちなみに同年三月二日、異国降伏祈祷を命じる綸旨が肥後国円通寺に下されており[61]、また同月二十六日（雨天の場合は二十七日）、幕府は北部九州において「とふひ」の訓練を実施している。[62]至元三十年（本朝永仁元年・一

二九三）八月、元の世祖（フビライ）は日本侵攻のための兵船および糧食の準備を命じた[63]。この情報が、翌年初頭に齎されたのであろう。危機感を募らせた幕府は来襲に備え、朝廷は異国降伏祈願に勤しんだ。今回の神宮法楽も、この祈願の一環であったと思われる。

右掲では、次の三点に注目したい。まずは、④の宛所についてである。この人物が、教王山の住持であることは、言を俟たないところであろう。一方、その山内に設置された外宮法楽舎は、亀山上皇の叡慮を承けた醍醐寺僧通海が、太神宮法楽寺の末寺として創設したものであった。永仁二年（一二九四）は、通海の存命中である（嘉元三年〔一三〇五〕示寂）。ところが④の宛所「勝宝院」は、仁和寺の門跡なのである。どうやら、この門跡が教王山の住持として就任したことに伴い、山内の外宮法楽舎もまた、管轄が通海から彼へと移った様である。その門跡の道耀とは、般若蔵を創建した西園寺実氏の息子であった[64]。これは、法楽舎における大覚寺統の影響を排除せんとした、叡慮に基づく人事とみてよいのではないか。

二点目としては、③に「忩可レ被レ渡二御経一」とみえることである。伏見天皇は、大般若経の外宮法楽舎への輸送を、祭主大中臣定世に命じられている。この点について、同年六月二十九日後深草上皇院宣案（勝宝院僧正宛）に、「神宮法楽大般若経事、祭主定世卿申状〈副二使散状具書一〉如レ此、此事重々有二沙汰一、可二返渡一之由、先日被二　仰下一候了、而称レ無二御下知一、教王山住侶等令二抑留一云々」とある[65]。祭主大中臣定世は使者を派遣して、或る寺院から借り受けた大般若経を、外宮法楽舎へと輸送した。神宮法楽終了後、それを返却すべく外宮法楽舎へ使者を派遣したところ、教王山の住侶等が返却を拒んで問題となった。その或る寺院とは、高辻清長断簡（永仁二年）に「件供料事ハ、去年分にて候時に候、縦御経を教王山へ被レ渡候とも、般若蔵ニ候てとるへき物にて候」とある[66]。大般若経を外宮法楽舎に貸し出したのは、般若蔵であった。

法楽舎における神宮法楽が「般若法花ノ転読、長日ノ行法」であったことは、先に確認した通りである。ところが、教王山の住侶等が大般若経の返却を拒んだ点を鑑みるに、外宮法楽舎には、同経が具備されていなかったとしか考えられない。ちなみに、その外宮法楽舎は、「建長七年十月ノ比、南都ノ上人アマタ、内外宮ノ為二御法楽一二千部ノ法花経ヲ転読セントシ侍ケル」先例を踏まえて、世義寺内に設置されたものであった。大般若経を所蔵して転読供養を行っていたのは、どうやら内宮法楽舎のみであり、外宮法楽舎では、妙法蓮華経の転読が勤修されていたらしい。そこで伏見天皇は、外宮法楽舎においても、国家公認の神祇法楽経である大般若経を用いた法楽を奉納すべく、般若蔵の蔵経をわざわざ貸し出す様定められたのであった。

そして三点目は、④に「可レ被二転読一候之由、被(仰脱)祭主卿候了」と明記されていることである。大般若経の転読が、神宮を統轄する祭主に仰せられたということは、今回の神宮法楽が、神宮の公式行事として位置付けられている点を意味しよう。そこで、般若蔵御経の外宮法楽舎への輸送を命じられた祭主大中臣定世は、すぐさま内宮へと下達したらしく、祢宜（当時の定員は八名）で構成される内宮庁が、次の庁宣を発している。(67)

庁宣　権祢宜家氏神主

可下早任二綸旨・祭主下知一、彼使相共致中沙汰上、神宮法楽大般若経事

右件事、子細見二于綸旨・祭主下知一也、然則早任二其旨一、彼使相共可レ致二沙汰一之状、所レ宣如レ件、以

宣

永仁二年二月十二日

祢宜荒木田神主 判

（以下七名位署略）

右掲にみえる「彼使」について、前掲綸旨(3)の端裏書に「祭主卿　綸旨案　□(永)仁二二十二検非違使弘雄神宮使家氏等付之正案也」とある。上記でいう検非違使とは、宮司の被官である神宮検非違使のことを指す(68)。祭主大中臣定世は、大般若経の運送に神宮検非違使一名を派遣するので、内宮庁からも一名出す様命じたのである。そこで派遣されたのが、権祢宜の荒木田家氏であった。

彼等二名のうち、神郡内の警察を任務とする神宮検非違使はまだしも、一方の荒木田家氏が、単なる輸送役であったとは思えない。それだけの任務であるならば、内宮庁は権祢宜など派遣しない筈である(69)。荒木田家氏は、内宮庁を主宰する一祢宜（内宮長官）の名代として、大般若経転読供養に立ち会う任務も帯びていたのではないか。

如上で検討した点を踏まえ、伏見天皇親政期の永仁二年（一二九四）に行われた神宮法楽の意義を、およそ次の様に考えることにしたい。この年の初頭に、フビライが日本侵攻の準備を命じたとする報が齎された。三度目の蒙古襲来を危ぶまれた伏見天皇は、弘安の役において霊験あらたかであった神宮法楽の奉納を発願された。しかし当時の神宮法楽寺院は、持明院統（般若蔵・菩提山）と大覚寺統（太神宮法楽寺・二宮法楽舎）に分かれて各別の祈祷を行っていた。天皇は、こうした現状の改変を通じて、霊験のさらなる高揚を画策されたらしい。まずは、この度の法楽を神宮の公式行事として位置付け、祭主をその総責任者とされた。故に内宮庁も、権祢宜一名を長官の名代として、法楽に派遣したのであった。また、大覚寺統の影響下にあった神宮法楽寺院のうち、教王山内の外宮法楽舎については、仁和寺勝宝院の僧正道耀（西園寺実氏息）を同山の住持に据えることで、自らの支配下に置くことに成功された。その上で、般若蔵の蔵経を用いた大般若転読供養を、外宮法楽舎に命じられた。般若蔵の大般若経は、西園寺実氏の奉納であった。亡父の納経を用いた転読供養を、息子の道耀が拒む筈はない。斯くして神宮近隣の公式法楽寺院―内外両法楽舎・般若蔵・菩提山―において、国家公認の神祇法楽経である大般若経を用いた、統一的神宮法楽が可能となったのであった。

おわりに――伊勢大神宮寺の中世的変容――

奈良時代における伊勢大神宮寺の創建は、時の権力者道鏡の意向によるものであったと考えられている。しかし彼の失脚後、その反動として、神宮の祭祀・儀礼の場における神仏隔離の原則が確立されるに至った。これは、平安時代を通じて厳密に守られていたらしい。ところが鎌倉時代初頭、この原則を巧みに掻潜り、神宮に神前読経を奉納した人物が現れた。俊乗房重源である。東大寺大仏殿の再建を目指した重源や東大寺衆徒等は、般若の威力をもって大神宮の威光を増益すべく、近隣の既存寺院において法楽を奉納した。この神宮法楽は、神仏隔離の原則に加えて、私幣禁断という厳しい網の目を潜って奉納された点でも、画期的な祈祷法であった。

斯くして、神宮の私祈祷には、法楽という方法があること、そしてそれは、かの大仏殿再建が成就する程霊験あらたかであるとする認識が、公家社会に弘まった。西園寺実氏も、その影響を受けた一人である。建長元年（一二四九）八月、彼は宋本大般若経を内宮に奉納し、菩提山において転読供養を展べることとした。そして同六年（一二五四）二月には、内宮近隣に般若蔵を創建し、其処に同経を収蔵した。ここにおいて初めて、神宮法楽を専門とする寺院が成立したのである。但し、これはあくまで西園寺実氏が創建した、私祈祷のための寺院であったと思われる。

鎌倉時代中期、こうした神宮法楽専門の寺院が創建されたことにより、神郡内の既存寺院をそれに改装する動きが現れた。度会郡大橋御園棚橋の蓮華寺を継承した通海（大中臣氏出身・醍醐寺僧）は、同寺を太神宮法楽寺という、神宮を冠称し神宮法楽を標榜する寺院へと改変した。この太神宮法楽寺も、所詮は通海の私堂に過ぎなかったが、亀山天皇の践祚（正元元年・一二五九）後に勅願寺として指定され、さらに文永元年（一二六四）九月三十日には、当寺における長日二宮法楽が命じられた。神宮法楽は、そもそもが私幣禁断および神仏隔離の原則からの、謂わば抜け道であった。それが、公式に認められた意義は大きい。さらに建治元年（一二七五）三月、通海は異国降伏のために、内外両宮の近隣に法楽舎を創建し、太神宮法楽寺の末寺として位置付けた。その背景には、時の治天の君であられた亀山上皇の叡慮があったと思われる。

亀山上皇が神宮法楽に斯くも熱心であられたのは、外祖父西園寺実氏の影響であろう。そしてその影響は、後深草上皇にも及んだらしく、上皇は般若蔵と菩提山を御願寺とされている。

鎌倉時代中期から後期にかけて、この様に公的に認められた五つの神宮法楽寺院が誕生した。しかし、此等は持明院統（般若蔵、菩提山）と大覚寺統（太神宮法楽寺、二宮法楽舎）に分かれて、各別の祈祷（般若蔵・菩提山・内宮法楽舎では大般若経転読、外宮法楽舎では法華経転読、太神宮法楽寺では密教修法）を行っていた。こうした現状の改善を模索されたのが、伏見天皇（持明院統）であった。永仁二年（一二九四）二月の異国降伏祈願に際して、天皇はこの度の法楽を神宮の公式行事として位置付け、祭主をその総責任者とされた。また、大覚寺統の外宮法楽舎を自らの支配下に置かれ、今まで行われていなかった大般若経転読供養について、般若蔵の蔵経を用いて勤修する様命じられた。これは、神宮近隣の公式法楽寺院―内外両法楽舎・般若蔵・菩提山―における、大般若経―国家公認の神祇法楽経―を用いた統一的神宮法楽を奉納することで、霊験のさらなる高揚を企図されたものと思われる。

さて、奈良時代の伊勢大神宮寺（逢鹿瀬寺）には、

ⓐ勅願による創設であったこと。
ⓑ既存の寺院をもって充てたこと。

ⓒ政所の存在等、然るべき寺院としての機構を具えていたこと。

ⓓ神宮の支配下に組み込まれていなかったこと。

といった特徴がみられることは既に確認した。鎌倉時代には、この四点を具備する寺院を検出することができる。まずは、太神宮法楽寺である。上記は、通海の私堂であった蓮華寺を改称したものであり（ⓑ）、亀山天皇の践祚（正元元年・一二五九）後間もなく勅願寺とされた（ⓐ）。また、『法楽寺文書紛失記』に「其以後為㆓三宝院管領㆒、代々院主差㆓置法器代官等㆒、神事・法会等御祈祷更不㆓退転㆒之処、去建武参年十二月、大納言僧都〈隆経〉同㆓心北畠入道大納言家㆒、称㆓吉野御所　勅定㆒、引㆓率当他国敗軍㆒乱㆓入寺内㆒、追㆓出院主代并寺家政所等㆒」とある。通海入滅後、当寺は醍醐寺三宝院の管轄下に置かれたこと、そしてその三宝院より院主代が派遣され、院主代は寺家政所を率いて運営していたことが判明する。当寺が、然るべき寺院としての機構を具えていたことは明らかである（ⓒ）。この様に、同寺が醍醐寺三宝院の末寺と化している一方で、神宮の支配下に置かれていたとする徴証は見出すことはできない（ⓓ）。故に、この太神宮法楽寺の勅願寺化をもって、伊勢大神宮寺の復活と見做せるのではないか。

その他、太神宮法楽寺の末寺である両宮法楽舎や、後深草上皇の御願寺に指定された般若蔵と菩提山も、右掲ⓐ〜ⓓをほぼ具備している。此等の神宮法楽寺院もまた、伊勢大神宮寺の特徴を有しているのである。

奈良時代の伊勢大神宮寺そのものは、神郡外に擯出されて消滅した。それが鎌倉時代中期、複数の神宮法楽寺院という形で復活を遂げたのである。これを、伊勢大神宮寺の中世的変容と呼びたい。

なお、鎌倉時代の神宮法楽寺院に特徴ⓐ〜ⓓが全てみられるのは、亀山・後深草院政期までである。続く伏見天皇の親政期になると、このうちの特徴ⓓが変化する。永仁二年（一二九四）二月の異国降伏祈願に際しては、この度の法楽が神宮の公式行事として位置付けられ、祭主がその総責任者とされた。故に内宮庁も、権祢宜一名を長官の名代として派遣したのであった。神宮法楽に祠官が公式に関与するというのは、管見の限りこの度が最初である。これは、法楽が神宮祭祀の一環として組み込まれ、祭主の管轄下に置かれたことを意味しよう。

永仁二年（一二九四）の神宮法楽は、朝廷による神宮政策―神仏隔離から神仏習合へ―の大きな転換点となったのである。

註

(1)本書では、神道大系本によった。

(2)佐藤進一『古文書学入門』（法政大学出版会、昭和四十六年）、六九～七〇頁。『古文書用語辞典』（柏書房、昭和五十八年）。

(3)管見の限りではあるが、北畠親房を研究された岡野友彦氏が、「ここに見える「法楽舎」こそ、中世伊勢神宮における神仏習合の象徴的存在であり、言わば伊勢神宮の「神宮寺」であった」と指摘されている程度である（ミネルヴァ日本評伝選『北畠親房―大日本は神国なり―』〔ミネルヴァ書房、平成二十一年〕一一〇頁）。

(4)「平安初期の神前読経」（『続日本紀研究』第三八二号、平成二十一年）。

(5)「神前読経の成立背景」（『神道宗教』第一八一号、平成十三年）。なお、前掲「石清水以下十六社」は、『日本紀略』治安元年四月二十六日条からの引用である。

(6)三重県郷土資料刊行会本『勢陽五鈴遺響』5、二二九頁。

(7)久保田淳編『西行全集』（日本古典文学会貴重本刊行会、昭和五十七年）、三九二頁。

(8)「伊勢神宮寺と菩提山」（『瑞垣』第一一五号、昭和五十三年）。

(9)岡田登「西行と伊勢の大神宮」（『西行学』第六号、平成二十七年）。

(10)「大般若経の伝播と神仏習合」（『神仏習合の歴史と儀礼空間』第二章第一節、思文閣出版、平成二十五年）。

(11)『平安遺文』五―二四三五。
(12)本書では、新訂増補国史大系本によった。
(13)本書では、神道大系本によった。〈 〉内は割書、以下同じ。
(14)本書では、国書刊行会本を用いた。
(15)『玉葉』建久四年十月二十六日条。
(16)『玉葉』同日条。
(17)現在、三重県伊勢市岩渕の光明寺には「光明寺文書」として、著名な「光明寺残篇」を含む一六通が伝存する。ところが、それ以外は幕末以降に散逸してしまい、一部が国立歴史民俗博物館や、下郷共済会に収蔵されている。しかし幸いにも、幕末の国学者であり、神宮祠官でもあった足代弘訓が調査・編纂した「光明寺古文書」三〇巻・六九三通が存在する。上記の翻刻としては、『日本塩業大系』史料編古代・中世(二)(昭和五十二年)と、『三重県史』資料編中世2(平成十七年)が挙げられるが、本書では新しい翻刻である後者を用いることとする(「光明寺古文書」以下の算用数字は、巻数―文書番号)。
(18)「神宮法楽大般若経蔵について」(地方史研究協議会編『三重―その歴史と交流』所収、雄山閣出版、平成元年)。
(19)「光明寺古文書」六―九三。
(20)「光明寺古文書」六―八三。上記は年月が欠損しているが、後掲年月日未詳某申状土代(註(23))から補うことができる。
(21)註(18)、二五八~九頁。
(22)「光明寺古文書」六―九〇。
(23)「光明寺古文書」七―一二九。
(24)註(18)、二五九頁。
(25)「光明寺古文書」六―八六。
(26)「光明寺古文書」六―八五。

(27)「光明寺古文書」六―九一。

(28)註(18)、二六一～二頁。

(29)『群書類従』巻第六二所収。

(30)『二宮祢宜年表』(増補大神宮叢書4『神宮典略』別冊。吉川弘文館、平成十八年)。以下、神宮祠官(祭主・宮司・祢宜)の経歴は、特記のない限り全て上記による。

(31)なお、発心上人(源慶)を大中臣隆尚(茂隆)に比定する中野氏の説には、否定的な見解も存在する(伊藤聡「中世神道の形成と無住」〔『神道の形成と中世神話』第Ⅳ部第一章、吉川弘文館、平成二十八年。初出は平成二十三年〕註(29))。しかし如上の理由により、中野氏の比定を支持することにしたい。

(32)註(27)。「□国安西郡荒倉御園并河曲郡南職田、依レ為二無主之地一、神役殆所レ及二闕怠一也(中略)仍地主職事、賜二当家相伝　宣旨一、以二神用余塵一、地主得分之内各拾斛、毎年可レ令レ下二行于彼経供料一之由、経二奏聞一之間、所レ被二　宣下一也」とある。

(33)註(22)。

(34)註(18)、二六三頁。

(35)「大神宮法楽寺及び大神宮法楽舎の研究―権僧正通海の事蹟を通じての考察―」(小島鉦作著作集第二巻『伊勢神宮史の研究』所収、吉川弘文館、昭和六十年。初出は昭和三年)。なお、小島氏は明治以降の表記法に従い「大神宮」とされるが、本書では史料に則り「太神宮」と表記する。

また、佐々木裕子「大神宮法楽寺・法楽舎考」(『三重県史研究』第二六号、三重県、平成二十三年)は、両宮法楽舎のその後も辿った労作である。但し、「法楽寺・法楽舎は通海・醍醐寺・伊勢神宮、三者の政治的、経済的な意図により建立された」(三八頁)とか、「内宮祠官は内宮法楽舎とほとんど一体となって宗教的活動を行っている」(四〇頁)といった指摘は、後述する筆者の主張と相反するものである。

(36)拙稿「鎌倉時代の神宮と仏教」(『伊勢市史』第二巻中世編第一章第四節、平成二十三年)。

(37)現在は国立歴史民俗博物館蔵。星野利幸「神三郡の土地利用について―条里復元を中心に―」(『斎宮歴史博物館研究紀要』16、平成十九年）により翻刻されている。

(38)増補大神宮叢書12『神宮参拝記大成』所収、吉川弘文館、平成十九年。小島鉦作氏は、上記の厳密なる史料批判を試みられた結果、「本書の各部の記載のうち、著者の主観的な神仏習合説の当否をしばらく別問題とすれば、所々に引用してある故事・先例等の史的関係事項は、管見によれば、その典拠を窺知し得るものが甚だ多い」点を明らかにされ、「従って本書が同一時代の述作にかかる他の史書と、同等またはそれ以上の、史的価値を具有している」と断定されている（註(35)。引用箇所は一二四頁）。

(39)註(35)、九九頁。

(40)「中臣氏系図」（註(29)）。

(41)註(35)、九一～二頁。

(42)『蒙古襲来の研究』増補版・第三章「敵国降伏の祈願」、吉川弘文館、昭和五十七年。なお、❷❹の日付に関しては、神宮司庁編『神宮史年表』（戎光祥出版、平成十七年）を参照した。

(43)註(35)、一三〇頁。

(44)詳細については、註(36)拙稿を参照されたい。

(45)註(35)、一三三頁。

(46)註(42)、三一頁。

(47)註(35)、一四二頁。

(48)神宮司庁編『神宮要綱』（昭和三年）。

(49)本書では、日本古典文学大系本によった。

(50)「史料稿本」（東京大学史料編纂所・大日本史料総合データベース所掲）弘安四年七月二十九日条所収。

(51)『神道大系』論説編五・伊勢神道(上)所収。

(52)「光明寺古文書」六一一〇七。

(53)「光明寺古文書」八一一四三。

(54)「光明寺古文書」八―一三九。
(55)良真が卿阿闍梨、その弟子良覚が大弐阿闍梨であることは、「光明寺古文書」八―一四二・般若蔵御経供料納所職相伝次第による。
(56)「光明寺古文書」七―一一七。
(57)「光明寺古文書」六―一一一。
(58)『神道大系』神宮編五所収。
(59)奈良国立文化財研究所監修『西大寺叡尊伝記集成』所収、法蔵館、昭和五十二年。
(60)③は六―九八、④は同前九九。④の宛所「勝宝院僧正」が道耀であることは、同前一〇一・一〇二により判明する。
(61)菊池風土記四円通寺(『鎌倉遺文』二四―一八四九八)。
(62)永仁二年三月六日鎮西御教書(肥前来島文書・『鎌倉遺文』二四―一八四九九)。
(63)註(42)、五一頁。
(64)「勝宝院門跡列祖次第」(『続群書類従』巻第九五所収)。
(65)「光明寺古文書」六―一〇一。
(66)「光明寺古文書」六―一〇五。
(67)「光明寺古文書」六―一〇〇。
(68)註(48)、五七〇頁。
(69)祢宜は、内宮が荒木田氏、外宮が度会氏の世襲であった。この祢宜職には定員があり、溢れた氏人のために創出されたのが、権祢宜である。権祢宜には定員も、定まった職掌もないが、四~六位という、神主としては高い地位が与えられていた(註(48)、五七五頁)。

第三章　南北朝～戦国時代の神宮と仏教

一　南北朝～室町時代初期の神宮法楽寺院

はじめに

奈良時代の伊勢大神宮寺は、創建後程なくして神郡外へと擯出され、やがて消滅した。それが鎌倉時代中期には、複数の神宮法楽寺院という形で復活を遂げた。もとは私的神宮法楽寺院であった㋐般若蔵や㋑太神宮法楽寺、重源の奉納以降「法施道場」として認識される様になった㋒菩提山、それに異国降伏祈願を旨とする㋓内宮法楽舎および㋔外宮法楽舎である。このうち、㋐㋒は後深草上皇の御願寺、㋑は亀山天皇の勅願寺に指定されている。㋓㋔は、㋑の末寺として位置付けられていた。当時の朝廷を反映して、同じ神宮法楽寺院でも持明院統（㋐㋒）と大覚寺統（㋑㋓㋔）とに分かれ、各別の祈祷を行っていたのである。その組織化と法楽の一体的運用を試みられたのが、伏見天皇（後深草皇子・持明院統）であった。とりわけ永仁二年（一二九四）二月の異国降伏祈願では、神宮法楽寺院においても祈祷を行うこととなり、祭主がその総責任者とされた。故に内宮庁も、権祢宜一名を長官の名代として、法楽に派遣したのであった。これは、法楽が公式行事として、神宮祭祀の一環に組み込まれたという点で、画期的な改革であった（第二章五）。

こうした神宮の祭祀制度改革が行われた永仁二年は、伏見天皇の親政期であった。伏見天皇は、その後永仁六年（一二九八）七月に譲位（後伏見天皇〈伏見皇子〉の践祚）して治天の君となられ、後二条天皇（大覚寺統。正安三年～徳治三年・一三〇一～〇八）の御代を経て、徳治三年八月に花園天皇（伏見皇子）が践祚されるや、再び院政を執られた。そして、正和二年（一三一三）には後伏見院政へと移行し、以後文保二年（一三一八）二月まで続く。伏見天皇が構築された、祭主を総責任者とする神宮法楽の制度は、少なくともこの時点までは維持されていたとみてよいであろう。

ところが、文保の和談により次に践祚したのが、大覚寺統の後醍醐天皇であった。その後、鎌倉幕府が滅亡して建武の新政が実現するも、足利尊氏の離反により三年足らずで瓦解する。そして建武三年（延元元年・一三三六）八月、尊氏が持明院統の光明天皇を擁立し、後醍醐天皇が吉野へ移られたことで、以降五十六年に及ぶ南北朝時代が始まったことは、周知の通りである。持明院・大覚寺両統に分かれていた神宮法楽寺院もまた、こうした動乱に巻き込まれたであろうことは、想像に難くない。本節では、鎌倉時代に成立した神宮法楽寺院とその制度が、南北朝時代を経て如何なる変貌を遂げたのか、検討を試みることにしたい。

1　太神宮法楽寺と醍醐寺三宝院賢俊

さて、後醍醐天皇の親政下において、伏見天皇の神宮法楽制度が継承される筈はなく、持明院統の神宮法楽寺院もまた冷遇されたであろうことは、容易に想像がつくところである。実際、㋐般若蔵に関する史料は、徳治三年（一三〇八）三月八日を最後に検出できなくなる。[1] 般若蔵が、後醍醐天皇の治世に廃絶の憂き目に至ったことを、如実に示していよう。

一方、大覚寺統の神宮法楽寺院（㋑太神宮法楽寺とその末寺㋓㋔両宮法楽舎）は、その後如何なる経過を辿ったのか。康永三年（一三四四）成立の『太神宮法楽寺所司等立申文書紛失記』（『法楽寺文書紛失記』[2]）に、次の如く記されている。

①（前略）最可レ謂二当寺中興本願一哉、其以後、為二三宝院管領一、代々院主差二置法器代官等一、神事・法会等御祈祷更不二退転一之処、去建武参年十二月、大納言僧都〈隆経〉同二心北畠入道大納言家一、称二 吉野御所勅定一、引二率当他国敗軍一乱二入寺内一、追二出院主代并寺家政所等一、構二城郭一、濫二妨御園一、開二寺庫一撰二取公験・調度・要書一、破二経蔵一捜二取師資相承重宝一既畢、其時、畠山上野禅門為二当国守護一被二退治一之間、同四年隆経僧都被レ誅之後、同門弟多宝丸継二不義之跡一、重牢二籠当寺一之処、北畠少将家顕家自二奥州一上道之日、相二伴于天王寺合戦一打死畢、其後、法泉寺大納言律師公源致二相続一狼藉之最中、去康永元年八月、仁木右馬権助義長為二守護職一退二治所々城郭一之時、被二囚虜一歟、此間仏閣之破損、神社之汚穢、不レ遑二委注一矣（後略）

右掲でいう中興本願とは、祭主家（大中臣氏）の出身で醍醐寺の高僧へと出世し、亀山天皇の信任を忝くしたことでも知られる通海であった（第二章五）。以降、太神宮法楽寺は醍醐寺三宝院の管轄下に置かれることとなった。代々の三宝院主は代官＝院主代を派遣して、当寺における神事や法会等の祈祷を行ってきたという。『法楽寺文書紛失記』には、次の二通が収録されている。

②通海僧正遺領、金剛輪院・法楽寺以下所領等相承、不レ可レ有二相違一之由、

御気色所レ候也、仍執達如レ件

嘉元四

二月七日　　右衛門督定房

宝池院法印御房

③通海僧正遺領、金剛輪院・法楽寺以下所領等、如レ元所レ被二返付一也、可下令二管領一給上者、

天気如レ此、仍執達如レ件

元亨二年九月廿一日　　大蔵卿判奉

謹上　太政大臣僧正御房

『五八代記』[3]によると、第二十七代定任を「三宝院僧正、又号二宝池院僧正一、定勝法印・通海僧正入壇資、中御門帥大納言経任卿息」、第二十八代賢助を「三宝院前大僧正、通海・定任両僧正入壇資、大（ママ）政大臣公守公息（中略）同（引用者註・正和）四年九月廿二日転二大僧正一」と記す。②嘉元四年（一三〇六）二月七日後宇多上皇院宣写の宛所「宝池院法印」が定任、③元亨二年（一三二二）九月二十一日後醍醐天皇綸旨写の宛所「太政大臣僧正」は賢助を指すことが判明する。太神宮法楽寺は、通海の入滅後、遺弟の醍醐寺三宝院定任により継承された。しかし、故あって収公の憂き目に遭い、元亨二年九月二十一日、同じく三宝院の遺弟賢助に返付されたのであった。

そして正慶二年（一三三三）正月十七日、賢助は「前権僧正定任遺跡真俗、悉所レ令レ譲二与賢俊法印一也」とする置文を作成している。[4] 太神宮法楽寺を継承したのは、賢俊であった。

賢俊（正安元年～延文二年・一二九九～一三五七）は、権大納言日野俊光の息子である。[5] 辻善之助氏によると、日野俊光が伏見天皇に仕えた功臣であったため、子の賢俊もまた、持明院統との深い関係を有していたとされる。[6] 実際、建武三年（一三三六）二月、京都での戦に敗れた足利尊氏が備後国鞆に在った時、賢俊が光厳上皇の院宣を齎している。これにより、尊氏は「朝敵の義」を免れ、「錦の御旗」を上げることができたのであった。[7] 賢俊は、それから九州に下って再び上洛する尊氏と行動を共にする。[8] そして、同年六月三日に権僧正および醍醐寺座主、十二月二十六日には東寺長者に補せられた。[9] これが尊氏の肝煎りであったことは、疑いのないところである。[10]

そんな賢俊が、これまで大覚寺統であった太神宮法楽寺を持明院統へと改めたであろうことは、想像に難くない。その上で、彼は神宮法楽寺院の再編成を行った様である。建武三年八月日三宝院前大僧正賢助遺領目録[11]には、

　伊勢国法楽寺付十一箇末寺　号㆓通海僧正遺領㆒

とある。建武三年（一三三六）時点において、太神宮法楽寺の末寺は十一ヶ寺であった。上記を踏まえた上で、『法楽寺文書紛失記』を検討してみよう。

一　末寺十四箇寺

　菩提寺　常光寺　勝峯山寺
　西光寺　松龍寺　三尊寺
　元永寺　光明寺
　　以上捌箇寺、證文紛失

明徳寺　円満寺　行願寺
大家寺　西明寺　菩提山寺
已上六ヶ寺、證文在二寺庫一

『法楽寺文書紛失記』が編纂されたのは、康永三年（一三四四）であった。建武三年から八年を経て、末寺が三ヶ寺増加している点を確認することができる。なかでも「菩提山寺」は、「末寺十四箇寺」の末尾に挙げられていることから、増加した三ヶ寺の一と見做してよいであろう。菩提山が後深草上皇の御願寺であったことは、先に述べた通りである。その菩提山が、どうやら建武三年～康永三年に、太神宮法楽寺の末寺として編入された様である[12]。これは、持明院統の信任を忝くした賢俊の仕業とみて、間違いないであろう。

なお、「光明寺古文書」に、次の文書が収録されている[13]。

院宣案　被レ下二西園寺家一
伊勢国□(宇)治郷大般若蔵事、良覚壊二渡□(経カ)蔵於他所一之由、被二聞食一之間、被レ仰二付仙□(算)一候畢、然而為二御管領一事之上者、可レ被レ止二仙算沙汰一、可レ有二計御下知一之由、
院御気色所レ候也、仍言上如レ件、俊光誠□□(恐頓)首謹言
徳治三
二月四日　俊光上
進上　前左馬権頭殿

右掲は、般若蔵を管轄している西園寺家に対して、仙算の院主職停止を下知する様命じた、徳治三年（一三〇八）二月四日伏見上皇院宣案である。ここでは、その奉者に注意したい。俊光とは、賢俊の父日野俊光のことである。日野俊光は、伏見上皇の近臣として、神宮法楽政策に関与していた。賢俊が神宮法楽寺院の再編成を行ったのは、父俊光の影響もあったと思われる。

2　南北朝の動乱による太神宮法楽寺の荒廃

鎌倉時代に成立した五つの神宮法楽寺院は、持明院統の㋐般若蔵が、後醍醐天皇の治世下に廃絶した。一方、大覚寺統の㋑太神宮法楽寺とその末寺㋓㋔両宮法楽舎はその後も存続し、神宮法楽も滞りなく勤行されていたと思われる。ところが、正慶二年（一三三三）正月に㋑を継承した醍醐寺三宝院賢俊は、㋑㋓㋔を持明院統に改めた上で、同統であった㋒菩提山を㋑の末寺として編入した。ここにおいて、伏見天皇（持明院統）が意図された、神宮法楽寺院の組織化と法楽の一体的運用は、賢俊により再び日の目を見ようとしていた。

ところが、こうした賢俊の改編に不満を抱く者も、少なくなかった様である。前掲①にみえる大納言僧都隆経は、その一人であった。彼は大中臣氏の出身で、太神宮法楽寺の中興本願である通海の甥にあたる。[14]そんな彼にとって、賢俊による同寺の掌握や持明院統への改編は、許し難い行為であったに相違ない。

折しも、時は南北朝の動乱へと移ろい、その影響は神宮周辺にも及んできた。「北畠入道大納言家」の伊勢下向である。南朝の重臣北畠親房とその子顕信が、神宮の鎮座する度会郡へと遣ってきたのは、延元元年（北朝建武三年・一三三六）十月のことであった。それを迎えたのが、伊勢神道の大成者として著名な度会家行を筆頭とする神宮祠官達で、彼等の協力を得て、玉丸城（現度会郡玉城町田丸）をはじめ所々に南朝方の城郭を構えるに至った。[15]前掲①によると、これに呼応した大納言僧都隆経は、同年十二月、玉丸城に程近い太神宮法楽寺（現度会郡度会町棚橋）に南朝方の軍勢を引き入れ、賢俊配下の院主代以下を放逐して同寺を占拠・城郭化した。こうした度会郡における南朝勢力の拡張に対して、北朝方（すなわち室町幕府）は、足利一門の畠山上野入道高国を伊勢国守護に任命し、その掃討に当たらせた。果たして翌建武四年（南朝延元二年・一三三七）、隆経僧都は討死したのであったが、門弟の多宝丸がその跡を継ぎ、太神宮法楽寺の城郭を守り続けた。しかしその多宝丸は、延元三年二月、美濃青野原から伊勢に転進してきた鎮守府大将軍北畠顕家（親房長男）の軍勢に合流し、同年三月の天王寺合戦で討死する。[16]その後、法泉寺の大納言律師公源が相続して太神宮法楽寺を占拠するも、康永元年（南朝興国三年・一三四二）八月、守護仁木義長の攻撃によりついに陥落した。以上、約六年に及んだ城郭化とその攻防戦による仏閣の破損と神社の汚穢は、枚挙に遑がないほどであるという。ちなみに、「次第相承状、代々勅裁・公判等」といった文書類までも悉く紛失した故に、後の亀鏡として作成されたのが、『法楽寺文書紛失記』であった。南北朝時代初頭、斯くして太神宮法楽寺は荒廃し、神宮法楽寺院としての機能も一時喪失した様である。

さて、北朝方が当寺を奪還して四年後の貞和二年（南朝正平元年・一三四六）、賢俊は伊勢に下向し、内外両宮に参詣している。「三宝院賢俊僧正日記」[17]によると、賢俊一行が京都を進発したのは、同年十月二十五日のことであった。その際、足利尊氏より栗毛神馬（内宮）と赤銅作大刀（外宮）、直義より鹿毛神馬（外宮）と銀菊作大刀（内宮）を託されている。一行の経路は鈴鹿峠越えで、二十六日夜中に醍醐寺領一志郡曾祢庄（現松阪市内）へ到着している。それは「穏《（ママ）》密儀」であり、鈴鹿山―曽祢庄間では五～六〇騎が一行を警護したという。そして翌二十七日、度会郡棚橋の太神宮法楽寺に到着した。以下、参宮と法楽を終え、曾祢庄に帰着するまでの記事を列挙してみよう。

廿七日辛丑、昼タチ也、夜着二棚橋一、知行雑事、酒肴等儲レ之
廿八日壬寅、未明巡二礼諸堂等一、但一身也、宗俊法印酒肴進レ之、即引出物馬以下進レ之
（裏書）内将軍神馬栗毛、外大刀借（赤）銅作、外三条神馬鹿毛、内大刀銀菊作
廿九日癸卯、賢恵法印進二酒肴一、開二経蔵一検二知之一
卅日甲辰、参二御影堂并春日社一、賢朝法眼進二酒肴一、神事今日始レ之
（裏書略）

十一月大建

一日乙巳、宰相法印未明進二一献一、今日罷二向賢恵法印坊一念仏院、馬以下重宝進レ之
（裏書略）
二日丙午、聖典法印進二酒希（肴カ）一、開二宝蔵一検二知舞装束以下一、又開二経蔵一、愛染王像一躰取二出之一、持二京都一、馬一疋月毛引二遣祭主卿一、
三日丁未、参宮、先著二山田一、法楽会外宮也
（裏書）入レ夜依二招請一、罷二向祭主亭一、馬以下及二重宝一、長絹衣・タ、絹袙・五帖ケサ・端白小袖・念誦以下、悉用二新調一了、私神馬月毛・銀剣一、帥（師カ）八祢宜、遂二神拝一、於二内宮一法楽会興行事等有二其沙汰一、将軍神馬栗毛・武衛大刀〈銀菊作〉、渡二祭主卿一、又執事刀〈銀引リヤウ〉同渡二祭主卿一、法楽会興行御沙汰等事了、即参二内宮一、将軍大刀・三条坊門神馬鹿毛、渡二祭主代一、又私神馬左月・銀剣一、渡レ帥（師カ）即遂二神拝一
四日丁未（戊申）、参宮続宮（月読カ）、同巡二礼二見浦一、於二松本一祭主儲二一献一、沙汰畢帰棚
五日己酉、今日立二棚橋一帰路、念仏院并明若以下打送、著二曾祢庄於内（ママ）一、不レ及二昼沙汰一

賢俊が棚橋の太神宮法楽寺に滞在したのは、貞和二年十月二十七日〜十一月五日である。その間、住僧等による歓待の記事が目立つ一方、賢俊が同寺において行った宗教的行事は、十月二十八日の諸堂巡礼と、三十日の御影堂および春日社参拝のみである。同日から始まった「神事」とは、春日社に関するものであろう。ここに、神宮法楽が勤行されている形跡を確認することはできない。

その他、賢俊は十月二十九日に経蔵を、十一月二日には宝蔵を開けて点検しており、同日再び経蔵を開け、愛染王像一体を取り出して京都へ持ち帰ることにした。この愛染明王像について、『太神宮参詣記』(18)下第七に、次の記述がみられる。

> 後嵯峨法皇ハ新院御坊ニ在ノ間、正嘉二年ニ法印通海ヲ召テ御祈ノ事ヲ被レ仰、依レ之御践祚ノ後、彼私堂法楽寺ヲモツテ勅願トスル官符ヲ被レ下テ、真言戒律ノ二宗ヲ置ル。又被二仰下一テ云ク、綸言併ラ、伊勢大神宮者霊鏡ヲ天ノ磐戸ノ月ニテラシ、喜瑞ヲ秋津洲ノ朝ニアラハス、実ニ是王法者神徳ノ加護ヨリ、神明ハ仏法ノ徳用ヲウク、然則愛染明王ノ護摩ヲ修セシメテ、不退長日ノ勤行トシ、宜ク二宮ノ法味ニ備ヘテ、一天ノ静謐ヲ奉レ祈ヘシト者レハ、綸言如レ此、悉レ之以状、文永元年九月卅日、右衛門権佐藤原経業ト侍ケルトカヤ。

『太神宮参詣記』の筆者は、太神宮法楽寺中興本願の通海であった。その彼によると、亀山天皇の践祚(正元元年・一二五九)後、通海の私堂であった太神宮法楽寺を勅願寺とする官符が下され、さらに文永元年(一二六四)九月三十日には、愛染明王の護摩修法をもって長日二宮法楽を勤行し、天下静謐の祈祷を命じる綸旨が下されたという。賢俊が京都へ持ち帰った「愛染王像一体」とは、通海が護摩修法を勤行していた本尊ではなかったか。その愛染明王像が、貞和二年（南朝正平元年・一三四六）時点で経蔵に納められていたということは、太神宮法楽寺における長日二宮法楽が、既に断絶していた事実を物語っていよう。恐らくは、建武三年（南朝延元元年・一三三六）十二月（北畠親房に呼応した隆経による占拠）以降の混乱を避けるべく、同像を経蔵に移して守り抜いたのはよいが、その結果、通海以来続けられてきた二宮法楽は、中断してしまったのであろう。さらには、同像が賢俊により持ち去られたことで、寺名の由来でもある神宮法楽の機能もまた、失われることになったと考えられる。

なお、賢俊が愛染明王像を持ち去った翌年三月、法楽寺領度会郡中須庄雑掌が同庄内を狼藉されたとして訴えており、その申状に「右、於二当庄等一者、為二十一箇寺内法楽寺領一、寺家代々被レ全二管領一、被レ致二公家・武家御祈祷一料所也」とある。[19] 上記に二宮法楽の用語が見えない点は、留意すべきであろう。また、応永十年（一四〇三）六月日太神宮法楽寺雑掌申状案[20]に、「桑名神戸東西者、自二往古一為二寺領之随一一、管領無二相違一之処、近来依二不知行一、両宮法楽之勤行退転之処」とある。ここでは、桑名神戸が不知行であるために、両宮法楽の勤行が退転してしまったとするが、実際の退転は、南北朝初期以来のことであったと考えられる。

3　賢俊による神宮法楽復興の試み

それにしても、賢俊は何故に、太神宮法楽寺の愛染明王像を京都へと持ち去ったのか。「三宝院賢俊僧正日記」によると、彼が参宮を終えて帰洛したのは、貞和二年十一月八日のことであった。そして、同月十三日および十五日条には、次の記載がみられる。

十三日丁巳、於二三条坊門一、愛染明王開眼供養了、御持仏道（堂）也、亭主・等持寺等聴聞、布施二・衣一領・

銀剣等也
十五日己未、愛染王持二参八幡一、於二平等王院一渡二嚢清法印一了、安富右近行長参会、奉行也、神馬・銀剣等、自二三条一被二送進一、但神馬ハ先日引レ之、御教書給レ之、自二将軍一御太刀渡二社務一、長命・亀徳・尊夜叉・宮王等供奉

十三日条にみえる三条坊門とは、足利直義邸のことである。この日、当邸内の御持仏堂において、愛染明王像の開眼供養が、賢俊によって執り行われた。そして二日後の十五日、同像は石清水八幡の平等王院（愛染堂）[21]へと渡された。これに際して、将軍足利尊氏は太刀を、直義は神馬と銀剣を奉納している。賢俊が太神宮法楽寺の愛染明王像を持ち去ったのは、足利尊氏・直義の意を承けてか、もしくは彼等への追従ではなかったか。その上で賢俊は、同像を自ら開眼した上で、尊氏・直義兄弟による石清水八幡宮への寄進として、子院の平等王院に奉納したのであった。

ちなみに、同像の開眼供養が行われた「御持仏道（堂）」は、賢俊が別当を務めていた。

御持仏堂別当職事、可下令レ致二沙汰一給上、仍執達如レ件
暦応四年二月二日　左兵衛督（足利直義）（花押）
三宝院僧正御房（賢俊）

（礼紙）
逐啓
加持事、同可レ有二御存知一候[22]

片山伸氏によると、御持仏堂とは室町将軍家の私的仏事機構であるという。また、追而書に加持を命ずる文言が付されていることから、その別当職に就いた賢俊は、幕府（武家）の護持およびその僧を統轄する任に当たっていたと考えられている[23]。賢俊が初めて武家護持僧に任命されたのは、建武五年（暦応元年・一三三八）四月四日であった[24]。それから約三年を経て、賢俊は武家祈祷を統べる立場となったのである。森茂暁氏によれば、貞和二年（一三四六）三月二十三日、賢俊は公家護持僧に任命される一方、この年を画期に、彼による武家修法が急激に増加しているという[25]。実際、「貞和四年記（醍醐寺地蔵院房玄法印日記）[26]」七月十七日条に「賢俊於二武家一祈祷方事令二奉行一之故云々」とある。賢俊が武家祈祷方奉行の地位に就いたのは、貞和二年のこととみてよいのではないか。

如上を踏まえた上で、前掲「三宝院賢俊僧正日記」貞和二年十一月三日条を改めて検討してみよう。冒頭に「参宮、先著二山田一、法楽会外宮也」と記されていることから、賢俊は外宮先祭に則り、まずは世義寺内の外宮法楽舎において法楽会を行った様である。また裏書によると、夜に入って祭主大中臣親忠（任建武三年～貞和四年・一三三六～四八[27]）に招かれた賢俊は、新調の法衣を着けて同亭に参上している。そして、御師の（外宮）八祢宜（度会晴宗）に私幣（月毛神馬と銀剣）を渡し、神拝を遂げたとある。文治二年（一一八六）四月の二宮法楽に際して、東大寺衆徒の一部が外宮を参拝しようとしたところ、白昼では憚りがあると同宮祢宜が諫めたため、深夜の参拝を余儀なくされている（第二章一・二）。そもそも、このたびの賢俊一行の参宮は、「穏密儀」であった。そんな彼等が、夜間参拝を行ったとしても別段不思議ではない。

裏書には、外宮参拝後、「於二内宮一法楽会興行事等有二其沙汰一」と記す。その際、足利尊氏・直義および執事高師直から託された内宮奉納品を祭主に渡し、「法楽会興行御沙汰等事」が了ってから、内宮へ参ったという。ここでいう「法楽会興行」とは何か。先学は、内宮法楽舎における法楽会と解されているが[28]、文脈から判断するに、その場所は祭主亭である。其処で仏事の神宮法楽が催されたとは、到底考えられない。賢俊は、当時退転していた神宮（内宮）法楽を復興すべく、祭主と交渉したのではないか。

また、この「法楽会興行」を、「御沙汰」と記している点にも注意したい。これが幕府の意向でもあったことは、交渉に際して足利兄弟と執事の奉納品が渡されている点からも明らかであろう。

神宮法楽は、かの東大寺大仏殿を再建させ（第二章一）、また異国降伏祈願においても、絶大なる霊験が顕れたと認識されていた（第二章五）。正慶二年（一三三三）正月、その要である㋑太神宮法楽寺を継承したのが、醍醐寺三宝院賢俊であり、彼はこれら神宮法楽寺院を、持明院統として再編した。ところが、南北朝時代初頭の延元元年（北朝建武三年・一三三六）十二月以降、㋑が荒廃した点は、先に検討した通りである。㋑の末寺である㋓内宮法楽舎および㋔外宮法楽舎や、賢俊が新たに末寺として組み入れた㋒菩提山がその煽りを受け、神宮法楽もまた退転したであろうことは、想像に難くない。

貞和二年（一三四六）、武家祈祷方奉行としての地位に就いた賢俊にとって、霊験あらたかな神宮法楽の復興は、急務であったに相違ない。そこで、足利尊氏・直義兄弟に図り、幕府の命として神宮法楽を復興すべく、参宮して時の祭主と交渉したのではないか。具体的には、「於㆓内宮㆒法楽会興行事」とあることから、内宮法楽のための㋓内宮法楽舎および㋒菩提山の保護を求めたのであろう。

なお、公武ともに信任厚い賢俊の申し入れを、祭主大中臣親忠が拒む筈がない。裏書の「法楽会興行御沙汰等事了」とは、神宮法楽の復興を祭主が受諾し、交渉が成功したことを端的に表現していよう。しかしその一方で、要の㋑太神宮法楽寺においては、本尊の愛染明王像を持ち去ることで、神宮法楽寺院としての機能を喪失させているのである。そして同像は、足利兄弟の寄進として、石清水八幡宮に奉納された。森茂暁氏は、賢俊を「かなりに辣腕でしたたかな「黒衣の宰相」だった」と評されているが[29]、その辣腕振りは、ここにおいても遺憾なく発揮されたのであった。

4　北畠氏による太神宮法楽寺領の押領

「伏見宮記録」に、「光厳院宸筆御願書」として、次掲が収録されている。(30)

敬白　伊勢太神宮
右、為下海内清平、民間安泰、帝道帰二素朴一、武運類中金石上、差二法務前大僧正賢俊一為レ使、□剣馬於尊廟、啓二丹棘於霊神一、懇馬（篤カ）之旨、幽冥宜レ察、敬白
　貞和四年五月六日　太上――――敬白

貞和四年（一三四八）五月、北朝の治天の君であられた光厳上皇は、天下泰平・武運長久等を祈願すべく、神宮に剣や馬を奉納された。その際、院公卿勅使ではなく、賢俊が起用されているのは、この御祈願が神宮法楽であったことを示唆していよう。

それでは、賢俊による神宮法楽復興の試みは、果たして成就したのであろうか。私見では、不成功に終わったと考えている。

建武三年（南朝延元元年・一三三六）十二月から康永元年（南朝興国三年・一三四二）八月までの間、太神宮法楽寺が南朝方に占領され荒廃したことは既に述べた。そしてその混乱で文書を悉く紛失した故に、後の亀鏡として作成されたのが、『法楽寺文書紛失記』であった。上記には、「散在寺領等證文紛失分」として、実に二四三箇所に及ぶ寺領（庄園、御厨、御園、村、戸田、治田、神田、郡司職田、名田、田地、畠地、垣内、島、林、塩浜等）が記

載されており、なかには、「内宮法楽舎燈油料田壱町壱段」等も含まれている。この寺領二四三箇所こそ、当寺とその末寺（両宮法楽舎および菩提山）で勤行される神宮法楽の経済的基盤であった。内訳は、度会郡一〇二所、多気郡一〇〇所、飯野郡三一所、その他一〇所（不明を含む）である。太神宮法楽寺領は、神三郡内にほぼ所在していたといってよい。

神三郡は、律令制度下において、度会・多気・飯野郡の全戸が神宮の神戸に指定されたことに由来する。それが十一世紀以降の神郡再編の結果、神戸から変質した正戸・寄戸、祭祀料田としての常供田・神田、それに墾田（治田）や畠が神宮に寄進されて成立した御厨・御園が形成され、中世神宮領の体裁が整った[31]。太神宮法楽寺領は、寄戸が細分化された戸田や、御厨・御園の給主職、そして開発によって出現した治田をはじめとする田畠等で構成されている。

南北朝時代中期以降、その神三郡が危機に見舞われた。まずは、伊勢国守護・仁木義長による侵略である。上記については、別稿で論じたので、結論のみ記すと、観応三年（文和元年・一三五二）七月、近江・美濃・尾張国で半済が認められ、八月には伊勢国にまでその適用が拡大された。守護仁木義長はそれを根拠に、翌年には神三郡内の正戸・寄戸以下を折半し、兵粮料所として配下の武士達に預け置いたらしい[32]。

しかしながら、文和二年（一三五三）は賢俊の在世中である（延文二年〔一三五七〕寂）。さしもの義長も、将軍足利尊氏が帰依する彼の管轄寺領に手を出す愚は避けたであろう。

延文五年（一三六〇）七月、仁木義長は政争に敗れて没落した。これにより義長は伊勢国守護を解任され、彼による神三郡押領も終息したと考えられる。ところがその後、義長に替わって神三郡内を支配したのが、伊勢国司北畠氏であった。この点も、別稿にて検討済みであるが[33]、叙述の都合上、改めて確認しておきたい。

官幣使御上洛伝馬料事、三郡如二旧例一被二返付一候上者、神戸（部）・郡司等致二懇懃之沙汰一候之様、可レ被二下知一候、殊更事始御祝着候、固可下令二成敗一給上之由、祭主殿仰所候也、恐々謹言

応永廿二年六月十一日　　権祢宜（花押）奉

謹上　道後政所殿

右掲は、『応永二十五年内宮仮殿遷宮記』紙背文書の内の一通である[34]。ここでいう「官幣使」とは、神宮月次祭における勅使を指す。その帰洛に際しての伝馬料について、神三郡が旧例の如く返付されたからには、懇懃なる沙汰を致すべく神部（服大少神部等）や神三郡大少郡司等[35]に下知する様、祭主が道後政所[36]に命じたものである。応永二十二年（一四一五）六月に、神三郡が神宮へ返付されたということは、それまでは何者かに押領されていたことになる。西山克氏や大薮海氏は、同年二月、北畠満雅が幕府に反抗して兵を挙げていることから、幕府はこれを機に神三郡を北畠氏から没収し、神宮に返付したのではないかと推定されている[37]。

この様に、延文五年の仁木義長没落後、今度は南朝方の北畠氏が神三郡を押領し、合一後も実質的支配を継続していた。その神三郡内に散在する太神宮法楽寺領は、賢俊以降幕府と緊密な関係を築いた、醍醐寺三宝院門跡の管轄である。北畠氏が同寺領も併せて押領したのは、当然の成り行きであった。

如上に関しては、次の史料により明白である。

④伊勢国棚橋太神宮法楽寺事、可レ致二興行沙汰一云々、寺領等悉可レ被レ沙二汰一付三宝院雑掌一、若有二難渋之輩一者、可レ被レ処二罪科一之状如レ件

応永五年潤四月廿三日　　御判（足利義満）

北畠大納言（顕泰）入道殿[38]

また北畠氏が、押領した同寺領を配下の武士達に分けていた点は、次の史料から窺うことができる。

⑤伊勢国棚橋法楽寺領同国河田（多気郡）散在・縄主戸・古利（度会郡）寺等事、致二神人并愛洲一族等押妨一云々、不日止二彼妨一、
可レ被レ沙二汰一付三宝院雑掌一之状如レ件、
　応永六年四月三日　　御判（足利義満）
北畠大納言（顕泰）入道殿[39]

愛洲一族は、度会郡一之瀬（現度会町一之瀬）や五ヶ所（現南伊勢町五ヶ所浦）に居城を有し、南朝方として活躍したことで知られる[40]。また、右掲にみえる神人とは、神宮近隣の郷々村々に居住していた下級神職である。西山氏の研究によれば、彼等こそ、当時の神宮における軍事力の担い手であった[41]。北畠氏は、没収した太神宮法楽寺領を南朝方の武士達のみならず、神宮の神人達にも分配し、彼等をも麾下に組み入れたのであった。

貞和二年（一三四六）十一月、賢俊は、内宮法楽舎および菩提山における神宮法楽の復興を目論み、祭主と交渉した。それは幕府の意向でもあったことで、交渉は無事成功し、神宮法楽は復活するかにみえた。ところがその後、北畠氏が神三郡を押領し、太神宮法楽寺領も没収される憂き目に遭った。斯くして経済的基盤を失った両宮法楽舎や菩提山は、神宮法楽の復興もままならなくなったと思われる。また、これを統轄する祭主や、さしもの醍醐寺三宝院門跡も、相手が南朝方の北畠氏とあっては、何等打つ手立てがなかったのであろう。

5　足利義満による太神宮法楽寺領の興行

さて、前掲④は、室町殿足利義満の御判御教書案である。後世の編纂物ではあるが、『南方紀伝』[42]明徳三年（一三九二）閏十月三日条によれば、南北朝合一の際、伊勢国司北畠顕泰の所領は旧の如く安堵されたという。それから六年を経た応永五年（一三九八）、顛倒していた太神宮法楽寺領の興行を、室町殿が北畠顕泰に命じたのは何故か。

金剛輪院領伊勢国棚橋大神宮法楽寺并廿二ヶ寺末寺等寺領之事、任二去年潤四月廿三日安堵之旨一、可レ被レ全二知行一之状如レ件

応永六年四月十日　　御判（足利義満）

三宝院大僧都御房（満済）[43]

宛所の満済は、足利義満の猶子である。彼が足利義満・義持・義教に尊崇され、護持僧として公武の祈祷に勤しむ一方、幕政にも深く関与したことは夙に知られている。その満済が、義満の意向により醍醐寺三宝院門跡の地位に就いたのは、応永二年（一三九五）十一月二日のことであった[44]。そして応永五年閏四月四日、かねてより醍醐寺と鶴岡若宮が争っていた伊豆国走湯山密厳院別当職を、足利義満御判御教書によって安堵されている。

密厳院別当職〈付寺院等〉事、任二先例一、可下令二執務一給上之状如レ件

応永五年閏四月四日　　御判（足利義満）

三宝院大僧都御房（満済）[45]

さらにその四日後、義満は鎌倉公方足利氏満に対し、次の御判御教書を下している。

伊豆山密厳院別当職〈付寺院等〉事、所レ補二任三宝院大僧都一也、相承證条（状）分明上者、関東寺領等無二相違一之様、可レ有二計御沙汰一之状如レ件

応永五

閏四月八日　　　　御判（足利義満）

左兵衛督（足利氏満）殿(46)

応永五年閏四月、足利義満は、醍醐寺三宝院配下の寺領興行を、大々的に行った様である。それが寵愛する満済のためであったことは、いうまでもない。

こうした足利義満による興行は、顛倒していた太神宮法楽寺領にも及んでいる。

⑥金剛輪院領伊勢国棚橋太神宮法楽寺并末寺等寺領之事、任二去年閏四月廿三日安堵一、可レ被レ沙二-汰-付三宝院門跡雑掌一之由、所二仰下一也、仍執達如レ件

応永六年四月十三日　　沙弥（畠山基国）判

仁木兵部少輔（義員）殿(47)

⑦伊勢国棚橋法楽寺領同国桑名（桑名郡）神戸・伊向（安濃郡）神田・末吉（安濃郡）・末正名・泊浦・小浜郷等事、先度被レ仰之処、不二事行一云々、太不レ可レ然、不日退二押領人一、沙二-汰-付三宝院門跡雑掌一、可レ執二-進請取一之状如レ件

応永六年六月廿日　（足利義満）（花押）
仁木（義員）兵部少輔殿[48]

⑧伊勢国棚橋法楽寺領同国末吉・末正両名・泊浦・小浜郷等事、帯二先守護一度々雖レ被レ仰、未二遵行一云々、不日退二押領人一、可レ被レ沙二汰一付雑掌一、若又有二子細一者、可レ被二注申一之由、所レ被二仰下一也、仍執達如レ件

応永七年三月九日　沙弥（畠山基国）（花押）
土岐（康行）大膳大夫入道殿[49]

⑨伊勢国棚橋法楽寺領安濃郡末吉・末正両名并泊浦・小浜郷等事、任二今月九日御教書之旨一、可レ沙二汰一付下地於彼雑掌一状如レ件

応永七年三月十六日　沙弥（土岐康行）（花押）
安藝弾正入道殿[50]

前掲④は、応永五年閏四月廿三日、神三郡を実効支配していた北畠顕泰に、太神宮法楽寺領の返付を命じたものであった。この足利義満の命に、北畠顕泰は応じたらしい。しかし、配下の神人や愛洲一族がそれに従わなかったために、同六年四月三日、その押妨の停止と三宝院雑掌への沙汰付（係争地を勝訴者に引き渡すこと）が顕泰に命じられている（前掲⑤）。以上は、神三郡における太神宮法楽寺領興行の一連の流れであるが、これと同様の手続きが、神三郡外に所在する同寺領に関しても執られた様である。応永六年（一三九九）四月十三日、伊

勢・志摩国守護仁木義員に[51]、同寺領の三宝院雑掌への沙汰付が命じられた（⑥）。ところが、伊勢国桑名郡桑名神戸や安濃郡伊向神田・末吉名・末正名、それに国境付近ゆえに、伊勢・志摩の両表記がみられる泊浦と小浜郷の都合六ヶ所では、押領人達が抵抗したことにより、三宝院雑掌へ引き渡すことができなかった。これに怒りを顕わにした足利義満は、同年六月二十日、同雑掌への速やかなる沙汰付を命じている（⑦）。その結果、桑名神戸と伊向神田は、引き渡しが完了した。ところが、他の四ヶ所では押領が続いたために、翌年三月九日、後任の守護土岐康行にその沙汰付を命じた（⑧）。これを承けた康行は、同月十六日、守護代安藝弾正入道に下達している（⑨）。

足利義満は、伊勢国司および守護に対して、斯くの如く太神宮法楽寺領の興行を徹底させたのである。そして⑨以降、同寺領の沙汰付に関する史料がみられなくなることから、その興行は完了したものと考えられる。

6　醍醐寺三宝院満済による神宮法楽の復活

太神宮法楽寺領は、満済が醍醐寺三宝院門跡に就任したことで、足利義満の後楯を得て、応永七年（一四〇〇）頃には旧の如く回復されるに至った。しかしながら、前掲応永十年（一四〇三）六月日太神宮法楽寺雑掌申状案に「両宮法楽之勤行退転」と明記されている。神宮法楽の復活には、暫く時間を要したものの、それに尽力したのが、満済であった。実際、『満済准后日記』[52]同三十年（一四二三）七月二十二日条に、次の注目すべき記述がみられる。

⑩御所様自二今日一八幡宮御参籠云々、就二関東一於二諸社一御祈各自二今日一始行、伊勢事、可レ申二付棚橋留守一由被レ仰間、領掌申入了、則於二法楽舎一有円法印以下十人参籠、一七日之間、本地護摩・毎日大般若一部転

読・同法華経読誦等也、御撫物柴御帯被レ出レ之、供料三千疋同御下行、赤松越後守持貞奉行、八幡宮金剛乗院僧正俊尊、自二今日一於二社頭一尊勝法始行、伴僧員数不二分明一、供料同三千疋、北野檀那院僧正相厳御祈奉仕、尊法等不二分明一、小法云々、供料同前

右掲でいう「就二関東一於二諸社一御祈」とは、鎌倉公方足利持氏の調伏である。応永三十年は、彼と室町殿足利義持との対立が頂点に達した年であった。同前七月五日条によると、持氏が「京都御扶持者」（関東における京都方国人衆）を次々に誅伐する「今度関東振舞以外事共」について、義持の諮問を承けた有力大名達が管領邸に集まって協議した。結論は、義持の「京都御扶持者共事、於レ今ハ更不レ可レ有二御捨一、可レ被レ加二御扶持一者也」との意向に「殊可レ然」と答申するなど、穏便な方針が執られることになった。一方、『看聞御記』[53]同月十三日条には、「関東討手下向事、室町殿諸大名参有二評定一、一同難儀之由申、仍未定云々」とみえる。義持は持氏征伐の軍勢派遣を検討するも、諸大名の反対にあったとの風聞が流れた様である。しかし、義持はこの時点で軍事行動に出るつもりはなく、まずは持氏の調伏を試みることにしたらしい。

この関東調伏祈祷が諸社で開始されたのが、七月二十二日のことであった。義持自身も、石清水八幡宮に参籠する一方、伊勢に関しては、棚橋留守すなわち太神宮法楽寺の院主代に申し付ける様、三宝院満済に命じた。そこで満済は、太神宮法楽寺から有円法印以下十名を法楽舎に派遣して七日間参籠させるとともに、（法楽舎住侶による）本地護摩と毎日の大般若転読供養、それに法華経読誦（の徹底）を下達している。この祈祷に、義持は撫物の帯と供料三千疋を遣わしたという。

右掲から、太神宮法楽寺を頂点とする神宮法楽の体制が、少なくとも応永三十年（一四二三）には復興し、正確に機能していた点を確認することができる。恐らくは、応永七年（一四〇〇）頃までに同寺領の興行が一通り

完了し、経済的基盤が整ったことにより、神宮法楽を復活させることができたのであろう。

斯くして、南北朝時代初頭に退転した神宮法楽は、室町時代の応永年間中頃に復活した。その立役者が、醍醐寺三宝院満済（応永二年（一三九五）十一月門跡就任）であったことは、言を俟たないところである。なお、右掲⑩には、法楽舎における祈祷として、大般若経転読や法華経読誦と共に、本地護摩がみえる。この本地とは、両部神道でいう両宮の本地大日如来（内宮胎蔵界・外宮金剛界）のことであろう。神宮法楽における本地護摩は、管見の限り右掲が初見である。これは、満済による新規と考えられる。

さらには、永享十二年（一四四〇）十一月、近年の国侍や神三郡土一揆による寺領押妨を訴えた太神宮法楽寺雑掌申状案(54)に、

右当寺者、両宮長日勤行無退転霊場、為二三宝院末寺一、相続管（領脱カ）之寺院也、随而代々公験・證状等〈依二事繁一略レ之〉明鏡者哉、然而当寺者、自二往古一異国御祈祷于レ今無二懈怠一之処（下略）

とみえる。これを検討する限り、太神宮法楽寺では、長日神宮法楽が勤行されているとしか考えられない。そもそも貞和二年（一三四六）、賢俊が愛染明王像を持ち去ったこともあって、通海以来の神宮法楽は途絶えることとなった。しかし、太神宮法楽寺が醍醐寺（真言宗）末である以上、大日如来は何処かに祀ってあった筈である。満済が神宮法楽に本地（大日如来）護摩を加えたことで、両宮法楽舎のみならず、本寺の太神宮法楽寺においても、それを復活することができたと考えられる。

7　足利義持による神宮法楽の恒例化

さて、足利義持はきわめて信心深く、「神仏依存傾向」の強い人物であったことが指摘されている(55)。その信仰は、国家第一の宗廟である神宮にも向けられた。山田雄司氏の研究によると、義持は、将軍の地位にあった応永元年（一三九四）から同三十年（一四二三）三月までに十三回、将軍を辞して同三十五年（正長元年・一四二八）正月の逝去までに七回、都合二十回もの参宮を果たしている。これは純粋な信仰だけでなく、「政治的意味合い」も大きかったとされるが(56)、その一方で、応永二十七年（一四二〇）の室町殿医師狐付事件を機に、神宮を治病や邪気・狐付を祓う神としても信仰していたとする、瀬田勝哉氏の指摘もある(57)。

ところが、同三十年七月二十二日より始まった諸社御祈は、鎌倉公方の調伏である。その際、神宮においては参宮もしくは代参ではなく、法楽が選ばれたのは、義持が蒙古襲来時の異国降伏祈願を想起したからに相違ない。通海が神宮祠官達と連携し、風社の神威と併せて喧伝したことで、同祈願における神宮法楽の霊験が流布したであろうことは、第二章五で既に述べた。なお、前掲⑩にみえる如く、この御祈において義持が石清水八幡宮に参籠したのは、弘安四年（一二八一）六月二十一日に参籠された、亀山上皇の先例に倣ったものであろう(58)。

しかしながら、鎌倉公方の挑発は一向に衰えず、同年八月二日には、京都御扶持者の小栗・桃井氏等を討ち滅ぼしている(59)。同月八日、幕府は「関東討手大将」の進発を決定し、十一日には大将軍両名に御旗を下賜した(60)。しかし、合戦に及んだとする記録は確認できない。一方、関東調伏に関しては、同月十八日、「一段之祈念」を諸社・諸門跡等に重ねて命じている(61)。すると、同年十一月二十八日、建長寺長老等が足利持氏の使者として上洛し、幕府に謝罪してきた(62)。そして翌年二月三日、関東より持氏の誓紙が齎され、五日に和睦が成立した(63)。

もともと、神仏依存傾向の強い義持のことである。戦わずして成就したこの和睦は、関東調伏の霊験と認識したに相違ない。果たしてその後、義持は神宮法楽を手厚く庇護する様になる。

⑪『満済准后日記』応永三十一年十一月二十日条

今朝、依レ仰参二公文所坊一、御対面、於二伊勢両宮一御法楽可レ在様、且先規一紙可二注進一由被レ仰、仍乍二卒爾一注二‐進之二了、両宮本地供并大般若経転読・法華経読誦等以上三ヶ条、一ツ書ヲシテ注二‐進之一、端書ニハ伊勢両宮御法楽事計書レ之、

⑫『満済准后日記』同年十二月五日条

参二等持寺御籠所一、懸二御目一、於二神宮一御法楽事、自二明年一就二内外一可レ有二御沙汰一、祭主召寄可二相尋一由被二仰出一、

⑬『満済准后日記』応永三十二年九月十六日条

来廿日御参宮必定由被レ仰、祭主二位則参申了、於二法楽社（舎）一御祈事、自二来廿三日一可二勤修一旨被二仰出一、此等御法楽御願、去年以来事也、御料所伊勢国香取庄三千貫所々御寄進、祭主奉行、以二此御料所内一、此供料可レ出旨被二定置一、仍一季一七日参籠分、僧衆十人・承仕一人、僧衆布施各百疋、七日間食物人別五十疋、仏供灯明料三百疋、惣合一季分千八百疋、最略定也、春夏二季分自二廿三日一令二参籠一可二行入一云々、仍二七日参籠分供料三千六百疋、自二祭主方一直ニ棚橋へ可二渡遣一旨申付了、

⑭『満済准后日記』同年十月二十日条

今日渡二‐御崇寿院一、還御時分参、御対面、（中略）伊勢国香取庄事、今度御二‐寄‐進神宮一、地下代官事、祭主知行難レ叶、為二公方一被二仰付一者可二畏入一旨也、此由披露処、管領相計可二申付一云々

鎌倉公方と和解して九ヶ月が経過した十一月二十日朝、義持に召された満済は、二宮法楽の現況報告を命じられた。満済は、突如の仰せに戸惑いながらも、本地供（護摩）と大般若経転読、法華経読誦の三ヶ条を注進したという⑪。翌月五日、等持寺に参上した満済は、義持より、来年には二宮法楽を主催したいこと、就いては祭主を呼んで種々尋ねたいとの旨を仰せ付かっている⑫。鎌倉時代の永仁二年（一二九四）以降、祭主が神宮法楽の総責任者であったことは、既に述べた（第二章五）。その後、時の祭主大中臣通直（任応永十六年〜正長元年・一四〇九〜一四二八）と協議した義持は、

・応永三十二年より、四季毎に七日間の神宮法楽を、（両宮）法楽舎において勤行する。
・一季七日間の勤行では、僧一〇名を参籠させる。
・そのための料所として、伊勢国桑名郡香取庄（現桑名市多度町香取）を寄進し、祭主に管轄させる。一季分の供料は、都合一八〇〇疋とする。

と定めた。そして、応永三十二年九月二十三日より十四日間、今年春夏二季分の参籠勤行を行わせるべく、棚橋（太神宮法楽寺）に対する供料三六〇〇疋の支払いを、祭主方に命じている⑬。なお、香取庄の知行を困難と判断した祭主大中臣通直は、幕府からの地下代官の派遣を要請している⑭。

応永三十年（一四二三）の関東調伏を機に、神宮法楽の霊験を確信した足利義持は、同三十二年以降、両宮法楽舎における年二十八日間の特別参籠勤行を恒例化したのであった。

おわりに

本節では、鎌倉時代に成立した神宮法楽寺院と神宮法楽の制度が、南北朝時代を経て如何なる変貌を遂げたのか、検討を試みた。

鎌倉時代に成立した神宮法楽寺院は、㋐般若蔵（持明院統）、㋑太神宮法楽寺（大覚寺統）、㋒菩提山（持明院統）、㋓内宮法楽舎（㋑末寺・大覚寺統）、㋔外宮法楽舎（同前）の五ヶ寺であった。このうち㋐は、後醍醐天皇の治世下、廃絶したと考えられる。一方、大覚寺統であった㋑㋓㋔は、正慶二年（一三三三）正月に㋑を継承した醍醐寺三宝院賢俊によって持明院統に改められ、また同統であった㋒菩提山は、㋑の末寺として編入された。ここに、㋑を頂点とする神宮法楽の体制が成立したのである。

ところが、南北朝時代初頭の建武三年（南朝延元元年・一三三六）十二月から康永元年（南朝興国三年・一三四二）八月までの間、㋑は南朝方に占拠されて荒廃した。末寺の㋒㋓㋔がその煽りを受け、神宮法楽もまた退転したであろうことは、想像に難くない。貞和二年（一三四六）、賢俊は㋑における神宮法楽の本尊愛染明王像を京都へ持ち去る一方、祭主と交渉して㋒㋓における神宮（内宮）法楽の復活を画策した。しかしその後暫くして、伊勢国司北畠氏が神三郡に進出し、太神宮法楽寺領を押領した。斯くして、㋑とその末寺㋒㋓㋔における神宮法楽は退転したまま、南北朝の合一を迎えたのであった。

それが、応永二年（一三九五）十一月二日、足利義満の猶子満済が醍醐寺三宝院門跡に就任したことで、事態は好転する。同五年（一三九八）閏四月、義満は醍醐寺三宝院配下の寺領興行を大々的に行い、同七年（一四〇〇）頃には、太神宮法楽寺領が旧の如く回復した。そして、祭主および醍醐寺三宝院門跡管轄のもと、㋑を頂点とする神宮法楽の体制もまた、本地護摩を加える等、満済による装いも新たに復活したと考えられる。

なお、同三十二年（一四二五）以降、足利義持が、㋓㋔における年二十八日間の特別参籠勤行を恒例化した。

これは、神宮法楽の霊験を確信した故のことであった。その義持は、新たなる神宮法楽寺院を創設する。この点については、節を改めて検討することにしたい。

註

(1)行悟書状（『三重県史』資料編中世2「国立公文書館所蔵光明寺古文書」第七巻一二一号。以下、「光明寺古文書」巻数―文書番号と略記する）。光明寺古文書については、第二章五・註（17）参照。

(2)現在は国立歴史民俗博物館蔵。星野利幸「神三郡の土地利用について―条里復元を中心に―」（『斎宮歴史博物館研究紀要』16、平成十九年）により翻刻されているが、本節では原本の写真によった。〈 〉内は割書、以下同じ。

(3)寛永三年（一六二六）に示寂した義演まで、都合四十代に及ぶ醍醐寺三宝院流の系譜を詳細に記したもの。醍醐寺蔵。その写真版が、醍醐寺文化財研究所『研究紀要』第四号（昭和五十七年）に収録されている。

(4)『大日本古文書』醍醐寺文書之一・二七七。

(5)「醍醐寺座主次第」第六十五法印権大僧都賢俊項（『大日本史料』南朝正平十二年・北朝延文二年閏七月十六日条）に、「日野大納言俊光卿息」とある。なお、日野俊光の極官が権大納言であったことは、『公卿補任』（新訂増補国史大系）による。

(6)『日本仏教史』第四巻中世之三（岩波書店、昭和三十五年）、六三頁。

(7)『梅松論』（『群書類従』巻三七一）。該当記事は、第二〇輯（続群書類従完成会、昭和五十九年訂正三版第六刷）一八一頁下。

(8)「密宗血脈鈔」下・定済僧正付法門跡付賢俊僧正事（『大日本史料』南朝正平十二年・北朝延文二年閏七月十六日条）に、「尊氏将軍御持僧、帰依渇仰無比、此時醍醐座主也（中略）然間尊氏筑紫下向時、随身被レ申、其時筑紫ヨリ乞食修行者有様京上洛、応当宮御幡申下、筑紫下、尊氏被レ進、仍九州勢引率上洛、惣彼此遂寸不レ離、尊氏随身如レ此、忠節無二也、仍醍醐座主成玉ヘリ」とある。

(9)「醍醐寺座主次第」第六十五法印権大僧都賢俊項および『五八代記』第二十九代賢俊項。

(10)註（8）参照。

(11)『大日本古文書』醍醐寺文書之十五・三六〇四。

(12)坂十仏が著した、康永元年（一三四二）十月の参宮紀行文『伊勢太神宮参詣記』（増補大神宮叢書12『神宮参拝記大成』所収、吉川弘文館、平成十九年）に、

か様の事を思ひつゞけて、なく〳〵境内（引用者註・内宮）をいで侍りぬ。朝熊巡礼の志ありて、河（引用者註・五十鈴川）づらの道をくだるほどに、（中略）香爐風薫ず弘正寺の浄場、茶竈煙幽なり菩提山の禅坊、かゝる寺々を一見して朝熊の宮（引用者註・内宮摂社朝熊神社）にまいりぬ。

とある。般若蔵とは異なり、菩提山が南北朝時代まで存続していた点を確認することができる。

なお、その後の菩提山については、後掲本章六にて触れる。

(13)「光明寺古文書」七―一一七。

(14)『中臣氏系図』（『群書類従』巻六二）によると、通海の兄弟隆文の子隆経を「号二大納言僧都一」とする。

(15)「田中忠三郎氏所蔵文書」外宮祢宜目安案（神宮祠官勤王顕彰会編『建武の中興と神宮祠官の勤王』〔東洋社、昭和十年〕二一〇頁）。

なお、北畠親房がなぜ伊勢に下向したかについては、岡野友彦氏が的確かつ簡潔にまとめられている（ミネルヴァ日本評伝選『北畠親房―大日本は神国なり―』〔ミネルヴァ書房、平成二十一年〕九五～一一八頁）。

(16)ここでいう法泉寺とは、太神宮法楽寺の北北東約七kmに所在した蒼渓山法泉寺（現度会郡玉城町小社）を指すものと思われる。同寺は、内宮祠官荒木田氏一門の氏寺であった（第一章二）。

(17)本書では、橋本初子氏による最新の翻刻を用いた（「三宝院賢俊僧正日記―貞和二年」〔醍醐寺文化財研究所『研究紀要』第一二号、平成四年〕）。

(18)増補大神宮叢書12『神宮参拝記大成』所収。

(19)『大日本古文書』醍醐寺文書之十二・二六九五。

(20)『大日本古文書』醍醐寺文書之四・八一三。

(21)『男山考古録』巻第六・平等王院〈或号二愛染堂一〉項（『石清水八幡宮史料叢書』一所収、石清水八幡宮社務所、昭和三十五年）。

(22)『大日本古文書』醍醐寺文書之一・一五六。

(23)「室町幕府の祈禱と醍醐寺三宝院」（『仏教史学研究』第三一巻第二号、昭和六十三年）。

(24)『五八代記』賢俊項に、「（建武五年）四月四日、於二将軍一、為二客星祈祷一被レ修〈五大虚空蔵法〉、此法予勤二仕之一、為二護持僧五人之最末一勤仕、最初之御願、頗面目之至歟」とある。

(25)「三宝院賢俊について」（『中世日本の政治と文化』第二章第一節、思文閣出版、平成十八年。初出は平成二年）。

(26)『続群書類従』巻八六六。

(27)『二宮祢宜年表』（増補大神宮叢書4『神宮典略』別冊、吉川弘文館、平成十八年）。以下、神宮祠官の経歴は上記による。

(28)現に先学は、「その記事からは、両宮に対して将軍より神馬と大刀が奉納され、法楽を催していることがわかる」（山田雄司「足利義持の伊勢参宮」〔『皇學館大学神道研究所紀要』第二〇輯、平成十六年〕一〇九頁）とか、「なおこの際、内外両宮で勤行された「法楽会」とは、いわゆる神前読経のことであり、実際には神宮神域ではなく、建治元年（一二七五）、「異国降伏」の為に建てられた法楽舎で行われたものと考えられる」（岡野友彦「南北朝時代の伊勢神宮」〔『伊勢市史』第二巻中世編・第二章第二節四、平成二十三年〕二九六頁）、「十一月三日に山田に出て外宮・内宮の順に参詣した。そこで「法楽会」（神前読経）を興行している。通海が建てた「法楽舎」に拠ったものらしい」（小川剛生「兼好法師の伊勢参宮―祭主大中臣氏との関係を考証し出自の推定に及ぶ―」〔『日本文学研究ジャーナル』創刊号、平成二十七年〕一二六頁）と述べられている。

(29)ミネルヴァ日本評伝選『満済―天下の義者、公方ことに御周章―』（ミネルヴァ書房、平成十六年）、一七頁。

(30)『大日本史料』南朝正平三年・北朝貞和四年五月六日条。

(31)拙稿「神宮領の成立」（『伊勢市史』第二巻中世編・第一章第三節二）参照。

(32)拙稿「神宮の戸田について」（『年報中世史研究』第三七号、平成二十四年）、五一～一二頁。

(33)同前、五二～三頁。

(34)『三重県史』資料編中世1(下)所収。

(35)「道後政所職事」（『三重県史』資料編中世1(上)所収）永享十一年（一四三九）十二月十一日神宮検非違使新家真成奉書に、

袖判

月次祭官幣使御上洛、可レ為二来十八日一、人夫・伝馬事、任二先例一可有□沙汰、就レ中、件所役事、大略近年無沙汰之条、不レ得二其意一、云二未進分一、□□□祭分、期日以前、可下令レ致二沙汰一給上者、依二道後政所殿仰一、執達如レ件

永享十一年十二月十一日　検非違使真成奉

追申、菓代事、可レ被レ致二沙汰一候、同被レ仰候也

□□、同少神部殿、服大神部殿、同少神部殿

□□郡司殿、多気大少郡司殿、度会大少郡司殿

とあり、月次祭官幣使帰洛に際しての人夫と伝馬は、服大少神部等や神三郡大少郡司の務めであったことが判明する。

(36)神八郡には、各所に祭主の代官として郡政所が設置されており、このうち道後三郡（所謂神三郡）を管轄したのが、道後政所である。西山克「伊勢神三郡政所と検断(上)(下)―鎌倉末～室町期―」（『日本史研究』第一八二・一八三号、昭和五十二年）参照。

(37)前掲西山氏論文(下)、四一頁。「室町時代の「知行主」―「伊勢国司」北畠氏を例として―」（『史学雑誌』第一一六編第一一号、平成十九年）、四五～六頁。

(38)『大日本古文書』醍醐寺文書之四・八一二。

(39)同前・八一五。地名の所在郡比定は、『法楽寺文書紛失記』によった。

(40)大西源一『北畠氏の研究』（北畠顕能公六百年祭奉賛会、昭和五十七年復刊。初出は昭和三十五年）、三〇～二頁

参照。
(41)註(36)西山氏前掲論文(下)、三三～七頁。
(42)本書では、改定史籍集覧本(通記第一一)によった。
(43)『大日本古文書』醍醐寺文書之四・八一四。
(44)森茂暁『満済―天下の義者、公方ことに御周章―』。以下、満済の経歴は上記による。
(45)『大日本史料』応永五年閏四月四日条。
(46)同前。
(47)『大日本古文書』醍醐寺文書之四・八一〇。
(48)同前之一・七五。地名の所在郡比定は、『法楽寺文書紛失記』によった。
(49)同前・七六。
(50)同前・七七。
(51)当時、伊勢・志摩二ヶ国に一員の守護しか置かれなかったことは、佐藤進一『室町幕府守護制度の研究』上(東京大学出版会、昭和四十二年)六四頁を参照。
(52)本書では、続群書類従本によった。
(53)同前。
(54)『大日本古文書』醍醐寺文書之四・八一六。
(55)村尾元忠「足利義持の神仏依存傾向」(安田元久先生退任記念論集刊行委員会編『中世日本の諸相』下巻所収、吉川弘文館、平成元年)。大田壮一郎「足利義持政権と祈禱」(『室町幕府の政治と宗教』第一部第三章、塙書房、平成二十六年。初出は平成二十一年)。同「足利義持の神祇信仰と守護・地域寺社」(同前第二部第二章。初出も同前)など。
(56)註(27)山田氏前掲論文。引用箇所は一二三頁。
(57)「伊勢の神をめぐる病と信仰―室町初中期の京都を舞台に―」(『武蔵大学人文学会雑誌』第一二巻第二号、昭和五十五年）。
(58)相田二郎『蒙古襲来の研究　増補版』（吉川弘文館、昭和五十七年）、八〇頁。
(59)『看聞御記』同月二十日条。
(60)『看聞御記』同日条。
(61)『兼宣公記』（史料纂集）同日条。
(62)『看聞御記』同日条。
(63)『満済准后日記』同日条。
(補註)本節脱稿後、山本倫弘「神宮法楽の展開と神宮周辺寺院」（『寺院史研究』第一五号、平成二十八年十一月）が発表された。山本氏と筆者は、奇しくも同様の関心を抱き、それぞれ研究を進めた次第であるが、氏の結論は、次に掲げる通り、筆者のそれとは異なるものとなっている。

　十三世紀における通海の活動もまた、法楽寺の前身が大中臣氏の氏寺蓮華寺であったように、神宮周辺寺院でおこなわれてきた神宮法楽の発展の延長線上にあった。しかし通海の特異な点は次の二点にある。一つは、菩提山寺などの過去に神宮法楽の会場として実績のある神宮周辺寺院を末寺化し、分散・多核化していた神宮法楽の拠点の統括を意図していたと考えられる点、もう一つは、内宮・外宮に法楽舎を設置し、神宮法楽の正式会場を固定化した点である。（一九頁）

一方、筆者の結論は、神宮法楽寺院の組織化とその一体的運用を試みられたのが、鎌倉時代末の伏見天皇であり、そして正慶二年（一三三三）正月に太神宮法楽寺を継承した醍醐寺三宝院賢俊によって、同寺を頂点とする神宮法楽体制が確立されたとするものであった。両説の是非については、学界の判断に委ねる他ないが、ここで山本氏の説を検証するに、通海が菩提山寺を太神宮法楽寺の末寺とした典拠として、『法楽寺文書紛失記』の「一　末寺十四箇寺」に「菩提山寺」が記されている点を挙げられる。しかしながら、本節で検討した通り、「醍醐寺文書」建武三年（一三三六）八月日三宝院前大僧正賢助遺領目録（註（11））に「伊勢国法楽寺付十一箇末寺 号二通海僧正遺領一」と明記されているのに対して、康永三年（一三四四）成立の『法楽寺文書紛失記』には「末寺十四箇寺」が記載され、「菩提山寺」はその末尾であった。こうした点から、菩提山（寺）が太神宮法楽寺の末寺として編入されたのは、建武三年～康永三年と見做してよいであろう。したがって、嘉元三年（一三〇五）に示寂した通海が、菩提山寺を末寺化したとする氏の説には、首肯することができない。また、両宮法楽舎が神宮法楽の正式会場として固定化したとする説について、もしこれが妥当であるとするならば、「醍醐寺文書」永享十二年（一四四〇）十一月日太神宮法楽寺雑掌申状案（註（54））に「右当寺者、両宮長日勤行無退転霊場」と明記されている、両宮法楽舎の本寺にあたる太神宮法楽寺の存在を、如何に位置付けたらよいのであろうか。故に氏のこの説についても、従うことはできないのである。

二　伊勢朝熊山金剛證寺について

はじめに

「お伊勢参らば朝熊をかけよ、朝熊かけねば片参り」との俗謡がある。朝熊とは、皇大神宮（内宮）の東北東に位置する朝熊山（標高五五五メートル）をいう。その山頂の一角は、経ヶ峯経塚と命名されており、出土した承安三年（一一七三）銘（施主内宮権祢宜荒木田時盛・散位度会宗常）の陶経筒以下は、国宝に指定されている。(1) 当時の神宮祠官達による仏教信仰を如実に伝える史料として、貴重である。

そしてこの経塚付近に所在するのが、勝峰山兜率院金剛證寺である。当寺には、弘法大師が天照大御神十六歳の姿を感得して彫刻したと伝わる木造雨宝童子立像が遺されている。同像は平安時代末期（十二世紀）に制作された現存最古の遺例として、国重要文化財に指定されている。(2)

この様に、伊勢朝熊山金剛證寺は平安時代以来、天照大御神と習合した霊場として、人々に崇められてきた。

本書を『伊勢神宮と仏教』と銘打つ以上、当寺の検討は、避けて通ることができない課題である。

1　問題の所在

しかしながら、その歴史については未だ寺伝や縁起の域を出ておらず(3)、知名度の割には研究が進んでいない。一例として、『国史大辞典』の記述を挙げてみよう。

天長二年（八二五）空海がこの山に登り、伽藍を建て、本尊として福威智満虚空蔵菩薩を祀り真言宗の道場を開き、勝峰山兜率院金剛証寺と称したのが起源である。その後荒廃していたが、明徳三年（一三九二）仏地禅師東岳文昱（建長寺七十一世・円覚寺六十一世）が再興に努め旧観に復した。爾来臨済宗寺院となり、江戸時代初期には南禅寺派の所属となった。

（桜井景雄氏執筆）

金剛證寺に関する現存最古の縁起は、室町時代の応永～文安年間（一三九四～一四四九）成立と考えられている『朝熊岳儀軌』(4)である。上記には、

天長元年、高祖空海、大和国於二鳴川善根寺明星石上一俾レ満二求聞持法一夜暁、従二虚空一童子来白、赤精童子化云、伊勢国朝熊岳示レ座在二明星法行一必成就云、天長二年〈乙巳〉正月十六日巳刻、朝熊山分入見、堂舎勿二人住一、柱根摧朽、无二燈油光一、仏壇闇（中略）日本三十三ヶ国時不レ言、自二金地一虚空蔵薩埵慈悲示在処也、三十三ヶ国時伊勢朝熊星堂云也〈自二空海一以前无二寺号一〉、吾於二此山一成二就求聞持一、成二東寺法務一得レ證故号二金剛證寺一

といったほか、

自二仁王始一至二迄欽明天皇一三十代（ママ）、成二此山行幸一、再二興伽藍一為二僧伽律一、為レ不レ断二求聞持一、寄二勅一在棚箸庄一

や、

上宮太子依二当山御信仰一御寄進在、尽未来際不レ離二当山福田一也、為二舍利会領一曾祢庄御寄勅在

との記述もみられる。右掲に従えば、当寺はかつて朝熊の星堂と呼ばれていたこと、神武天皇以来、第二十九代欽明天皇に至るまで、歴代の天皇が朝熊山に行幸したことで次第に伽藍が整備されたこと、棚箸庄が寺領として寄進されたこと、聖徳太子もこの星堂を信仰して曾祢庄を寄進したこと、その後荒廃するも、天長二年（八二五）に空海が再興し、金剛證寺と号する様になったことになる。

前掲『国史大辞典』においては、空海再興に関する記述を史実と見做しているが、弘法大師の開山というのは、後世の付会であろう。(5) しかし、「金剛證寺」という寺号や、平安末期の雨宝童子像が伝存している点を鑑みるに、同時代に真言宗高野派の寺院として既に存在していたことは、間違いなさそうである。

それでは、明徳三年（一三九二）に臨済僧東岳文昱が再興して旧観に復したというのは、果たして史実なのか。『国史大辞典』では、金剛證寺の寺伝に拠った様である。(6) また慶長十九年（一六一四）、時の住持明叟が著した『朝熊嶽縁起』(7) には、「応永の中に至って鎌倉建長寺第五世仏地禅師、宇治の宮に詣謁し神館に勤修し、竟夜悃誠

を竭す。時に天孫太神巫に託し告げて曰はく、（中略）汝錫を此の嶽に留め、精廬を経営し、斯の山を中興せよ。（中略）直に山嶽に登り旧跡を礎とし、伽藍を造建し法燈を挑げて禅寂の道場と為す」とある。ところが、応永～文安年間成立の前掲『朝熊岳儀軌』には、こうした記述が全く見られないのである。[8] 上記時点においてもなお、金剛證寺は真言宗寺院としての命脈を保っていたとしか考えられない。ちなみに、建長寺塔頭岱雲庵および円覚寺塔頭富陽庵の開山でもある東岳文昱は、応永二十三年（一四一六）二月二十二日の示寂である。[9] 金剛證寺を臨済宗寺院として再興したのは、東岳の遺弟にあたる鎌倉五山僧ではなかったか。その際、彼の遺弟が師を勧請開山としたために、斯くの如き寺伝が形成されたのであろう。

以上を勘案するに、金剛證寺の創建は、平安時代まで遡りそうである。『朝熊岳儀軌』が著された応永～文安年間（一三九四～一四四九）までは、真言宗寺院であったらしい。それから暫くして衰退し荒廃するも、何時しか巡錫した鎌倉五山の禅僧により、臨済宗寺院として再興された、ということになる。

そこで、朝熊山金剛證寺史に関する実証的研究の皮切りとして、今まで全く検討されてこなかった、同寺が真言宗であった時代を俎上に載せ、[10] 検討を試みたいと思う。

2　醍醐寺との関係性

そもそも現存最古の金剛證寺縁起『朝熊岳儀軌』には、天長二年（八二五）空海再興以降の歴史が全く記されていない。これこそ、同寺が真言宗であった時代の研究を阻む、大きな要因と考えられる。しかし上記を具に検討すると、手掛かりが皆無ではないことに気付く。

前に、神武天皇から欽明天皇の間に「棚箸庄」が寺領として寄進されたこと、聖徳太子も当山を信仰し、舎利会領として「曾祢庄」を寄進したとする記述を挙げた。およそ史実とは認め難いが、ここに棚箸や曾祢庄が登場する点には、注意しなければならない。

前者は、伊勢国度会郡大橋御園内の棚橋（現度会町棚橋）を指すと考えられる。此処に所在したのが、太神宮法楽寺であった。同寺が醍醐寺派であったこと、祭主および三宝院門跡管轄のもと、同寺を頂点とする神宮法楽の体制が確立されていた点については、既に検討した通りである（第二章五・第三章一）。

後者の曾祢庄とは、伊勢国一志郡に所在した醍醐寺領の荘園である。その歴史は、平安時代の天暦二年（九四八）二月二十八日、朱雀上皇が醍醐寺へ寄進したことに始まり[11]、以後戦国時代まで存続したことが、「醍醐寺文書」等により確認することができる。

この様に、「棚箸庄」や曾祢庄が金剛證寺の縁起に登場するのは、同寺が真言宗のなかでも、醍醐寺と何らかの関係を有していたからではなかったか。

また『朝熊岳儀軌』には、金剛證寺の鎮守として、七つの宝宮が列挙されている。その一宮が、「七宝宮清瀧大権現」なのである。清瀧大権現は醍醐寺の鎮守として、現在も上醍醐の清瀧宮に奉斎されている。これも、金剛證寺と醍醐寺との関係を示すものではないか。

但し、右掲の鎮守は「一宝宮弁才天女」、「二宝宮荒神《内宮荒祭宮》」、「三宝宮春日大明神」、「四宝宮三輪大明神」、「五宝宮丹生大明神」、「六宝宮白山妙理大権現」の順で、清瀧大権現は七鎮守の末尾である。ちなみに、五宝宮の丹生大明神が高野山の守護神であることは、夙に知られるところである。金剛證寺におけるこうした鎮守の序列は、当初は高野派であったのが、或る時期を境に醍醐寺派へと転じた事実[12]を示唆しているのではないか。

そこで「醍醐寺文書」を検索すると、（文安二年）十月八日僧通済書状に、次の一節が記されていることに気付く。

一、朝熊嶽棚橋之管領候支證等〈二通〉、うつし令㆓進上㆒候、当住持於㆓京都㆒訴訟申由、承及候之間、進置候、衆徒方へ可㆑被㆓仰付㆒候事、畏入候

「朝熊嶽」が金剛證寺、「棚橋」が太神宮法楽寺を指していることは、言を俟たないところである。差出人の通済については、「醍醐寺文書」年未詳十月十六日同書状[13]に「棚橋寺領等之事、御門跡之御一言以可㆓事行㆒候へ共、寺家者不㆑命㆓通済㆒歟、ふうんにて候やらん、当寺へ罷下候て十余年、更ニ自㆓京都㆒不㆑預㆓御成敗㆒候間、国之式、力も無㆓才角㆒候」とある。彼は太神宮法楽寺の院主代として下向し、その統轄に苦心した醍醐寺僧であった。以上を踏まえて右掲を検討するに、室町時代の文安三年（一四四六）、金剛證寺の住持が京都において訴訟を起こしたらしく、これを棚橋にて聞き及んだ院主代の通済は、金剛證寺が太神宮法楽寺の管領下にあることを示す証拠文書二通を写し、醍醐寺へ進上したのである。当時の金剛證寺は醍醐寺派で、かつ度会郡棚橋太神宮法楽寺の末寺であったことが判明する。

3　足利義満による再興

しかしながら、そもそも金剛證寺という寺号から、創建当初は高野派であったと考えられる。それが室町時代に至って、醍醐寺派に転じたのは一体何故か。この疑問を解くにあたって参考となるのが、『足利治乱記』[14]上・将軍義満伊勢御参宮事にみえる次の一節である。

明徳四年、義満公ハ左大臣ヲ御辞退マシ〳〵テ、九月朔日ニ御動座有テ、伊勢太神宮へ御参宮ナリ（中略）六日ニハ将軍義満公山田ノ御舘ニ御着。七日卯ノ下刻、御参宮御神拝ノ次第厳重ナリ（中略）八日ニハ外

宮・内宮ノ神人等ニ禄ヲ給ル。十祢宜等御紋ノ小袖ヲ賜ル。祭主・長官白銀一千両ヲ給ル也。夜ニ入テ神三郡ノ奉行等ヲ召テ、内外ノ御神領同国ニテ七千貫、奉幣使料トシテ御寄付ナリ。万民奉祝聲ヤウ〳〵タリ。九日ニハ朝熊へ御参ニテ、此所大破ニ及テ有シヲ御覧有テ、造替仰付ラル。其ヨリ二見浦へ御下御祓等、又御歌アリ（下略）

『足利治乱記』は、南北朝時代より嘉吉の乱までを叙述した成立年代・筆者ともに未詳の戦記物語であり、その史料的価値は低いとされる。(15) しかしながら、時の室町幕府将軍足利義満が明徳四年（一三九三）九月十八日に京都を発ち、同月二十一日に参宮しているのは、紛れもない事実である。(16) 右掲に限っていえば、日付に参差がみられ、また義満による大盤振舞の記述等、潤色の誹りを免れ得ない箇所はあるものの、伊勢滞在時における義満一行の行動自体については、史実を伝えたものとみてよいと思われる。

以上を踏まえた上で、明徳四年九月における足利義満参宮の行程を確認するに、二十日（『足利治乱記』では六日）に外宮鳥居前町の山田に到着し、翌日両宮を参拝。二十二日（同前八日）は終日神宮祠官達と接見して、二十三日（同前九日）には朝熊へ参詣し、二見浦へと向かった様である。

ここで問題としたいのが、傍線部の「朝熊」である。これを、内宮筆頭摂社の朝熊神社（現伊勢市朝熊町）に比定される識者も居られるが、(17)『延喜伊勢太神宮式』(18)に「凡太神宮廿年一度造㆓替正殿・宝殿及外幣殿㆒（度会宮及別宮・余社造㆓神殿㆒之年限准㆑此）」、延暦二十三年（八〇四）成立の『皇太神宮儀式帳』(19)管度会郡神社行事には、朝熊神社を始めとする二十四社について「右社随㆓破壊之時㆒、国郡司以㆓正税㆒修造如㆑件」と明記されている。律令制度下において、朝熊神社は式年遷宮の対象とされ、その間に破損した場合は、伊勢国司や度会郡司が正税をもって修理する定めとなっていた。室町幕府の将軍とはいえ、朝廷祭祀下の当社造替を即座に命じたとは、考え難いのではないか。ここでいう「朝熊」とは朝熊山のことで、明徳四年九月に登拝した義満が大破している金剛證寺の伽藍を見て、その造替を命じたと考えるのが妥当であろう。

なお、明徳三年に臨済僧東岳文昱が再興したという前述の寺伝は、右掲の史実を踏まえたものと思われる。

4　醍醐寺三宝院満済による太神宮法楽寺末への編入

平安時代の開創で、元々高野派であったと思しき金剛證寺は、室町時代初頭の明徳四年（一三九三）時点において、伽藍が大破していたという。この荒廃は、南北朝の動乱の煽りを受けた結果であろうか。それが、時の将軍足利義満の造替により、見事復興を遂げた。そして文安三年（一四四六）には、太神宮法楽寺の管轄下に置かれていた点を鑑みるに、金剛證寺が高野派から醍醐寺派に転じたのは、明徳四年の義満による再興とみてよいと思われる。

この義満の再興には、満済の存在を考慮する必要があろう。彼が義満の猶子となり、（恐らく）醍醐寺三宝院に入室したのは、南北朝時代末の永徳～至徳年間（一三八一～八七）と考えられている。[20]そして義満の強い意向のもと、彼が同院の門跡に就任したのは、応永二年（一三九五）十一月二日のことであった。その後、義満が同院配下の寺領興行を大々的に行ったこと、そのなかに太神宮法楽寺領も含まれていた点は、既に検討した通りである（第三章一）。そもそも金剛證寺は、内宮天照大御神との習合を標榜する真言宗高野派の寺院であった。明徳四年、同寺が荒廃しているのを見た足利義満は、寵愛する満済がいずれ醍醐寺三宝院門跡となることを見越し、その復興を命じた。果たして応永二年十一月、満済が門跡に就任するや、義満は再興された金剛證寺を、同じ真言宗でも醍醐寺派に改めて、彼に与えたのではないか。

満済は、南北朝時代に退転した、太神宮法楽寺を頂点とする神宮法楽の復活を果たしている（同前）。内宮に程近く、其処との習合傾向が著しい金剛證寺は、神宮法楽寺院として相応しい存在である。斯くして満済は、金剛證寺を太神宮法楽寺の末寺とし、神宮法楽体制に組み入れたのではないか。史料の制約上、推論に過ぎる嫌いもあるが、現段階においてはこの様に考えておきたい。

おわりに

室町時代初頭、醍醐寺三宝院派・太神宮法楽寺末となった朝熊山金剛證寺であるが、文安三年（一四四六）には住持が京都で訴訟を起こしており、三宝院による支配は決して順調ではなかった様である。なお、「醍醐寺文書」に金剛證寺が登場するのは、上記のみである。そしてその本寺とされた太神宮法楽寺の名も、応仁二年（一四六八）閏十月一日以降、確認できなくなる（後述第三章六）。金剛證寺が醍醐寺三宝院派・太神宮法楽寺末として安定していたのは、満済が同院門跡であった応永二年～永享六年（一三九五～一四三四）のことではなかったか。翌七年に彼が没した後は不安定化し、やがて応仁・文明の大乱の煽りをうけ、本末関係も消滅したのであろう。同寺が臨済宗寺院として再興（正確には再々興）されたのは、その後のことであったと考えられる。

註

（1）『伊勢市史』第七巻文化財編（平成十九年）、四二六～三二頁。

（2）同前一六五頁。『三重県の地名』（平凡社、昭和五十八年）、六七一頁。

（3）こうした寺伝や縁起に基づき、その歴史を纏めたものとしては、川口素道『朝熊岳概観史―金剛證寺の歩み―』（私家版、昭和六十三年）が挙げられる。金剛證寺の住職であられた川口師は、同寺所蔵の典籍や文書を翻刻した『金剛證寺典籍古文書』（金剛證寺、平成六年）の監修もされている。

（4）『神道大系』神社編十四所収。〈　〉は割書、以下同じ。その成立年代については、久保田収「天照大神と雨宝童

子」（『神道史の研究』所収、皇學館大學出版部、昭和四十八年。初出は昭和四十三年）、四一七頁。

（5）久保田氏も、「それが空海のころであつたとは考へがたい」とされる（註（4）前掲書、四三一頁）。

（6）『角川日本地名大辞典』24三重県（昭和五十八年）金剛証寺項に、「「寺伝」によると、明徳3年鎌倉建長寺の5世住持東岳文昱が中興開山として堂宇の再興に努め、禅刹として復興したと伝え、東岳に仏地禅師の諡号をあてている」とある。

（7）金剛證寺蔵。『金剛證寺典籍古文書』（註（3））に収録されている。

（8）ちなみに、本書の成立について検討された久保田収氏は、

なほいま一つ注目されることは、本書下巻のなかに、空海が、朝熊山が破壊される時節には「可下定二何宗一護持上哉」と尋ねたところ、赤精童子がいろいろと話をし、そこで空海が誓願して「今既帰二依達磨正法一、捨二八宗一。」云々とあることである。金剛証寺に蔵する慶長十九年（一六一四）五月明叟の記したといふ奥書のある『朝熊嶽縁起』に、応永年中に鎌倉建長寺第五世仏地禅師が内宮に詣でたところ、神の告によつて朝熊山を再興するやうに教へられ、そこで伽藍を建てて禅宗の道場とした旨がみえてゐる。仏地禅師は東岳文昱のことであるが、『鎌倉五山記』には、武蔵の人で、応永二十三年（一四一六）二月二十二日の示寂とある。金剛証寺中興のことは伝へるところがないが、応永年中に東岳が再興したことは信じてよいであらう。

と指摘される（註（4）前掲書、四一六～七頁。傍線は引用者、以下同じ）。しかし、傍線部付近を引用すると、

其時高祖昵二先世一如レ是悟、咽二御涙一誓願曰、（中略）吾渡唐而数年不レ渡二経巻儀軌法門本尊密印形等一奉二請取一朝、自レ夫以来、治定信心人多為二東寺法務本寺一、分二別十三大院一、此末弟子等号二高祖蹤跡一、費二其寺々物一、勤行不法為レ如二半俗一、此時為レ基二仁義一侵二仏法一、然者自二公家一行二秘法一、自二在家一可二成敗一、是可レ為二末世一、今既帰二依達磨正法一、捨二八宗一、真言寺引替為レ面二武具一経論不二沙汰一、不断戯論闘諍、翫二児若衆一偏如二女犯一

とある。ここでは、弘法大師が遠孫達の堕落振りを歎いているのであって、その一つに、彼等が達磨正法すなわち禅宗に帰依していることを挙げる。久保田氏は、今や八宗を捨てて達磨正法に帰依しているのを、金剛證寺と考えて

おられる様であるが、史料を精読する限り、それには首肯し難いものがある。
(9)『鎌倉五山記』(『続群書類従』巻八〇四所収)。
(10)この点については前掲川口師も、「しかしながら金剛證寺は如何なる事由によるのか空海以後無住の状態が続いた。東岳が再興するまでの五百五十年という永い年月空白の時代が続き金剛證寺史上暗黒の時代となってしまった」(『朝熊岳概観史―金剛證寺の歩み―』(註(3)、一八頁))と述べておられる。
(11)『醍醐雑事記』所収天暦七年八月五日民部省符写(『三重県史』資料編古代・中世(下)第三部醍醐寺領伊勢国曽禰荘四)。
(12)民部卿法橋御房宛。『大日本古文書』(醍醐寺文書之四―八〇九)では年未詳とするが、最新の翻刻である『三重県史』(資料編古代・中世(下)第三部醍醐寺領伊勢国黒田荘(南黒田御厨)三一)においては、文安三年と比定している。これは、年未詳十月八日に通済が民部卿法橋御房へ宛てた棚橋進上物注文(つまり当該文書と差出人・宛先・月日が同一。『三重県史』資料編古代・中世(下)第三部醍醐寺領伊勢・志摩国法楽寺領二二七)の端裏書に「棚橋状等文安三十十」とみえる点に拠ったものと思われる。首肯すべきであろう。
(13)大納言禅師御房宛。『大日本古文書』醍醐寺文書之十五―三五一一。『三重県史』資料編古代・中世(下)第三部醍醐寺領伊勢・志摩国法楽寺領二二九。
(14)『改定史籍集覧』第十六冊所収。
(15)『日本史大事典』第一巻(平凡社、平成四年)。
(16)『大日本史料』明徳四年九月十八日条。
(17)『伊勢市史』第二巻中世編・第三章第一節「室町殿の伊勢参宮」(岡野友彦氏執筆)。
(18)新訂増補国史大系。
(19)『神道大系』神宮編一所収。
(20)森茂暁『満済―天下の義者、公方ことに御周章―』(ミネルヴァ書房、平成十六年)、三四~七頁。以下、満済の経歴は上記に拠る。

三　内宮建国寺について

はじめに

皇大神宮（内宮）の鳥居前町として栄えた宇治。この宇治浦田町内を流れる秘木川《ひめこ》（姫小川とも。五十鈴川支流）沿いに、かつて建国寺という禅宗寺院が存在した。室町時代、此処は「内宮建国寺」と呼ばれていた。内宮を冠称するこの寺が、特別な存在であったことは、容易に察せられる。上記は、先学の既に注目するところであり、「古来由緒のある寺で、神宮配下に属して居た」(1)とか、「内宮法楽の祈願所」(2)であったとか、「恐らく建国寺は、足利将軍家の祈願所となっていた」(3)等と考えられている。しかし、現段階ではこうした特殊性が指摘されるに止まっており、その全貌の解明には至っていない。

建国寺は、明治初年に廃寺となったこともあり、その所蔵史料は伝わっていない。しかし幸いなことに、室町時代の内宮一祢宜（長官）荒木田氏経（任寛正三年～文明十九年・一四六二～八七）(4)や守朝（任文明十九（長享元）年～永正二年・一四八七～一五〇五）が遺した引付や日記に、当寺に関する記録が散見する。本節では此等の史料を基に、検討を進めて参りたい。

1　建国寺の創建と禅宗寺院としての再興

まずは、建国寺の初見史料を検討してみよう。

一庁宣

可三早致二制止沙汰一、於二建国寺領山林一、樹木採用并死人野葬間事

右、当寺領山岳堺之内、云二用木一、云二雑木一、一切不レ可二盗伐一、於二違犯之輩一者、不レ憚二権門之家風一、不レ成二桑門之会釈一、臨レ時聊可レ加二炳誡一者也、次野葬事、背二禁法之旨一、或夜中、或隠密、至二監（濫）吹之族一者、不レ謂二貴賤一、不レ論二親疎一、雖レ為二葬送一、慥懸二彼縁徒一、可レ令レ遂二掃除一者也、凡此等制法、自二往昔一令二定置一之処、傾（頃）年以来、忘二禁断一及二錯乱一、自専二雅意一之間、致二再興一者哉、然早自今以後、堅可レ令レ致二制禁沙汰一之状、所レ宣如レ件、以宣

天援（授カ）七年三月五日

祢宜荒木田神主

（以下九名位署略）[5]

これは、天授七年（北朝永徳二年・一三八一。この年二月十日弘和に改元）三月五日、建国寺領山林における樹木伐採と死体遺棄を堅く禁じた内宮庁宣である。建国寺が、南北朝時代末期には存在していた事実を、確認することができる。

この建国寺の縁起について、（康正三年・一四五七）八月二十五日内宮祢宜連署書状[6]に、次の如く明記してある。

①抑当寺者、故三品忠直卿被レ立二置御位牌一、②其後宗直卿御寄進共之（ママ）候、於二御当家一者、異二于他趣一思食在所候之間、不レ可レ有二御疎略一候歟、③次故経博卿為二中興檀那一、殊彼蔵経事、依二申御沙汰一、安二置当寺一、毎日御祈祷無二懈怠一在所候（下略）

傍線部①にみえる「故三品忠直卿」とは、文和三年（一三五四）より二十三年間神宮祭主を勤めた、大中臣忠直のことである。「被レ立二置御位牌一」とは、忠直が先祖の位牌を祀ったことを意味する。建国寺の淵源は、南北朝時代の祭主大中臣忠直が創建した、大中臣氏の氏寺であったことが判明する。

傍線部②によると、それから暫くして、後に祭主となる大中臣宗直（任嘉吉三年および文安三年～宝徳二年・一四四三、一四四六～五〇）が、建国寺に何らかの寄進をしたらしい。ところが、傍線部③にみえる「故経博卿」とは、応永十年（一四〇三）より二十九年間内宮一祢宜を勤めた、荒木田経博のことである。

上記の詳しい経緯については、（永享七年・一四三五）七月四日内宮祢宜連署披露状[7]に、

> ④抑彼徳侍者三十(造)年以前、(莫脱カ)於二神路山奥一山居之時分、前一祢宜経博依二瑞夢一、令二寵請一既及二卅年一住持、以来仏殿以下寺中増作、更非寺物合期、以二法力一如レ此沙汰候、仏法世法共以器用、且神慮相叶之由、祢宜等信仰之処、⑤被レ安二置内宮御寄進之蔵経於当寺輪蔵一事、又自二公方一被レ沙二汰一下要脚一、致二造立奉行一、剰可レ致二御祈祷一之由、被二仰下一以後、天下泰平・千秋万歳之懇祈無二退転一候、（中略）⑥所詮近年当寺令二繁昌一、勤行異二于他一、神明法楽倍増之間、欽仰無レ極候、

とある。傍線部④よると、禅僧であったと考えられる徳侍者は[8]、かつて内宮の南に広がる神路山に籠もっていた。そんな彼を建国寺に招聘したのが、一祢宜荒木田経博であった。「既及二卅年一住持」とある点から逆算すると、徳侍者が建国寺に入ったのは、応永十三年（一四〇六）ということになる。住持となった徳侍者は、荒廃していた仏殿以下の諸堂を造作し、什物を揃えるなど再興に尽力した。斯くして、建国寺は禅宗寺院として復興を遂げ、徳侍者は「且神慮相叶」僧侶として、内宮祢宜等の篤い信頼を得るに至った。

2　内宮建国寺の成立

その建国寺に転機が訪れたのは、応永三十三年（一四二六）のことであった。

内宮建国寺雑掌僧随教謹言上

欲下早被レ成二上連署（署。以下同）御解状一、被レ経二厳密御沙汰一、⑦当寺一切経料所伊勢国員弁郡高柳御厨、全二知行一、

専中御祈祷上間事

副進　一通　御判御教書案文〈応永廿九年十二月七日〉

⑧右件一切経者、黒部住人常陸房蒙二御成敗一、令レ勧二進諸方一、建二立鎮国寺一、可レ安二置件御経一之旨、雖レ令レ申、終依レ不レ遂二其功一、其後安二置建国寺一、可レ致二御祈祷一之旨、去応永三十三年六月七日、被レ成二下　太神宮御奉寄御教書一、亦其後⑨正長二年九月五日、忝　普光院殿（足利義教）様被レ成二下御判一、被レ建二立転法輪蔵一、為二御祈願寺一、致二長日御祈祷一者也、依レ之高柳御厨者、応永廿九年十二月七日、被レ成二下御教書一、被レ付二置大蔵経料所一、知行無二相違一之処、去永享年中、所々在陣事被二仰付一刻、前守護（土岐持頼）方無レ謂依レ令二押領一、于レ今不知行之間、毎日転経僧食闕如、雖レ令二輪蔵漸荒廃一、可レ致二修理一無二其便条々一、御祈祷退転之基、且　神慮難レ測、且　冥鑑難レ測、然早以二連署御解状一、被レ経二御沙汰一、重被レ成二下御教書一、件高柳御厨全二知行一、弥為レ専二長日御祈祷一、粗言上如レ件

右掲は、康正三年（一四五七）八月二十二日建国寺雑掌随教目安からの引用である。[9] 傍線部⑧によると、かつて伊勢国飯野郡黒部（現松阪市西黒部町・東黒部町）住人の常陸房なる者が、鎮国寺の建立を発願した。これは、将軍足利義持が内宮へ奉納せんとする一切経を、そこに安置するためであった。上記の点は、次の足利義持御判

御教書により確認することができる。

伊勢国員弁郡内高柳御厨〈但当所年貢内上分陸石、毎年二月初亥夜神事要脚〉事、任二権祢宜正吉申請之旨一、
可レ為二　内宮一切経所鎮国寺領一之状如レ件
応永廿九年十二月七日
従一位源朝臣（足利義持）(10)御判

右掲は、応永二十九年（一四二二）、伊勢国員弁郡高柳御厨（現いなべ市大安町高柳）より神宮へ上納される年貢のうち、毎年二月初亥夜神事要脚分の六石を、鎮国寺領となすべく命じたものである。足利義持が神仏依存傾向の強い将軍であったこと、そして神宮を深く崇敬していた点は、既に確認した（第三章一）。内宮への一切経の奉納は、その信仰の一環であったと考えられる。

鎮国寺の建立費用は、常陸房による勧進で賄う予定であった。しかしそれが思うように進まず、建立は不可能となった。そこで義持は、応永三十三年六月七日、自らの一切経（大蔵経）を、再興間もない内宮近隣の建国寺に安置すべく、御教書を発給する。

内宮建国寺奉納大蔵経全部事、早可レ令レ致二奉行一之由、所レ被二仰下一也、仍執達如レ件
応永三十三年六月七日　沙弥（畠山満家）判
一祢宜殿(11)

右掲御教書には、注目すべき点が二箇所ある。一つは、ここにおいて初めて、「内宮建国寺」という寺号が登場する点である。これは、足利義持による命名であったと考えられる。もう一つは、建国寺に奉納した大蔵経の「奉行」すなわち管理運用を、内宮一祢宜に命じていることである。それにしても、建国寺の住持にではなく、なぜ一祢宜なのか。

内宮建国寺大蔵経全部事、早令㆑致㆓奉行㆒、弥可㆑抽㆓懇祈㆒之状如㆑件

正長二年九月五日　御判（足利義教）

一祢宜館[12]

足利義持没後、籤によって後継者に選ばれた義教が、征夷大将軍に任命されたのは、正長二年（一四二九）三月のことであった。その年の九月五日（同日、永享に改元）に発給された、義教の御判御教書である。ここでは一祢宜に対し、内宮建国寺大蔵経の奉行と、それによる懇ろなる祈祷を命じている。前掲⑥に、「所詮近年当寺令㆓繁昌㆒、勤行異㆓于他㆒、神明法楽倍増之間、欽仰無㆑極候」とある。内宮建国寺が、大蔵経を基とする神宮法楽寺院であったことが判明する。

応永三十年（一四二三）の関東調伏を機に、神宮法楽の霊験を確信した足利義持が、同三十二年以降、両宮法楽舎における年二十八日間の特別参籠勤行を恒例化したことは、前に確認した通りである（第三章一）。その義持はさらに、自身の奉納する一切経を用いた神宮法楽寺院の創設を発願した。なお、太神宮法楽寺を頂点とする神宮法楽制度は、祭主および醍醐寺三宝院門跡の管轄のもと、内外両宮に対して、本地護摩と大般若経転読、それに法華経読誦を勤行するものであった。一方、このたびの法楽は、一切経を用いるものである。またその奉納

先は、内宮の鎮座する度会郡宇治郷に所在し、一祢宜荒木田経博の再興以降、同宮祢宜達が篤く信仰する建国寺であった。此等の点を鑑みた義持は、既存の神宮法楽制度とは別に、同寺を内宮建国寺と改称し、文字通り内宮専門の法楽寺院とした。そしてその運営の責任者は、内宮の法楽である故に、同宮を統括する一祢宜としたものと考えられる。

斯くして、大中臣氏の氏寺として創建され、その後禅宗寺院として再興された建国寺は、応永三十三年六月七日、内宮専門法楽所としての機能を帯びる内宮建国寺へと変貌を遂げる。これを発願したのは、時の室町殿足利義持であり、そしてその意志は、第六代将軍の足利義教にも継承された。前掲傍線部⑤⑨によると、義教は、一切経を納めるための転法輪蔵を、建国寺境内に建立した。正確には、義教が寄進した要脚をもって、内宮祢宜等が建立したのである。その上で義教は、内宮建国寺を幕府公認の祈願寺とし、天下泰平・千秋万歳のための神明法楽を、毎日勤行する様命じたのであった。

3　内宮庁による建国寺の支配

この内宮建国寺には、他の神宮法楽寺院に見られない、幾つかの特徴を確認することができる。

一つは、既に検討した通り、所蔵する大蔵経の管理運用責任者が、内宮一祢宜とされていることである。これを換言すれば、大蔵経を基に勤行される内宮建国寺の神明法楽は、一祢宜の主宰する内宮庁の管轄下において、運営されていたことになる。鎌倉時代の永仁二年（一二九四）以降、祭主が神宮法楽の総責任者とされていたことは、第二章五で既に確認した。しかし、それを勤行する神宮法楽寺院が、最終的に醍醐寺三宝院門跡の支配下に置かれたことは、前々節にて検討した通りである。一方、内宮建国寺の神明法楽は、一祢宜が主宰する内宮庁管轄のもと、同宮祠官達（すなわち神主）によって管理運用されていたという点に、大きな特徴がみられる。

次に寺領について、注目してみよう。前掲傍線部⑦に、「当寺一切経料所伊勢国員弁郡高柳御厨」とみえる。これは先程検討した通り、足利義持が鎮国寺領とした当所年貢内上分六石で、内宮建国寺の成立とともに、当寺の一切経料所とされたものであった。また足利義教は、永享元年（一四二九）九月、朝明郡福永郷（比定地未詳）の一分地頭職を建国寺に寄進している。

伊勢国福永郷壱分〈赤坂五郎左衛門入道跡〉事、所レ有レ御二寄一付同国建国寺一也、早可レ被レ沙二汰一付寺家雑掌一之由候也、仍執達如レ件

永享元
九月十七日　　飯尾大和守
貞連　判
同　肥前守
為種　判

土岐大膳大夫殿⑬

その他には、康正二年（一四五六）十一月日内宮庁宣にみえる、次の在所が挙げられる。

一庁宣

可下早任二先例本員数一、致中催促沙汰上、当国鈴鹿郡昼生御厨口入所内宮建国寺領内門前八斗在所、近年号二外宮領一被二押領一子細事

副進　目安一通

右、件御厨口入米建国寺領事、往古以来無二其煩一、全二寺家徴納一、令レ備二進有レ限神役一之処、近年於二門前八斗下地一、称二外宮領一、掠二所納一之、子細載二目安一具也、為二事実一者、太神慮難レ測者哉、預二厳密御成敗一、被二返付一者、可レ為二御神忠一者也、然者、任二先例本数一、致二寺家徴納一、可レ令レ勤二仕式日神役一之状、所レ宣如レ件、以宣

康正二年十一月十八[14]日

祢宜荒木田神主判

管見の限り、内宮建国寺領として確認できるのは、以上の三箇所である。いずれも、神宮領の一部を割いたものであるという点で共通している。高柳御厨の六石は、元は毎年二月初亥夜神事の要脚分であった。また、開発領主が土地を神宮の御厨・御園として寄進する際、仲介役となった神宮祠官を口入神主といい、その仲介料としての土地を、口入所といった。昼生御厨（現亀山市内）においては、門前八斗分の在所が口入所であった。それが、内宮建国寺領とされている。そして、幕府は福永郷と称しているが、南北朝時代の神宮神領目録である『神鳳鈔』[15]朝明郡項に「福永御厨〈二十五丁・二石〉」と明記されている。

神宮法楽寺院が、神宮領の一部を経済的基盤としていたことは、別段珍しいことではない。実際、般若蔵における長日転読供養料は、伊勢国河曲郡南職田および安西郡荒倉御園の給主職であったし（第二章五）、また、太神宮法楽寺の二四三箇所に及ぶ寺領には、御厨・御園や戸田・神田等が含まれていた（前々節）。ところが、後者の太神宮法楽寺領が本寺の醍醐寺三宝院領として、同院門跡の支配下に置かれていたのに対して、内宮建国寺領は、内宮庁が管轄・保護していたという、著しい相違がみられるのである。

これら内宮建国寺領三箇所は、遠隔地ということもあってか、武士等による押妨や押領に見舞われた。それに

敢然と対処したのが、内宮庁であった。前掲康正三年（一四五七）八月二十二日建国寺雑掌随教目安は、前伊勢国守護土岐持頼による高柳御厨の押領を訴えたものであるが、この目安を受けた内宮庁は、同日付で訴状を幕府に提出した(16)。翌月二十一日、幕府は高柳御厨の沙汰付（押領を停止し、内宮建国寺に引き渡すこと）を確約するとともに(17)、それを伊勢国守護代に命じている(18)。また、前掲康正二年（一四五六）十一月日内宮庁宣は、昼生御厨の門前八斗分の在所を外宮領と称し押領する者が居るとして、それを堅く禁止したものであった。

福永御厨については、史料を挙げて検討することにしよう。

ⓐ一皇太神宮神主

注進、可下早被レ経二次第御沙汰一、厳密蒙二御成敗一、建国寺領伊勢国朝明郡福永御厨、被レ停二止高橋右京亮妨一、全二寺家知行一、専中御祈祷上間事

右当寺者、為二 公方様御祈願寺一、安二置 太神宮於御奉寄之一切経一、致二長日御祈祷一伽藍也、仍有レ御二寄進福永御厨一、知行于レ今無二相違一者也、而当年貢致二所務一、令レ積レ船之処、高橋右京亮方押留之条、云二 神慮一、云二 冥慮一、太以不レ可レ然、殊今依二天下忩劇一、別而致二御祈祷一折節、令レ押二妨料所一之条、以外次第也、不日蒙二御成敗一、全二徴納一、弥為レ専二御祈祷忠勤一、注進如レ件、以解

文明元年十一月八日　大内人正六位上荒木田神主定治

祢宜従四位上荒木田神主　十人署(19)

伊勢国北部に位置する朝明郡福永御厨の年貢は、伊勢湾の水運を利用して建国寺へと輸送されていた。ところが、応仁の乱が長期化の様相を呈してきた文明元年（一四六九）、年貢を積載した船が、高橋右京亮なる者に差

し押さえられるという事件が起きた。これをうけ、内宮庁は幕府へ出訴すべく作成したのが、右掲の解状[20]である。なお、時の内宮一祢宜は、荒木田氏経であった。その氏経は、次の解状も筆録し、注記を添えている。

ⓑ一皇太神宮神主
　注進、可下早被レ経二次第御沙汰一、厳密蒙二御成敗一、太神宮領内宮蔵経料所伊勢国福永御厨、被レ停二止高
　橋右京亮押妨一、全二神宮知行一、専中御祈祷上事
右、件大蔵経者、勝定院殿（足利義持）様有レ御二寄-進太神宮一而、代々一祢宜可レ致二奉行一之由、蒙二御成敗一、安二置内
宮建国寺一、致二御祈祷一者也、爰普広院殿（足利義教）様有レ御二建-立蔵殿一而、被レ寄二進福永御厨一分一、無二知行相違一、
致二長日御祈祷一之処、高橋右京亮成レ妨之条、神慮難レ測者也、不日蒙二御成敗一、全二神宮知行一、弥為
レ専二御祈祷忠勤一、注進如レ件、以解
　文明二年二月　日　大内人正六位上荒木田神主定治
　祢宜従四位上荒木田神主
　　十人加署
⑩御陳中寺社本主領ヲ被レ落、仍以前解状建国寺領ト載、不レ可レ然、
神宮領ト整直之、神宮領ハ被レ除、翌年二月整直注進

——下——

ⓑはⓐの約三ヶ月後、再び幕府へ提出された内宮解である。両者とも、高橋右京亮の押妨を訴えた内容であるが、ⓐには傍線部「建国寺領伊勢国朝明郡福永御厨」とあるのに対して、ⓑは「太神宮領内宮蔵経料所伊勢国福永御厨」とし、内宮建国寺の大蔵経が足利義持の、同寺境内の転法輪蔵と福永御厨が足利義教の寄進である点を

強調している。そして、この様に作成し直した理由が、⑩として注記されている。上記でいう「御陳中寺社本主領ヲ被レ落」とは、応仁二年（一四六八）五月二十日、山城・伊勢・近江三ヶ国の寺社本所領が半済の対象となり、その全てを足利義視の料所とすべき旨が定められているので、(21)どうやらそのことを指しているらしい。そこでⓐ提出後間もなく、内宮庁において審議した結果、神宮領は半済の対象外とされているので、「建国寺領」を「太神宮領」等と書き改め、文明二年二月日付にて再度提出し直すことにした様である。内宮庁が、内宮建国寺領の保護に如何に尽力していたのか、窺うことができよう。

また、内宮庁におけるこの決定をうけ、次の壁書が建国寺内に掲示された。(22)

　太神宮一切経所建国寺雑掌申
右、伊勢国三重郡《（ママ）》福永之内一分事、為二蔵経料所一、神宮当知行之処也、若号二寺領一有二掠申族一者、被二尋下一、可二明申一者也
　　文明元年十一月　日

建国寺雑掌の通達という形式を執ってはいるが、傍線部にみえる通り、福永御厨における内宮の当知行を強調し、これを建国寺領と称する族は、厳罰に処す旨が明記してある。この点から、内宮庁が寺領のみならず、寺僧をも強く統制していた事実を窺うことができる。

こうした内宮庁による統制は、伽藍にまで及んだ。時の内宮一祢宜荒木田氏経の日記『氏経神事記』(23)文明十一年（一四七九）十月一日条に、次の記述がみられる。

去月廿二日夕、外宮一神主朝敦・同三雅貫・七具久・八朝世・九是久・権朝保・□光、并連歌師甚昭・正越等同道来臨、一神主乗馬、千句連歌帳行、内宮人数、予氏経・三守朝・四守氏・五守則・六経房・七氏綱・八守誠・九経任・十守晨・権永尚・経良・氏継・尚重、自㆓廿三日㆒廿五日満、廿六日建国寺風呂於焼、仍夕各被㆑帰、

文明十一年閏九月二十三日より、内宮庁主催の千句連歌会が催された。この会には、外宮一・三・七・八・九祢宜や権祢宜、それに連歌師が招かれ、二十五日まで行われた。そして二十六日には、「建国寺風呂於焼」き、夕方解散となった。禅宗においては、三黙道場の一つとされる大切な浴室が、恐らくは連歌会の直会の一環として、参加者達に開放されたのである。内宮庁の命が、内宮建国寺にとって如何に絶対的であったかを示す一例といえよう。

おわりに

内宮建国寺においては、一切経のみならず、寺領も、寺僧も、そして伽藍までもが、一祢宜の主宰する内宮庁の強い管轄下に置かれていた。ちなみに、既に検討した大中臣氏の蓮台寺（第一章二）や太神宮法楽寺の前身である蓮華寺（第二章五）、内宮建国寺の前身建国寺、荒木田氏の田宮寺・法泉寺（第一章二）や天覚寺（第二章二）、それに度会氏の常明寺（同前）といった氏寺もまた、神宮祠官が管轄した寺院であった。しかしながら、上記は彼等が私的に創建したものであって、神宮当局がその運営に関与した徴証は、田宮寺を除けば今のところ見当たらない[24]。一方、奈良時代の伊勢大神宮寺は、寺僧が祠官達を凌轢したり宮司庁に牒送する等、神宮から独立した存在であったし（第二章五）、太神宮法楽寺を頂点とする神宮法楽体制に関しては、祭主がその総責任者であっ

たものの、実質的に統轄・運営していたのは、醍醐寺三宝院門跡であった（同前および第三章一）。内宮建国寺は、内宮庁という神職組織が公式に管理・運営していたという点において、他の神宮近隣寺院（祠官氏寺や神宮法楽寺院）とは一線を画しているのである。

斯くの如き寺院を、日本の仏教史上において、果たして見出すことができるのであろうか。否、敢えて大言すれば、世界の仏教史上においても、内宮庁という、謂わば異教徒の集団が組織的に統括した内宮建国寺は、極めて特異な存在であったと位置付けられるのではないか。

さて、その内宮建国寺であるが、明応八年（一四九九）八月日内宮庁宣[25]に、

可㆘早以㆓諸国貴賤之合力㆒、致㆖㆑再㆓興太神宮法楽所建国寺一切蔵経并輪蔵㆒事

右件大蔵経者、為㆓太神宮法楽㆒、致㆓天下御祈祷㆒之条、異㆓于他経蔵㆒也、爰去長享三年六月廿二日両宮之一乱以来、彼蔵経退転、太以神慮難㆑測焉、然之間、勧進聖雖㆔度々及㆓数輩㆒、依㆓大営㆒、于㆑今不㆑遂㆓其功㆒之処、法師観阿存㆓神忠㆒、令㆑勧㆓進諸国㆒、以㆓十方檀那助縁㆒、欲㆑令㆑致㆓再興㆒、所存之至神妙々々

（下略）

とみえる。当時、内宮鳥居前町の宇治と外宮同前の山田は敵対しており、長享三年（一四八九）六月二十二日は、山田方が宇治を攻撃した。『内宮子良館記』[26]によると、「牛谷・湯田・建国寺山抔ノ手アキノ在所ヨリ、足ガル走入テ所々ニ火ヲカクル」とある。この戦乱により、足利義持寄進の一切経は、義教寄進の転法輪蔵と共に焼失してしまった。その後、幾人かの勧進聖が再興を発願したものの、いずれも不成功に終わった。時は戦国の乱世である。法師観阿による勧進も、上手くいかなかったのではないか。

なお、『宗長手記』[27]によると、大永二年（一五二二）九月二十日、筆者宗長（連歌師。宗祇の門人）が「内宮の建国寺」を尋ね、住持等に誘われて西行谷（西行の庵跡）を訪れている。建国寺そのものは以後も存続し、明治維新を迎えている[28]。

しかしながら、室町幕府内宮専門法楽寺院としての内宮建国寺が成立したのは、義持が一切経を奉納した、応永三十三年（一四二六）のことであった。その法楽の基が、長享三年（一四八九）に焼失したのである。内宮建国寺としての特異な歴史は以上の六十三年間で、その後は、神宮祠官の一氏寺に戻ったものと思われる。

註

(1)『宇治山田市史』下巻（宇治山田市役所、昭和四年）、一〇一九頁。
(2)石井昭郎「菩提山神宮寺小考」（『三重の古文化』第七七号、平成九年）、九〇頁。
(3)『伊勢市史』第二巻中世編（伊勢市、平成二十三年）、三七五頁（岡野友彦氏執筆）。
(4)『二宮祢宜年表』（増補大神宮叢書4『神宮典略』別冊、吉川弘文館、平成十八年）。以下、神宮祠官の経歴は上記による。
(5)『守朝長官引付』（『三重県史』資料編中世1(上)所収）六八。上記漢数字は、『三重県史』の通番号。
(6)『氏経卿引付』（『三重県史』資料編中世1(上)所収）三―六五。上記漢数字は巻数―通番号。記号・傍線は引用者、以下同じ。
(7)『氏経卿引付』一―二四。
(8)（文明十七年・一四八五）五月二十四日伊勢国司北畠政勝書状（『氏経卿引付』七―三）によると、政勝は、本拠地の一志郡多気に長期間抑留している寔首座を、「建国寺」と称している。当時の建国寺住職は寔首座であったこと、そしてこの首座という呼称から、禅宗寺院であった事実が判明する。故に徳侍者もまた、侍者という呼称から、禅僧とみてよいであろう。

（9）『氏経卿引付』三―六三。〈 〉内は割書、以下同じ。
（10）『氏経卿引付』三―六二。
（11）『氏経卿引付』三―六六。
（12）『氏経卿引付』三―六八。
（13）『氏経卿引付』三―六九。
（14）『氏経卿引付』三―三二。
（15）『群書類従』巻第九所収。
（16）康正三年八月二十二日内宮解（『氏経卿引付』三―六四）。
（17）康正三年九月二十一日室町幕府奉行人連署奉書（『氏経卿引付』三―七〇）。
（18）康正三年九月二十一日室町幕府奉行人連署奉書（『氏経卿引付』三―七一）。
（19）『氏経卿引付』六―一三六。
（20）『氏経卿引付』六―一三八。見消は省略した。
（21）『後法興院記』（増補続史料大成）同日条。
（22）『氏経卿引付』六―一三九。
（23）増補大神宮叢書13『神宮年中行事大成』前篇所収、吉川弘文館、平成十九年。
（24）田宮寺に関しては、内宮建国寺創設後、神宮法楽寺院化して内宮庁の管轄下に置かれた徴証がみられる。節を改めて検討する。
（25）『守朝長官引付』七〇。
（26）『続群書類従』巻第一九所収。
（27）『群書類従』巻第三二六所収。
（28）建国寺は江戸時代まで存続するも、明治元年閏四月に廃寺となった（註（1））。

四　室町時代の神宮と仏教

はじめに

前節で検討した内宮建国寺は、応永三十三年（一四二六）六月七日、時の室町殿足利義持によって創設された、室町幕府の内宮専門法楽所であった。なかでも特筆すべきは、当寺蔵の一切経のみならず、寺領も、寺僧も、さらには伽藍までもが、内宮庁の強い管轄下に置かれていた事実であろう。内宮建国寺は、神主である内宮祠官達が支配・運営していた、極めて特異な寺院であった。

こうした内宮建国寺の成立が、神宮に、そして祠官達に少なからぬ影響を及ぼしたであろうことは、想像に難くない。

内宮建国寺に関する史料は、『氏経卿引付』や『内宮引付』、もしくは『氏経神事記』にほぼ収録されている。いずれも、室町時代の内宮祠官荒木田氏経が編纂・執筆した史料である。寛正三年（一四六二）八月九日、荒木田満久が卒去したことで内宮一祢宜（長官）に昇格した氏経は、以後文明十九年（長享元年・一四八七）正月十二日に薨去（氏経は文明五年〔一四七三〕従三位叙）するまでの間、実に四半世紀もの長きに亘って内宮を統轄した。(1) 筆忠実であった氏経は、十祢宜に就任（永享四年・一四三二）した翌年から、薨去直前の文明十八年（一四八六）十一月までの間、内宮において授受した文書を編年順に筆録・編纂している。それが、『氏経卿引付』や『内宮引付』であった。(2) また『文明年中内宮宮司引付』も、表題は異なるが、氏経の手による引付である。そして『氏経神事記』とは、彼の日記である。(3)

これら氏経が遺した膨大な史料を分析すると、内宮建国寺の創設以降、祠官達の意識が変化し、神宮における神仏関係もまた大きく変容している事実に気付く。本節ではこの点について、愚考の開陳を試みることにしたい。

1　氏寺田宮寺の神宮法楽寺院化

内宮建国寺が成立して二十六年が経過した享徳元年（一四五二）、氏経は次の書状を筆録している。

①去月廿三日自二御代官方一、田宮寺之定使を被二殺害一、剰其跡を被二没収一候歟、彼者ハ、天下御祈祷・年中七ヶ会三ヶ度之修正（ママ）時者、祢宜中并数百人祠官方ヱ捧二頭文一、其外年中之勤、若干之重役人ニ候之処、理不尽御沙汰、神鑑難レ測候、定譏訴輩候歟、厳密御糺明候者、可レ為下令二神慮之然一候上哉、恐々謹言

八月三日　経見　判

榎杜殿（彦八）(4)　内宮一祢宜

伊勢国度会郡城田（外城田）郷の田宮寺（現度会郡玉城町田宮寺）は、長徳年間（九九五〜九）、時の内宮一祢宜・荒木田氏長（任長徳元年〜長保三年・九九五〜一〇〇一）が創建した同氏二門の氏寺であった。文献史料としての初見は、鎌倉時代の醍醐寺僧・通海が弘安九〜十年（一二八六〜七）に執筆した『太神宮参詣記』下第十三「荒木田氏ノ一（ママ）門ハ田宮寺ヲ造テ十一面ヲ顕シテ、氏ノ伽藍トセシカハ、霊験新ニシテ、子孫一祢宜ニ至ルノミナラス、衆庶ノ願ヲ満ル事、掌ヲ指カ如シト申セリ」(5)の一節である（第一章二）。平安時代中期の創建以降、鎌倉時代に至るまで、田宮寺が荒木田氏二門の氏寺であったことは、上記により明らかである。

以上を踏まえた上で、右掲①を検討してみよう。享徳元年（一四五二）七月二十三日、田宮寺の定使が榎杜彦

八（北畠氏被官か）の代官により殺害された。この定使は、天下御祈祷や年中行事としての修正（法要か）が営まれた際、数百人に及ぶ荒木田二門の氏人達へ頭文（巻数か。祈祷報告書）を配布する等、田宮寺にとって決して軽くない役割を担う者であるという。そこで翌月三日、時の一祢宜荒木田経見が、容疑者の主人である榎杜彦八に、事件の糺明を依頼したのであった。

田宮寺が荒木田二門の氏寺である以上、氏人のために法要を営み、巻数を配布することに別段不思議はない。ところが①には、傍線部「天下御祈祷」の語がみられるのである。この祈祷とは、一体何を指すのか。

それから一ヶ月を経た九月二日、荒木田二門は「皇太神宮太（ママ）小祠官田宮寺氏子等申」とする目安（訴状）を作成した[6]。上記には、次の一節がみられる。

> 右当寺者、従二神慮一締起而、長徳年中氏長一祢宜草創以来、天下御祈祷長日大般若経読誦、昼夜常燈定香、年中七ヶ会修正、毎月三ヶ度講会、千巻読経心経会、其外種々法楽勤行、四百余歳一日不二断絶一厳重霊場也、

右掲については、田宮寺の創始を伝える一節として先に取り上げたが（第一章二）、ここでは傍線部に注目したい。①の「天下御祈祷」とは、大般若経の読誦であったことが判明する。上記は、文治二年（一一八六）四月に大仏殿再建を祈願した東大寺衆徒以来の、典型的な神宮法楽の方法である。時代はやや降るが、『守朝長官引付[7]』明応五年（一四九六）閏二月日内宮解に「右件田宮寺者、内宮二門祢宜祠官等之氏寺、太神宮法楽長日之勤行、自二往古一遂二其節一、致二四海安全御祈祷一寺也」と明記されている。荒木田氏二門の氏寺であった田宮寺は、何時しか神宮法楽寺院としても機能する様になっていたのである。

右掲目安は、内宮庁に提出された。即日、同庁は次の解を作成して、伊勢国司北畠氏にその解決を求めている[8]。

一皇太神宮神主
欲下早以二御成敗一、田宮寺定使被二殺害一、訴人預中御糺明上間事
副進
氏子申状一通
右件事、子細監（濫）觴載二氏子申状一具也、然早以二有道御沙汰一、預二御糺明一之条、御祈禱何事如レ之乎、仍厳
密為レ蒙二御成敗一、注進如レ件、以解
享徳元年九月二日　大内人正六位上荒木田神主行久
祢宜従四位下荒木田神主経見
十人皆加二署名一

この様に、氏寺で起きた事件にも関わらず、内宮庁が解決に向けて動いているのである。なお、上述より六年が経過した長禄二年（一四五八）、田宮寺の供僧職田が押領された際にも、同庁は次の解を発給している。(9)

皇太神宮神主
注進、可下早被レ経二次第御沙汰一、蒙二厳密御成敗一、専中御祈禱上、当宮祢宜大小祠官氏寺田宮寺於供僧職
田、丹生寺西実宗近年押領、神慮難レ測子細事
右、彼田宮寺者、従二　神慮一事起而、天下御祈禱致二長日精誠一大伽藍、祢宜祠官等氏寺、異二于他一在所也、
而近年丹生寺西方、従下為二給主一刻上、六供之供僧職田之内三供之分、無レ謂依二押領一、厳重寺役勤行令二闕
如一之由、供僧等注二進之一、就レ其別当代載二目安一具也、為二事実一者、云二　神慮一、云二冥鑑一、旁以難レ測

者也、及二厳密紀明御沙汰一、堅蒙二御成敗一、如レ元全二知行一、凝二勤行一者、相二応神慮一、可レ為二御祈禱専
一一者哉、仍謹言上如レ件、以解

長禄二年三月　日

大内人

祢宜正四位上荒木田神主満久（以下九名祢宜位署略）

右掲においては、田宮寺の供僧職田が元通りとなり勤行を凝らせば、神慮に適うとまで言い切っている（傍線部）。神宮法楽寺院化した当時の田宮寺が、内宮庁の管轄下に置かれていたことを示していよう。

2　太神宮御祈祷所・宇治郷弘正寺の復興勧進

さて、①より四年が経過した康正二年（一四五六）、氏経は次の二通を筆録している。

②目安

伊勢太神宮御祈祷所弘正寺住僧等申

欲下早被レ成二上十員連暑（署。以下同）御解状一、奉レ始二　公武一、遍以二諸方貴賤合力一、令レ造二立大日堂一、適造二躰大
日尊一、令レ安二置于本堂一、弥抽二法味精誠一、益中励天下泰平祈念上子細事

右、当寺弘正寺者、為二南都西大寺末寺一、弘正菩薩建立之霊跡、忝依レ被レ定二置　太神宮御祈祷所一、往昔
以来異二于佗（他）在所一也、爰去永享六年十月廿六日、同文安元年十一月八日、及二両度一天火降来而、寺内悉令二
炎上一畢、雖レ然、依レ為二大儀一、棟梁造立于レ今未レ及二其企一、寺跡徒成二置鳥獣栖一之条、言語道断至極也、
適如レ形造躰之本尊〈金剛界大日〉、傍構二仮堂一、奉居置式（ママ）、且冥慮難レ測次第也、所詮為二　尊神御祈所一之

上者、以二神宮御合力之解状一、争寺僧等不レ申二達朝暮之愁訴一哉、然早被レ進二連署御解状一、以二御成敗之旨一、申二請都鄙之御助成一、大日堂遂二造立一者、天下泰平御祈祷所、弥為レ奉レ抽二法味丹誠一、寺僧等目安、謹言

康正二年二月四日(10)

③皇太神宮神主

注進、可下早任二 太神宮御祈祷所宇治郷弘正寺住僧等目安旨一、被レ加二御成敗一、奉レ始二 公武一、以二諸方貴賤合力一、被上レ建二立本尊大日堂一子細事

副進　寺僧等目安

右、彼寺去永享・文安及二両度一炎上之事、目安之面具也、爰依レ被レ定二置忝 太神宮長日之御祈祷所一、専天下御祈祷忠勤在所也、故為二尊神之御祈祷一之上者、以二神宮副訴之解状一、可レ申二達寺僧等朝暮之愁訴一之由所望之条、非レ無二其謂一、且亦為二仏意願望之題目一歟之間、依レ難二抑留一、注進如レ此、然早蒙二御成敗一、以二都鄙之合力一、致二大日堂建立一者、天下御祈祷何事如レ之、仍注進如レ件、以解

康正二年二月十一日　大内人正六位上荒木田神主長継上

祢宜正四位下荒木田神主満久

(以下九名位署略)(11)

②は、康正二年（一四五六）二月、内宮の鎮座する度会郡宇治郷に所在した弘正寺の住僧等が、焼失した大日堂再建のための勧進を計画し、その許可を申請した目安である。傍線部に、弘正寺は南都西大寺の末寺であるこ

と、弘正菩薩建立の霊跡であること、そして太神宮御祈祷所である点が明記されている。弘正菩薩とは、鎌倉時代、大和西大寺を拠点に戒律の復興を行ったことで知られる思円房叡尊のことである。自叙伝『金剛仏子叡尊感身学正記』[12]によると、文永十年（一二七三）と同十二年、それに弘安三年（一二八〇）の三度に及ぶ神宮参詣を敢行している。特に二度目においては、菩提山にて内宮法楽を執り行った。蒙古襲来に際しての、異国降伏祈願であった。なお、江戸時代の元禄年間（一六八八〜一七〇四）に編纂された『西大勅謚興正菩薩行実年譜』[13]弘安三年庚辰条に、「又奉二神勅一建二立弘正寺一、安二置金胎大日一、以為二内外両宮本地院一矣」とある（但し、『金剛仏子叡尊感身学正記』にその記載はない）。そして傍線部に、「忝なくも太神宮御祈祷所に定め置かる」とみえる。『帝王編年記』[14]永仁六年四月十日条に、「西大・招提・大安寺以下三十余ヶ寺為二関東将軍家〈後深草院皇子・一品久明親王〉御祈祷所一、停二止寺領之違乱一、禁二遏殺生之重罪一」とあり、上記三十余ヶ寺の一に「弘正寺〈伊勢国度会郡〉」の名がみられる。弘正寺は、弘安三年（一二八〇）叡尊によって創建され、その後永仁六年（一二九八）には、鎌倉幕府の祈祷所に指定された点を確認することができる。当時、持明院・大覚寺両統が各々神宮法楽寺院を創設していたことは、第二章五で既に論じた。一方、鎌倉幕府もまた、上記とは別の神宮法楽寺院を擁していたことになる[15]。

ちなみに、室町時代の康正二年時点においてもなお、「伊勢太神宮御祈祷所弘正寺」と称している。鎌倉幕府滅亡後、室町幕府が弘正寺を祈祷所として認可したかどうかは、残念ながら判然としない[16]。しかし、その後も弘正寺は西大寺末として、真言律宗の僧侶達によって管理・運営されていたのは確かであろう。

ところが、永享六年（一四三四）十月二十六日および文安元年（一四四四）十一月八日の火災で境内が全焼し、それから十二年が経過するも、復興はままならない有様であった。そこで、まずは本尊を祀る大日堂再建のための勧進の許可を朝廷・幕府から得るべく、内宮庁にその取り次ぎを申請した。具体的には、各地より群集する参宮者からの喜捨を当て込んだ上でのことであったが、[17] この申し出に対して、内宮庁はすぐさま解状を作成し、目安に副えて朝廷・幕府へと上申する。それが、③の内宮解である。

ちなみに、②③を受けた幕府は、康正二年七月二日、宇治郷内における参宮者対象の勧進を許可し、[18] そしてその旨を、内宮鳥居前町・宇治の自治組織である宇治六郷神人神役人中に通達している。[19] また同年八月七日には、弘正寺の修理興行勧進を許可する綸旨が下され、[20] 神宮伝奏はそれを援助する様、内宮一祢宜に命じている。[21] ②における弘正寺の要求は、③の内宮解が発給されたからこそ、速やかに実現したのであった。

3　内宮祠官の意識の変化

それにしても、内宮庁が弘正寺の復興に尽力したのは、一体何故であろうか。この理由については、前掲③の傍線部に明記してある。弘正寺における法楽は、尊神の祈祷である以上、その僧侶等の愁訴を神宮が取り次ぐのは、正当性があるというのである。法楽は仏式であるとはいえ、それは神を尊ぶ祈祷に他ならない――当時の内宮祠官達は、法楽を神宮祭祀の一環として認識していたが故に、それを積極的に保護しようとしていたのではないか。

こうした認識自体は、室町時代に突如出現したものではない。そもそも伊勢大神宮寺の創建は、朝廷（すなわち時の権力者であった道鏡）が、神宮の伝統的祭祀に仏式のそれを付加しようとした、新たな試みであった。法楽を祭祀の一形態と見做すことは、奈良時代に端を発するものである。ところが、伊勢大神宮寺そのものは、道鏡の失脚後、時の右大臣大中臣清麻呂を中心とする神祇官人達により、徹底的に排斥された（第一章一）。それが鎌倉時代中期、複数の神宮法楽寺院という形で、伊勢大神宮寺は復活したのであった（第二章五）。また、鎌倉幕府もこれに倣い、叡尊が創設した弘正寺を関東祈祷所に指定したことは、先に検討した通りである。法楽を神宮祭祀の一環と見做す認識は、奈良時代末に一旦は否定されるも、鎌倉時代に至って再び評価されたのであった。しかし、右記は飽くまでも朝廷・幕府における認識である。また、神宮法楽寺院を直接管理・運営したのは、前者は醍醐寺三宝院門跡であり、後者は真言律宗僧達であった。神宮の祭祀・儀礼の場で奉仕する祢宜以下の祠官達が、法楽に直接携わることはなかった。

ところが、室町時代初頭の応永三十三年（一四二六）、時の室町殿足利義持は、内宮へ奉納した一切経を内宮建国寺に安置することとし、当寺において神宮法楽を勤行する様差配した。そして、これは飽くまでも神明への法楽であることから、その運営の責任者は、内宮を統括する一祢宜とされた（前節）。内宮庁は、神宮法楽寺院の管理運営を、時の権力者より命じられたのである。斯くして祠官達の間に浸透したのが、前述の朝廷・幕府における認識ではなかったか。内宮側としては、法楽を神宮祭祀の一環と位置付けることで、内宮建国寺の支配を正当化しようとしたものと思われる。

4　神宮による法楽の受容と擁護

法楽は神宮祭祀の一環である——応永三十三年（一四二六）の内宮建国寺創設を機に、内宮祠官達は斯くの如く認識する様になった。そしてそれ故に、康正二年（一四五六）における太神宮御祈祷所・宇治郷弘正寺の復興勧進に、彼等は尽力したのであった。

また、前に検討した氏寺田宮寺の神宮法楽寺院化も、この弘正寺復興勧進と軌を一にするものではなかったか。荒木田二門の氏人達は、田宮寺における神宮法楽を「往古よりその節を遂ぐ」と称している。しかしながら、その勤行が確認できる様になるのは、①享徳元年（一四五二）八月以降のことである。田宮寺において神宮法楽が始まったのは、それより少々遡る程度であり、恐らくは上述の認識に基づき、氏寺にも法楽寺院としての機能を持たせるに至ったのであろう。

こうした神宮の法楽に対する受容・擁護の姿勢は、その後顕著にみられる様になる。

④文明六年（一四七四）四月五日内宮庁宣[22]

右、為㆓　太神宮法楽㆒、沙門善光令㆓勧進㆒、以㆓十方檀那助縁㆒、可㆑奉㆓法華経一万部読誦㆒云々、然早任㆓
宿願之旨㆒、励㆓勧進之功㆒、速可㆑遂㆓法楽之節㆒之状、所㆑宣如㆑件、以宣

⑤（文明十三年・一四八一）十二月二十三日荒木田氏経書状[23]（梅戸三河守入道宛）

大般若経御寄進目出度候、連々致㆓転読㆒、可㆑申㆓御祈祷㆒、殊者細々致㆓神法楽㆒候者、可㆑令㆑然㆓　神慮㆒
候間、　神御忠候、於㆓于身㆒祝着此事候、恐々謹言

⑥（文明十四年・一四八二）正月二十六日荒木田氏経書状[24]（十穀俊識御房宛）

於㆓当宮㆒万部法花経、可㆑被㆓法楽㆒之由承候、不日被㆑遂㆓其節㆒候者、可㆓目出㆒候、恐々謹言

⑦文明十八年（一四八六）九月日内宮庁宣[25]

右、為㆓太神宮法楽㆒、僧永安令㆓勧進㆒、以㆓十方檀那助縁㆒、可㆑奉㆓法楽法華経一万部読誦㆒云々、然早任㆓
宿願之旨㆒、励㆓勧進之功㆒、可㆑遂㆓法楽之節㆒之状、所㆑宣如㆑件、以宣

④と⑦は、一僧侶が太神宮法楽としての法華経一万部読誦を発願し、そのための勧進を、内宮庁が許可した事

例である。いずれも、法楽の確実なる遂行を命じている。⑥は、十穀俊識なる者による法華経一万部読誦を、内宮一祢宜が許可したもの。氏経は、その速やかなる遂行を期待していた。そして⑤は、伊勢国員弁郡の国人と思しき梅戸三河守入道が、内宮に大般若経を寄進しており、これを一祢宜荒木田氏経が祝して、傍線部「連々転読致し、御祈祷申すべし」とまで言っている。

以上は、内宮の事例であった。一方の外宮については、『氏経神事記』文明二年（一四七〇）十月条に、次の記事がみられる。

> 五日晴、自二今日一於二外宮一一万部法花経読誦、勧聖鬟僧、為二祈祷一一万度御祓事一日申、仍勤仕、四日遣二御布施一貫一、八日進
>
> 十一日晴（中略）同日、外宮一万部経堂令二顛倒一、経衆六人、聴聞衆十人被二押殺一、誤（ママ）輩不レ知レ数、木屋ハ則令二濫妨一畢、仍不レ満二万部一

文明二年十月五日より、外宮において一万部法華経の読誦が開始された。同月一日、その発願僧が、読誦の無事満願を祈願すべく、一万度御祓を依頼してきたので、内宮一祢宜荒木田氏経はこれを奉仕したという。この読誦に、氏経は布施として銭一貫を寄進している。当時の内宮祠官達が、法楽に如何に協力的であったのか、窺うことができよう。

ところが、こうした祠官達の祈願も空しく、同月十一日に「外宮一万部経堂」が顛倒し、十六名の死者および多数の負傷者が出て、中断の止む無きに至ったとある。外宮一万部経堂とは、外宮に隣接して建てられた仮設の堂であったと思われる。こうした堂舎の建立や、そこに多数の聴聞衆を集めての法楽は、外宮庁の許可がなけれ

ば実施は不可能であろう。当時の内宮にみられた、法楽を積極的に受容・擁護する姿勢は、外宮も同様であったと考えられる。

5　神仏隔離との止揚

こうした神宮における法楽の積極的受容と擁護を、どの様に評価すべきか。しかも、前掲⑤を文字通り解釈する限り、時の内宮一祢宜荒木田氏経が、梅戸三河入道による大般若経の寄進を「神御忠」と讃え、それを連々転読して祈祷致すとまで言っているのである。

しかし神宮には、祭祀・儀礼の場における神仏隔離の原則が存したこと（第一章一）を、ここで想起しなければならない。神宮祠官達が法楽を積極的に受容・擁護する姿勢は、この原則に反しはしないか。斯くの如き矛盾を、神宮祠官達は如何に止揚したのか。

長禄四年（寛正元年・一四六〇）六月は、全国的に大雨が続いたらしく、河川が氾濫して堤防や橋梁が破壊されたり、琵琶湖では湖水が溢れ出たりするなど、各地で甚大なる被害が発生した。これを憂慮した朝廷は、諸社および諸寺に止雨の祈祷を命じている。[26] そして、神宮にも次の命令が発せられた。

⑧左弁官下　伊勢太神宮司

応下七日間令上レ転二読仁王般若経一事

右、頃年以降五行失レ叙、或困二旱魃一、黎庶苦二稼穡之艱難一、或縁二水災一、人民乏二黍稷之収歛（斂カ）一、況亦近日陰雲屢翳晷、霖雨荐（ママ）洊旬払、国家之不祥、致二佑土之福祚一、莫レ若、神明之擁護、仏陀之利生、宜レ奉レ祈者、権大納言藤原（万里小路）朝臣冬房宣、奉レ勅、於二当宮一、啒二十口浄侶一、七箇日之間、転二読仁王般若経一、忽止二商羊舞一、速添二陽焉光一、禹水又散二数日之咎一、徴二尭曦益一、正二四時之気候一、遂而五日風不レ鳴条、十日雨不レ破レ塊、百穀豊稔、仰二一天之太平一、群卉茂成、普万国之凱楽者、其施二供料一、依行レ之者、宣(宮カ)宜下承知、依レ宣行上レ之

長禄四年六月九日　　大史小槻宿祢(長興) 判

少弁藤原朝臣(坊城俊顕)(27) 判

⑨止雨御祈祷事、相二触太神宮社家中一、別而一同可レ致レ抽二丹誠一之由所レ被二仰下一也、仍執達如レ件

長禄四年六月十五日　　散位(飯尾之種) 判

祭主三位殿(大中臣清忠)(28)

⑩――事、自二公家様一被二仰出一一通并別而一同可レ抽二丹誠一之由、御奉書如レ此、且存知、且可レ被レ告二知二宮一之状如レ件

六月十六日　　神祇大副(大中臣清忠) 判

大司宿館(29)

⑪――事、自二　公家様一一通并御奉書・祭主下知等如レ此、仍献二覧之一、早可下令二存知一給上候、恐々謹言

六月廿一日　　大宮司 判

謹上　内官長殿(30)　　――氏長

⑧は、神宮において七日間、十名の僧侶による仁王般若経の転読を命じた官宣旨である。これを読む限り、朝廷は内外両宮の御神前において法楽を勤行する様、伊勢太神宮司に命じているとしか考えられない。

なお、朝廷と足並みを揃えて、室町幕府も祈祷命令を発している。それが⑨である。傍線部から明らかな如く、幕府は、神道式での止雨祈祷を命じている。

これら⑧⑨は、祭主・大宮司を経て、内宮へと下達された（⑩⑪）。大宮司による下達は、六月二十一日付である（⑪）。⑧⑨が一祢宜の許に到来したのは、それ以降ということになる。

⑫皇太神宮神主

　依㆓御教書注進㆒、止雨御祈、太神宮祢宜一同可㆑抽㆓丹誠㆒子細事

右、今月廿一日宮司告状、同十六日祭主下知、同十五日御奉書并　宣旨之趣、止雨御祈祷并別而可㆑致㆓丹誠㆒之由事、謹所㆑請如㆑件者、任㆘被㆓仰下㆒之旨㆖、祢宜一同、天下泰平・国家安全御祈祷、凝㆓懇念㆒者也、仍請文言上如㆑件、以解

　　長禄四年六月廿三日　大内人正六位上荒木田神主末久

祢宜正四位上荒木田神主満久　十人加㆓署名㆒[31]

⑫は、内宮庁が提出した祈祷完了の報告書である。⑧⑨が同庁へ確実に到来していることは、傍線部により明らかである。ところが、⑨の指令内容を履行したことは、文中に「祢宜一同、天下泰平・国家安全の御祈祷、懇念を凝らすものなり」と明記されているものの、⑧で命じられた仁王般若経の転読については、全く記されていない。しかも、⑪⑫の日付から計算するに、祈祷が行われた期間は、多く見積もって三日である。内宮祠官達に

よる神道式の祈祷と、都合七日間の仁王般若経転読とは、全く連動していないことが判明する。

ちなみに、⑧においてこの転読を命じられたのは、伊勢太神宮司である。しかし当の大宮司は、⑧を内宮一祢宜に下達しただけであった(11)。恐らくは内宮庁の差配により、管轄下の内宮建国寺か、もしくは氏寺の田宮寺において勤行されたのであろう。

また、次の事例にも注意しておきたい。

⑬院震筆御経并武家御願書等、為二三合御祈一、所レ被二奉納一也、宜レ奉レ祈二　聖算長久、武運安全、殊兵革静謐一之由、可レ被レ下二知両　宮一之旨、被二仰下一也、謹言

三月九日　　　資綱（柳原）

祭主三位殿(32)

⑭禁裏　仙洞震筆御経両宮四巻并武家御願書二通、為二三合御祈一、所レ被二奉納一也、宜レ奉レ祈二　聖算長久、武運安全、殊兵革静謐一之由、御教書案文献レ之、可レ被レ下二知両　宮一之状如レ件

三月十一日　　　神祇権大副　判

大司宿館(33)

⑮――――由、御教書并祭主下知如レ此、早可下令二存知一給上候哉、恐々謹言

四月十四日　　　大宮司　判

謹上　内宮長殿　　　大宮司忠康

追申
禁裏御宸筆御経、一両日以後被二仰出一候之間、不レ被レ載二御教書一候由也、早々御請可レ被二進上一候[34]

⑯立申
皇太神宮所願事
一、四度官幣不レ可レ有二懈怠一事
一、造役夫工、厳蜜（密）可レ加二下知一事
一、諸別宮造立事、連々不レ可レ存二等閑一事
一、可レ遂二参　宮一事
一、毎年不レ闕以二代官一参　宮事
右、五ヶ条立願之旨趣者、今年相二当三合之歳一、加之、出二現重変之怪一、謹慎尤無雙也、就中、兵乱及二歴年一、静謐期二何日一、朝仰二天道一、夕祈二　聖運一、唯願凶賊忽令二頓滅一、華洛速属二平安一、微臣保二息災之運命一、全二如意之政務一、愚息消災延命、而相二叶聖理之善政一、一天安全・四海平定・諸国豊饒・万民快楽者、偏是可レ在二神明冥助一、仍啓白如レ件
文明二年三月九日　　准三后源朝臣義政[35]

文明二年（一四七〇）は「三合」という、陰陽道でいうところの天災や兵乱等が多発する大凶の年であった。実際、三年前に勃発した応仁の乱が、依然として継続していたのである。その様な最中、後土御門天皇および後花園法皇宸筆の般若心経と、武家（将軍足利義政）の願文が内外両宮に奉納され、天皇の聖算長久と将軍の武運

安全、それに兵革（応仁の乱）静謐の祈祷が命じられた。
　これを承けた内宮庁は、次の解を提出している。

⑰皇太神宮神主
　依二御教書注進一、為二三合御祈一、　禁裏　仙洞御震筆御経并武家御願書等致二奉納一、奉レ祈二聖算長久、
　武運安全、殊兵革静謐一間事
右、去月九日御教書併、同十一日祭主下知併、今月十四日宮司告状併、禁裏　仙洞御震筆御経并　武家御願書等、為二三合御祈一、所レ被二奉納一也、宜レ奉レ祈二　聖算長久、武運安全、殊兵革静謐一事、謹所レ請如レ件者、任下被二仰下一之旨上致二奉納一、抽二御祈祷丹誠一者也、定令レ然二　神慮一者歟、仍注進如レ件、以解
　文明二年四月　日　　大内人正六位上荒木田神主定治
祢宜従四位上荒木田神主氏経
――――下――――十人加暑
　　禁裏　仙洞御震筆心経在二二巻一、外宮同前(36)

右掲の傍線部を読む限り、宸筆の般若心経と足利義政の願文は内宮御神前に奉納され、御祈祷が行われたことになる。ところが、『氏経神事記』文明二年四月十四日条には、次の如く記されている。

同日、禁裏・仙洞御震筆心経二巻、武家御願書一通、為二御祈祷一可二奉納一由御教書、次第施行在レ之、則請文宮司ニ遣、外宮同前、御震筆者為二経巻一之間、私シ案置ス、御願書者可二上進一、祭主殿ニ被置先（ママ）之由雖レ被二仰下一ト（衍カ）雖、不レ得二其意一者也

宸筆の般若心経二巻と足利義政の願文⑯、それに御教書⑬および次第施行⑭⑮が内宮に到着したのは、文明二年四月十四日のことであった。文中にみえる宮司に遣わした「請文」とは、⑰のことである。⑰は、宸筆心経以下が到着したその日に、すぐさま作成・上申されたものらしい。その⑰には、傍線部「仰せ下さるるの旨に任せて奉納致し、御祈祷の丹誠に抽んずるものなり」と明記されている。ところが、実際に内宮御神前に奉納されたのは、足利義政の願文だけであり、天皇・法皇宸筆の般若心経は、一祢宜荒木田氏経が私邸に安置したのであった。「祭主殿ニ」以下は難解であるが、どうやら氏経は、祭主の奉納命令を拒否したらしい。なお、「外宮同前」とあることから、こうした内宮庁の対応に、外宮も同調した様である。

斯くの如く、室町時代以降の朝廷は、内外両宮の御神前における神宮法楽や宸筆経巻の奉納を命じる様になった。こうした意向を、神宮側は受け入れる。それは、法楽を神宮祭祀の一環として位置付けていたからであろう。しかしその法楽に、神宮祠官達が直接携わっていたかというと、決してそうではなかった。また宸筆とはいえ、経典を神前に奉納することは、断固として避けていた。これは、祭祀・儀礼の場における神仏隔離の伝統を、当時の神宮祠官達が遵守していたからであろう。故に、たとえ法楽を積極的に受容し擁護することはあっても、自らが従事する祭祀・儀礼の場においては、仏教の介入を決して許さなかったと考えられる。

おわりに

応永三十三年（一四二六）の内宮建国寺創設を機に、内宮祠官達は、法楽を神宮祭祀の一環として認識する様になった。そしてそれ故に、彼等は法楽を積極的に受容し、擁護する様になった。こうした姿勢は、外宮祠官にもみられる。上記の諸事実は明らかに、神宮の神仏習合化を示すものといえよう。

それでは、当時の習合化した諸社にみられる如く、僧侶が神主と共に神事に携わったり、神前読経を勤行していたかというと、決してそうではなかった。法楽を積極的に受容するも、神宮祠官達がそれに直接携わることはなく、また、たとえ宸筆であったとしても、経典を神前に奉納することは断固避けていた。これは、祭祀・儀礼の場における神仏隔離の伝統を、当時の神宮祠官達が遵守していたからに他ならない。神宮における神仏習合は、両宮神域(37)外のことであって、正宮を中心とする神域内においては、神仏隔離が厳密に守られていたのである。

以上が、室町時代の神宮における神仏関係の実態であった。これが、時を経て戦国時代になると如何に変化するのか。次節にて検討を試みたい。

註

(1)『二宮祢宜年表』(増補大神宮叢書4『神宮典略』別冊、吉川弘文館、平成十八年)。以下、神宮祠官の経歴は上記による。
(2)『三重県史』資料編中世1(上)史料解題。三引付とも上記所収。
(3)増補大神宮叢書13『神宮年中行事大成』前篇(吉川弘文館、平成十九年)所収。
(4)『氏経卿引付』二―一六(上記漢数字は巻数―通番号、丸数字・傍線は引用者。以下同じ)。
(5)増補大神宮叢書12『神宮参拝記大成』所収、吉川弘文館、平成十九年。引用箇所は六一頁下。
(6)『氏経卿引付』二―二三。
(7)『三重県史』資料編中世1(上)所収。
(8)『氏経卿引付』二―二二。上記は、北畠氏重臣の大宮雅章に送付されている(同前二―二四)。
(9)『氏経卿引付』三―八九。
(10)『氏経卿引付』三―二。〈 〉は割書、以下同じ。
(11)『氏経卿引付』三―一。
(12)奈良国立文化財研究所監修『西大寺叡尊伝記集成』(法蔵館、昭和五十二年)所収。

(13)同前。
(14)新訂増補国史大系。
(15)筆者はかつて、「叡尊は、同祈願に熱心であられた亀山上皇の叡慮を承け、神明法楽のための太神宮御祈祷所として、弘正寺を創建したのではないか」と考察した(「室町時代の神宮と仏教」〔『印度学仏教学研究』第六二巻第一号、平成二十五年〕、二二二頁)。しかし再検討の結果、上述の通り訂正するものである。
(16)弘正寺に関する通史的研究としては、石井昭郎「叡尊と神護山弘正寺　附論・久世戸の大五輪との関連」(『伊勢郷土史草』第二〇号、昭和五十六年)が挙げられる。同寺が室町幕府の祈祷所であった点は、指摘されていない。
(17)康正二年七月二日室町幕府神宮奉行人連署奉書(『氏経卿引付』三―四五)に、「伊勢国度会郡宇治郷弘正寺造営事、於二彼郷内一、構二便宜在所一、令レ勧二進貴賤往来之輩一」とみえる。
(18)同前。
(19)康正二年七月二日室町幕府神宮奉行人連署奉書(『氏経卿引付』三―四六)。
(20)同年八月七日後花園天皇綸旨(『氏経卿引付』三―四四)。
(21)同年八月七日神宮伝奏町資広御教書(『氏経卿引付』三―四三)。
(22)『文明年中内宮宮司引付』一四九。
(23)『内宮引付』一九六。
(24)『内宮引付』一九九。
(25)『氏経卿引付』七―九一。
(26)『碧山日録』(増補続史料大成)長禄四年六月十三・十四日条。『大乗院寺社雑事記』(同前)同月十九日条。
(27)『氏経卿引付』三―一七〇。
(28)『氏経卿引付』三―一七一。
(29)『氏経卿引付』三―一七二。
(30)『氏経卿引付』三―一七三。

(31)『氏経卿引付』三―一七四。
(32)『文明年中内宮宮司引付』六。
(33)『文明年中内宮宮司引付』七。
(34)『文明年中内宮宮司引付』八。
(35)『文明年中内宮宮司引付』九。
(36)『文明年中内宮宮司引付』一〇。
(37)鎌倉時代初期の編纂とされる『神宮雑例集』（『神道大系』神宮編二所収）第五神宮四至事に、内宮は「四至〈山遠遙阻廻、又近南西北河廻〉」、外宮は「近四至　去二神宮大垣外一四方各肆拾丈」とある。内宮でいう南・西・北の境界となっている河とは、五十鈴川およびその支流島路川である。

五　戦国時代の神宮と仏教

はじめに

戦国時代の始期と終期を何時にするかは、議論の分かれるところである。最も人口に膾炙した説は、応仁の乱が始まった応仁元年（一四六七）から、織田信長が足利義昭を奉じて入京した永禄十一年（一五六八）までである。一方、始期については、関東で享徳の乱が勃発した享徳三年（一四五四）とする説や、伊勢長氏（北条早雲）が伊豆堀越公方足利茶々丸を追った延徳三年（一四九一）とする説、それに細川政元が将軍足利義稙を追放した明応二年（一四九三）とする説等がある。終期に関しては、信長が義昭を追放して室町幕府が滅亡した天正元年（一五七三）を妥当とする説も有力であり、他にも、天正四年（一五七六）信長の安土城移転を画期とする説も出されている。[1] いずれにせよ、十五世紀後半以降、我が国は、約百年間に及ぶ動乱の時代を経験したのであった。

一方、神宮においては、内宮が寛正三年（一四六二・第四十回）、外宮は永享六年（一四三四・第三十九回）以降、式年遷宮が中断する。戦乱の煽りを受けたのは、神宮も例外ではなかったのである。なお、式年遷宮が復興したのは、外宮が永禄六年（一五六三・第四十回）、内宮は天正十三年（一五八五・第四十一回）十月で、この天正十三年以降、同年同月中に内宮、外宮の順で式年遷宮を行う制となり、現在に至っている。[2]

この様に、戦国時代と式年遷宮の中断期間は、ほぼ一致する。そこで、神宮における戦国時代を、第四十一回内宮式年遷宮が実施される筈であった文明十三年（一四八一）から、[3] 実際にそれが行われた天正十三年（一五八五。第四十一回外宮式年遷宮も同年に挙行）までの、一〇四年間と見做すことにしたい。

寛正三年十二月二十七日、第四十回内宮式年遷宮（遷御の儀）に一祢宜として奉仕したのは、同年八月九日に昇格したばかりの荒木田氏経であった。[4] 以後、四半世紀に亘って内宮を統轄した氏経であったが、彼の尽力も空しく、次の式年遷宮に奉仕できぬまま、文明十九年（長享元年・一四八七）正月十二日に薨去した。

荒木田氏経は、法華経一万部の読誦や大般若経の寄進等、神宮法楽を積極的に受容する一方、それら経巻の内宮御神前への奉納は、たとえ宸筆であっても拒否していた（前節）。彼は、室町時代の神宮における神仏関係——神域外での神仏習合と神域内における神仏隔離——を遵守した、誇り高き神宮祠官であった。その氏経が薨去し、戦国乱世の度合が増すなか、神宮における神仏関係は如何なる状況へと至ったのか。以下で検討を試みることにしたい。

1　戦国時代の内宮と仏教

さて、荒木田氏経（祢宜任永享四年〜文明十九年・一四三二〜八七）が編纂した引付類に収録される文書数は、

現存する分だけでも都合一八九四通と、きわめて膨大なものである。(5) その後、内宮においては、この伝統を踏襲し、

①『守朝長官引付』（祢宜荒木田守晨〔任文明十年～永正十三年・一四七八～一五一六〕編。七三通）

②『明応三年引付』（一祢宜荒木田守朝〔任長享元年～永正二年・一四八七～一五〇五〕編。四八通）

③『守則長官引付』（荒木田守晨編。一七七通）

④『明応永正宮務記』（祢宜荒木田守彦〔任延徳三年～享禄二年・一四九一～一五二九〕編。一〇五通）

⑤『文明永正記』（権祢宜荒木田俊重編。三九通）

⑥『一祢宜守兼引付』（一祢宜荒木田守兼〔任永正十三年～天文十年・一五一六～四一〕編。三二通）

⑦『神宮引付』（一祢宜荒木田守武〔任天文十年～十八年・一五四一～九〕編。一〇通）

⑧『藤波氏秀官長引付』（祢宜荒木田氏秀〔任延徳三年～天文二十三年・一四九一～一五五四〕の手控を、後に編集したもの。一九六通）

等が相継いで編纂され、今に伝わっている。(6)

右掲を一通り検索してみると、⑧に、当時の神宮における神仏関係の実態を伝える、興味深い史料が幾つか収録されていることに気付く。そこで、それらを順に列挙して検討することにしたい。(7)

108 奉両太神宮百日参詣満散并嶽千日

所願成就、所願主沙門名アリ

大永三年〈癸未〉七月十六日　　　　内宮一神主
守兼

146奉納伊勢内宮法華妙典一部
心中所願、皆令二満足一処也
大永五年三月十日　　　　守(兼脱)

167宿願・所願成就為二祈念一、伊勢於二両太神宮一、千日参并岳山行ニ参詣事、百日結願申訖、先本国江州栗本(太)郡金世へ罷帰、驪而又可レ致二相残九百日籠一候之段、願主沙門道久宿願之旨、心得申候処如レ件
天文元年八月廿三日　　　　守兼　在判
江州栗本(太)郡金世道久参

180両太神宮祈精之事　　願主　其所　其名
右、其国其郡其寺伽藍安穏而、如二下津岩根不レ揺、法流繁昌、如二御裳濯河流広一、神慮之擁護不レ可レ有レ疑者也
年号　月　日　　　　名乗　判

182神灰之申返事　　国郡所　其人名
知《シラ》世《セ》早《ハヤ》那《ナ》世《セ》者《ハ》　何《ナニ》土《ト》毛《モ》成《ナリ》仁《ニ》気《ケ》理《リ》　心《コヽロ》能《ノ》神《カミ》能《ノ》身《ミ》遠《ヲ》守《マモル》土《ト》和《ハ》
神慮如レ此、不レ残二執心一、不レ可レ有二守護疑一者也

年号　月　日　　　　　　名乗　判

光明真言ヲカキ御副可レ有候

何レモ錦ニツヽミテ、小カメニ入レテ、屋敷ノ丑寅ノ方ニ可レ致レ埋マ（ママ）也

応永三十三年（一四二六）の内宮建国寺創設以降、内宮祠官達は、法楽を神宮祭祀の一環として認識し、それを積極的に受容・擁護する様になった（前節）。室町時代のこうした傾向が、戦国時代にも続いていたことが、146から判明する。上記は、受領証の雛形として収録されたものであろう。当時の内宮においては、法華経の奉納が盛んであったこと、そしてそれを内宮祠官達が積極的に受け容れ、受領証までをも発給していた点を窺うことができる。

一方、108・167にみられる「嶽」や「岳山」とは、内宮の東北東に位置する朝熊ヶ岳（標高555メートル）のことで、山頂付近には勝峰山兜率院金剛證寺が所在する（第三章二）。沙門（僧侶）が両太神宮（内宮・外宮）のみならず、朝熊ヶ岳（金剛證寺）へも併せて百日・千日と参詣する風習は、管見の限り、室町時代以前には確認することができない[8]。江戸時代、「お伊勢参らば朝熊にかけよ。朝熊かけねば片参り」と喧伝され、両宮および金剛證寺の千日詣も盛んになったとされるが[9]、その濫觴は、戦国時代に求められそうである。こうした風習が、同時代に至って何故起こったのか、現段階では明らかにし得ないが、ともあれ、こうした僧侶による百日・千日参詣の証明書を、内宮一祢宜が発給している点に注意しておきたい。

なお、167にみえる近江国栗太郡金世の沙門道久とは、同郡金世《こんぜ》金勝山に所在する金勝寺《こんしょうじ》（現滋賀県栗東市荒張）の僧侶であったと考えられる。その道久が、内外両宮と金剛證寺の千日詣を発願し、まずは百日を結願した。天文元年（一五三二）八月、この証明を時の内宮一祢宜荒木田守兼に求めて発給されたのが、上記であった。

180を検討するに、当時、自坊の伽藍安穏と自らの法流繁昌を、両太神宮に祈請する僧侶が少なくなかったらしい。その求めに応じて発給された文書の雛形が、上記である。

そして、182にみえる神灰とは、神饌を調理する忌火屋殿の竈の灰であろう。当時、それには強い呪術力が宿っていると見做されていた(10)。こうした神灰を求める参宮者が少なくなかったらしく、その副状の様式が、182として整えられた。冒頭に、神灰を受ける人物の住所と名前を書き、次に神歌と「神慮如レ此」云々との文言を記して、日下に発給者（前掲108・146・167から察するに、恐らくは内宮一祢宜）の名乗りと花押を添える。最後の二行は、受領者に対して口頭で説明する内容と考えられる。神灰は、どうやら陰陽道でいうところの鬼門封じとして、受領者の屋敷地において使用された様である。

鎌倉時代初頭、文治二年（一一八六）の俊乗房重源や東大寺衆徒を皮切りに、僧尼の参宮が盛んになったことは、先学の既に指摘するところであり、本書でも一通り確認した（第二章一）。神仏隔離を原則とする神宮に、髪長といって忌避していた僧尼達が、篤く崇敬して参拝に遣って来る様になったのである。当時、内宮の牛耳を執っていた荒木田元満・成長両家出身の祢宜達は、こうした矛盾の克服を模索したに相違ない。そこで、記紀神話や『中臣祓訓解』を下敷きに編み出されたのが、第六天魔王譚として知られる説話であり、神宮では外見上仏法を忌むが、実は三宝を深く守護しているとする論理であった（第二章三）。国家第一の宗廟たる神宮は、仏法の篤き守護神でもある――こうした信仰は、戦国時代になって益々高まったらしい。僧侶による両宮および金剛證寺への百日・千日詣の風習や、伽藍安穏と法流繁昌の祈請依頼は、その一環であったと考えられる。

しかしながら、金剛證寺への参詣や、自坊とその法流のための祈請は、神宮法楽――天照大御神に奉る仏式の法要・儀礼――とはおよそ無関係のものである。にもかかわらず、内宮側が此等をも積極的に受け容れたのは、経済的事情によるものであろう。鎌倉時代、神八郡（伊勢国度会・多気・飯野・員弁・三重・安濃・朝明・飯高郡）を中心に、伊勢国内外の神戸、常供田（一一二町一段九〇歩）、神田（内宮二五八町一段一五〇歩）、それに御厨・御園約一四〇〇ヶ所（三九ヶ国に分布。うち伊勢国内に約一〇〇〇ヶ所）という、膨大なる規模を誇った神宮領は、[11] 戦国の乱世にあって次第に蚕食され、壊滅的状況にあったと考えられる。その様ななか、神宮への崇敬篤い僧侶達の初穂が、貴重な財源となったことは、想像に難くない。斯くして内宮側は、経典奉納等の神宮法楽のみならず、僧侶達の様々な祈願・要望にも応える様になったものと思われる。

それにしても、前掲182においては、傍線部にみられる如く、神祇的呪物である神灰に、真言密教で唱える光明真言を書き添えよというのである。しかも、それを指示したのは、恐らく内宮一祢宜であった。当時の祠官達の間で、神仏習合化が進んでいた事実を示すものであろう。

2　神仏隔離の破綻

さて、108・146は大永年間（一五二一〜八）、167は天文元年（一五三二）の文書であった。180・182は、雛形である故に年号を欠くが、⑧『藤波氏秀官長引付』に収録されていることから、彼が七十七歳で卒去した、天文二十三年（一五五四）以前のものであることは疑いない。

ちなみに⑧以降は、内宮において引付を編纂する気運が衰退したのか、それとも散逸して今に伝わらないのか、

⑨『皇太神宮天正九年十年引付』（編者不明。一九通）

⑩『氏晴神主引付』（祢宜荒木田氏晴〔任天文十八年〜慶長五年・一五四九〜一六〇〇〕編。三四通）

等を遺すのみである。[12] 右掲から、当時の神宮（内宮）における神仏関係を示唆する史料を見出すことはできない。

そこで、検索の範囲を広げてみると、京都大学総合博物館蔵「松木文書」[13]に、次の文書が遺されていることに気付く。

目安

二所太神宮仏法禁忌之事、往古以来于レ今無二猶預之儀一処、近日法体之族可レ被レ補二祢宜職一之由、有二其沙汰一、太以不レ可レ然間事

右、二所太神宮各被レ補二十員祢宜職一事者、朝家規範、神宮定例也、然間豊受太神宮飛鳥神主被レ補二彼職一以降、玉体安穏・天下泰平、奉レ抽二祈祷忠勤一者也、然間、於二　神宮一屏二仏法之息一、不レ許二容僧尼一事、於レ于レ今似事新申状歟、其上内外七言者、只言語之通耳底計之事也、雖レ然、堅制禁来者也、爰近日及二十ヶ年一、着二法衣一、吊二亡霊之跡一来族、可レ被二祢宜職一之事、天下怪事、神宮荒廃也、只今被二申上一方者、定以二矯飾之儀一可レ有二注進一間、就下不レ知二案内一之御事上、縦雖レ被二　宣下一、神宮之儀非例之間、曾以難二承諾申一者也、将又幸器用之仁懇望之間、彼者被レ補者、弥天下泰平・都鄙安詮（全）可レ為二御祈祷専一一者也、粗言上如レ件

文亀二年五月　日

祢宜度会神主常栄（花押）
祢宜度会神主常清（花押）
祢宜度会神主常郷（花押）
祢宜度会神主具久（花押）
祢宜度会神主貞知（花押）

これは、文亀二年（一五〇二）五月、時の外宮一祢宜度会貞知以下、二祢宜具久、三祢宜常郷、六祢宜常清、七祢宜常栄が連署した目安（訴状）である。

注目すべきは、傍線部である。ここ十年来、法衣を着て亡霊を弔ってきた者が、祢宜に就任しているというのは、およそ天下の怪事・神宮の荒廃であると訴えている。荒木田・度会氏の出身で、出家して然るべき寺院に所属し、檀家の先祖供養に従事していた僧侶が、その後両宮の祢宜となり、法体（剃髪の姿）のまま神事に従事しているという事例が、当時は少なくなかったらしい。

なお、十人定員の祢宜に死去や引退等で欠員が出た場合、昇進予定者が款状という自己推薦書を朝廷に提出し、それが認められれば、祢宜補任の宣旨が下される仕組みであった[14]。右掲目安の波線部は少々難解であるが、次期昇進予定者が僧侶であったとしても、款状において自らの経歴を巧みに偽り飾るので、こうした事情を知らない朝廷は、款状の申請をそのまま認めて祢宜に補任してしまう、と歎いている内容と思われる。

『古老口実伝』[15]宮司家中禁法事に、

僧尼及重軽服人々等、不二同宿同坐一也〈但、僧者烏帽子・直垂如二俗形一改二其像一者、同坐云々〉

とある。祭主と同じく大中臣氏が世襲した伊勢太神宮司（大宮司）家の禁法に、僧尼および服忌中の人々との不同宿・不同坐がある。但し、僧が烏帽子に直垂を着るなどして外見を俗人の姿に改めていれば、同坐してもよいとの制であった。『古老口実伝』とは、神宮祠官の心得るべき古伝・故実をまとめたもので、伊勢神道の大成者である度会行忠が、正安元年（一二九九）九月から翌年六月までの間に撰述したと考えられている（第二章四）。

恐らくはこれを拡大解釈して、祢宜に補任されても還俗することなく、禿頭のまま冠を被って神主の装束を着け、平然と神事に従事していたのであろう。

さらに想像を逞しくすれば、戦国時代に至ってこうした事例が出現したのは、乱世による神宮祠官の困窮が、その背景にあったものと思われる。祢宜に補任されても禿頭を改めないのは、今まで行ってきた先祖供養の布施を、手放したくなかったからなのかもしれない。

また、右掲目安においては、外宮一・二・三・六・七祢宜が、連署して訴えている。したがって「法体之族」は、外宮四・五・八・九・十祢宜のいずれか、もしくは内宮祢宜ということになる。当時の内宮祠官中において、神仏習合化が進展していたことは、前に検討した通りである。右掲は、時の一部の内宮祢宜を訴えた目安である蓋然性が高いのではないか。

応永三十三年(一四二六)の内宮建国寺創設を機に、内宮祠官達は、法楽を神宮祭祀の一環として認識し、それを積極的に受容・擁護する様になった。しかしながら、室町時代の神宮祠官達がそれに直接携わらなかったことは、前節で検討した通りである。ところが戦国時代になると、僧籍にあることを詐って祢宜に就任する者が現れた。祢宜庁を構成する高位の祠官中に僧侶が混在し、その彼等が、神宮の神事に従事し始めたのである。これは奈良時代末以来厳守されてきた、祭祀・儀礼の場における神仏隔離の原則が、ここに至って破綻したことを意味しよう。

3 神本仏迹説への反転

最後に、神宮祠官達の思想面での変化を追ってみたい。③『守則長官引付』とは、内宮祢宜荒木田守晨(任文明十年~永正十三年・一四七八~一五一六)が編纂した引付であった。上記には、次の注目すべき内宮庁宣が収録されている。(16)

庁宣
早可下遂二勧進節一令中再造上、神風伊勢国鈴鹿神戸野村新福寺事
右神戸者、忝天照太神御降臨時、味酒鈴鹿国奈具波志忍山尓遷御、神宮造六ヶ月奉レ斎、神田并神戸進支、如レ此神代有レ謂清浄之霊地異二于他一矣、神宮之規範而、表雖レ屏二仏法之経教一、裏奉レ仰二神明之垂迹一者哉、然造二立堂舎大伽藍一号二新福寺一、致二法楽勤行一之処、去文明四年兵火起、聖徳太子製作・行基菩薩彫刻之仏像等滅尽、子細載二勧進帳一具也、爰沙門宣光欲レ令二再興一、所存之至神妙々々、助成輩可レ為二神忠一之状、所レ宣如件、以宣

永正八年正月　日

祢宜荒木田神主判　　三祢宜依二所望一、被レ成レ之歟

十人皆判

新福寺は、伊勢国鈴鹿郡野村（現亀山市野村町）に所在した神宮法楽寺院であった。ところが、文明四年（一四七二）の兵火で、寺宝の仏像等が焼失してしまったらしい。その再興を、沙門宣光なるものが発願したことをうけ、永正八年（一五一一）正月、彼の勧進活動を助成すべく発給されたのが、この庁宣である。

右掲については、次節にて再び検討する。本節では、傍線部「神宮の規範として、表は仏法の経教を屏す[17]と雖も、裏は神明の垂迹を仰ぎ奉るものかな」と記されている点に焦点を絞りたい。

伊勢神道の根本経典である神道五部書には、「仏法の息を屏し、神祇を再拝し奉れ[18]（もしくは「崇め祭れ[19]」、「崇めよ[20]」）」とする、天照大御神の託宣が屡々登場する。右掲の傍線部が、この託宣を踏まえていることは、言を俟たないところであろう。しかし、これは飽くまでも表向きであって、裏では「神明之垂迹」すなわち天照大御神

の仮の姿としての仏や菩薩を仰ぎ奉ることこそが、神宮の規範であるとする。これは、神本仏迹説（反本地垂迹説）の一つといえるのではないか。斯くの如き思想が、内宮の公式文書である庁宣に、明記されているのである。

平安時代中期の十世紀末、内宮の本地を観世音菩薩と見做す説が、蓮台寺（祭主大中臣永頼（任正暦二年～長保二年・九九一～一〇〇〇）の建立）の住侶によって編み出されたこと、これが十一面観音説と救世観音説の二つに分化し、前者は大中臣永頼から内宮一祢宜荒木田氏長（任長徳元年～長保三年・九九五～一〇〇一）へと伝播した点は、第一章二において論じた通りである。一方、この内宮本地＝十一面観音説の超克を模索したのが、内宮祢宜荒木田延平（任承保二年～康和元年・一〇七五～九九）で、彼が提唱したのが、内宮本地＝大日如来＝盧舎那仏説であった（第一章三）。そして、鎌倉時代の仏教説話集『沙石集』[21]の冒頭「太神宮御事」には、「去弘長年中、太神宮ヘ詣デ侍シニ、或社官ノ語シハ（中略）都ハ大海ノ底ノ大日ノ印文ヨリ事起リテ、内宮外宮ハ両部ノ大日トコソ習伝ヘテ侍ベレ（中略）故ニ内宮ハ胎蔵ノ大日、四重万陀羅ヲカタドリテ、玉垣・瑞籬・アラ垣ナド重々ナリ。鰹木モ九アリ。胎蔵ノ九尊ニ象ル」とみえる。同時代後期の内宮祠官達が、内宮の本地を胎蔵界の大日如来と観念していたことは、ほぼ疑いない。

この様に、平安～鎌倉時代の内宮祠官達は、御祭神を仏菩薩の垂迹と認識していた。仏本神迹説を、彼等も受容していたのである。しかしその一方で、鎌倉時代には神本仏迹説[22]が登場し、相矛盾する両説が並列する事態となった。西田正好氏はその一例として、南北朝時代の軍記物語『太平記』にみえる次の一節を挙げられる[23]。

【甲】夫日本開闢ノ始ヲ尋レバ、二儀已分レ三才漸顕レテ、人寿二万歳ノ時、伊弉諾・伊弉冊ノ二ノ尊、遂妻神夫神ト成テ天ノ下ニアマクダリ、一女三男ヲ生給フ。一女ト申ハ天照太神、三男ト申ハ月神・蛭子・素盞烏ノ尊ナリ。第一ノ御子天照太神、此国ノ主ト成テ、伊勢国御裳濯川ノ辺、神瀬下津岩根ニ跡ヲ垂レ給フ。

或時ハ垂迹ノ仏ト成テ、番々出世ノ化儀ヲ調ヘ、或時ハ本地ノ神ニ帰テ、塵々刹土ノ利生ヲナシ給フ。是則迹高本下ノ成道也。

（巻第十六日本朝敵事）

【乙】近年此人、伊勢国ヲ管領シテ在国シタリシニ、前々更ニ公家武家手ヲ不レ指神三郡ニ打入テ、大神宮ノ御領ヲ押領ス。依レ之祭主・神官等京都ニ上テ、公家ニ奏聞シ武家ニ触訴フ。開闢以来未斯ル不思議ヤアルトテ、厳密ノ綸旨・御教書ヲ被レ成シカ共、義長曾不二承引一、剰我ヲ訴訟シツルガ悪キトテ、五十鈴川ヲセイテ魚ヲ捕リ、神路山ニ入テ鷹ヲ仕フ。悪行日来ニ重畳セリ。ヨシヤサラバ神罰ニ任テ亡ンヲ待トテ、五百余人ノ神官等、榊ノ朶ニ木綿ヲ懸、様々ノ奉幣ヲ捧テ、只義長ヲ七箇日ノ内ニ蹴殺サセ給ヘト、異口同音ニゾ呪詛シケル。七日ニ当リケル日、十歳許リナル童部一人、俄ニ物ニ狂テ、「我ニ大神宮乗居サセ給ヘリ」トテ、託宣シケルハ、「我本覚真如ノ都ヲ出テ、和光同塵ノ跡ヲ垂シヨリ以来、本高跡下ノ秋ノ月不レ照云処モナク、化属結縁ノ春ノ華不レ薫云袖モナシ。去バ方便ノ門ニハ罪有ヲモ不レ嫌、利物ノ所ニハ愚ナルヲモ不レ捨。抑義長ガ悪行ヲ汝等天ニ訴テ呪詛スル事コソ心得ネ。

（巻第三十六仁木京兆参二南方一事付大神宮御託宣事）

【甲】が神本仏迹説、【乙】が仏本神迹説に基づいていることは、傍線部により明白であろう。

なお、【乙】の冒頭にみえる「此人」とは仁木義長のことで、以下は彼が伊勢国守護であった、観応二年八月～延文五年七月[24]（一三五一～六〇）の出来事である。神三郡を押領して神宮祠官達に訴えられ、朝廷・幕府よりその停止を命じられた義長であったが、彼はそれを承諾しないどころか、内宮神域を流れる五十鈴川を堰き止めて魚を捕ったり、同川上流部の神路山において鷹狩りを行うなどの悪行を働いた。これに業を煮やした祠官達が義長を呪詛したところ、十歳ほどの童子（祭祀に専従した物忌《ものいみ》〔子良《こら》〕か）が神懸かり、大神宮（天照大御神）の託宣を下したという。これが史実か否かはさておき、当時（南北朝時代）の神宮祠官達は、御祭神を仏菩薩の垂迹と見做す平安時代以来の伝統を継承していたのであろう。上述の託宣は、その観念を反映したものと思われる。

しかしその一方で、前掲【甲】にみえる通り、天照大御神が時に垂迹の仏となり、また本地の神に帰って衆生を救うとする神本仏迹説が、巷間に流布していた。同説は、主に両部神道において研究・理論化されたことが、西田長男氏によって明らかにされている。[25] 実際、鎌倉時代末の正中元年（一三二四）に著された両部神道書『鼻帰書』[26]には、「大乗仏此太神宮也」の一節が記されている。また、同『麗気記』の注釈書である『鹿米鈔』[27]仏神事には、次の記述がみられる。

天竺ニハ仏ヲ本地トシテ神ヲ垂迹ト云、我朝ニハ神ヲ本地、仏ハ垂迹ト云也。三世諸仏ハ伊勢国五十鈴川ノ辺ニシテ前加行シテ、十方ノ浄土ニ正覚ヲ唱給フト云也。今日教主尺尊モ五十鈴川ニシテ加行ヲシテ、五天竺ニ坐シ給ト云也。

右掲の内容が、前掲『鼻帰書』に比して充実していることは、贅言を要しないであろう。『鹿米鈔』については、奥書に「康応三《元カ》年〈巳己〉《(ママ)》五月日書写之」とあり、南北朝時代末・康応元年（己巳・一三八九）以前の成立と考えられる。諸仏こそ天照大御神の垂迹とする神本仏迹説は、時を経るにつれ理論化が進み、人口に膾炙していったのである。内宮祠官達が、戦国時代に至って伝統の仏本神迹説から思想を反転させたのは、以上の状況を鑑みた結果ではなかったか。

おわりに

本節では、神宮における戦国時代（文明十三年～天正十三年・一四八一～一五八五）の神仏関係について、概観を試みた。この時代、僧侶による神宮崇敬の風潮は益々盛んとなり、なかには両宮および金剛證寺への百日・千日詣を発願してその証明書を求めたり、自坊の伽藍安穏や法流の繁昌を祈願する者が現れた。一方、乱世にあって神宮領が蚕食され、経済的に逼迫したであろう内宮側は、彼等の奉納する初穂を一助とすべく、様々な祈願・要望にも応える様になった。それにしても、内宮一祢宜と思しき祠官が、神祇的呪物である神灰に、密教で唱える光明真言を書き添えよとまで指示しているのである。しかしながら、これらは飽くまでも神域外における神仏習合であった。ところが同時代になると、僧籍にあることを詐って祢宜に就任する者が現れた。これは明らかに、神域内における神仏隔離に抵触するものである。奈良時代末以来守られてきた、祭祀・儀礼の場における神仏隔離の原則は、とうとう破綻するに至った。

さらには、この時代になると、表向きには仏教色を隠さなければならないものの、裏では、仏や菩薩を「神明之垂迹」すなわち天照大御神の仮の姿として仰ぎ奉ることこそ神宮の規範であるとする神本仏迹（反本地垂迹）説が、内宮祠官達によって説かれる様になる。そもそも平安〜南北朝時代の内宮祠官達は、御祭神を仏菩薩の垂迹と認識していた。しかしこの認識では、彼等の奉仕はつまるところ、仏菩薩を崇め奉ることになってしまう。一方、仏菩薩が天照大御神の垂迹であるならば、彼等の内宮における奉仕は、神明を崇め奉る以外の何物でもないし、それに仏菩薩への信仰もまた、本地の大御神を尊ぶことに他ならないことになる。神本仏迹説は、彼等が仏教を受容・信仰する上で、極めて都合の良い思想なのである。内宮祠官達が思想を反転させた理由は、那辺にも求められるのではないか。

以上の諸点を勘案するに、戦国時代は、神宮における神仏習合が高度に展開した時代であったと、位置付けてよいであろう。

註

（1）『国史大辞典』戦国時代項（峰岸純夫氏執筆）。『日本史大事典』（平凡社）戦国時代項（永原慶二氏執筆）。

（2）神宮司庁編『神宮要綱』（昭和三年）および『神宮史年表』（戎光祥出版、平成十七年）。

（3）式年遷宮は、二十年目毎（その間十九年）に行われる制であった。それが、江戸時代の寛永六年（一六二九）第四十三回両宮式年遷宮は、慶長十四年（一六〇九）の第四十二回より数えて二十一年目に実施され、以後その制が踏襲されて現在に至っている（註（2））。

（4）『二宮祢宜年表』（増補大神宮叢書4『神宮典略』別冊、吉川弘文館、平成十八年）。以下、神宮祠官の経歴は上記による。

（5）『氏経卿引付』、『文明年中内宮宮司引付』、『内宮引付』（いずれも『三重県史』資料編中世1(上)所収）の収録文書数。

（6）いずれも『三重県史』資料編中世1(上)所収。それぞれの編者については、同書史料解題を参照した。

（7）下掲の算用数字は、『三重県史』資料編中世1(上)の文書番号。傍線は引用者、〈 〉内は割書、以下同じ。

（8）神宮のみの千日参詣であれば、『太平記』巻第二五に、「伊勢《（志摩）》国ノ国崎神戸ニ、下野阿闍梨円成ト云山法師アリ。大神宮へ千日参詣ノ志有ケル間、毎日ニ潮ヲ垢離ニカイテ、隔夜詣ヲシケルガ、已千日ニ満ケル夜」（日本古典文学大系）とみえるのが初見とされている（大西源一『参宮の今昔』（神宮文庫、昭和三十一年）、九頁）。

（9）日本歴史地名大系24『三重県の地名』（平凡社、昭和五十八年）、六七一頁中。

（10）窪寺恭秀「伊勢御師の成長」（『伊勢市史』第二巻中世編・第四章第五節。平成二十三年）、六六八頁。

（11）拙稿「神宮領と武士」（『伊勢市史』第二巻中世編・第一章第三節）参照。

（12）註（6）に同じ。

（13）『三重県史』資料編中世3(中)所収。引用文書は一七五号。

（14）薗田守良『神宮典略』二十一祢宜職補任（増補大神宮叢書2『神宮典略』中篇（吉川弘文館、平成十七年）、五六六～七〇頁）。

(15)『神道大系』論説編五・伊勢神道(上)。
(16)『三重県史』資料編中世1(上)では、「本文書、九『明応永正宮務記』一〇四号文書と同文により省略。ただし、末尾に「三祢宜依所望被成之歟」の注記あり」とする。そこで、神宮文庫蔵『守則長官引付』の写真版（三重県撮影）より翻刻した。
(17)この字を「かくす」と訓むことについては、高橋美由紀「神仏習合と神仏隔離」（『神道思想史研究』Ⅰ古代・第五節、ぺりかん社、平成二十五年。初出は平成五年）を参照。
(18)『倭姫命世記』（註（15）所収）雄略天皇即位二十三年二月条。
(19)『造伊勢二所太神宮宝基本記』（同前）垂仁天皇即位二十六年十一月条。
(20)『伊勢二所皇太神御鎮座伝記』（同前）神鏡座事。
(21)本書では、日本古典文学大系本によった。
(22)同前。
(23)『神と仏の対話―神仏習合の精神史』（工作舎、昭和五十五年）、二〇九～一〇頁。なお、『沙石集』太神宮御事に「外ニハ仏法ヲウトキ事ニシ、内ニハ深ク三宝ヲ守リ給フ事ニテ御座マス故ニ、我国ノ仏法、偏ニ太神宮ノ御方便ニヨレリ」とあるのを、「神本仏迹思想の表明」とされるが（二〇八頁）、斯くの如く解釈するには無理があろう。
(24)佐藤進一『室町幕府守護制度の研究』上（東京大学出版会、昭和四十二年）、七七頁。
(25)「本地垂迹説の成立とその展開」（『日本神道史研究』第四巻中世編(上)所収、講談社、昭和五十三年）。
(26)『神道大系』論説編二真言神道(下)所収。
(27)本書では、神宮文庫所蔵本（一一一〇九五二）に拠った。

六　内宮の法楽寺院支配

はじめに

応永三十三年（一四二六）における㋐内宮建国寺（度会郡宇治郷浦田・現伊勢市宇治浦田町）の創設を機に、内宮祠官達は、法楽を神宮祭祀の一環として認識し、これを積極的に受容・擁護する様になった。そして、彼等の氏寺㋑田宮寺（度会郡外城田郷・現玉城町田宮寺）も法楽寺院としての機能を持たせ、内宮庁の管轄下に置いたことは、前々節にて確認した通りである。

実はこれ以外にも、内宮庁の支配下に置かれた寺院が存在する。管見の限り、五ヶ寺を検出することができた。以下、それぞれ検討してみることにしたい。

1　菩提山寺の支配

その一つに、㋒菩提山寺（菩提山神宮寺。度会郡宇治郷・現伊勢市中村町）が挙げられる。上記について、今まで断片的に検討してきた点を、ここでまとめてみることにしたい。菩提山は、内宮の北東約一五〇〇メートル程の五十鈴川右岸に位置する。寺伝では、聖武天皇の勅願を承けた行基が、天平十六年（七四四）に開創したとする。しかし、これは飽くまでも伝承に過ぎず、確実な文献に初めて登場するのは、平安時代末のことである。当山を、何時、誰が、何の目的で開創したのかは、残念ながら判然としない。それが、鎌倉時代初頭の建久六年（一一九五）四月、俊乗房重源の発願により、東大寺大仏殿供養（三月十二日）の報恩感謝を目的とした大般若経書写・

転読供養が、当山において奉納された。これ以降、菩提山は内宮の「法施道場」として認識される様になる。後に、後深草・亀山両帝の外戚として権勢を誇った西園寺実氏は、建長元年（一二四九）八月二十一日、宋本大般若経を内宮に奉納し、当山において転読供養を展ずることとした。上記大般若経は、その後、実氏によって建立された般若蔵に移される。そして、この般若蔵と菩提山寺を御願寺に指定されたのが、後深草上皇である。以後、当山は持明院統の神宮法楽寺院として存続し、南北朝時代初頭、これを太神宮法楽寺（度会郡棚橋）の末寺として編入したのが、同統の信任を忝くした醍醐寺三宝院賢俊であった（第一章一・第二章五・第三章一）。

その後、菩提山寺は史料上から暫く姿を消す。次に確認できるのが、『氏経神事記』[1]応仁二年（一四六八）二月二十八日条である。

廿八日晴、田宮寺供僧職・菩提山住持正円房、去月廿八日逝去、彼替教英房ニ下二補任一、（下略）

応仁二年正月二十八日、田宮寺の供僧で、菩提山の住持でもあった正円房が逝去したため、丁度一ヶ月後の二月二十八日、時の内宮一祢宜荒木田氏経[2]（任寛正三年～文明十九年・一四六二～八七）は、教英房なる者をその後任として補任したという。

田宮寺は、長徳年間（九九五～九）に時の内宮一祢宜荒木田氏長（任長徳元年～長保三年・九九五～一〇〇一）が建立した、同氏二門の氏寺であった（第一章二）。その供僧職の補任権を、氏長の末裔である氏経が有していたとしても、別段不思議ではない。ところが、この田宮寺の供僧は、菩提山の住持職を兼務することになっており、後者の補任権もまた、内宮一祢宜が掌握しているのである。これは、菩提山が内宮庁の支配下に組み入れられていたことを意味しよう。

そして、内宮祢宜荒木田守彦（任延徳三年～享禄二年・一四九一～一五二九）が編纂した『明応永正宮務記』(3)に、次の二通が収録されている。

28 庁宣

可下早以二檀那助縁一、遂二勧進之節一、令二修治一、致中四海安全・万民快楽之御祈祷上、太神宮長日法楽所

菩提山寺事

右件菩提山寺、近年以外令二所損一矣、爰法師権僧都光春、存二敬信（神カ）一遂二修造之節一、欲レ致二長日法楽之勤行一、所存之至神妙々々、彼法師合力之輩者、可レ為二太神宮法楽所願主一者也、然者、甚令レ然二神慮一者哉、速任二誓願之旨一、為レ令レ致二興行之沙汰一之状、所レ宣如レ件、以宣

文亀元年八月　日

祢宜荒木田神主判　十人

菩提山勧進帳

40 庁宣

可下早以二諸国貴賤之合力一致中興立上、内宮菩提山神宮寺事

右当寺者、太神宮法楽長日之勤行、自二往昔一遂二其節一、致二天下泰平御祈祷一之処、近年以外令二朽損一、寺僧等之居住無二其便一而、神法楽之闕如、難レ堪之次第也、爰真言之行者権大僧都神慶、存二神忠一、令レ勧二進諸国一、以二十方檀那助縁一、欲レ致二興隆一、所存之至神妙々々、子細載二勧進張（帳）一具也、彼法師合力之輩者、神慮令レ然、可二所願所就（成）一矣、宜下任二誓願之旨一、遂二造立之節一、抽中一天安全・四海平定・諸国豊饒・万民快楽精祈上之状、所レ宣如レ件、以宣

永正四年八月　日

祢宜荒木田神主判　名ノリ無、何モ同前

28は、文亀元年（一五〇一）八月、権僧都光春による菩提山寺修造のための勧進を許可した内宮庁宣である。内宮庁が、同寺を「太神宮長日法楽所」と位置付けていたこと、にもかかわらず、朽損した伽藍を修理できずにいた点を窺うことができる。しかしながら、光春による勧進は、不成功に終わった様である。そこで、六年後の永正四年（一五〇七）八月、同寺を「内宮菩提山神宮寺」と改称した上で、その再興勧進を密教僧権大僧都神慶に託した。それが、40の内宮庁宣である。

この様に、内宮庁が「神法楽之闕如、難レ堪之次第也」として、菩提山の再興に積極的に乗り出したのは、室町時代以降、法楽が神宮祭祀の一環として認識されていた（前々節）故のことであった。しかしながら、式年遷宮も儘ならぬ戦国の乱世にあって、直接的支援は財政上困難であった。そこで、神宮の御稜威を背景とする勧進でもって再興を試みたものと思われる。

2　太神宮法楽寺の衰退と内宮法楽舎の支配　附　蓬莱寺の支配

それにしても、菩提山は、南北朝時代初頭に太神宮法楽寺の末寺となっていた筈である。その本末関係が何時しか解消し、内宮庁の支配下に入ったのは何故か。

鎌倉時代、大覚寺統の神宮法楽寺院であった太神宮法楽寺とその末寺両宮法楽舎は、正慶二年（一三三三）正月、上記を継承した醍醐寺三宝院賢俊によって持明院統に改められ、また同統であった菩提山は、太神宮法楽寺の末寺として編入された。ここに、醍醐寺三宝院門跡管轄のもと、太神宮法楽寺を頂点とする神宮法楽の体制が確立する。その後、南北朝の動乱により法楽が一時退転したものの、応永二年（一三九五）十一月二日、足利義満の猶子満済が醍醐寺三宝院門跡に就いたことで事態が好転し、上記体制は復活を遂げた。如上については、本章一にて検討した通りである。

准三后満済は、足利義満・義持・義教に尊崇され、幕政にも深く関与したことで知られている。彼が醍醐寺三宝院門跡であった時代は、上述の法楽体制も維持されていたものと思われる。その満済は、永享二年（一四三〇）十一月十九日、三宝院以下「伊勢棚橋法楽寺」の寺社院領所職所帯を、前大僧正義賢に譲与した。(4) 義賢は、足利満詮（義満の同母弟）の息子で、満済と同じく准三后の宣下もなされているが、(5) 彼の時代になると、醍醐寺三宝院―太神宮法楽寺の神宮法楽体制は、どうやら衰退に向かった様である。

伊勢国度会郡棚橋太神宮法楽寺雑掌謹言上
欲下早任二度々御教書旨一、寺領等無二相違一之処、被レ退二近年国侍并神三郡土一揆等非分押妨一、如レ元
全二知行一、奉上レ致二御祈祷精誠一間事

副進
一通　御判御教書案　応永五潤四廿三
一通　御教書案　同　六　四十
一通　守護遵行案　同　六　四十三

右当寺者、両宮長日勤行無二退転一霊場、為二三宝院末寺一、相続管（領脱カ）之寺院也、随而代々公験・證状等〈依二事繁一略レ之〉明鏡者哉、然而当寺者、自二往古一異国御祈祷于レ今無二懈怠一之処、彼国侍・土一揆等掠二申御教書一、令二寺領押妨一間、厳重御願忽令二陵遅一之条、寺家周章何事如レ之、所詮、任二度々御教書旨一、停二

止彼等押領一、如レ元被レ返二付寺家一者、弥為レ抽二天長地久・御願円満御祈祷之忠勤一、寺僧等粗謹言上如レ件

永享十二年十一月　日(6)

二四三箇所に及んだ太神宮法楽寺領は、このうち度会郡一〇二所、多気郡一〇〇所、飯野郡三一所と、神三郡内にほぼ所在していた（第三章一）。ところが近年、国侍（伊勢国司北畠氏の被官か）や神三郡の土一揆等が上記を押領してしまったために、当寺における長日神宮法楽の存続が危ぶまれているという。永享十二年（一四四〇）十一月、これを幕府に訴えたものが、右掲の申状である。

応仁二年（一四六八）閏十月一日、准三后義賢は、満済から受け継いだ三宝院以下の寺社院領所職所帯を、一所も漏らすことなく大僧都政深に譲与した。上記譲状（案）には勿論、「伊勢国棚橋法楽寺」が明記してある(7)。しかしながら、右掲の申状案が存在すること、そして上記譲状案を最後に、「醍醐寺文書」から太神宮法楽寺の名が確認できなくなる点を勘案するに、義賢が醍醐寺三宝院門跡に就任して以降、その末寺であった太神宮法楽寺は、寺領が北畠氏の被官や神三郡の土一揆等に蚕食されたことで次第に衰退し、門跡を政深に譲る頃には、もはや名目のみの存在になっていたと考えられる。そして、応仁元年正月に勃発した応仁・文明の大乱の煽りをうけ、やがては、三宝院との本末関係も消滅したのではないか。

こうした太神宮法楽寺の衰退が、末寺の両宮法楽舎や菩提山寺にも及んだのであろう。法楽を神宮祭祀の一環として認識していた内宮祠官達にとって、近隣の神宮法楽寺院が凋落してゆくのは、黙視し難かったに相違ない。そこで、その一つである菩提山寺の支配に乗り出し、氏寺田宮寺の供僧に住持職を兼務させることにしたのではないか。

また、もう一つの近隣法楽寺院である㊓内宮法楽舎（度会郡宇治郷岡田・現伊勢市宇治中之切町）に関しては、同宮祢宜荒木田守晨（任文明十年～永正十三年・一四七八～一五一六）が編纂した『守則長官引付』(8)に、次の内宮庁宣が収録されている。

136 庁宣
可下早以二諸国貴賤之助成一致中興隆上、内宮法楽舎護摩堂事
右件堂者、皇太神宮長日法楽、殊勝最上之勤厚所而、抽二天下太平御祈祷一之処、去正月一日早天、不慮小火起、立所仏閣滅尽、不思議之為レ体、載二勧進帳一具也、爰法師勲阿并了泉等、蒙二十方檀那助縁一、欲レ令二造立一、所存神妙々々、彼法師等合力輩、檀施之族者、神明之感得不レ可レ過レ之、速可レ遂二勧進節一之状、所レ宣如レ件
　永正十年九月　日
祢宜荒木田神主　十人判

永正十年（一五一三）元旦、不慮の小火により内宮法楽舎が全焼した。まずは、その中心であった護摩堂を再建すべく、法師勲阿・了泉が勧進の許可を申し出てきたので、同年九月、内宮庁はそれを嘉して認めたのであった。菩提山寺を支配していた内宮庁は、文亀元年（一五〇一）と永正四年（一五〇七）の二度に亘り、同寺の再興勧進を許可していた。内宮法楽舎に関しても、同様の庁宣が発給されている点を鑑みるに、上記もまた、内宮庁の管轄下に置かれていたとみてよいであろう。

なお、内宮祢宜荒木田氏秀（任延徳三年～天文二十三年・一四九一～一五五四）の手控を後に編集した『藤波氏秀官長引付[9]』に、次の内宮庁宣が収録されている。

153
庁宣
　可下早以二諸国貴賤之分力（合）一、造中立蓬莱寺本堂上事
右当寺者、依二太神宮之瑞想一建立処也、蒙二鳳詔一、被レ補二勅願寺一以来、法楽長日之勤行、自二往昔一遂二其節一、致二天下泰平御祈祷一処、近年令二朽損一、雖レ然、造営半而、送二多星霜一、破壊最甚、以二神力・衆力一令二所願成就一者、神忠何事如レ之、諸国豊饒・万民快楽精祈之状、所レ宣如レ件、以宣
　　享禄三年卯月　日　　　　　　　　　　　六大院（ママ）
十人判在

右掲により、㋔蓬莱寺（比定地未詳）という勅願寺がかつて存在したこと、其処でも長日神宮法楽が勤行されていたこと等が判明する。この蓬莱寺の本堂が、造営半ばにして中断し、朽ちるがままになっていた。享禄三年（一五三〇）四月、上記を憂慮した内宮庁が、その再興勧進を命じたのである。これを読む限り、蓬莱寺もまた、内宮庁の支配下に置かれていたと考えられる。しかし、同寺に関する史料は右掲のみであるため、その記述以外のことは全く分からない。

3　大福田寺の支配

以上、㋒菩提山寺と㋓内宮法楽舎、それに㋔蓬莱寺について、検討を試みた。いずれも神宮法楽寺院であった

こと、そしてそれらが、やがては内宮の支配下に置かれる様になった点を、確認することができた。これは、宗教的使命感に基づくものと考えられる。すなわち、法楽とは神宮祭祀の一環である以上、それを勤行する神宮法楽寺院が窮乏しておれば、支援してそれを続行させるのは当然のことであるという認識である。こうした認識が、㋐内宮建国寺の創設を機に内宮祠官達へと浸透した点は、既に論じた通りである（前々節）。

ところが、単なる宗教的使命感だけではなさそうな事例も存在する。その一つが、㋕大福田寺（桑名郡神戸郷）である。当寺は、三重県桑名市東方に高野山真言宗寺院として今も栄えている。現在地へは、江戸時代の寛文二年（一六六二）に移転した。それ以前は、桑名郡大福村と江場村（現桑名市大福・江場）の境界辺に所在し、八重垣神社（現桑名市大福）付近に寺門があったという(10)。

この大福田寺は、「明応庚午」（明応七年〔戊午・一四九八〕もしくは明応九年〔庚申・一五〇〇〕か）の冬、郡内で勃発した兵乱に巻き込まれ、堂舎・本尊が灰燼に帰した。或る夕、霊瑞を蒙った沙門叡澂がその再興を発願し、時の公卿にして歌人、学者、能書家でもあった三条西実隆に、勧進帳の清書を依頼した。それが、当寺に今も伝わっている（重要文化財）(11)。上記の冒頭は、次の通りである。

依二本願澂上人所望一、令二清書一者也
亜槐拾遺臣（三条西実隆）（花押）

勧進沙門叡澂敬白
請特蒙二十方檀越御助成一、造二立勢州桑名郡神戸郷大福田寺并本尊一、祈二天下泰平・国土安穏・朝儀安全・諸民快楽一之状
夫以此寺者、後宇多院御宇、額田部実澄、於二太神宮一依二神託一、受戒忍性菩薩共所レ草二創之一也、尋二

彼実澄之先祖一、神戸開発領主曰二門鎌一之人也、神明五十鈴川御鎮坐之初、忝受二神勅一而被レ補二社職一、以来迄二実澄一累代不易神職也、繇レ此視レ之、神明垂迹之初、遷二于曩祖門鎌之袂一、和光同塵之今、宿二于苗裔実澄之首一、故以二此寺一専為二神宮寺一之旨在レ之、故等持寺贈太相国閣下《（足利尊氏）》、尊二其霊験一、加二福田寺一以二大字一、是一寺之規模、末代之美目者也、又忍性菩薩者、東関極楽寺開基、興正菩薩之長弟、輪光長照身、更不レ知二闇夜一、慈雲常掩レ他、曾不レ弁二労羸一、是文殊大士之化身云々（下略）

右掲によると、後宇多天皇の御代（文永十一年～弘安十年・一二七四～八七）、太神宮（内宮）の神託を蒙った額田部実澄が、忍性とともに当寺を創建した。当初は福田寺と称していたが、南北朝時代、足利尊氏より「大」の冠称を蒙ったという。額田部実澄の先祖は、神戸開発領主の門鎌なる人物である。彼は内宮御鎮座の砌、神勅により社職に補せられ、以来その職は、末裔の実澄まで代々受け継がれてきたとある。

額田部氏について、太田亮氏は、伊勢国桑名郡額田郷（現桑名市額田）の部民であろうとされる。[12] そしてその社職とは、栗田寛氏が「門鎌以来額田郷に居て、桑名神戸の司に補せられしなるべし」と推定されている。[13]

『皇太神宮儀式帳』一天照坐皇大神宮儀式并神宮院行事条に、「次伊勢桑名野代宮坐只、其宮坐時爾、伊勢国造遠祖建夷方乎、汝国名何問賜只、白久、神風伊勢国止白支、即神御田并神戸進只[14]」とある。倭姫命（第十一代垂仁天皇皇女）が、天照大御神を御鎮座申し上げる地を捜して桑名野代宮（現桑名市多度町下野代）に滞在された際、伊勢国造の遠祖・建夷方が神田と神戸を奉ったという。上記の神田・神戸は、『延喜伊勢太神宮式』でいう「神田卅六町一段」のうちの「桑名鈴鹿両郡各一町」および「桑名郡五戸」を指すのであろう。

ちなみに神戸を支配したのは、宮司であった。[15] ところが、『神宮雑書』[16]所収建久三年（一一九二）八月日二所太神宮神領注文によると、伊勢国項に「壱志神戸〈国造貢進・二宮御領〉・河曲神戸同・鈴鹿神戸同・桑名神戸同」ほか八所の御厨を挙げた上で、「已上件神戸・御厨等、依二康和三年八月廿一日　宣旨一、検二注建立年限・四至・田畠本数一、注二進供祭済数一之処、永久三年六月十七日被レ下二　宣旨一了」とある。桑名神戸は、永久三年（一一一五）に神宮領荘園として認められ、二宮（内宮庁・外宮庁）の管轄下に置かれることとなった。前掲勧進帳に登場する神戸開発領主の額田部門鎌とは、この頃の人物かと思われる。すなわち、彼が従来の「桑名郡五戸」周辺を開墾し、神宮に寄進した。これをうけた両宮庁は、上記に従来の「桑名郡五戸」を包摂し、新たに「桑名神戸」として立券荘号することに成功した。そしてその下司（神戸司）職には、開発領主の額田部門鎌が任命され、以後子孫に伝えられて実澄に至ったというのが、実情ではなかったか。

　文永十一年～弘安十年（一二七四～八七）、当時桑名神戸司であった額田部実澄が、忍性と共に「神宮寺」として神戸内に創建したのが、福田寺（後の大福田寺）であった。神宮寺とは、神宮法楽寺院を意味するのであろう。忍性（建保五年～嘉元元年・一二一七～一三〇三）は、前掲勧進帳に記されている通り、興正菩薩叡尊の高弟で、鎌倉極楽寺の開山としても著名な僧侶である。「極楽寺文書」明徳二年（一三九一）九月二十八日西大寺末寺帳(17)の伊勢国項に、「大福田寺」の名がみられる。当寺が、鎌倉時代後期の創建から南北朝時代に至るまで、真言律宗寺院であったことは確実である。

　なお、当勧進帳の末尾には、「文亀元年七月　日　　勧進沙門叡澂敬白(18)」と記されている。しかし、三条西実隆が実際に清書したのは、その二年後のことであった。現に、『実隆公記』文亀三年（一五〇三）八月八日条には、

　　伊勢国神戸郷大福田寺勧進帳書レ之、雲龍院所望也、被レ伝二十穀命一也

と明記してある。右掲でいう十穀命とは、同年十一月十六日条に、

勢州大福田寺木食聖叡漑
混元丹二貝、十穀法師送レ之

とみえることから、このたびの勧進を発願した沙門叡漑であることが判明する。一方、三条西実隆に勧進帳の清書を所望した雲龍院とは、京都東山・泉涌寺の別院である。熱田公・池田敬正・藤井学の三氏が著された『雲龍院史』(19)によると、当院は、南北朝時代の応安五年（一三七二）頃、泉涌寺第二十一世・竹巌聖皐を開山として創建された、後光厳上皇の御願寺であった。以後、上皇の皇子後円融天皇、皇孫後小松天皇も、聖皐に深く帰依されたことで、同院の基礎が固められることとなった。ところが、応仁二年（一四六八）八月二十六日、泉涌寺が戦乱に巻き込まれて炎上したことに伴い、同院もまた罹災した様である。時の院主は聖秀であったが、復興を果たすことができず、延徳三年（一四九一）九月に示寂する。後継者は、勅定により善叙聖深と決まった。この人事に種々奔走したのが、当時侍従であった三条西実隆であった。聖深と実隆とは、旧好の間柄であったという。そして文亀元年（一五〇一）二月、前年九月に崩御された後土御門天皇の黒戸御所が、後柏原天皇の綸旨をもって当院に寄進されることとなった。これによって、雲龍院はひとまず再興したと考えられている。

右掲八月八日条にみえる「雲龍院」とは、院主の善叙聖深であることが判明する。その彼が、懇意にしていた三条西実隆に大福田寺勧進帳の清書を依頼しているということは、同寺が彼の支配下に置かれていたことを意味しよう。南北朝時代末まで真言律宗・大和西大寺末であった大福田寺は、室町時代以降、何時しか京都泉涌寺別院・雲龍院の末寺に組み入れられた様である。

以上を踏まえた上で、『守則長官引付』にみられる次の内宮庁宣を検討してみることにしたい。

119
庁宣
可下早任二庁裁之趣一、守中本式之旨上、大福田寺事
右当寺者、自二往古一公武之御祈、神仏之法楽、殊勝最上之勤厚所也、任二先例一、当宮神官之成敗之外、
他競望不レ可レ有レ之、云二勅願寺一、云二神宮寺一、於二後代一、自然至二寺門寺務一令レ成レ煩輩者、叡慮
神鑑甚不レ可レ然歟、於二住僧等一者、堅守二往昔之法度一、弥励二当時之精祈一、更不レ可二違犯一之状、所レ宣
如レ件、以宣
永正九年十一月　日
祢宜荒木田神主　判　十人判

右掲によると、大福田寺は、公武の祈祷を行う勅願寺であると共に、神仏の法楽を勤行する神宮寺でもあるとする。当寺は、額田部実澄を開基、忍性を開山とする神宮寺（神宮法楽寺院）であった。その大福田寺を、勅願寺でもあるとするのは、室町時代以降、当寺が雲龍院（後光厳院御願寺）の末寺と化したからであろう。実際、『実隆公記』文亀三年（一五〇三）十一月二十八日条には、「大福田寺御奉加銀劔一腰被レ出レ之、則召二彼勧進聖一下二賜之一了」とあり、時の帝である後柏原天皇より、銀剣一腰が勧進聖（叡澂）に下賜されている。この御奉加は、当寺が本寺雲龍院と同様の勅願寺と認識されていた故なのであろう。

ところが、その九年後の永正九年（一五一二）十一月、内宮庁は、傍線部「当宮神官の成敗の外、他の競望これ有るべからず」として、当寺の住僧達に往昔の法度を堅く守る様命じているのである。この文言を検討する限り、大福田寺は、内宮庁の管轄下に置かれていたとしか考えられない。戦国乱世の度合が増したことで、本寺雲

龍院の支配が及ばなくなったからであろうか。

それにしても、この大福田寺は、神宮から遠く離れた桑名郡に所在した。内宮庁が、敢えてその支配に乗り出したのは、一体何故か。

大福田寺は、桑名神戸司の額田部実澄によって創建された。そして、その所在地である桑名神戸は、永久三年（一一一五）に認可された神宮（二宮）領荘園であった。実際、南北朝時代に編纂された神宮神領目録『神鳳鈔』[20]に、

桑名郡
神戸〈御神酒三缶・副米九斗・祭料并造酒米一石・懸力稲廿束　廿七町二段〉

とある。

この桑名神戸は、東海道の要衝に位置した。『宗長手記』[21]下巻によると、大永六年（一五二六）二月に駿府を発った筆者宗長は、陸路遠江、三河を経て尾張国津島に至り、其処から乗舟して「河水三里はかり」の桑名へと向かった。以下は、宗長が記録した当時の桑名の様子である。


此津、南北美濃尾張の河ひとつに落て、みなとのひろさ五六町。寺々家々数千軒。きこゆる西湖ともいふへし。数千艘橋の下ひろく、旅泊の火、星か河辺のなとふることも、さなからにそみえわたる。

当時の桑名が、美濃・尾張方面と伊勢国を結ぶ水上交通の要衝として繁栄していた様子を、右掲から窺うこと

（地理院地図を加工して作成）

ができる。なお、近世の東海道が、宮（熱田）—桑名間は海路とされ、これを七里の渡しと呼んだこと、そしてその桑名側の渡船場が、伊勢国の北の玄関口にあたることから、此処に神宮の「一の鳥居」が建てられ、今なお遷宮ごとに建て替えられている点等は、余りにも有名である。この渡船場から南西約一八〇〇《メートル》、四日市に向かう東海道沿いに所在したのが、かつての大福田寺であった。そしてその近隣には、神館《かんだち》神社（現桑名市江場字神戸）が鎮座する（上掲地図参照）。神館とは、神庤すなわち神戸の役所や収蔵庫のことである。[22]当神社は桑名神戸司の役所跡とみて、間違いないであろう。内宮庁が大福田寺の支配に乗り出したのは、交通の要衝に所在した桑名神戸支配の一環ではなかったか。

ところで、この桑名神戸には地頭職が置かれていたことが、『兼仲卿記』紙背文書から判明する。[23]

①伊勢国桑名神戸地頭□（職）事、御寄進状被レ献レ之、御願成就・異国降伏之由、殊可下令レ啓二太神宮御宝前一給上之由□（所）候也、恐々謹言

建治元年十月廿一日　　相模守（北条時宗）判

謹上　祭主三位（大中臣隆蔭）殿

②（前欠）東御祈祷料所武蔵国大河土御厨・伊勢国桑名神戸地頭□雑掌□□□為二隆直朝臣一成二存外非分競望一、就レ掠二申子細一、被止彼□□知行間、関東色々御祈祷令二退転一、不レ可レ然事、□（右カ）件両所中、於二大河土御厨一者、関東　右大将家御□□（祈祷カ）長日御幣紙并神明法楽大般若経転読・殿□□中饗役等之料所也、至二桑名神戸地頭職一者、建治元□□（年関）東御寄進之神領、毎月朔日千度御祓勤行料□（所カ）、□□隆直朝臣就レ掠二申子細一、被レ止二両所知行一之間、被色々□□之条、神鑒難レ測者哉、然則早被返付知行□□勤行色々御祈祷之由、為レ被レ申二下　院宣一、粗言上如件、

弘安十年十一月　日

③大河土御厨并桑名神戸□□地頭職事、可訴申関東□□由、被二仰下一之旨、謹承候了、□此両村者、就二関東御下知一、□□日来隆直相伝知行、送年序□候之処、□□之地、混□分附□□□□、雖掠給□□□□子細者、可□□所務之由、□□□院宣候了（下略）

建治元年（一二七五）、鎌倉幕府は異国降伏等を祈願すべく、桑名神戸地頭職を神宮に寄進した。同年十月二十一日、時の執権北条時宗は、その寄進状を祭主大中臣隆蔭（任正元元年～文永六年・同十一年～弘安三年〔一二五九～六九・七四～八〇〕）に献じている（①）。当地頭職は、隆蔭が知行することになったらしく、これを大中臣隆直が相伝した（③）。隆直は隆蔭の子息で[24]、後に祭主（任正応元年～二年・永仁五年～六年〔一二八八～八九・九七～九八〕）となる。②は、その隆直の知行が非分であるとして訴えた申状である。

しかしながら、「醍醐寺文書」応永十年（一四〇三）六月日太神宮法楽寺雑掌申状案(25)に、「随而桑名神戸東西者、自二往古一為二寺領之随一一、管領無二相違一之処」とある。桑名神戸地頭職は、何時しか太神宮法楽寺領に帰した様である。この点について、大中臣隆蔭と太神宮法楽寺中興の通海とは兄弟の間柄であったことから、隆蔭の子孫が同寺に寄進したのではないかと推定されている(26)。首肯すべきであろう。

ところが、応仁二年（一四六八）閏十月一日准三宮義賢譲状案を最後に、「醍醐寺文書」から太神宮法楽寺の名称を確認することができなくなる。前述の通り、これは、同寺と醍醐寺三宝院との本末関係が消滅した事実を示唆していよう。戦国時代、三宝院の庇護を失った太神宮法楽寺（度会郡）が、遠隔地の桑名神戸を維持できたとは考え難い。斯くして、同神戸における太神宮法楽寺の権益が消滅したことで、内宮庁は、その一円化支配を目論んだ。そこで、神庤（神戸役所）付近に所在した大福田寺を、神宮法楽寺院であったこと、京都雲龍院との本末関係が消滅していた点等を理由に、管轄下に置いたのではないか。

4　新福寺の支配

以上の蓋然性が認められるならば、㋖新福寺（鈴鹿郡神戸郷野村・現亀山市野村）の管轄もまた、内宮庁による神戸支配の一環と見做すことができよう。まずは、『守則長官引付』に収録されている、次の内宮庁宣に注目したい(27)。

庁宣

早可下遂二勧進節一令中再造上、神風伊勢国鈴鹿神戸野村新福寺事

右神戸者、忝天照太神御降臨時、味酒鈴鹿国奈具波志忍山尓遷御、神宮造六ヶ月奉レ斎、神田并神戸進支、如

レ此神代有レ謂清浄之霊地異二于他一矣、神宮之規範而、表雖レ屏二仏法之経教一、裏奉レ仰二神明之垂迹一者哉、然造二立堂舎大伽藍一号二新福寺一、致二法楽勤行一之処、去文明四年兵火起、聖徳太子製作・行基菩薩彫刻之仏像等滅尽、子細載二勧進帳一具也、爰沙門宣光欲レ令二再興一、所存之至神妙々々、助成輩可レ為二神忠一之状、所レ宣如件、以宣

永正八年正月　日　　三祢宜依二所望一、被レ成レ之歟

祢宜荒木田神主判

――――　十人皆判

ここに神本仏迹（反本地垂迹）説が明記されていることは、前節において既に指摘した通りである。本節では、それ以外の点を検討することにしたい。

右掲によると、天照大御神の御降臨時に（すなわち、倭姫命が御鎮座申し上げる地を捜して、桑名野代宮から）鈴鹿忍山に遷られ、其処に神宮を造営して六ヶ月間奉斎した。その際寄進された神田や神戸が、今の鈴鹿神戸である。[28] 表向きには、仏教の経典を屏《かく》すべきとするが、裏では、天照大御神の仮の姿としての仏や菩薩を仰ぎ奉ることこそ、神宮の規範である。そこで、此処神代以来の清浄霊地である鈴鹿神戸内に新福寺を造立し、法楽を勤行していた。ところが、去る文明四年（一四七二）の兵火により、聖徳太子や行基が製作した仏像が灰燼に帰してしまった。その再興を、宣光なる沙門が発願したので、永正八年（一五一一）正月、これを助成すべく発給されたのが、右掲の内宮庁宣である。

新福寺の初見は、前掲「極楽寺文書」明徳二年（一三九一）九月二十八日西大寺末寺帳である。当寺も㋕大福田寺と同じく、真言律宗の寺院であった。また、これも前掲『宗長手記』上巻によると、大永二年（一五二二）

八月、宗長は「亀山程三里はかり山に入て三町へたて」た「新福寺といふ律院のうち成就院旅宿。奇麗の掃除目をおとろかし侍り。十日余り休息」している。新福寺が、戦国時代においてもなお真言律宗寺院であったこと、成就院という子院を擁する程の大伽藍であった点等を確認することができる。

そんな新福寺の仏像再興勧進を、内宮庁が支援しているのは一体何故か。鈴木敏雄「三重縣鈴鹿郡亀山町考古誌考」続篇一[29]によると、「真福寺址」は、現亀山市野村町の東北隅に位置する愛宕山（押田山・真福寺山）の南麓に比定されている（次掲地図参照）。この山こそ、かつて天照大御神を奉斎した「鈴鹿国奈具波志忍山」と見做す説も存在する[30]。ともあれ、此処が鈴鹿神戸内であることは、右掲庁宣により明らかである。そして、当地の南には東海道が通り、それを約1.5km程西行すると、布気皇舘太《ふけこうたつたい》神社が鎮座する。

当社は、『延喜式』[31]神名帳「鈴鹿郡十九座」の一社である「布気神社」に比定されている[32]。江戸時代中期、伊賀上野司城の藤堂元甫が企画・編纂に着手し、宝暦十三年（一七六三）に完成した『三国地志』[33]巻之二十三・伊勢国鈴鹿郡神祠の布気神社項によると、「此社古ハ野村忍山ノ辺ニアリシガ、衰弊セシユヘ館トノ森〈今皇館ト云〉ニ遷シ、跡ハ田園トス」とみえる。「館トノ森」（皇館）とは、神庤のことであろう。すなわち、布気皇舘太神社の地は、元来鈴鹿神戸の神庤が置かれた場所であったと考えられるのである。

この様に、新福寺の近隣には、鈴鹿神戸の神庤が所在する。その鈴鹿神戸は、桑名神戸と同じく永久三年（一一一五）に神宮領荘園として認められ、二宮（内宮庁・外宮庁）の管轄下に置かれることとなった。そして、鈴鹿神戸もまた東海道沿いに位置し、其処から西行して鈴鹿峠麓の関に向かえば、神宮へと至る伊勢別街道が分岐している。桑名神戸と鈴鹿神戸は、交通の要衝に所在するという点で、神宮にとって重要な荘園であった。その桑名神戸内の、神庤付近に所在した大福田寺を、神宮法楽寺院であったこと、京都雲龍院との本末関係が消滅していた点等を理由に、永正九年（一五一二）以降、内宮庁が管轄下に置いた。一方、鈴鹿神戸内の新福寺は、大永

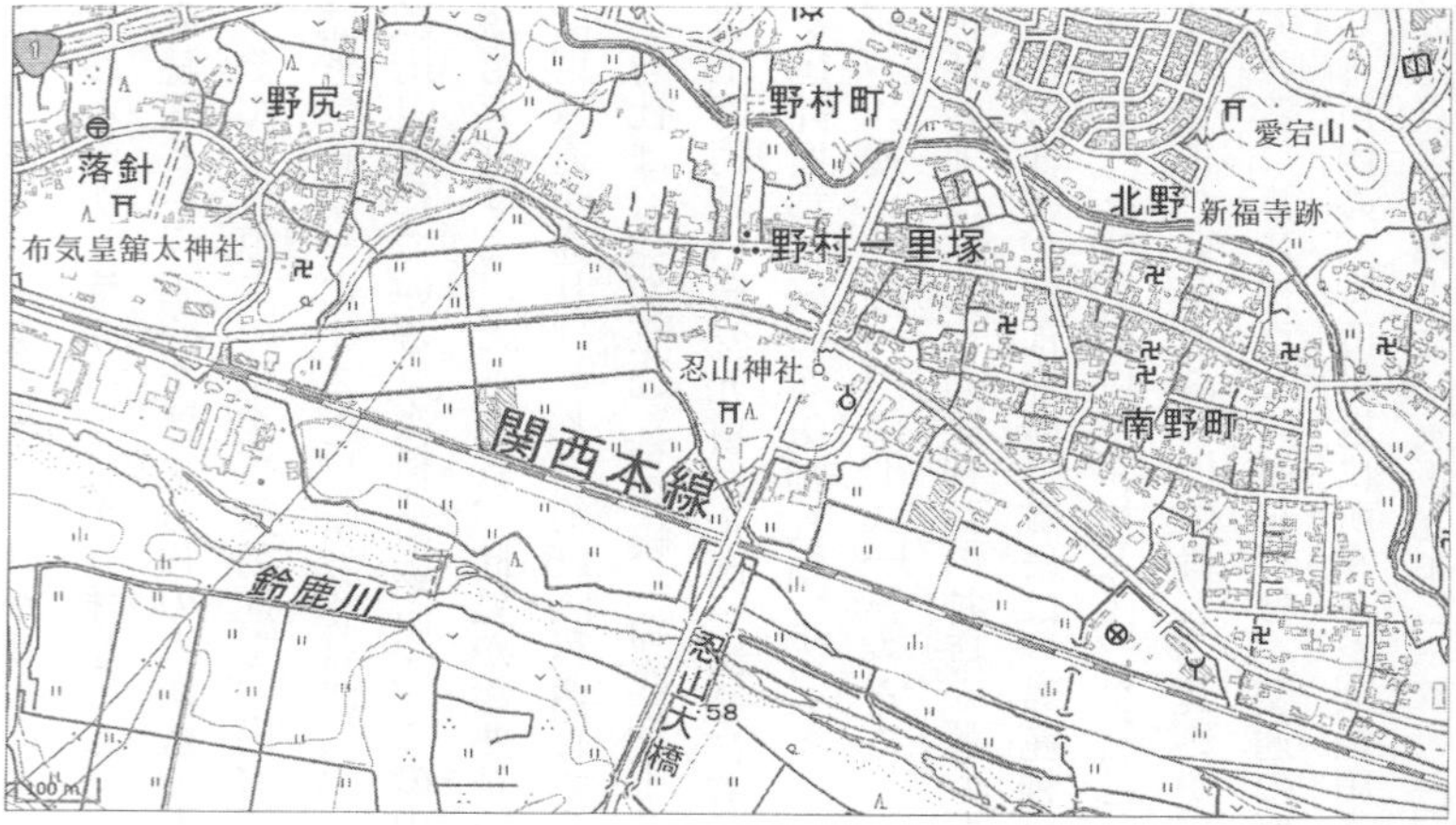

（地理院地図を加工して作成）

二年（一五二二）時点でもなお、真言律宗の寺院であった。ところが、前掲永正八年正月日内宮庁宣に「如レ此神代有レ謂清浄之霊地異二于他一矣（中略）然造二立堂舎大伽藍一号二新福寺一、致二法楽勤行一之処」と明記されている。これを読む限り、新福寺を神宮法楽寺院として建立したのは、内宮側としか解せられない。さらには、「三祢宜依二所望一、被レ成レ之歟」との注記がある。時の三祢宜は、荒木田氏一門の守兼（任永正二年～十三年・一五〇五～一六）であった。新福寺は、彼の祖先が開基となり、真言律僧を開山に招じて草創されたのではないか。真言律僧が選ばれたのは、同じ神宮法楽寺院である度会郡宇治郷の弘正寺（前々節）や、桑名神戸の大福田寺の例に倣ったのであろう。そしてこの開創の真の目的は、大福田寺の例を鑑みるに、神宮にとって重要な荘園である鈴鹿神戸の支配にあったのではないか。史料の制約上、類推を重ねたが、現段階ではこの様に考えておきたい。

おわりに

本節では、内宮庁が管轄下に置いたと考えられる寺院を俎上に載せた。すなわち、㋐内宮建国寺、㋑田宮寺、㋒菩提山寺、

㋓内宮法楽舎、㋔蓬萊寺、㋕大福田寺、㋖新福寺の、都合七ヶ寺である。そのいずれもが、神宮法楽寺院であった。

室町時代以降、内宮庁が此等神宮法楽寺院を支配したのは、宗教的使命感によるものであったと思われる。そもそも、㋒菩提山寺と㋓内宮法楽舎は醍醐寺三宝院―太神宮法楽寺、㋕大福田寺と㋖新福寺は真言律宗・大和西大寺の末寺であり、とりわけ㋕は、何時しか京都泉涌寺別院の雲龍院末となっていた。それが戦国の乱世に際し、本寺の影響力が弱まったことも相俟って、経済的に困窮した様である。そこで、法楽は神宮祭祀の一環である以上、それを勤行する神宮法楽寺院が窮乏しておれば、支援するのは当然のことであるという認識のもと、内宮庁はその関与に乗り出したと考えられる。こうした認識は、㋐内宮建国寺の創設を機に、内宮祠官達へと浸透したものであった。

しかし、こと㋕大福田寺と㋖新福寺の支配に関しては、単なる宗教的使命感に止まるものではなかった。㋕は伊勢国桑名神戸、㋖は同国鈴鹿神戸内に所在する。どちらも伊勢国の、謂わば玄関口に位置した。其処は、神宮にとって創祀以来の根本所領のみならず、情報や物流が行き交う東海道上の要衝であり、それらを収集する上でも、極めて重要な土地であったに相違ない。内宮庁による㋕㋖の管轄は、その所領支配の一環でもあったのである。

この様に、室町〜戦国時代の神宮（内宮）には、神宮法楽寺院を支配下に組み込むという特異な形跡が認められる。神仏習合化の進展により、神社に対する寺院の影響力が増大した例としては、日吉社（延暦寺）や春日社（興福寺）、杵築大社（鰐淵寺）等が夙に知られている。また、僧侶が宮僧として神主の上に位し、神社を支配したという例は、八幡宮や熊野三山、箱根権現、白山（平泉寺）等、枚挙に暇がない。ところが、これらとは逆に、神社（神主）が寺院（僧侶）を支配したという事例は、寡聞にして知らない。しかも神宮（内宮）においては、管見の限り、実に七ヶ寺をも支配下に置いていたのである。この点は、我が国の宗教史上においても、特筆すべき事実であるといえよう。

しかしながら、㋐内宮建国寺が、長享三年（一四八九）に一切経を焼失したことで、室町幕府内宮専門法楽所としての役目を終えたことは、既に述べた通りである（本章三）。他の神宮法楽寺院においても、㋔蓬萊寺の享禄三年（一五三〇）を最後に、神宮関係史料上から姿を消す。内宮庁は、戦国の混乱に乗じて、衰退する神宮法楽寺院の支配を試み、或る程度は成功した。ところが混乱が深まるにつれて、その支配も次第に叶わなくなっていったものと考えられる。

註

(1)増補大神宮叢書13『神宮年中行事大成』前篇所収、吉川弘文館、平成十九年。

(2)『二宮祢宜年表』（増補大神宮叢書4『神宮典略』別冊、吉川弘文館、平成十八年）。以下、神宮祠官の経歴は上記による。

(3)『三重県史』資料編中世1(上)所収。編者については、同書史料解題を参照した。後掲の算用数字は、同書の文書番号。傍線部は引用者、以下同じ。

(4)『大日本古文書』醍醐寺文書之十五・三五八四（三宝院相伝文書案）―（三）。

(5)「三宝院列祖次第」（『続群書類従』巻九八）。

(6)『大日本古文書』醍醐寺文書之四・八一六。〈 〉内は割書、以下同じ。

(7)『大日本古文書』醍醐寺文書之十五・三五八四（三宝院相伝文書案）―（二）。

(8)註（3）に同じ。

(9)註（3）に同じ。

(10)『桑名郡志』大福村および大福田寺項（歴史図書社、昭和五十五年。該当箇所は上巻三五九～六一頁および中巻三一一～一二六頁）。本書は、旧桑名藩士江間政発が、明治初年から二十年代にかけて編纂したものである（同書解題）。
(11)『三重県史』資料編中世2に、その全文が翻刻されている。
(12)『姓氏家系大辞典』第三巻（角川書店、昭和三十八年）、四五五八頁。
(13)『神祇志料』下巻（思文閣、昭和四十六年復刻）、六九頁。
(14)『神道大系』神宮編一所収。
(15)拙稿「神宮領の成立」（『伊勢市史』第二巻中世編・第一章第三節二）参照。
(16)神宮文庫蔵。神宮古典籍影印叢刊6『神宮神領記』（八木書店、昭和五十八年）にその写真版が収録されている。
〈　〉は割書、以下同じ。
(17)『鎌倉市史』史料編第三・第四（吉川弘文館、昭和三十三年）「極楽寺文書」四三四。
(18)本書では、続群書類従完成会本によった。
(19)雲龍院発行、昭和四十九年。
(20)本節では、神宮文庫蔵荒木田氏経自筆本および御巫清直影写本によった。神宮古典籍影印叢刊6『神宮神領記』にその写真版が収録されている。
(21)『群書類従』巻第三二六所収。
(22)『日本国語大辞典』。
(23)順に『鎌倉遺文』①一六―一二〇六五、②二一―一六〇四九、③一六〇五〇。
(24)『中臣氏系図』（『群書類従』巻第六二所収）。
(25)『大日本古文書』醍醐寺文書之四・八一三。
(26)『角川日本地名大辞典』24三重県（昭和五十八年）、四五六頁。
(27)神宮文庫蔵『守則長官引付』の写真版（三重県撮影）より翻刻。

(28)『皇太神宮儀式帳』に、註(14)に続いて「次河曲、次鈴鹿小山宮坐只、彼時、河俣縣造等遠祖・大比古乎、汝国名何問賜只、白久、味酒鈴鹿国止白只、其爾即神御田并神戸進只」、『倭姫命世記』垂仁天皇十四年条に、「次川俣縣造祖・大比古命参相支、汝国名何問賜、白久、味酒鈴鹿国奈具波志忍山白支、然神宮造奉令ニ幸行一、又神田並神戸進支」(神道大系本)とある。上述が此等を典拠にしたことは確実である。

(29)三重県立図書館蔵。昭和十九年脱稿の稿本。

(30)山田木水『亀山地方郷土史』第一巻(三重県郷土資料刊行会、昭和四十五年)、一一七頁。その他の候補地としては、現野村町の忍山神社や、後述する布気皇舘太神社が知られる(式内社研究会編『式内社調査報告』第七巻〔皇學館大學出版部、昭和五十二年〕布気神社、忍山神社項)。

(31)本書では、新訂増補国史大系本によった。

(32)註(30)。

(33)本書では、上野市古文献刊行会本によった。

附論　江戸時代初期の神宮法楽寺院

はじめに

本書では、奈良時代における伊勢大神宮寺の創建と擯出以降、如何なる神仏習合現象が神宮やその祠官達の間で出現したのか、検討を試みてきた。その一つとして、神宮法楽寺院の創設が挙げられる。般若蔵（建長六年〔一二五四〕～鎌倉時代末）を濫觴とする上記には、醍醐寺三宝院門跡が統轄した太神宮法楽寺とその末寺群（内宮法楽舎、外宮法楽舎、菩提山寺、金剛證寺）や、鎌倉幕府祈祷所の弘正寺、室町幕府内宮専門法楽所の内宮建国寺、それに内宮祠官荒木田氏二門氏寺の田宮寺があった。以上は、神宮の鎮座する度会郡内に所在するが、他にも大福田寺（桑名郡）や新福寺（鈴鹿郡）、蓬莱寺（比定地未詳）等があった。

なかでも、太神宮法楽寺と内宮建国寺が、その中心的存在であった。ところが、前者は応仁二年（一四六八）閏十月一日准三宮義賢譲状案を最後に、「醍醐寺文書」から姿を消す（第三章六）。その後、当寺は江戸時代の享保二年（一七一七）に、浄土宗寺院として再興された。現在の神宮山蓮華寺である。鎌倉時代の通海が改称する以前の名に復されたのである。その次第を伝える「神宮山蓮華寺鐘銘並序」[1]（享保十年・一七二五）によると、再興以前は、草生す旧蹟に阿弥陀堂と号する一小宇が存するのみであったという。応仁・文明の大乱を境に、醍醐寺三宝院との関係が途切れて衰退の一途を辿り、神宮法楽も儘ならなくなったことは、想像に難くない。
一方の内宮建国寺においては、長享三年（一四八九）の戦乱（宇治山田合戦）に巻き込まれ、足利義持寄進の一切経が、義教寄進の転法輪蔵と共に灰燼に帰してしまった。寺院自体はその後も存続するが、神宮法楽の基が、これで消滅したのである（第三章二）。

戦国乱世の嵐は、神宮法楽の伝燈を次々と吹き消していった様である。ところが、こうした逆風に耐え、江戸時代初期までその燈を守り続けた寺院があった。また、その燈を新たに掲げたと思しき寺院も存在する。

本書の下限は、神宮史上の断層ともいうべき戦国時代（第四十一回内宮式年遷宮が実施される筈であった文明十三年〔一四八二〕から、実際にそれが行われた天正十三年〔一五八五。第四十一回外宮式年遷宮も同年に挙行〕まで）とした。江戸時代は、本書の対象外である。その上当該期の史料精査も、満足にできていない。斯くの如き現況で、同時代初期の神宮法楽寺院について論じるのは、勇み足の誹りを免れ得ないかもしれないが、今後の研究の出発として、敢えてそれに取り組むことにしたい。

1　問題の所在

平成十八年九月、筆者は三重県度会郡玉城町宮古の神照山廣泰寺（曹洞宗）において、次の藤堂高虎寄進状を確認した。

①為㆓当寺寄進㆒現米弐拾俵、毎年無㆓懈怠㆒以㆓此折紙㆒可レ被㆓請取㆒、於㆓神前㆒御祈禱不レ可レ有㆓御油断㆒之状如レ件

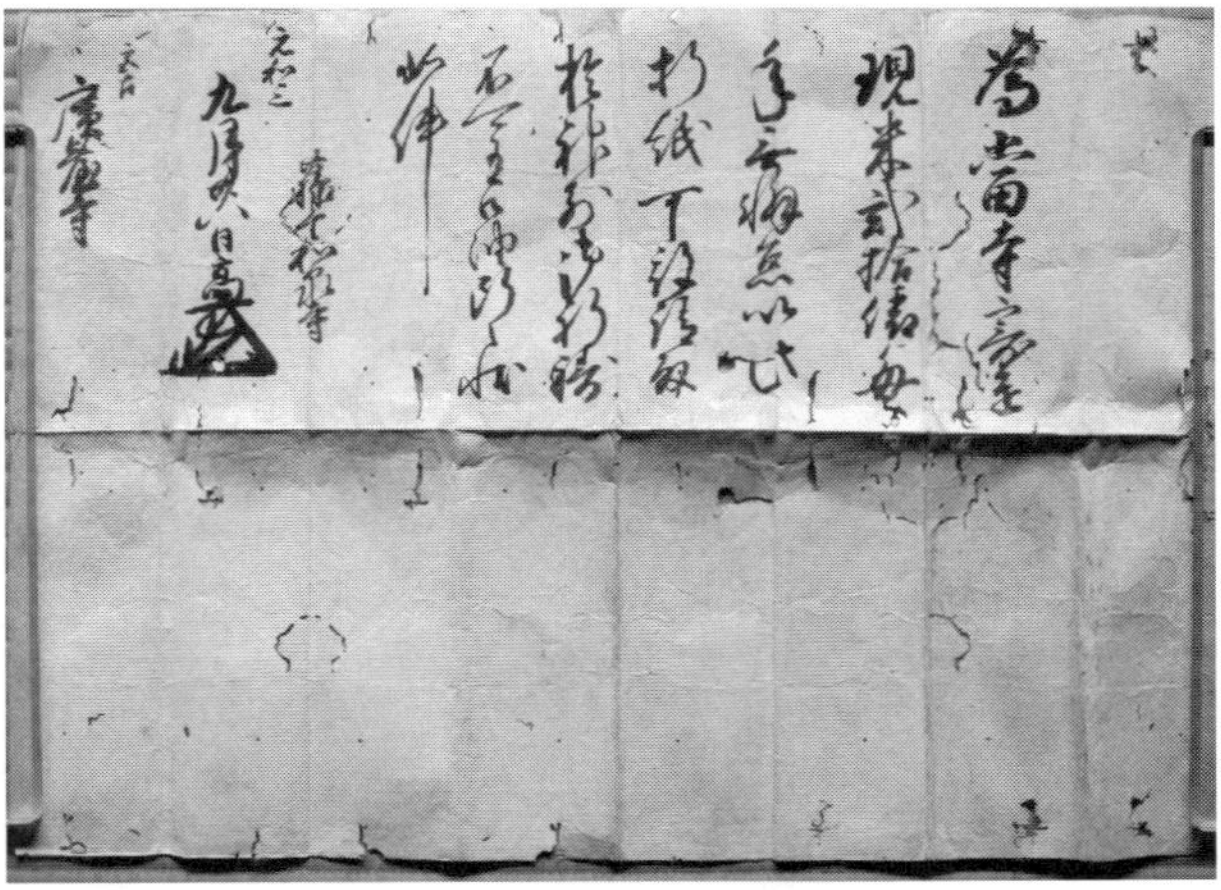

元和三
九月廿八日　　藤堂和泉守
　　　　　　　　高（花押）
宮古
廣臺寺

元和三年（一六一七）九月二十八日、現米二十俵を毎年寄進するので、神前における御祈禱を油断無く勤める様、藤堂高虎が廣臺（泰）寺に命じたものである。右掲は、『三重県史』資料編[2]や、久保文武氏の『藤堂高虎文書の研究』[3]にも収録されていなかった。[4]

しかしながら、この①を紹介するにあたっては、解決しなければならない問題があった。それは、寺院宛の寄進状にもかかわらず、文中に「神前において御祈禱」と記されている点である。

2　五通の同日付藤堂高虎寄進状

それにしても、寺院においてなぜ「神前御祈禱」なのか。まずは、『三重県史』資料編近世1「第四章　藤堂高虎発給文書」[5]を検索してみたところ、興味深い事実が判明した。

②「金剛證寺文書」316藤堂高虎寄進状

為二当寺寄進一現米弐拾俵、毎年無二懈怠一以二此折紙一可レ被二請取一、於二神前一御祈禱不レ可レ有二御油断一之状
如レ件

元和三
九月廿八日　　藤堂和泉守
　　　　　　　高（花押）

朝熊
金剛證寺

③『玉城町史』[6] 318藤堂高虎寄進状写

為二当寺寄進一現米弐拾俵、毎年無二懈怠一以二此折紙一可レ被二請取一、於二神前一御祈禱不レ可レ有二御油断一之状
如レ件

元和三年九月廿八日　　藤堂和泉守高虎
国東寺法印出旨（ママ）

④『玉城町史』319藤堂高虎寺領安堵状

田宮寺之内高六十石之打出拾三石九斗六升、如二前々一令二寄進一候畢、於二神前一御祈念不レ可レ有二御油断一之
状如レ件

元和三年九月廿八日　　藤堂和泉守　高（花押）
田宮寺

この様に、藤堂高虎は同日付の寄進状を、同じ度会郡内の金剛證寺（現伊勢市朝熊町）と国束寺《くづかじ》（現玉城町原）、田宮寺（現玉城町田宮寺）にも発給していることがわかる。このうち②③は、①と全くの同一文言である。一方、田宮寺に宛てた④は、寺領六十石の打出（新たな検地による増加分）十三石九斗六升を前々の如く寄進するという内容である。そしてここには、「神前において御祈念」とある。

こうした点を踏まえた上で、次の文書に着目してみたい。

⑤「近長谷寺文書」313藤堂高虎寺領寄進状

勢州多気郡長谷村之内高五石、観音江令二寄進一訖、全可レ有二寺納一候、於二　宝前一御祈念不レ可レ有二由断一状如レ件

元和三
十月廿六日　藤堂和泉守（花押）
泊瀬寺

①～④発給のほぼ一ヶ月後、高虎が多気郡泊瀬寺（近長谷寺。第一章二）に宛てた寄進状には「宝前において」とある。本尊十一面観音の御前を、斯く呼んでいるのである。高虎が廣泰（臺）寺と金剛證寺・国束寺・田宮寺の計四ヶ寺へ現米や寺領を寄進したのは、各寺の本尊ではなく、その寺で祀る神の御前における祈禱のためであったことが判明する。

さらに高虎は、御師上部貞嘉を通じて、度会郡粟野村二百石を神宮に寄進している。

⑥「上部文書」298藤堂高虎神領寄進状写

勢州渡会郡粟野村之内高弐百石令二寄進一候条、於二神前一御祈念不レ可レ有二御油断一、永代可レ有二収納一之状如レ件

元和三
九月廿八日　　藤堂和泉守
　　　　　　　　高御判
上部越中守（貞嘉）殿

その日付は元和三年九月二十八日で、ここにも「神前において御祈念御油断あるべからず」とある。

以上の検討により、藤堂高虎は「神前御祈禱（もしくは御祈念）」との文言を有する同日付の寄進状を、計五通発給していることが明らかとなった。高虎の伝記『高山公実録』に拠ると、高虎が伊勢田丸領（度会・多気郡内）五万石を加増されたのは、この年の五月のことであった。そして九月には自ら当地へ入部し、「万御仕置」をしたとある。[7] その際高虎は、神宮への神領寄進とともに、朝熊金剛證寺と領内の三寺院に「神前御祈祷（もしくは御祈念）」料を寄進したことになる。[8]

ちなみに、この伊勢田丸領が替地により紀州藩領となったのは、元和五年七月のことであった。[9] この点を踏まえた上で、次の文書を検討してみたい。

⑦「上部文書」299藤堂高虎神領寄進状

知　行　方

　　　　勢州阿濃郡之内
高合弐百石　納所村ノ内

右天照太神へ令㆓寄進㆒訖、全被㆓神納㆒、弥於㆓　神前㆒武運長久之御祈念由断有間敷也

元和五年
十月六日　　藤堂和泉守（花押）

上部孫大夫殿
上部（貞嘉）越中殿

ここに記されている安濃郡納所《のうそ》村内二百石が、替地で紀州藩領となった度会郡粟野村の神領分であることはいうまでもない。そして注目すべきは、この二百石を「天照太神」へ寄進したと明記されている点である。故に⑥の「神前」も、また上記と同日付①～④の「神前」も、天照大御神の御前と考えられるのではないか。

3　寺院における「神前御祈禱（御祈念）」

それにしても、寺院における天照大御神への「神前御祈禱（御祈念）」とは、如何なる勤行であったのか。ここで想起したいのは、右掲四ヶ寺のうち②田宮寺と④金剛證寺が、かつて天照大御神に法楽を奉る神宮法楽寺院として機能していた点である。田宮寺は、平安時代に開創された内宮祠官荒木田氏（二門）の氏寺であったが（第一章二）、室町時代に神宮法楽寺院化している（第三章四）。同じく平安時代開創と思しき金剛證寺も、室町時代初頭の将軍足利義満による復興後は、京都醍醐寺三宝院派・太神宮法楽寺（現度会町棚橋）の末寺として、上記を頂点とする神宮法楽体制に一時組み込まれていた（第三章二）。

藤堂高虎が②と④で命じた「於㆓神前㆒御祈禱（御祈念）」とは、神宮法楽を指しているのであろう。ところが、残る①廣泰寺と③国束寺が神宮法楽寺院であった徴証は、今のところ見出せていない。高虎がこの

両寺に「神前御祈禱」を命じたのは、一体何故なのか。以下で検討することにしたい。

(1) 廣泰寺の開創

①廣泰寺の開山は、永正二年（一五〇五）七月二十三日、七十八歳で示寂した大空玄虎という曹洞宗の禅僧である。大空は、同国一志郡大阿坂村（現松阪市大阿坂町）の正法山浄眼寺の開山でもある。伊勢国司北畠氏の菩提寺として知られるこの寺には、享禄二年（一五二九）に門人の瑩維那がまとめた「玄虎禅師行業記」が遺されている。[10]

> 浄眼法席弥増二光輝一、師漸倦二応接一、遂使二附法弟子物先応継レ席、韜二光勢南田丸之山隈一、屡為二佚老之計一、然而郡里迎慶、緇白競臻、再闢二化門一遂成二巨叢一、号曰二廣泰禅寺一、師一日集レ衆垂誡、悟然坐化矣、世寿七十有八、実永正二年乙丑之秋七月二十三日也

老齢で弟子の指導に限界を感じた大空は、浄眼寺住持職を弟子の物先に譲り、度会郡田丸の山隈に隠棲した。しかしそれを知った郷里の人々は歓迎し、僧俗が競って集まってきた。そこで大空が再び人々を教化した結果、当所は巨刹となり、廣泰禅寺と号するに至った。そして永正二年七月二十三日にこの地で示寂した、とある。

また同寺蔵「玄虎和尚行業記」[11]には、次の様に記載されている。

> 師見三浄眼如二敝蹝一、寓二田丸草庵一、義材《（北畠材親）》更建二諸堂一、号二廣泰寺一、山林鬱茂、塵事曠疎、遂作二終焉之地一云

浄眼寺の運営が軌道に乗ったことを見届けた大空は、田丸の草庵に身を寄せた。彼の大檀越であった伊勢国司北畠材親（任文明十八年〜永正十四年・一四八六〜一五一七）は、その草庵に諸堂を建立した。其処は廣泰寺と号した。鬱蒼とした山林に囲まれ、俗塵から離れた当寺が、大空の終焉の地となった。

廣泰寺の開創は、十五世紀末から十六世紀初頭のことであった。それにしても、浄眼寺から廣泰寺の所在地宮古村までは、直線距離にして約20km程離れている。大空は、なぜ此処を終焉の地に選んだのであろうか。

この点について論じた研究としては、幕末〜明治の神宮祠官で、国学・神宮学者としても知られる御巫清直（文化九年〜明治二十七年・一八一二〜九四）の『二宮管社沿革考』巻二・奈良波良社(12)が挙げられる。奈良波良神社は、三重県度会郡玉城町宮古に所在する内宮の摂社である。御巫翁の研究によると、当社は室町時代初期の応永頃まで存続を確認できるという。しかしその後廃絶し、江戸時代の寛文三年（一六六三）、地元の人々が「ヤグラド」と称す現在の地に再興された。この再興は、当地を大神宮末社の旧跡とする地元の伝承に従った次第であるが、翁は、「ヤグラド」とは愛洲弾正少弼親忠の居城の櫓《やぐら》処であって、奈良波良神社の旧跡ではないと断ずる。

それでは、真の旧跡はどこか。すなわち、神照山廣泰寺の境内と比定されているのである。その箇所を、以下に引用しておく。

依テ按ルニ、宮子村今上下二ツニ別レタリ。上宮子本邑ニシテ、下宮子ハ後ニ分ルトイヘリ。然ルニ下宮子ノ産神鬱林ニシテ古色アリ。（中略）本邑上宮子ノ産神社ハ却テ旧風見エス。神照山廣泰寺ノ南ナル山岨褊少ノ地ニ在リテ、後世改易セシ形勢ナリ。是ヲ以テ察スルニ、其産神社旧トハ廣泰寺ノ在ル地ニ在リタル本社ナルヲ、天文頃田丸弾正少弼廣臺寺〈後廣泰寺ニ作ル〉ヲ其社域ニ建テ、神殿ヲ南山ニ遷シタルナラムトソ想ハル。彼寺ヲ神照山ト号シ、境内ノ東北境ニアル古樟樹等開基前幾百年ヲ経タルモノトモ知ラレス。儀式帳ニ載ル本社ノ坐地五町、四至並大山トアルモノ今ノ寺地ノ境界ニ合スヘシ。サレハ上宮子村ノ産神ソ本社ノ衰ヘナカラモ遺スルナルヘキ。

翁が言及される「古樟」は、残念ながら現存しないものの、「上宮子村ノ産神」は、上宮古神社として今なお廣泰寺の南側に鎮座する。この上宮古神社こそ、かつての奈良波良神社であり、もとは廣泰寺の境内に所在したが、天文年間（一五三二～五五）に田丸弾正少弼が当寺を創建した際、神殿をその南側に遷したのではないかと推定されているのである。

廣泰寺の境内を奈良波良神社の旧跡とする御巫翁の説は、『式内社調査報告』においても支持されている。上記で奈良波良神社を担当された石野浩司氏は、

現在、廣泰寺境内に接する南方の丘陵上に、件の小祠が残る。石積の素朴な壇上に安置された方一尺ほどの社で、清直が本社に擬したものに当たる。按ずるに、廣泰寺の境内は、現在でも霊泉や川池が見受けられ、かつて川水神的性格の祭神が祀られてゐたとするには適当かと思はれる。

と結論付けられる。(13)

(2) 廣泰寺と宮子郷内下薬師寺

但し、廣泰寺開山の大空が示寂したのは、永正二年（一五〇五）七月二十三日である。故に翁が「天文（一五三二～五五）頃田丸弾正少弼廣臺寺ヲ其社域ニ建テ」たと言及される点には、首肯し難いものがある。(14) しかし上述を除けば、御巫説は大旨妥当であると見做し、さらに大空の伝記の内容も勘案して、およそ次の様に結論付けた。(15)

ここで翁の説を訂正させて頂くとすれば、廣泰寺の創建は大空玄虎が示寂した永正二年（一五〇五）以前に遡り、その際檀越であった北畠氏が、神殿を当寺の南側に遷したのではないか、ということになろう。

以上の蓋然性が認められるならば、廣泰寺の濫觴は、乱世により恐らくは荒廃していたであろう内宮摂社・奈良波良神社の境内へ、大空が隠棲したことに求められそうである。

しかし能々考えてみれば、なぜ大空が宮古を隠棲の地に選んだのかという疑問は、依然として残されている。しかも前掲「玄虎和尚行業記」によれば、大空が隠棲したのは「草庵」であった。御巫翁も引用されている『皇太神宮儀式帳』(16)一管度会郡神社行事には、

楢原神社壱処

称二大水上児・那良原比女命一、形石坐同内親王（倭姫命）定祝

正殿壱宇〈長六尺、広四尺、高七尺〉、玉垣壱重〈四方各二丈〉、坐地五町、四至〈並大山〉

とある。奈良原神社は、二丈（約六メートル）四方の玉垣内に小さな正殿一宇が坐すだけの、極めて簡素な御社であった。其処に老僧が隠棲できる程の「草庵」が存したとは、到底考えられないのである。

斯くして拙論の修正を模索していた折、「醍醐寺文書」に、次の書状が収録されていることに気付いた(17)。

態進レ状候、浄勝法橋下向候、寺家躰披見及、如今院主様無二御座一候ハヽ、正躰あるましく候、下申さるへき御人躰無二御座一候者、西南院殿様被二定申一候て、寺家をも御成敗候者、寺家よりも注進可レ申候事をも申

入度候、加様子細浄勝法橋方へ委細令レ申候、定而披露申さるへく候哉、可レ被レ懸二御意一候、
就中棚橋寺領宮子郷内下薬師寺住持職之事、宇治寶生院永雅房身ニ宛、御奉書被二成下一候者、可二畏入一候、
為二御不審一先院主様并本寺宇治弘正寺宛状進上申候、以二此旨一御披露候て、如二先例一御奉書被二成下一候者、
可二畏入一候、恐惶謹言
（宝徳元年）壬十月二十八日　　賢真（花押）
民部卿法橋御房

宛所は、『建内記』[18]嘉吉元年（一四四一）十二月三日条にみえる「三宝院（義賢）僧正御房賜二使者一〈民部卿法橋〉」と同一人物であろう。彼は醍醐寺三宝院門跡の側近で、同院の寺務を統轄していた僧侶と思われる。また文中の「西南院殿」とは、北畠顕雅（法名常桂）を指す[19]。顕雅は、伊勢国司北畠満雅の弟である。正長元年（一四二八）に兄が敗死した後は、嫡男（後の教具）が幼少であったために、暫くの間伊勢国司を代行するも[20]、嘉吉元年に出家した[21]。その後に閏十月が加算されるのは、宝徳元年（一四四九）である。これにより、右掲文書の発給年が特定できると思う。

以上を踏まえた上で、傍線部に注目したい。ここでいう棚橋とは、同所に所在した太神宮法楽寺を指す。南北朝時代初頭、醍醐寺三宝院門跡管轄のもと、同寺を頂点とする神宮法楽の体制が確立していたことは、第三章一にて検討した通りである。この同寺領宮子郷内に所在した下薬師寺の住持職について、恐らく太神宮法楽寺寺家政所の一員であった賢真が、宇治寶生院の永雅房に奉書（住持辞令）を下されるべく要請し、その証拠として、その先院主（太神宮法楽寺の前院主代[22]）ならびに寶生院の本寺である宇治弘正寺が発給した宛状（辞令）を副進している。

宇治弘正寺とは、鎌倉時代の弘安三年（一二八〇）、叡尊が度会郡宇治郷内に創建した真言律宗寺院である（第三章四）。叡尊は、当初醍醐寺僧であった（第二章四）。その縁から、太神宮法楽寺と弘正寺との間に人的交流が生じたのであろうか。ともあれ、室町時代の宝徳元年（一四四九）時点において、度会郡宮子（宮古）内に下薬師寺という、太神宮法楽寺の末寺が存在していたことは確かである。

ちなみに、南北朝時代（康永三年〔一三四四〕）成立の『太神宮法楽寺所司等立申文書紛失記』（『法楽寺文書紛失記』[23]）には、「拾壱箇寺注文」として法楽寺、庄厳寺、古利寺、赤坂寺、梶原寺、松尾寺、建久寺、大隆寺、釈尊寺、鹿苑寺、清水寺が、「末寺十四箇寺」として菩提寺、常光寺、勝峯山寺、西光寺、松龍寺、三尊寺、元永寺、光明寺、明徳寺、円満寺、行願寺、大家寺、西明寺、菩提山寺が書き上げられている。上記に下薬師寺の名は見られないので、その開創は康永三年以降ということになる。太神宮法楽寺末としては、他に比べて新しいこともあり、恐らくは最下層に位置付けられていたのであろう。宇治寶生院の永雅房が住持職を兼任できたのは、どうやらこの辺りに理由が求められそうである。

なお、右掲にみえる「梶原寺」については、同記に、

一　宮子御園〈大里・小里并散在田畠山林、賀利河林宇尓在之〉　梶原寺領

とある。梶原寺は、同じ宮子内にあっても下薬師寺とは異なり、当所（神宮領）を領有する太神宮法楽寺の有力な末寺であった。同寺は旧曹洞宗寺院として、度会郡玉城町宮古字東村に、現在も堂宇一宇が存在する。一方の下薬師寺は、宮古区内から消滅している上に、その旧跡や伝承さえも途絶えている。以上を鑑みるに、この下薬師寺こそ、大空が隠棲した「田丸草庵」であったと考えられるのではないか。

応仁二年（一四六八）閏十月一日准三宮義賢譲状案を最後に、「醍醐寺文書」から太神宮法楽寺の名が消えることは前に述べた。戦国乱世の煽りをうけ、三宝院の支配も次第に及び難くなり、衰退・荒廃の一途を辿ったものと思われる。それは、同寺の末寺において顕著であった。この窮状を見兼ねた内宮庁が、近隣の菩提山寺や内宮法楽舎の支援と支配に乗り出したことは、既に検討した通りである。現に、前者は応仁二年（一四六八）、後者は永正十年（一五一三）の時点において、内宮庁の管轄下に置かれていた形跡が認められる（第三章六）。

大空は、こうした太神宮法楽寺末寺群の荒廃を知り、生涯最後の事業として、上記の曹洞宗寺院化を目論んだのではないか。曹洞宗においては、南北朝時代以降、峨山韶碩（建治元年〜南朝正平二十年・北朝貞治四年。一二七五〜一三六五）の門流が隆盛し、全国的展開を遂げた。その方策としては、「各国守護領主層を主体とする地方豪族の庇護をうけて、各地に大刹をひらき、あるいは旧仏教寺院を転宗させるなど、それぞれ各地方における自派の拠点を確保し、これを基軸として、五山派の教線のとどかない地方において、旧仏教系や修験関係の遺蹟を復興するなどの方法によって展開をすすめ、（中略）やがて室町後半にかけて飛躍的発展をとげる基本的体系がほぼできあがるにいたった」と指摘されている(24)。大空は、峨山法嗣・太源宗真の遠孫にあたる(25)。戦国大名化した伊勢国司北畠氏の庇護をうけ、その菩提寺である浄眼寺の開山となった大空は、まさしく峨山派共通の方法に則り、教線の拡大に努めたのものと思われる。

その手始めとして、まずは下薬師寺に入寺したのではないか。同寺は、遠隔地の他宗僧が住持職を兼務する程度の「草庵」であったこともあり、大空は容易に入ることができたのであろう。

この下薬師寺の「草庵」は、大空の大檀越である伊勢国司北畠材親により伽藍が整えられ、後に廣臺寺（廣泰寺）と称される様になる。大空自身は、間もなくして示寂（永正二年・一五〇五）するが、恐らくはその遺弟達によって、太神宮法楽寺末寺の曹洞宗寺院化が進められたものと思われる。実際、江戸時代の延享二年（一七四

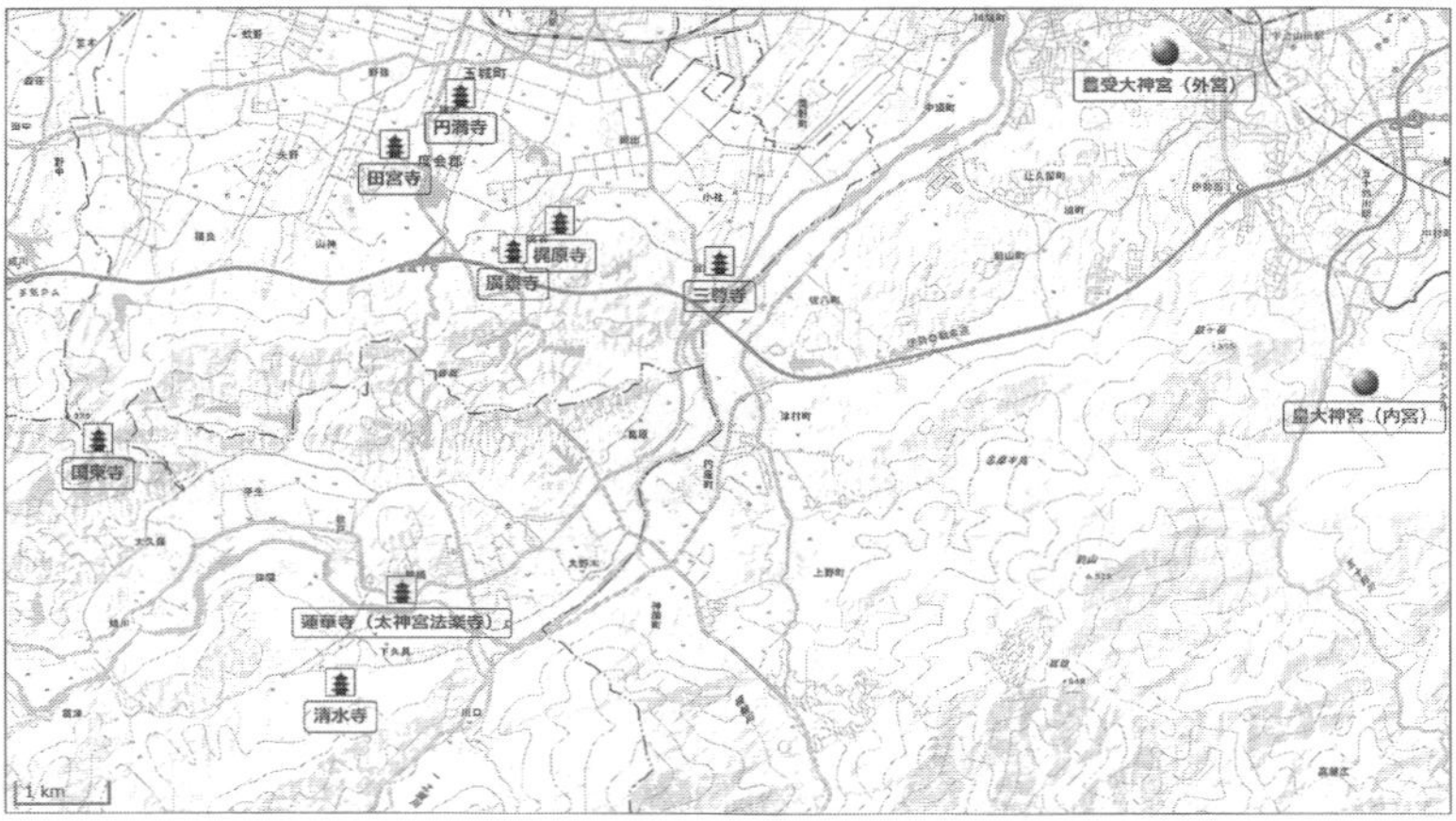

（地理院地図を加工して作成）

五）時点において、旧太神宮法楽寺末の梶原寺（度会郡宮古村）と清水寺（同郡上久具）、三尊寺（同郡岩出村）、円満寺（同郡勝田村）の四ヶ寺が、廣泰寺末として書き上げられているのである。[26]

史料の制約上、推論を重ねた部分が少なくないものの、廣泰寺の濫觴について斯くの如く考えれば、大空がなぜ宮古を隠棲の地に選んだのかという疑問は氷解するのである。

(3) 廣泰寺と天照大御神

この様に、太神宮法楽寺の末寺を改宗して成立したと思しき廣泰寺であるが、当寺においてはその後、神宮（天照大御神）との習合が進展する。次に掲げる史料は、廣泰寺十一世・千巌鉄淳の筆による「元禄十二年卯六月覚」である（当寺蔵）。

覚

一、勢州度会郡田丸領宮古村神照山廣泰寺、禅曹洞宗大源流ニ而本寺者遠州高尾石雲院、当寺本尊者恵心之作ニ而釈迦如来、当寺開山ハ大空玄虎和尚是ヲ虎蔵司と申候、石雲院開山崇芝和尚之物領弟子ニ而御座候、

一、往古之開基ハ知レ不レ申候、中興開基者田丸先城主弾正少

弼殿ニ而御座候、
一、当寺寺領、往古田丸城主田丸中務少輔殿ゟ高五拾石小俣村ニ而寄進、是ハ申伝ニ而証文者無二御座一候、
一、ⓐ田丸中務少輔殿信州江御国替江埴科郡川中島之近所寺尾村ニ而高五拾石寄進、慶長三年之証文御座候、
一、ⓑ中務少輔殿信州ゟ濃州江御国替、恵奈郡岩村近所飯はさま村之内ニ而高五拾石寄進、慶長五年之証文御座候、
一、田丸城主稲葉蔵人殿ゟ七人扶持寄附之証文御座候、
一、藤堂和泉守殿宮古村御知行之時、同村ニ而高弐拾三石寄進、慶長拾六年之証文御座候、右之外ニⓒ八木弐拾俵宛毎年為二御祈禱料一と被レ下由、元和三年和泉守殿御証文御座候、

（中　略）

一、天照皇大神、当寺開山虎蔵司ヘ帰依被レ為レ成、幻シニ而化現聴法・御対話之由、其報恩為二御布施物一と、神照山之山号・神明水・清メ之火進献在レ之由申伝江、依レ夫世上之諸人参詣仕、於二当寺一ニ火ヲ清メ水を戴き、遁二垢穢一ヲ申儀、古今無二断絶一儀ニ御座候（下　略）

（傍線・記号は引用者）

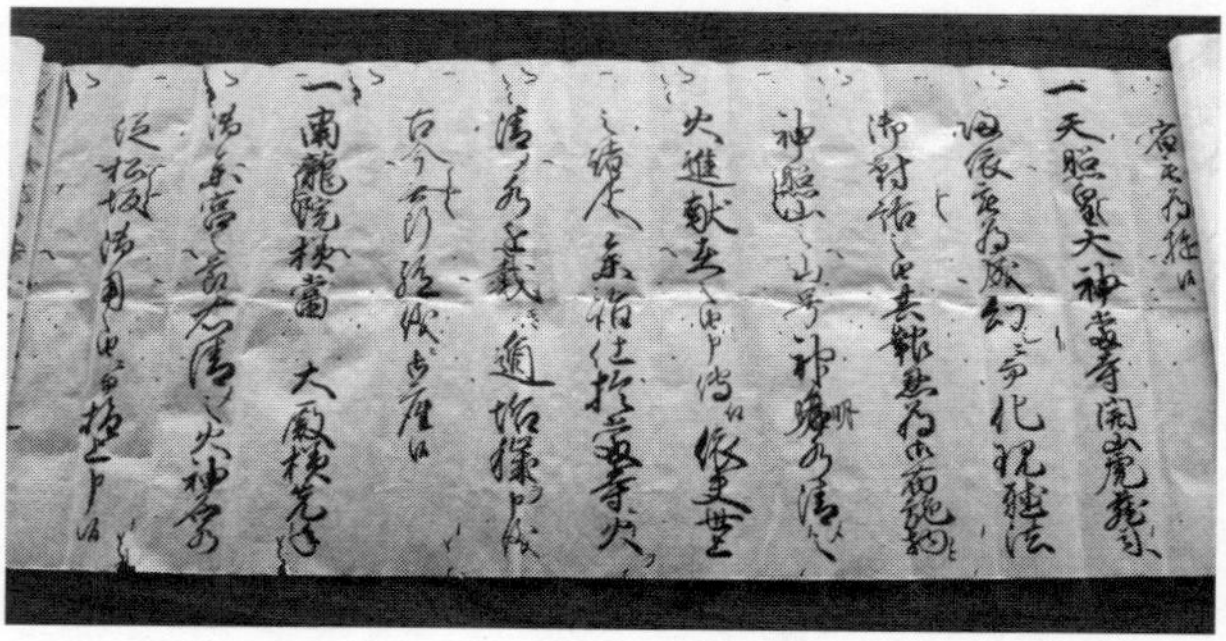

平成二十年、筆者が山内にて偶々確認したこの覚は、恐らく紀州藩に提出した由緒書の控えであろうと思われる。内容を検討するに、由緒書にありがちな誇大な記述は極力控え、伝存文書に基づく実証的な姿勢で記された

点が随所に見受けられる。例えば傍線部ⓐⓑは、それぞれ次掲文書⑧⑨に基づく記述である。[27]

⑧廣臺寺之寺領分

一　五拾石　埴科 寺尾内

慶長三年九月八日　（異筆カ）「田丸中務少輔」（直昌）（花押）

⑨廣臺寺寺領分

一　五拾石　恵奈郡 飯はさま内

慶長五年六月廿日（田丸直昌）（花押）

ちなみに傍線部ⓒは、前掲①に基づいて記された一節である。

こうした実証的な由緒書に、次の記述がある。（中略）以降を読み下してみると、

天照皇大神、当寺開山虎蔵司へ帰依なさせられ、幻しにて化現し聴法・御対話のよし、その報恩御布施物として、神照山の山号・神明水・清めの火進献これ在るよし申し伝え、それにより世上の諸人参詣つかまつり、

当寺において火を清め水を戴き、垢穢を遁れ申す儀、古今断絶なき儀に御座候。

とある。廣泰寺においては、天照大御神が開山の大空に帰依なされ、説法と対話の礼として、神照山の山号と神明水、それに清めの火の三つを下賜されたとする伝説が創作された様である。[28]一見、牽強付会な習合説ではあるが、意外にも人口に膾炙したらしい。現に、藤堂藩士山中為綱が著した伊勢国地誌『勢陽雑記』に、

一、神照山廣泰寺　田丸より西、行程十八町
曹洞宗の名知識大空玄虎禅師の開基也。（中略）当寺に来り茶を喫しぬれば、不浄の者も忽清浄となりて、神照山の名に応じて参宮するに不レ厭の由来ありと云々。

とある。[29]『勢陽雑記』は、明暦二年（一六五六）の成立であった。この時点で既に、神明水や清めの火を目当てに廣泰寺へ詣でる参宮者が少なくなかった様である。その三十九年前の元和三年（一六一七）の段階において、この伝説がある程度流布していた可能性は、十分考えられよう。こうした状況を知った時の領主藤堂高虎は、当寺を神宮（内宮）と関係が深い寺院の一つと認定し、「神前」すなわち天照大御神への御祈祷を命じたのではないか。

(4) 国東寺と天照大御神

③国東寺は、現度会郡度会町平生に、天台宗（延暦寺末）寺院として現存する。かつては、現度会郡玉城町・度会町・多気郡多気町の三町境界付近に位置する国東山の山頂（標高四一四メートル）付近に所在した。江戸時代には、本堂をはじめ、如来荒神堂（寛文十二年〈一六七二〉建立）や歓喜天堂（同前）、求聞持堂（同前）、鎮守堂、白山

堂（建久年間〔一一九〇～九九〕）、蓮花童子堂、八幡堂（寛文十二年）等が建ち並び、壮観な伽藍を誇っていたという。ところが先の大戦後、伽藍の一部が大阪の四天王寺に移され、残りは南東の山麓へと移転し、今に至っている(30)。こうした経緯もあって、当寺に関する史料は極めて限られているが、その様ななか、『晴富宿禰記』(31)文明十一年（一四七九）四月八日条にみえる次の記載は、大変貴重である。

一昨日申㆓遣勢州国東寺㆒　勅願事、綸旨書送之、
当寺事、為㆓　勅願寺㆒、可㆑奉㆑祈㆓国家泰平・宝祚万安㆒者
天気如㆑此、悉㆑之、以状
　　文明十一年四月七日　左少弁判
　国東寺澄源律師御房

国東寺はかつて後土御門天皇の勅願寺であったことが、右掲により判明する。そして同綸旨の宛所について、壬生晴富は「澄源者飯室学生権大僧都也、今兼㆓住勢州国東寺㆒」と記している。飯室とは、比叡山横川塔の別所であることから、当時の国東寺も現在と同じく、延暦寺末であった。

斯くの如く、延暦寺の権大僧都が住持を兼任し、勅願寺にも指定された当時の国東寺は、相応の伽藍を擁していたものと思われる。ところが、それから一七七年後に記された『勢陽雑記』には、次の如く記されている。

一、涌福智山国東寺　山田より坤方、行程
神宮の古寺なりと云々。九握の神劔を納奉りし山成る故に国東の嵩と号す。又穂広の峯ともいふ。人皇十

代崇神天皇の御宇、開闢の時来聖徳太子廿八歳辛酉三月十八日、皇太神宮の神勅に従って、江州高島郡白鬚大明神の在す山の霊木にて本尊を彫作すと云々。神勅神境広博の記に詳なりと云々。摩頂皇太神宮影向願主太子開山と号す。（中略）本堂巽に向ひ七間四面にあり。然れどもいづれの時か破却すと云々。今仮りの疎屋、本尊十一面観音、立像丈三尺也。又三宝荒神堂と号せしも、往昔八棟荘厳回廊等いみじかりしとかや。今かり堂に祭りし荒神は、上古皇太神の納め給ふ秘像也と云々。三千大千世界の荒神は皆毎年十二月朔日に是にあつまり給ふと云々。天照太神の胞衣を奉レ納し所は穂広峯の頂上、是を奥院と号し、鎮守白山権現の堂一宇あり。此両脇に石の塔二基あり。蓮華童子の廟と云々。彼の神劔の守護神と云ふ。則皇太神とあかめ申と云ふ。（中略）宇賀の神社近年大破せり。八幡宮も破却して今仮殿におわします。其外開山太子堂・多宝塔・求聞持堂・護摩堂・楼門・二王門・七社権現・鐘楼堂、悉破滅して、其楚石のみなり。(32)

七間四面の本堂をはじめとする壮大な伽藍は、筆者山中為綱が訪れた江戸時代初期には、その礎石を遺すばかりとなっており、本尊や荒神を祀る仮堂や、八幡宮の仮殿等が辛うじて存する状態であったという。太神宮法楽寺と同じく、国東寺もまた戦国乱世の煽りを受け、荒廃の憂き目に遭った様である。

そんな荒寺に様々な伝承が存していたことを、山中為綱は記録してくれている。すなわち、当寺は穂広峯とも呼ばれる国東山に所在する「神宮の古寺」であるという。聖徳太子の開山で、本尊は一丈三尺の十一面観世音菩薩立像。太子二十八歳のとき、皇太神宮の神勅により、近江白鬚神社の霊木で彫作したものと伝わる。その他、三宝荒神堂に安置されている荒神像は、上古に皇太神が納められた秘像であり、奥院と称される山頂には、同神の胞衣が納められているとする。

この様に、特異な天照大御神との習合説が羅列してあるが、こと三宝荒神像とその信仰に関しては、神宮文庫蔵『旧記』の紙背にみられる、次の文書に注意する必要がある。

態令レ啓候、仍此比国東山致二参籠一、荒神供執行仕候之間、只今御札令二進覧一候、乍レ恐為二御祈禱一如レ此
候之由、可レ得二御意一候、恐惶謹言

五月廿八日（元亀二年）　　秀範（宝蔵坊）（花押）

三祢宜殿（度会貴彦）
参　人々御中[33]

『旧記』とは、戦国時代の外宮祠官度会（松木）貴彦が編纂した『外宮貴彦引付』（神宮文庫蔵。『三重県史』資料編中世1(上)に収録）の草稿本である可能性が高いと考えられている。[34]とすれば、宛所の「三祢宜殿」[35]は貴彦であり、彼が当職に在ったのは、元亀元年十二月〜同三年正月（一五七〇〜二）であることから、右掲の発給年が特定できると思う。

如上の蓋然性が認められるならば、右掲は戦国時代の元亀二年（一五七一）五月二十八日、時の外宮三祢宜度会貴彦の命を承けた宝蔵坊秀範なる僧が、国東寺に参籠して荒神供を勤行し、その祈祷札を贈った巻数返事ともいうべき文書である。『勢陽雑記』に伝わる国東寺の壮大な伽藍は、当時健在であったらしく、故に秀範も参籠が可能であったと思われる。また、度会貴彦が当寺における荒神供を態々所望しているのは、これも『勢陽雑記』に記されている如く、同神像が天照大御神に由来するものと信じられていたからであろう。

荒唐無稽と評せざるを得ない国東寺の習合説であるが、廣泰寺と同じく意外にも流布し、それは神宮祠官にまで及んでいた。故に、藤堂高虎も国東寺を「神宮の古寺」と見做し、「神前御祈祷」を命じたものと考えておきたい。

おわりに

元和三年（一六一七）九月二十八日、時の伊勢田丸領（度会・多気郡内五万石）領主藤堂高虎は、御師上部貞嘉および②朝熊山金剛證寺と領内の三ヶ寺（①廣泰寺、③国束寺、④田宮寺）に、「神前御祈禱（もしくは御祈念）」を命じた。寺院に天照大御神への祈禱（祈念）が命じられたのは、②と④は、中世以来の神宮法楽寺院であったこと、①と③においては、天照大御神との習合を殊更に喧伝し、それが人口に膾炙した結果との結論に至った。

神宮法楽の伝統は、一部の同寺院において、江戸時代初期まで守られていた。そしてその一方で、新たなる神宮法楽寺院が、神宮の鎮座する度会郡内に誕生したことになる。このうち、①廣泰寺とその末寺の一部は、太神宮法楽寺の末寺を改宗したものと考えられる。また③国束寺は、太神宮法楽寺と至近である（前掲地図参照）。③において天照大御神との習合が進展したのも、同寺の影響であろう。太神宮法楽寺そのものは、戦国時代に衰退したが、その伝統は、形を変えて受け継がれたのであった。

註

（1）『度会町史』（度会町役場、昭和五十六年）に全文が翻刻されている（七五一～二頁）。
（2）本編近世1・第4章が、「藤堂高虎発給文書」として編纂されている。
（3）清文堂出版、平成十七年。
（4）ちなみに、玉城町教育委員会所蔵「下外城田村誌」の草稿には、この文書が収録されている。「下外城田村誌」とは、大正年間、『度会郡誌』編纂のため同村において作成されたものである。ところが、当の『度会郡誌』刊行が立ち消えとなってしまったために、この文書も筆者が紹介するまで公にされることはなかった。
　そしてその後、三重県史資料叢書5『藤堂高虎関係資料集　補遺』（三重県、平成二十三年）に収録された。
（5）以下の算用数字は、「第四章　藤堂高虎発給文書」の文書番号。

(6)ここでは、金子延夫『玉城町史』第二巻（三重県郷土資料刊行会、昭和五十八年）一二頁所収文書をそのまま収録している。上記頁を確認するに、③④を引用した上で、「宮古広台寺への寄進状は国束寺と同文である」として①を省略する。故に『三重県史』には、①が収録されなかったのである。

(7)上野市古文献刊行会編『高山公実録』下巻（清文堂出版、平成十年）元和三年五月・同九月条。

(8)ちなみに、藤堂高虎の神祇信仰について、藤田達生氏が次の様に指摘されている（『江戸時代の設計者―異能の武将・藤堂高虎』〔講談社現代新書、平成十八年〕。傍線は引用者、以下同じ）。

開発に関わって、高虎は領内の神社を再興している。たとえば天和元年（一六八一）に井関盛英が編纂した宇和島藩領内の地誌『宇和旧記』には、文禄五年八月に宇和郡野村三島神社（西予市）の拝殿を、また慶長十二年六月に同郡中間村の息吹八幡神社（宇和島市）の社殿を、それぞれ再建したことが記されている。地域の産土神を大切にしなければ開発ができないから、積極的に取り組んだのだ。

高虎は、慶長六年五月に伊予の一宮（その国内でもっとも重視された神社）であった三島大明神に対して、御供米二十俵を毎年寄進することを約束し、武運長久を祈願している（「大山祇神社文書」）。水軍を編成する高虎にとって、武神であり瀬戸内海を守護するこの神社に祈願するのは当然と言えよう。（六六頁）

高虎は慶長十三年に伊賀に入国した直後に、同国の一宮敢国神社の復興に着手している。同社は、天正九年の信長による攻撃（地元では「天正伊賀の乱」と呼ばれている）によって灰燼に帰していた。高虎は、社殿を再造し、神領として百余石を寄進している。これはかつて伊予でおこなったように、荒廃していた地域社会を復興しようとしたことと関係するであろう。（二〇〇～二〇一頁）

こうした藤田氏の研究で明らかな如く、高虎は統治に際し、領内の主要な神社を再興したり、神領を寄進するなどして篤く崇敬している。神宮は伊勢田丸領内ではないものの、隣接する国家第一の宗廟である。高虎が神宮すなわち天照大御神を崇敬するのは当然かと思われる。その崇敬の一環として、天照大御神を祀る近隣の四ヶ寺にも、祈禱料を寄進したのではないか。

なお、金剛證寺ならびに国束寺、廣泰寺への祈禱料は、毎年現米二十俵であった。この額は、高虎が伊予二十万石の時、同国一宮へ寄進したのと同額である（傍線部）。一方、田丸領加増段階での石高は三十二万石余であるが、それにしても、高虎がこの三ヶ寺を如何に優遇したか、窺うことができると思う。

(9)『公室年譜略』（上野市古文献刊行会編、清文堂出版、平成十四年）同月条。

(10)今西義憲師（浄眼寺二十八世）編『浄眼寺叢書』（私家版、昭和三十年）に収録されているが、浄眼寺の御厚意により、その写真を基に翻刻した。

(11)成立年未詳、同前。

(12)増補大神宮叢書7『神宮神事考證』前篇（吉川弘文館、平成十八年）所収。該当箇所は四六一〜二頁。

(13)式内社研究会『式内社調査報告』第六巻東海道1（皇學館大學出版部、平成二年）、一三三八頁。

(14)田丸弾正少弼は、廣泰寺の中興開基とされている（拙稿「曹洞宗神照山廣泰寺文書について―田丸直昌寄進状二通の紹介を中心に―」（『史料』（皇學館大学史料編纂所報）第二〇五号、平成十八年十月））。おそらく翁はこの伝承をもとに、上記の如く推定されたのであろう。

(15)拙稿「寺院における「神前御祈禱」―藤堂高虎と神宮近隣の寺院―」（『神道史研究』第五七巻第二号、平成二十一年）。引用箇所は五三頁。本稿は、上記を大幅に加筆修正したものである。

(16)『神道大系』神宮編一所収。〈 〉は割書、以下同じ。

(17)『大日本古文書』醍醐寺文書之十五・三五一六。

(18)大日本古記録。

(19)『大日本古文書』醍醐寺文書之十三・二八六七、二八六九、二八七二。

(20)大西源一『北畠氏の研究』（北畠顕能公六百年祭奉賛会、昭和五十七年復刊。初出は昭和三十五年）、一四七・一四九頁。

(21)『公卿補任』（新訂増補国史大系）同年条。

(22)太神宮法楽寺には三宝院から院主代が派遣され、この院主代が寺家政所を率いて運営していた（第二章五）。

(23)現在は国立歴史民俗博物館蔵。星野利幸「神三郡の土地利用について―条里復元を中心に―」（『斎宮歴史博物館研究紀要』16、平成十九年）により翻刻されている。
(24)今枝愛真『禅宗の歴史』（至文堂、昭和三十七年）、一六九頁。
(25)法系は次の通り。太源宗真―梅山聞本―如仲天誾―喜山性讃―茂林芝繁―崇芝性岱―大空玄虎（『新版禅学大辞典』〔大修館書店、昭和六十年〕禅宗法系譜参照）。
(26)大本山總持寺蔵版『延享度曹洞宗寺院本末牒』（名著普及会、昭和五十五年）。なお、名称の一致のみで論ずるのは、拙速の誹りを免れ得ぬかもしれないが、上掲四ヶ寺はいずれも旧太神宮法楽寺の近隣に所在すること（前掲地図参照）も加味して、斯くの如く推断した。このうち梶原寺は廃寺となったが（前述）、他の三ヶ寺は曹洞宗寺院（廣泰寺末）として、法燈を今に伝えている。上掲が洞門寺院化した経緯については、確実な史料が見付かっておらず、今後の検討課題であるが、なかでも清水寺に関しては、南北朝時代の兵火で廃跡となったものの、田丸弾正少弼親忠（顕晴・元亀二年〔一五七一〕没・法名清水院桃渓卜隠居士）が開基となり、別峯大和尚禅師（寛文四年〔一六六四〕寂）を開山として再興されたという（註（1）、七五七頁）。上述の典拠は明記されておらず（恐らく寺伝によるものか）、しかも開基と開山には年代の齟齬がみられるが、田丸城主の田丸弾正少弼は、廣泰寺の中興開基でもある（註（14））。彼の支援をうけ、再興された清水寺が廣泰寺末に編入されたのかもしれない。
(27)註（14）拙稿。
(28)この伝説には原形がある。詳細については、拙稿「大空玄虎禅師伝の再検討」（『紀伊半島東部曹洞宗史研究』〔山喜房佛書林、平成二十年〕第三章第二節）を参照されたい。
(29)鈴木敏雄・野田精一校訂、三重郷土資料刊行会、昭和四十三年。引用箇所は二五一頁。
(30)註（1）、七四三頁。
(31)圖書寮叢刊。
(32)註（29）。引用箇所は二四七～八頁。
(33)『三重県史』資料編中世1(下)第一部神宮文庫所蔵文書―一紙背文書―二十旧記・四「宝蔵坊秀範書状」。秀範の坊号については、同前七「宝蔵坊秀範書状礼紙」により判明する。

(34)同前史料解題。
(35)『二宮祢宜年表』(増補大神宮叢書4『神宮典略』別冊、吉川弘文館、平成十八年)。

むすび

本書では、神宮が仏教と初めて接触した奈良時代から、神宮史上の断層と認められる戦国時代に至るまでの間を、検討の対象とした。約八百年に及ぶ当該期において、如何なる神仏習合現象が、神宮や祠官達の間で出現するに至ったのか。考察の結果は、各節の「おわりに」で纏めておいたが、ここで上記の内容を総括するとともに、今後の課題を提示して、本書を終えることとしたい。

我が国における神仏習合の濫觴は、奈良時代にまで遡る。神宮寺の創建である。その風潮が、皇室の祖先神を奉斎する神宮にも波及した。伊勢大神宮寺である。文献史料のみならず、考古学の成果も援用して考察した結果、神郡である度会・多気郡の境界帯上に、外宮の大神宮寺（四神田廃寺・天平神護二年〔七六六〕）と、内宮のそれ（逢鹿瀬寺・神護景雲元年〔七六七〕）の二ヶ寺が存在したとの結論に達した。その創建は、時の権力者道鏡の主導によるものと考えられている。彼の失脚後、右大臣大中臣清麻呂を中心とする神祇官人達により排斥され、両寺とも創建後僅か数年にして神郡外への移転を強いられた。そしてその反動として、神宮における神仏隔離の原則が、奈良時代末から平安時代初頭にかけて確立されるに至った（第一章一）。

この神仏隔離の原則は、神宮祠官達が従事する祭祀・儀礼の場に限定されるものであった。彼等は表向きには仏教を峻拒するも、実は敬虔な仏教信者であった。こうした仏教信仰とその文化を伊勢の地に齎したのは、神宮祭主を世襲した大中臣氏であり、そしてその始まりは、菩岳山蓮台寺（現伊勢市勢田町内）の創建であったと指摘されている。そこで同寺の創建が、神宮の、延いては我が国の神仏習合史上において如何なる影響を及ぼしたのか、考察を試みた。十世紀末、天照大御神の本地を観世音菩薩に配する説が、蓮台寺の住侶によって編み出されたこと、この内宮本地説が、やがて十一面観音説と救世観音説に分化した点等である。（第一章二）

十一世紀後半の内宮祢宜荒木田延平は、「大神宮祢宜延平日記」なる一書を著した。『東大寺要録』に引用されて遺るその逸文を検討する限り、上記は筆者延平の思索が随所に反映された、いわゆる偽書であったと考えられる。彼は、奈良時代における八幡神の託宣を下敷きに、天照大御神が東大寺の創建を助けたとする説話を創作した。そのなかに、彼が勘案したと思しき内宮本地＝大日如来＝盧舎那仏とする本地垂迹説や、祠官達が仏教を信仰しつつ神宮に奉仕することを肯定する託宣を盛り込んだ。神仏習合説を著した神主としては、管見の限りこの延平が最初である。

これら延平の所説は、鎌倉時代初頭の東大寺再建時に再評価された。文治二年（一一八六）二月、東大寺大仏殿の巨材確保に行き詰まった大勧進の俊乗房重源は、意を決して内宮に参籠した。その際示現したとされる神告に基づき、僧綱以下六十名による大般若経転読供養等が奉納されることに決まった。重源や東大寺の高僧達は、『東大寺要録』所引の「大神宮祢宜延平日記」から、その着想を得たようである。また、建久六年（一一九五）三月十二日の東大寺大仏殿供養に際しては、上記の例に則り、伊勢公卿勅使が発遣されることに決まった。偽書「大神宮祢宜延平日記」が後世に及ぼした影響は、決して小さくなかったのである。（第一章三）

東大寺衆徒による神宮法楽は、文治二年四月のほか、建久四年（一一九三）と同六年四月にも奉納されている。いずれも重源の発願によるものであったが、この三ヶ度の神宮法楽において、彼が果たして参宮したのか否かは、学説の分かれるところである。そこで関連史料を改めて精査した結果、彼の参宮は文治二年二月の一度きりで、その後の神宮法楽には同行していないことが判明した（第二章一）。

なお、文治二年四月の神宮法楽においては、時の内宮一祢宜荒木田成長が関与していた蓋然性が高い。同年二月の神託とこの神宮法楽は、重源と成長が結託して創作・企画したものと考えられる。成長の真の狙いは、自身の従三位への叙位や禁色の恩許にあった（第二章二）。

荒木田成長の家系は、仏教信仰や神仏習合説のみならず、内宮の故実をも代々継承した家柄であった。彼が同門の元満と親交を深めたことにより、成長家の伝統が元満家の氏良・延季父子等にも伝播した様である。彼等元満・成長両家の祢宜達による弛まぬ思索・工夫の結果、十三世紀後半の鎌倉時代後期には、独自の神道説が形成されるに至った。神宮の神道説といえば、外宮祠官度会氏による所説が有名である。内宮祠官荒木田氏は、度会氏の如く神道書を遺してはいないものの、確乎たる神道説を形成していた（第二章三）。

ちなみに、「成長・成良さらに氏良・延季あたりが内宮祠官中、教学面での中心人物であり、その研究成果は度会憲継を介して外宮祠官度会氏にもたらされたのではないか」との見通しが、既に立てられている。一例を挙げると、荒木田氏の神道説を伝える無住の『沙石集』太神宮御事には、『梵網経』を重んじる思想がみられる。一方、伊勢神道の大成者として知られる度会行忠もまた、上記を極めて重視しており、その研究を通じて理解した戒律の基本を、自らの神道説の構築に反映させた形跡がみられる（第二章四）。「伊勢神道＝度会神道・外宮神道」といった単純な図式は、この際見直す必要があろう。

重源の参宮と東大寺衆徒による神宮法楽は、神仏隔離の原則に加えて、私幣禁断という厳しい網の目を潜って奉納された点でも、画期的であった。神宮の私祈祷には法楽という方法があること、そしてそれは大仏殿再建が成就する程霊験あらたかであるとする認識が、公家社会に弘まったのである。前太政大臣・関東申次の西園寺実氏も、その影響を受けた一人で、建長六年（一二五四）二月、内宮近隣に般若蔵を創建した。ここにおいて初めて、神宮法楽を専門とする寺院が成立する。また、祭主大中臣隆通の子で、醍醐寺の高僧となった通海は、継承した度会郡棚橋の蓮華寺を太神宮法楽寺と改称した。太神宮を冠称し、神宮法楽を標榜するこの寺院は、亀山天皇の践祚（正元元年・一二五九）後に勅願寺として指定され、さらに文永元年（一二六四）九月三十日には、長日二宮法楽の勤行が命じられた。そして建治元年（一二七五）三月、異国降伏祈願の一環として、両宮の近隣に内宮法楽舎・外宮法楽舎が建立され、共に太神宮法楽寺の末寺に位置付けられた。その背景には、時の治天の君であられた亀山上皇の叡慮があったと思われる。上皇が斯くも神宮法楽に熱心であられたのは、外祖父西園寺実氏の影響であろう。そしてその影響は、兄君にも及んだらしい。後深草上皇は、般若蔵と、内宮「法施道場」と認識されていた菩提山を、御願寺とされている。斯くして鎌倉時代中期から後期にかけて、五つの神宮法楽寺院が誕生した。上記は消滅した伊勢大神宮寺の特徴をほぼ具備している。これを伊勢大神宮寺の中世的変容と呼ぶことにしたい。

これらの神宮法楽寺院は、当時の朝廷を反映して、持明院統（般若蔵、菩提山）と大覚寺統（太神宮法楽寺、内宮法楽舎、外宮法楽舎）とに分かれ、各別の祈祷が勤行されていた。その組織化と法楽の一体的運用を試みられたのが、伏見天皇（持明院統）であった。とりわけ永仁二年（一二九四）二月の異国降伏祈願では、神宮法楽寺院においても祈祷を行うこととなり、祭主がその総責任者とされた。これは法楽が公式行事として、神宮祭祀の一環に組み込まれたことを意味する（第二章五）。

祭主を総責任者とする神宮法楽の制度は、南北朝時代、祭主および醍醐寺三宝院門跡管轄のもと、太神宮法楽寺を頂点として営まれる体制へと移行する。賢俊が構築したこの体制は、その後の動乱で一時退転するも、応永二年（一三九五）、足利義満の猶子満済が同院門跡に就任したことで、彼による装いも新たに復活した（第三章一）。

また、平安時代の開創で、元々高野派であったと思しき伊勢朝熊山の金剛證寺は、南北朝の動乱の煽りを受け荒廃した。明徳四年（一三九三）、足利義満がその復興を命じ、満済が三宝院門跡に就任するや、同じ真言宗でも醍醐寺派に改めて、彼に与えた様である。内宮に程近く、其処との習合傾向が著しい金剛證寺は、神宮法楽寺院として相応しい存在である。斯くして満済は、金剛證寺を太神宮法楽寺の末寺とし、神宮法楽体制に組み入れたと考えられる（第三章二）。

そして応永三十二年（一四二五）以降、時の室町殿足利義持が、内宮・外宮法楽舎における年二十八日間の特別参籠勤行を恒例化した。これは、神宮法楽の霊験を確信した故のことであった（第三章一）。その義持が、新たな神宮法楽寺院を創設する。内宮建国寺である。内宮を篤く信仰した足利義持は、応永三十三年（一四二六）、元々祭主の氏寺であった建国寺を内宮建国寺と改称した上で、此処に内宮へ寄進した一切経を安置することにした。同経を基に、神宮法楽を勤行するためである。さらに正長二年（一四二九）には、足利義教が転法輪蔵を寄進し、神宮法楽を毎日欠かさず勤行する様命じた。斯くして内宮建国寺は、室町幕府の内宮専門法楽所となったのである。当寺の一切経は、内宮に寄進したものであるため、その管理・運用責任者は、内宮一祢宜とされた。また、当寺を運営するための所領は、神宮領荘園であった。さらには寺僧や伽藍までもが、内宮一祢宜が主宰する内宮庁の強い管轄下に置かれた。内宮庁という、謂わば異教徒の組織が統轄した内宮建国寺は、我が国のみならず、世界の仏教史上においても、極めて特異な存在であったと位置付けられるのではないか（第三章三）。

内宮建国寺の創設以降、内宮祠官達は、法楽を神宮祭祀の一環として認識する様になった。そのため、彼等は法楽を積極的に受容し、擁護する様になった。こうした姿勢は、外宮祠官にもみられる。上記の諸事実は明らかに、神宮における神仏習合化の進展を示すものといえる。しかし室町時代において、上記事象が確認できるのは両宮神域外であって、正宮を中心とする神域内では、神仏隔離が厳密に守られていた（第三章四）。

戦国時代になると、僧侶による神宮崇敬の風潮は益々盛んとなった。乱世にあって、経済的に逼迫したであろう内宮側は、彼等が奉納する初穂を一助とすべく、様々な祈願・要望にも応える様になった。なかには、内宮一祢宜と思しき祠官が、神祇的呪物である神灰に、光明真言を書き添えよとまで指示している例がある。しかしながら、これらは飽くまでも神域外における神仏習合である。それが同時代になると、僧籍にあることを詐って、祢宜に就任する者が現れている。これは明らかに、祭祀・儀礼の場における神仏隔離に抵触するものである。奈良時代末以来守られてきたこの原則は、とうとう破綻するに至った。またこの時代になると、表向きには仏教色を隠さなければならないものの、裏では、仏や菩薩を天照大御神の仮の姿として仰ぎ奉ることこそ神宮の規範であるとする、神本仏迹（反本地垂迹）説が登場する。以上の諸点を勘案するに、戦国時代は、神宮における神仏習合が高度に展開した時代であったと、位置付けてよいであろう（第三章五）。

醍醐寺三宝院満済によって復興された、太神宮法楽寺を頂点とする神宮法楽の体制は、戦国時代以降、次第に衰退したものと思われる。法楽を神宮祭祀の一環として認識していた内宮祠官達にとって、近隣の神宮法楽寺院が凋落してゆくのは、黙視し難かったに相違ない。そのため、その一つである菩提山の支配に乗り出した。また内宮法楽舎に関しても、永正十年（一五一三）には内宮庁の管轄下に置いていた様である。同庁が、これら神宮法楽寺院の支配に乗り出したのは、宗教的使命感によるものであったと思われる。ところが、大福田寺（桑名郡）や新福寺（鈴鹿郡）に関しては、東海道の要衝に位置し、しかも神宮創祀以来の根本神領内に所在する。内宮庁による両寺の支配は、所領経営の一環でもあったと考えられる。

斯くの如く、室町～戦国時代の神宮（内宮）は、幾つかの法楽寺院を管轄下に置いていた。神社（神主）が寺院（僧侶）を支配していたという点において、我が国の宗教史上、特筆すべき事象であるといえよう。しかしながら、内宮建国寺は、長享三年（一四八九）に一切経を焼失したことで、室町幕府内宮専門法楽所としての役目を終えた。他の神宮法楽寺院においても、享禄三年（一五三〇）を最後に、神宮関係史料上から姿を消す。内宮庁は、時代の混乱に乗じて、衰退する神宮法楽寺院の支配を試み、或る程度は成功した。しかし、戦乱が深まるにつれて、その支配も次第に叶わなくなっていったものと考えられる（第三章六）。

本書の下限は、戦国時代（第四十一回内宮式年遷宮が実施される筈であった文明十三年〔一四八一〕から、実際にそれが行われた天正十三年〔一五八五。第四十一回外宮式年遷宮も同年に挙行〕まで）とした。江戸時代は、本書の対象外であるが、同時代初期において、かつての神宮法楽寺院が存続していた一方、新たなるそれが誕生した形跡も見受けられる。今後の研究の出発として、敢えて論ずることにした（附論）。

なお、本書でいう戦国時代において、神宮史上極めて重要な寺院が出現する。慶光院である。式年遷宮の復興は、院主清順・周養両上人の勧進によるところ大であった。上記について全く言及できなかったのは、偏に筆者の努力不足によるものである。

また本書は、内宮とその祠官である荒木田氏の神仏習合研究といった感が強くなってしまった。これは荒木田氏が氏経以来、数多の引付を遺してきたのに対して、外宮祠官度会氏のそれが、圧倒的に少ないことに起因する。しかしその一方で、度会氏は多くの神道書を著した。上記に仏教や両部神道の影響がみられることは、先学が夙に指摘される通りである。度会氏の神仏習合を研究するにあたっては、上記の検討が不可欠であるが、本書では、神道五部書や『古老口実伝』を、戒律の視点から分析した程度で終わってしまっている。

遺した課題は決して少なくないが、ここでひとまず擱筆し、大方の御批判と御叱正を乞うことにしたい。

あとがき

本書は、平成二十九年に愛知学院大学大学院文学研究科へ提出し、博士（文学）を授与された学位請求論文「伊勢神宮神仏習合史の研究」（主査引田弘道教授、副査伊藤秀憲教授・林淳教授・河野訓皇學館大学教授）に、成稿・改稿した拙論二篇（第三章二・附論）を加えて編集したものである。

平成十八年五月、伊勢市史編集専門部会（中世部会）委員を拝命した。母校の皇學館大学に着任した一ヶ月後のことである。伊勢市の歴史は、神宮の歴史と重なる。門外漢にとって、大神宮史の研究は荷が重かった。しかし、神宮と縁の深い母館に奉職する以上、それは意義あるものと考え直して、遅蒔きながら勉強を始めた。平成二十三年三月、『伊勢市史』第二巻中世編が無事刊行された。辛くも責務を果たした訳であるが、神宮史の研究はその後も続けることに致し、同宮の経済（寄戸や戸田、河籠米など）や神仏習合に関する愚考を、幾つか発表することができた。とりわけ後者に関心を抱いたのは、仏門でありながら、皇學館の教壇に立つ自身を顧みてのことである。

このうち、『印度学仏教学研究』に掲載された一連の拙稿（本書第三章三〜五）を御覧になり、博士論文に纏めるよう慫慂して下さったのが、同学会理事で愛知学院大学教授の引田弘道先生であった。愛知学院（大学院文学研究科宗教学仏教学専攻）は、出家後に入学したもう一つの母校である。そこで、当面の研究を神宮の神仏習合史に絞り、曲がりなりにも学位請求論文を仕上げた次第である。

本書を成すにあたっては、多くの方々より学恩を蒙ってきた。そもそも引田弘道先生のお引き立てと御指導がなければ、拙論を学位請求論文として提出することはできなかった。その口頭試問においては、副査の伊藤秀憲先生、林淳先生、河野訓先生からも、貴重な御指摘を賜った。恩師の恵良宏先生（皇學館大学名誉教授）ならびに鈴木哲雄先生（愛知学院大学名誉教授）からは、日頃より激励を頂戴した。

また、本書が神道文化叢書の一として刊行されるのは、櫻井治男先生（現皇學館大学特別教授）の御周旋と、神道文化会による御高配の賜物である。出版に際しては、弘文堂編集部の三徳洋一氏に種々御尽力頂いた。

そして、神宮文庫・神宮主事の窪寺恭秀氏には、事ある毎に教示を乞い、時には無理もお願いした。御師を専門とする氏は、同じ恵良宏先生門下の後輩であるが、筆者にとっては、神宮史研究の佳き先達でもある。

爰に、衷心より御礼申し上げる。

なお、本書に度々登場した俊乗房重源上人は、東大寺大仏殿供養が終了して間もない建久六年（一一九五）四月、内外両宮に大般若経と法楽を奉納した。上人の大神宮に対する崇敬と感謝の念は、筆者も同じである。

平成三十一年二月十五日

多田　實道

初出一覧（いずれも加筆・修正を行った）

第一章　奈良～平安時代の神宮と仏教

一　伊勢大神宮寺について

「伊勢大神宮寺について」（『龍谷史壇』第一四〇号、龍谷史学会、平成二十七年）

二　伊勢蓮台寺の創建と内宮本地説の成立

「伊勢蓮台寺の創建と内宮本地説の成立」（『神道史研究』第六三巻第一号、神道史學會、平成二十七年）

三　「大神宮祢宜延平日記」について

「「大神宮祢宜延平日記」について」（『古代史の研究』第二〇号、関西大学古代史研究会、平成二十九年）

第二章　鎌倉時代の神宮と仏教

一　俊乗房重源の参宮

『俊乗房重源の参宮』（皇學館大学講演叢書第一三三輯、平成二十四年）

二　俊乗房重源と内宮一祢宜荒木田成長

「俊乗房重源と内宮一祢宜荒木田成長」（『神道史研究』第六四巻第二号、平成二十八年）

三　内宮祠官荒木田氏による神道説の形成

「内宮祠官荒木田氏による神道説の形成」（『藝林』第六五巻第二号、藝林會、平成二十八年）

四　伊勢神道と戒律

「伊勢神道と戒律」（『藝林』第六三巻第一号、平成二十六年）

五　鎌倉時代の神宮法楽寺院―伊勢大神宮寺の中世的変容―

新稿

第三章　南北朝～戦国時代の神宮と仏教

一　南北朝～室町時代初期の神宮法楽寺院

新稿

二　伊勢朝熊金剛證寺について

新稿（東海印度学仏教学会第六四回学術大会（平成三十年七月七日）において発表した内容を成稿したもの）

三　内宮建国寺について

「内宮建国寺について」（『印度学仏教学研究』第六一巻第一号、日本印度学仏教学会、平成二十四年）

四　室町時代の神宮と仏教

「室町時代の神宮と仏教」（『印度学仏教学研究』第六二巻第一号、平成二十五年）

五　戦国時代の神宮と仏教

「戦国時代の神宮と仏教」（『印度学仏教学研究』第六三巻第一号、平成二十六年）

六　内宮の法楽寺院支配

新稿

附　論　江戸時代初期の神宮法楽寺院

「寺院における「神前御祈禱」―藤堂高虎と神宮近隣の寺院―」（『神道史研究』第五七巻第二号、平成二十一年）

事項索引

オ

カ

キ

ク

ケ

コ

サ

シ

ス

セ

ツ

テ

ト

ナ

ニ

マ

ミ

ム

メ

モ

ヤ

ヨ

リ

ル

レ

ロ

ワ

人名索引
（研究者名は除く）

ア

イ

ウ

エ

オ

サ

シ

ス

セ

ソ

タ

多田實道（ただ・じつどう）

昭和45年　岐阜県生
平成11年　皇學館大學大学院博士後期課程国史学専攻満期退学
平成12年　三重県立水産高等学校教諭
平成16年　三重県立宇治山田高等学校退職
平成18年　愛知学院大学大学院博士課程前期宗教学仏教学専攻修了
現在、皇學館大学文学部教授、曹洞宗神照山廣泰寺住職、博士（文学）。

［著書］
『紀伊半島東部曹洞宗史研究』（山喜房佛書林、平成20年）
『伊勢市史』第二巻中世編（共著、平成23年）

伊勢神宮と仏教—習合と隔離の八百年史—

2019（平成31）年4月30日　初版1刷発行

著　者　多田　實道
発行者　鯉渕　友南
発行所　株式会社　弘文堂　101-0062　東京都千代田区神田駿河台1の7
TEL 03(3294)4801　振替 00120-6-53909
http://www.koubundou.co.jp

装　丁　松村大輔
組　版　堀江制作
印　刷　大盛印刷
製　本　井上製本所

ISBN 978-4-335-16093-6